创业法律法规通论

苏世彬　主编

中国财经出版传媒集团

图书在版编目（CIP）数据

创业法律法规通论/苏世彬主编．——北京：经济科学出版社，2021.9（2024.7 重印）
ISBN 978-7-5218-2803-0

Ⅰ.①创…　Ⅱ.①苏…　Ⅲ.①企业法-研究-中国　Ⅳ.①D922.291.914

中国版本图书馆 CIP 数据核字（2021）第 171559 号

责任编辑：李晓杰
责任校对：易　超
责任印制：范　艳　张佳裕

创业法律法规通论

苏世彬　主编

经济科学出版社出版、发行　新华书店经销
社址：北京市海淀区阜成路甲 28 号　邮编：100142
教材分社电话：010-88191645　发行部电话：010-88191522
网址：www.esp.com.cn
电子邮箱：lxj8623160@163.com
天猫网店：经济科学出版社旗舰店
网址：http://jjkxcbs.tmall.com
北京密兴印刷有限公司印装
787×1092　16 开　17.25 印张　350000 字
2022 年 3 月第 1 版　2024 年 7 月第 2 次印刷
ISBN 978-7-5218-2803-0　定价：69.00 元
（图书出现印装问题，本社负责调换。电话：010-88191510）
（版权所有　侵权必究　打击盗版　举报热线：010-88191661
QQ：2242791300　营销中心电话：010-88191537
电子邮箱：dbts@esp.com.cn）

《创业法律法规通论》教程受到以下资助

1. 国家级首批新文科研究与改革实践项目（项目编号：2021140077）"基于大数据+人工智能的工商管理新文科建设实践"

2. 福州大学 2020 年课程思政建设与研究项目重点立项"创业法律法规通论"

3. 福州大学 2021 年校级本科教育教学改革研究重点项目立项暨福建省本科高校教育教学改革研究项目（项目号：FBJG20210126）"新文科创新创业教育与实践"；

4. 福州大学"三全育人"综合改革项目：打造"十大育人"新体系，构建新时代协同育人新格局；

5. 福建省教育科学"十四五"规划 2021 年度课题立项（项目号：FJJKBK21-123）"大学生乡村振兴创新创业人才领军人才培养机制研究"。

内容提要

在"大众创业，万众创新"的浪潮中，为了更好适应"依法治国"理念在创业教育、创业实践过程中的实际需要，特编写《创业法律法规通论》，以帮助创业者、企业家规避创业、企业经营过程中所面临的风险，以获取最大收益。

本书包含绪论、创业基础法律法规、企业注册相关的法律法规、科技型企业创业相关的法律法规、网络创业相关的法律法规、企业一般管理过程相关的法律法规、税收相关的法律法规、二次创业相关的法律法规，共八个部分。全书从管理学视角对各类法律法规进行了解读，内容全面、语言通俗、方便易读。本书可作为工科创业管理通识教材，也可供社会读者参考，同时还可以作为普法教育资料。

前　言

"大众创业，万众创新"作为我国当前最强大的音符之一，已经唱响神州大地。党的十八届四中全会通过了《中共中央关于全面推进依法治国若干重大问题的决定》，党的十九届四中全会再次重申了该决定，意味着我国依法治国方略进入一个全新起点。

创业既可能给创业者带来收益也会引发风险，如何更好地帮助创业者充分了解现有法律法规并规避风险，不仅是响应"大众创业，万众创新"号召的实际需要，也必将成为我国普法教育的一个重要组成部分，同时为我国2020年全面建成小康社会之后向第二个百年奋斗目标进军的宏伟蓝图，开启全面建设社会主义现代化国家新征程，最终实现中华民族伟大复兴的中国梦做出积极贡献。

2014年，我借鉴台湾育成中心经验，提出了"三加一"创业教育模式（即创业就业人才库、创业型师资库、创业型项目库+创业型基地），其核心内容是"以全体学生创业通识教育为基础，以健全的校园创业文化为支撑，以跨学科复合型创业人才的培养为重点，依托各类研究生教育，实现中小微企业帮扶，并把科技成果转化纳入创业教育体系中"。同时设计了工科创业管理通识系列教材和专业创业管理系列教材两套体系。2015年6月我在开设《创业教育十大转变》讲座中又提出了中国创新创业教育要由关注国内创业转变到关注国际创业，结合"走出去"战略，最终把支撑"三加一"创业教育模式的大学生创新创业课程体系确定为工科创业管理通识课程体系、专业创业管理课程体系和"走出去"战略的境外创业管理课程体系，助推创业教育走向深入。

2015年我在高等教育出版社出版《创业管理》教程之后，马上着手第二本工科创业管理通识教材《创业法律法规通论》编写，但顾及版权问题一直未能付梓。2019年上半年我完成了《我国企业科技创新资助政策体系》教材的构思与编写，并于2019年9月在经济科学出版社正式出版。与此同时，我在福州大学工商管理系正式开设《创业法律法规通论》课程，一个学期课程让学生受益良多，也让我更加感受到大学生对创业法律法规的迫切需求，重新启动了《创业法律法规通论》的第二次编写工作。

这次编写的思路大体参照第一次编写的体系，增加2016年以来新增加的一些法律法规，最终形成绪论、创业基础法律法规、企业注册相关的法律法规、科技型企业创业相关的法律法规、网络创业相关的法律法规、企业一般管理过程相关的法律法规、税收相关的法律法规、二次创业相关的法律法规八个章节。

在此基础上，我邀请福建理争律师事务所王铮瑛律师对该体系进行论证，王律师也从法律与法规的相互关系、顺序以及过期法律法规等方面提出专业意见。同时组织两位研究生郭颖璐和孙梦开始收集资料编写，其中郭颖璐负责绪论、创业基础法律法规、科技型企业创业相关的法律法规、网络创业相关的法律法规、二次创业相关的法律法规5章，孙梦负责其他3章，我则负责总纂工作，直至初稿完成。为保证教材内容的系统性、前沿性，又邀请了大量创业者、法学专业人士从实践角度提出相应修改意见，并以此作为反复推敲修改的依据，直至最终完稿。

本教材的学习与学历层次、专业无关，只要读者对创业和企业管理感兴趣、想系统了解创业法律法规的相关知识，都可以阅读本书。另外，本书在编写过程中参考和引用了部分专家学者见解、新闻报道、已有相关教材和创业法律法规最新成果，在此无法一一列举，谨对相关作者一并表示感谢。

另外，限于篇幅原因，本书涉及所有法律名称，均采用简称，例如《中华人民共和国宪法》简称为《宪法》。出版过程中，经济科学出版社及编辑也给予大力支持和帮助，在此一并致以诚挚谢意。最后，限于本人和编写成员实际经历、专业基础和研究能力，疏漏在所难免。恳请同行专家、学者批评指正，可发电子邮件至sushibin2003@163.com，以便我对相关问题加深认识，并进一步完善本书修订工作。

苏世彬
2021年9月于榕城

目 录

第一章 绪论 ··· 1
　　学习目的 ·· 1
　　第一节　创业与法律法规 ·· 1
　　第二节　创业基本知识 ··· 5
　　第三节　法律法规基本知识 ··· 7
　　第四节　创业法律法规体系 ··· 8
　　思考题 ·· 9

第二章 创业基础法律法规 ··· 10
　　学习目的 ·· 10
　　第一节　宪法 ·· 10
　　第二节　民法典 ··· 13
　　第三节　民事诉讼法 ·· 19
　　第四节　企业破产法 ·· 22
　　第五节　招标投标法 ·· 29
　　第六节　消费者权益保护法 ··· 33
　　第七节　信托法 ··· 37
　　第八节　资产评估法 ·· 40
　　第九节　乡村振兴促进法 ·· 44
　　第十节　其他法律法规 ·· 47
　　思考题 ·· 50

第三章 企业注册相关的法律法规 ··· 51
　　学习目的 ·· 51
　　第一节　公司法 ··· 51
　　第二节　合伙企业法 ·· 55
　　第三节　外商投资法 ·· 59
　　第四节　个体工商户条例 ·· 65

第五节　公司登记若干规定 …… 68
第六节　其他法律法规 …… 74
思考题 …… 77

第四章　科技型企业创业相关的法律法规 …… 78

学习目的 …… 78
第一节　专利法 …… 78
第二节　商标法 …… 83
第三节　著作权法 …… 88
第四节　反不正当竞争法 …… 90
第五节　反垄断法 …… 93
第六节　促进科技成果转化法 …… 97
第七节　专利行政执法办法 …… 102
第八节　技术进出口管理条例 …… 106
第九节　我国企业科技创新资助政策体系 …… 109
第十节　其他法律法规 …… 114
思考题 …… 116

第五章　网络创业相关的法律法规 …… 117

学习目的 …… 117
第一节　电子商务法 …… 117
第二节　网络安全法 …… 121
第三节　电子签名法 …… 127
第四节　网络交易监督管理办法 …… 130
第五节　互联网信息服务管理办法 …… 134
第六节　网络发票管理办法 …… 136
第七节　信息网络传播权保护条例 …… 138
第八节　移动互联网应用程序信息服务管理规定 …… 140
第九节　网络信息内容生态治理规定 …… 141
第十节　关于加强网络信息保护的决定 …… 143
第十一节　其他法律法规 …… 145
思考题 …… 147

第六章　企业一般管理过程相关的法律法规 …… 148

学习目的 …… 148
第一节　劳动合同法 …… 148

第二节　社会保险法 …… 152
第三节　安全生产法 …… 156
第四节　产品质量法 …… 160
第五节　价格法 …… 163
第六节　广告法 …… 166
第七节　票据法 …… 168
第八节　直销管理条例 …… 172
第九节　商业特许经营管理条例 …… 175
第十节　现金管理暂行条例 …… 177
第十一节　劳务派遣暂行规定 …… 179
第十二节　商品现货市场交易特别规定 …… 180
第十三节　标准化票据管理办法 …… 182
第十四节　其他法律法规 …… 184
思考题 …… 191

第七章　税收相关的法律法规 …… 192
学习目的 …… 192
第一节　企业所得税法 …… 192
第二节　土地增值税法（征求意见稿） …… 195
第三节　契税法 …… 198
第四节　印花税法（征求意见稿） …… 200
第五节　消费税暂行条例 …… 203
第六节　增值税法（征求意见稿） …… 205
第七节　进出口关税条例 …… 209
第八节　税务登记管理办法 …… 211
第九节　关于跨境电子商务若干税收政策的通知 …… 213
第十节　其他法律法规 …… 216
思考题 …… 217

第八章　二次创业相关的法律法规 …… 218
学习目的 …… 218
第一节　证券法 …… 218
第二节　首次公开发行股票并上市管理若干办法 …… 222
第三节　上市公司证券发行管理办法 …… 227
第四节　全国中小企业股份转让系统分层管理办法 …… 231
第五节　非上市公众公司收购管理办法 …… 234

第六节　非上市公众公司重大资产重组管理办法……………………238
第七节　公司债券发行与交易管理办法……………………………240
第八节　公司债权转股权登记管理办法……………………………244
第九节　优先股试点管理办法………………………………………246
第十节　科创板上市公司证券发行注册管理办法…………………251
第十一节　私募投资基金管理暂行条例……………………………254
第十二节　区域股权管理法规………………………………………257
第十三节　其他法律法规……………………………………………260
思考题……………………………………………………………………262

参考文献……………………………………………………………263

第一章 绪 论

学习目的

了解创业与法律法规的关系,在此基础上初步了解法律法规基本知识和创业管理基本知识,形成对创业法律法规体系的基本认识。

第一节 创业与法律法规

一、创业的重要性

就业是民生之本,创业是就业之源。创业作为我国当前经济增长引擎的动力之一,已经引起党和国家的高度重视,并提出了"大众创业,万众创新"的号召。创业的重要性体现在以下五个方面:

(1) 创业带动就业。创业不占用原有岗位资源,同时还会创造新的工作岗位,从而带动就业,缓解社会的就业压力。

(2) 创业促进市场有序竞争与繁荣。创业是对空白市场的开拓,也是对传统行业的挑战,能够起到百花齐放并遏制市场垄断的作用,也会敦促政府进行规范化管理,促进市场有序竞争。同时自主创业涌现了大批中小微企业,而中小微企业是市场经济中最具活力的主体,能够产生辐射作用,促进市场经济体制健全,能够带动市场的持续繁荣和发展。

(3) 创业促进产业结构升级。敢于尝试新鲜事物、勇于挑战传统行业的创业精神,驱使社会创新和改革。

(4) 创业提高社会生活水平。从狭义上说,创业就是创办企业。在企业价值观中,最主要、最核心的是企业利润观。企业是投资制造更多利润的工具;利润代表了企业创造的财富,利润越多,则说明企业的财富增加得越多。创业不仅给劳动者带来就业机会,带来稳定收入,还创造丰富的物质和精神产品供消费者选择,提高了其生活水平。

(5) 创业促进经济增长与社会进步。创业壮大了私营企业队伍,吸收了社会各类资源,有助于合理有效利用资源,促进社会投资的良性循环,促进物质财富的增加,带来经济的持续增长。同时创业也提高了社会信誉程度,提高了群众素质,营造了创新活力的氛围,带来了新科技的出现。创业促进社会进步,实现经济发展和扩大就业的良性互动。

二、创业过程中法律法规的重要性

2014年10月20日，党的十八届四中全会在北京召开，首次以全会的形式专题研究部署全面推进依法治国。这意味着我国的依法治国已经站在一个新的起点。创业充满机遇与挑战，若不了解相关的法律法规也会带来很多风险。下面通过两个案例来说明知晓法律法规在创业过程中的重要作用。

➢案例1：大学生不懂法律造成首次创业失败

沈阳某高校学生李明与几个同学启动"假期大学生客运包车"创业项目。他们确定沈阳到大连这条运营路线。前期阶段，团队在高校做宣传，有1000多名大学生表示愿意乘坐他们组织的包车。为此，李明到大连委托黄某办理租车事务。2019年7月20日，李明通过黄某与在大连从事客运的于某签订协议，租下15辆客车，支付定金，约定发车时间。千余名大学生预付了部分车费，在约定地点集合候车。

当日，到了出行时间，大学生乘客们陆续到齐却没看到包车。据了解，于某筹备的一些车辆无运营资质，造成发车延迟和车辆被扣情况。

等待期间，一些学生要求退还预付票款；还有一些情绪激动的学生与创业团队人员发生撕扯；还有学生拨打110报警。有一些准备到大连玩的学生由于已订酒店并支付了房费，他们向李明提出索赔。

李明感到抱歉，确实给很多乘客造成了时间上和金钱上的损失，但他及团队也是受害者，赔付乘客们近2万元。李明认为，大连方面的于某应负主要责任，因其违背了协议中"按时发车"的规定。

李明曾到大连协调解决此事，希望拿回部分款项，但是于某不但不退回款项，还说"压根没跟李明签过协议"。李明这才发现，此前与于某签订的订车协议书上并没有自己的名字，在甲方包车方一栏里写的是"黄某"。

因缺乏法律知识，李明感到懊悔。大连包车公司的车辆有没有保险？有没有从事客运的资质？……这些事情，李明均未事前了解。由于协议并不是自己签的，黄某能否配合自己把于某告上法庭还是未知数。

➢案例2：创业不懂法律被公司剔除，之后背负千万元债务

2010年，创业者王某成立了某网络技术有限公司，免费给运营商做高校宽带系统，交换客户端的运营。

王某的朋友徐某觉得这种商业模式不错，投资100万元。出于感谢，王某选择与其股权平分，各占45%，剩下10%给员工。

短短几年，该网络技术有限公司月营收迅速达到几百万元，不少资本闻风而动，甚至有上市公司准备全资收购。这个时候，徐某提出：一家资本公司的负责人是他的

同学，希望引入这家资本公司。

王某同意了这家公司入股。2014年4月，这家资本公司投资1300万元获取公司10%股权，然后用1300万元收购了王某2.5%、徐某7.5%的股权。作为常规配套，该网络技术有限公司和资本公司签署对赌协议，承诺2017年12月31日前公司未能上市的话，王某和徐某需要回购资本公司现在持有的股份。同时资本公司约定了重大事项一票否决权，以及王某和徐某的股份限售权。

2014年5月，王某和徐某在公司发展方向上意见不合。同月，资本公司偷拿了王某的公章，导致了王某无法行使职权。

在2014年11月的董事会上，徐某和资本公司联合向王某发难，要求其辞去总经理职务，并将个人股份以净资产的价格将股份全部转让给徐某。无奈之下，王某辞去了总经理职务。

2015年8月，该网络技术有限公司召开股东会，免掉了王某的董事职务。至此，王某和这家自己辛苦经营起来的公司彻底断绝了关系，拱手让人。

4年后，王某发现自己的银行卡突然被冻结了，房子被查封，才知道公司未在2017年底完成上市，被资本公司起诉了，要求王某和徐某回购股份。

王某自此与这家资本公司打起了官司，经历一审、二审，均以失败告终，但王某表示将向省高院提起再审。

业内人士认为，正常的天使投资持股比例普遍在20%~35%，徐某以天使投资人身份入伙却要求拿到45%，比例太高了，显然不是为了扶持朋友创业才入伙的，除了股权问题外，创业者的确要注意引入"对赌协议"可能带来的相关不可控风险因素。"千万不要一时拿钱一时爽，拿钱之后透心凉"，创业者一定要学会先预估风险，思考利弊，不能急于获得高估值融资，而给自己定下不切实际的业绩目标。

三、创业过程中常见的法律法规问题

创业阶段的企业由于处于初创和成长阶段，资本较小、人员较少，往往重市场、轻管理，重效益、轻制度，忽略法律法规风险的存在，为企业的做大做强埋下隐患，严重的甚至会导致企业的破产倒闭。下面介绍几种创业过程中常见的法律法规问题。

（一）创业形式的选择问题

个人创业可以选择的企业形式主要有：申请登记从事个体工商户，设立合伙企业，设立个人独资企业，设立有限责任公司。这些形式各自承担的责任是不一样的。注册个体工商户对资金没有法定要求，其经营收入归公民个人或家庭所有。其中，个人经营的，其债务由个人财产偿还；家庭经营的，其债务由家庭财产偿还。合伙企业对企业债务先用合伙企业财产抵偿，在抵偿不足时，由合伙人以其个人财产承担无限连带责任，故风险较大。一个自然人可以设立个人独资企业。个人独资企业解散后，原投资人对个人独资企业存续期间的债务仍应承担偿还责任，但债权人在五年内未向债务人提出偿债请求的，该责任消灭。如果要设立有限责任公司，公司以其资产对公司债务承担有限责任，股东以其出资额为限对公司承担责任。在创业初期，建议采用有限责任公司形式以降低创业风险。在个人创业过程中很多投资人都把企业当成自己的，企业的钱也是自己的。但是在公司制度中这种意识很危险，公司是独立的，是已经脱离投资人的独立的"人"。如果分不清公司的钱和自己的钱，投资人需要对公司债务承担连带责任，还有可能会涉及挪用资金等刑事案件。尤其在一人公司中，如股东不能证明公司财产是独立于股东自己的财产，就应当对公司债务承担连带责任。所以，公司要建立完善的财务制度，投资人要把企业财产和个人财产分开，避免法律风险。

（二）各类协议、章程和公司制度问题

投资者之间要签订合伙协议、投资协议、章程。合伙协议和公司章程都是投资者之间权利义务分配的依据，主要涉及了利润分配和权力的行使等。一旦有一方违反相关规定，守约方可以依据约定追究违约方责任。投资人也要签订竞业及商业保密协议。合作期间和合作结束两年内不得从事同行业和高相关度的行业。这样可以有效防止个人私心的膨胀而导致分裂。竞业协议可延伸到企业核心人员和中高管理层，甚至在新员工入职前就实施。其他公司制度包括：规章制度是用人单位的内部"法律"，贯穿于整个用工过程，是企业规范运作和保护员工利益的重要保障。企业应当最大限度地利用和行使好法律赋予的这一权利，规范高管与公司的关系，规范员工与公司的关系，确立会议、考勤、奖惩等制度。成功企业的诸多制度，使企业运作平稳、流畅、高效，并可防患于未然。

（三）合同签订相关问题

首先，合同签订前对合作对象的主体资格进行审查。（1）审查合作方的基本情况。先要了解对方是否具备法人或者代理人资格，有没有签订合同的权利。（2）审查合作方有无相应的从业资格。（3）调查合作方的商业信誉和履约能力。（4）查阅国家对该交易有无特别规定，目的在于确定双方的交易行为是否合法有效；涉及特种经营行业的，还需要查看是否有特殊的经营许可证。（5）涉及专利、商标、著作权的需要查看是否为专利、商标、著作权的所有权人。以上这些可以聘请律师做资信调查，到工商局等相关行政管理部门查询相关情况并分析得出资信结论。

其次，做好对合同各主要条款的审查工作。合同的签订最好采用书面形式，做到用词准确，避免产生歧义。对于重要的合同条款，要字斟句酌，重要的合同应聘请专业律师审查。合同的基本条款要具备，尤其是交易的内容、履行方式、期限和违约责任要约定清楚。

再次，采取有效措施，做好合同履行过程中的风险防范工作。合同履行时要注意保留相关的证明资料：（1）在履行合同时最好有比较完整的书面往来文件，而且都必须有对方当事人的确认；（2）如果开出发票时对方货款未付清，应在发票上注明等。

最后，依法运用合同履行中的抗辩权防范风险。遇到法定条件或者合作方违约可能损害到我方利益的情况时，可以依法采取中止履行或解除合同的方法，保护本企业的权益。

（四）用工问题

企业要重视劳资关系的处理，如果劳资纠纷不断，会造成经济损失和企业声誉的不良影响。一旦企业违法可能涉及更多的赔偿，比如未缴纳社保的还需要补缴社保，赔偿未签订劳动合同的双倍工资、经济补偿金、经济赔偿金等，企业违法用工还会受到劳动行政部门的行政处罚。还要注意对劳动者入职审查，招用与其他用人单位尚未解除或者终止劳动合同的劳动者，给其他用人单位造成损失的，有可能承担连带赔偿责任。也要充分发挥培训协议、保密协议和竞业条款的作用，防止劳动者利用从培训得到的知识和了解到的公司的商业秘密做出不利于企业的行为。

（五）债权债务管理问题

如果不重视对赊销及其账款的管理和控制，最后会形成呆死账而无法收回，造成重大经济损失，甚至因资金链的断裂而倒闭。所以企业自身要建立账款回收制度以及逾期款催收制度，也要结合对合同的审查和履行的规范来规避风险。对重大的项目和合同要提前进行资信调查，对遇到有逾期情况的客户要主动了解其经营状况和资产情况，摸清其资产范围、性质和权属，一旦发生诉讼可以直接进行保全，防止损失的扩大。

（六）知识产权保护问题

中小企业对商标、专利、商业秘密等知识产权普遍不重视，可能发生技术泄露和侵权事件。为此，创业者需要建立知识产权整体保护策略、方案设计，建立企业内部商号、域名、商业秘密保护制度，及时进行商标专利申请、及时申请版权注册，申请著名商标、驰名商标认定，及时进行知识产权海关备案、质押登记；发生侵权的时候要及时提出异议、复审行政程序，发生纠纷时注意知识产权保护调查取证，可综合运用行政保护与司法保护两种途径开展知识产权保护。

第二节　创业基本知识

一、创业的定义

创业是一个发现和捕获商业机会并由此创造出新颖的产品、服务或实现其潜在价值的过程。创业者必须付出时间、精力和努力，并承担相应的财务、精神和社会的风险，才有可能获得金钱回报和个人满足。

二、创业的一般过程

作为一个创业者，要创建一个新的企业或者发展一个新的经营方向，在创业过程中通常将经历四个阶段。

（一）识别并评估创业机会

创业者初创企业的动力往往是发现了一个新的市场需求或者发现市场需求大于市场的供给，或者认为新产品能够开启新的市场需求。但是，并非每个创业机会都需要付出行动去满足它，创业者要评估这个机会所能带来的回报和风险，评估这个创业机会所创造的服务或产品生命周期，它能否支持企业长期获利，或者能够在适当的时候及时推出。创业者应基于创业机会的识别与评估情况，相应地评价和选择创业技术，以此判断创业机会是否具有可行性。

（二）准备并撰写商业计划

商业计划是说服自己，更是说服投资者的重要文件。该阶段工作不仅包括设计创业商业模式，更为重要的是商业计划书编写及运用。商业计划书将使创业者深入地分析目标市场的各种影响因素，认真地分析创业过程必须获得的创业资源，了解自己已经获取的资源、需要获取的资源，以及获取这些资源的途径和方法。使创业者在创业之前，能够对整个创业过程进行有效的把握，对创业机会的变化有所预警，从而降低进入新领域所面临的各种风险，提高创业成功的可能性。

（三）确定并获取创业资源

创业企业对于创业十分关键的资源要加以严格地控制和使用，使其发挥最大价值。确定并获取创业资源首先要建设一支高效的创业团队；适时进行创业融资；创业者应了解相关的法律，准备相关的物质设施，还要思考如何在适当的时候获得适当的所需资源。创业者应有效地组织交易，以最低的成本来获取所需的资源。

（四）管理创业企业

从企业发展的生命周期来说，创业企业需要经过初创期、早期成长期、快速成长期和成熟期。在不同的阶段，企业的工作重心有所不同。因此，创业者需要根据企业成长时期的不同来采取不同的管理方式和方法，以有效地控制企业成长，保持企业健康地发展。例如，在初创时期和早期成长期，创业企业管理方式更具灵活性并富有效率；而到快速成长期和成熟期，进行二次创业管理才能使企业获得稳步的发展。创业过程四个阶段的步骤及要点如表1-1所示。

表1-1　　　　　　　　　　　　创业的一般过程

第一阶段 识别与评估创业机会	第二阶段 准备并撰写商业计划	第三阶段 确定并获取创业资源	第四阶段 管理创业企业
1. 创业机会的识别与评估； 2. 创业技术的评价与选择	1. 创业商业模式及其设计； 2. 商业计划书编写及运用	1. 创业团队建设； 2. 创业融资； 3. 创业企业法律准备； 4. 创业企业物质准备	1. 创业企业管理； 2. 二次创业管理

第三节　法律法规基本知识

一、法律法规

法律法规，是指中华人民共和国现行有效的法律、行政法规、司法解释、地方法规、地方规章、部门规章、其他规范性文件，以及对于该类法律法规的不时修改和补充。其中，法律有广义、狭义两种理解。广义上讲，法律泛指一切规范性文件；狭义上讲，仅指全国人大及其常委会制定的规范性文件。在与法规等一起叙述时，法律是指狭义上的法律。法规主要指行政法规、地方性法规、民族自治法规及经济特区法规等。

二、法律法规的类别

我国的法律体系中大体包括以下几种法律法规：法律、法律解释、行政法规、地方性法规、自治条例、单行条例及规章等。

（1）法律。我国最高权力机关全国人民代表大会和全国人民代表大会常务委员会行使国家立法权，立法通过后，由国家主席签署主席令予以公布。因而，法律的级别是最高的。

（2）法律解释。法律解释是对法律中某些条文或文字的解释或限定。这些解释将涉及法律的适用问题。法律解释权属于全国人民代表大会常务委员会，其做出的法律解释同法律具有同等效力。还有一种司法解释，即由最高人民法院或最高人民检察院做出的解释，用于指导各基层法院、检察院的司法工作。

（3）行政法规由国务院制定，通过后由国务院总理签署国务院令公布。这些法规也具有全国通用性，是对法律的补充，在成熟的情况下会被补充进法律，其地位仅次于法律。法规多称为条例，也可以是全国性法律的实施细则，如《专利代理条例》等。

（4）地方性法规、自治条例和单行条例其制定者是各省、自治区、直辖市的人民代表大会及其常务委员会，相当于各地方的最高权力机构。地方性法规大部分称作条例，有些是法律在地方的实施细则，部分为具有法规属性的文件，如决议、决定等。地方法规多有地区名称，如《北京市食品安全条例》。

（5）规章其制定者是国务院各部、委员会、中国人民银行、审计署和具有行政管理职能的直属机构，这些规章仅在本部门的权限范围内有效。如国家专利局制定的《专利审查指南》、国家食品药品监督管理总局制定的《药品注册管理办法》等。还有一些规章是由各省、自治区、直辖市和较大的市的人民政府制定的，仅在本行政区域内有效。

三、法律法规的作用

（1）法律法规具有明示作用。法律法规的明示作用主要是以法律法规条文的形式明确告知人们，什么是可以做的，什么是不可以做的，哪些行为是合法的，哪些行为是非法的，违法者将要受到怎样的制裁等。这一作用主要是通过立法和普法工作来实现的。法律法规所具有的明示作用是实现知法和守法的基本前提。

（2）法律法规具有预防作用。法律法规的预防作用主要是通过法律法规的明示作用和执法的效力以及对违法行为进行惩治力度的大小来实现的。法律法规的明示作用可以使人们知晓法律法规而明辨是非，即在人们的日常行为中，什么是可以做的，什么是绝对禁止的，触犯了法律法规应受到的法律制裁是什么，违法后能不能变通，变通的可能性有多少等。这样人们在日常的具体活动中，根据法律法规的规定来自觉地调节和控制自己的行为，从而达到有效避免违法和犯罪现象发生的目的。严格及时有效的执法也可以警示人们，违法必受罚，受罚不可变通。只有依法行事才能做到令必行、禁必止。

（3）法律法规具有校正作用，也称为法律法规的规范作用。这一作用主要是通过法律法规的强制执行力来机械地校正社会行为中所出现的一些偏离了法律法规轨道的不法行为，使之回归到正常的法律法规轨道。法律法规对违法犯罪分子所进行的强制性的法律改造，使违法行为得到了强制性的校正。

（4）法律法规具有扭转社会风气、净化人们心灵、净化社会环境的社会性效益。这一作用体现在理顺、改善和稳定人们之间的社会关系，提高整个社会运行的效率和文明程度。一个真正的法治社会是一个高度秩序、高度稳定、高度效率、高度文明的社会。这也是法治的最终目的和最根本性的作用。

第四节　创业法律法规体系

创业过程具有高收益，也面临极大风险，由于创业过程涉及方方面面，只有通晓各种创业法律法规，才能让创业者充分利用创业法律法规带来收益并且有效地规避其可能产生的各种风险。本书根据创业的一般过程把创业法律法规体系分为七个方面。

创业基础法律法规涉及宪法、民法典、民事诉讼法、企业破产法、招标投标法、消费者权益保护法、信托法、资产评估法、乡村振兴促进法等创业基础法律法规。

企业注册相关的法律法规涉及公司法、合伙企业法、外商投资法、个体工商户条例、公司登记若干规定等法律法规。

科技型企业创业相关的法律法规涉及专利法、商标法、著作权法、反不正当竞争法、反垄断法、促进科技成果转化法、专利行政执法办法、技术进出口管理条例等法律法规，以及我国企业科技创新资助政策体系。

网络创业相关的法律法规涉及电子商务法、网络安全法、电子签名法、网络交易管理办法、互联网信息服务管理办法、网络发票管理办法、信息网络传播权保护条例、移动互联网应用程序信息服务管理规定、网络信息内容生态治理规定、区块链信息服务管理规定、关于加强网络信息保护的决定等法律法规。

企业一般管理过程相关的法律法规涉及劳动合同法、社会保险法、安全生产法、产品质量法、价格法、广告法、票据法、直销管理条例、商业特许经营管理条例、现金管理暂行条例、劳务派遣暂行规定、商品现货市场交易特别规定、标准化票据管理办法等法律法规。

税收相关的法律法规涉及企业所得税法、土地增值税法（征求意见稿）、契税法、印花税法（征求意见稿）、消费税暂行条例、增值税法（征求意见稿）、进出口关税条例、税务登记管理办法、关于跨境电子商务若干税收政策的通知等法律法规。

二次创业相关的法律法规涉及证券法、首次公开发行股票并上市管理若干办法、上市公司证券发行管理办法、全国中小企业股份转让系统分层管理办法、非上市公众公司收购管理办法、非上市公众公司重大资产重组管理办法、公司债券发行与交易管理办法、公司债权转股权登记管理办法、优先股试点管理办法、科创板上市公司证券发行注册管理办法、私募投资基金管理暂行条例、区域股权管理法规等法律法规。

思考题

1. 谈谈你对创业法律法规重要性的认识。
2. 举个例子说明熟悉创业法律法规给创业者带来的收益。

第二章 创业基础法律法规

学习目的

通过学习，初步了解宪法、民法典、民事诉讼法、企业破产法、招标投标法、消费者权益保护法、信托法、资产评估法、乡村振兴促进法等创业基础法律法规，并用以指导和规范各种创业活动。

第一节 宪 法

一、宪法的基本概念、主要特征及基本原则

宪法是集中表现各种政治力量对比关系，规定国家制度和社会制度的基本原则，保障公民基本权利和义务的国家根本法。宪法是一个国家法律体系的基础和核心。宪法具有三个主要特征：第一，宪法规定的是国家制度和社会制度的最基本的原则，公民的基本权利和义务、国家机构的组织及其活动的原则等；第二，宪法具有最高的法律地位或法律效力；第三，宪法的制定和修改都要经过区别普通法律的特别的程序。

宪法基本原则是指人们在制定和实施宪法过程中必须遵循的最基本的准则，是贯穿立宪和行宪过程的基本精神。任何一部宪法都不可能凭空产生，都必须反映一国当时的国家生活的指导思想、社会经济条件和历史文化传统。对世界各国宪法理论与实践的考察表明，宪法的基本原则主要有人民主权原则、基本人权原则、权力制约原则和法治原则。

二、我国《宪法》的历史沿革

《宪法》是中华人民共和国根本大法，规定拥有最高法律效力。中华人民共和国成立前夕召开的中国人民政治协商会议的第一届全体会议通过的《中国人民政治协商会议共同纲领》（以下简称《共同纲领》）于1949年9月29日颁布，具有临时宪法的作用。第一部《宪法》于1954年9月20日在第一届全国人民代表大会第一次会议上通过，共4章106条，是在对新中国成立前夕由全国政协制定的起临时宪法作用的共同纲领进行修改的基础上制定的。之后1975年1月17日、1978年3月5日和1982年12月4日通过了三版《宪法》，都是在前一部《宪法》基础上修订的。现行《宪法》为1982年宪法，并历经1988年、1993年、1999年、

2004 年、2018 年五次修订。

三、现行《宪法》内容简介

现行《宪法》分为序言，第一章总纲，第二章公民的基本权利和义务，第三章国家机构，第四章国旗、国歌、国徽、首都，共五个部分。其中，与创业相关的主要集中于第一章总纲的第六条到第二十六条，以下对这些条款进行简介。

第六条涉及中华人民共和国的社会主义经济制度的基础；第七条涉及国有经济的内涵；第八条涉及农村和城镇的经济发展形式以及国家对集体经济的鼓励和保护；第九条涉及国家对自然资源的保护；第十条涉及土地的所有权；第十一条涉及非公有制经济的内涵以及国家对其的保护；第十二条涉及对公共财产的保护；第十三条涉及公民的合法的私有财产不受侵犯；第十四条涉及国家为改善人民生活水平和促进国家经济发展所做的努力；第十五条涉及经济制度以及国家在其中发挥的作用；第十六条涉及国有企业的经营；第十七条涉及集体经济组织的规定和要求；第十八条涉及境外投资的相关规定和要求；第十九条和二十条涉及国家对教育的发展；第二十一条涉及医疗卫生事业的发展；第二十二条涉及国家为文化事业做出的努力；第二十三条涉及国家对人才的培养；第二十四条涉及国家为加强社会主义精神文明建设作出的努力；第二十五条涉及计划生育的推行；第二十六条涉及国家为保护生态环境采取的措施。[①]

四、国家宪法宣传及国家宪法日

从 2001 年开始到 2020 年全国法制宣传日和国家宪法日主题如下：
2001 年：增强宪法观念，推进依法治国（2001 年 12 月 4 日为首个法制宣传日）。
2002 年：学习宣传宪法，推进民主法制建设。
2003 年：依法治国，执政为民。
2004 年：弘扬宪法精神，增强法制观念。
2005 年：弘扬宪法精神，构建和谐社会。
2006 年：落实"五五"普法规划，促进和谐社会建设。
2007 年：弘扬法治精神推进依法治国。
2008 年：弘扬法治精神，服务科学发展。
2009 年：加强法制宣传教育，服务经济社会发展。
2010 年：弘扬法治精神，促进社会和谐。
2011 年：深入学习宣传宪法，大力弘扬法治精神。
2012 年：弘扬宪法精神，服务科学发展。
2013 年：大力弘扬法治精神，共筑伟大中国梦。
2014 年：弘扬宪法精神，建设法治中国（2014 年起，将 12 月 4 日以立法形式设立为国家宪法日）。

---

① 中华人民共和国宪法 [M]. 北京：法律出版社，2018.

2015 年：弘扬宪法精神，推动创新、协调、绿色、开放、共享发展。
2016 年：大力弘扬法治精神，协调推进"四个全面"战略布局。
2017 年：学习贯彻党的十九大精神，维护宪法权威。
2018 年：尊崇宪法、学习宪法、遵守宪法、维护宪法、运用宪法。
2019 年：弘扬宪法精神，推进国家治理体系和治理能力现代化。
2020 年：深入学习宣传习近平法治思想，大力弘扬宪法精神。

五、党的十八届四中全会与十九届四中全会宪法精神

为贯彻落实党的十八大作出的战略部署，加快建设社会主义法治国家，中国共产党十八届中央委员会第四次全体会议研究了全面推进依法治国若干重大问题，作出如下有关决定。

（1）健全宪法实施和监督制度。宪法是党和人民意志的集中体现，是通过科学民主程序形成的根本法。坚持依法治国首先要坚持依宪治国，坚持依法执政首先要坚持依宪执政。全国各族人民、一切国家机关和武装力量、各政党和各社会团体、各企业事业组织，都必须以宪法为根本的活动准则，并且负有维护宪法尊严、保证宪法实施的职责。一切违反宪法的行为都必须予以追究和纠正。

（2）完善全国人大及其常委会宪法监督制度，健全宪法解释程序机制。加强备案审查制度和能力建设，把所有规范性文件纳入备案审查范围，依法撤销和纠正违宪违法的规范性文件，禁止地方制发带有立法性质的文件。

（3）将每年 12 月 4 日定为国家宪法日。在全社会普遍开展宪法教育，弘扬宪法精神。建立宪法宣誓制度，凡经人大及其常委会选举或者决定任命的国家工作人员正式就职时公开向宪法宣誓。

为贯彻落实党的十九大精神，十九届中央委员会第四次全体会议着重研究了坚持和完善中国特色社会主义制度、推进国家治理体系和治理能力现代化的若干重大问题，作出如下有关宪法决定。

（1）健全保证宪法全面实施的体制机制。依法治国首先要坚持依宪治国，依法执政首先要坚持依宪执政。加强宪法实施和监督，落实宪法解释程序机制，推进合宪性审查工作，加强备案审查制度和能力建设，依法撤销和纠正违宪违法的规范性文件。坚持宪法法律至上，健全法律面前人人平等保障机制，维护国家法制统一、尊严、权威，一切违反宪法法律的行为都必须予以追究。

（2）完善立法体制机制。坚持科学立法、民主立法、依法立法，完善党委领导、人大主导、政府依托、各方参与的立法工作格局，立改废释并举，不断提高立法质量和效率。完善以宪法为核心的中国特色社会主义法律体系，加强重要领域立法，加快我国法域外适用的法律体系建设，以良法保障善治。①

---

① 《中共中央关于坚持和完善中国特色社会主义制度 推进国家治理体系和治理能力现代化若干重大问题的决定》，中国经济网，http://www.ce.cn/xwzx/gnsz/szyw/201911/05/t20191105_33530527.shtml。

六、宪法宣誓制度

2014年，党的十八届四中全会审议通过《中共中央关于全面推进依法治国若干重大问题的决定》，提出建立宪法宣誓制度。2015年7月，全国人大常委会以立法形式作出关于宪法宣誓制度的决定。2016年1月1日宪法宣誓制度实施以来，全国各级国家机构的工作人员，正式就职时都进行宪法宣誓。2018年3月11日，十三届全国人大一次会议审议通过宪法修正案，将宪法宣誓制度写入宪法。

第二节 民 法 典

一、民法概念

民法，是规定并调整平等主体的公民间、法人间及其他非法人组织之间的财产关系和人身关系的法律规范的总称；是国家法律体系中一个独立的法律部门，与人们的生活密切相关。民法既包括形式上的民法（即民法典），也包括单行的民事法律和其他法律、法规中的民事法律规范。

二、《民法典》与《民法通则》

20世纪五六十年代，我国曾经两度启动民法典的起草工作，都由于体制的原因而终止。1979年11月全国人大常委会法制工作委员会正式启动了新中国民法典的第三次起草工作。民法起草小组成立之后，迅速开展了大量富有成效的工作，截至1982年5月已先后完成了民法草案四稿。然而，民法草案后来并没有按照预先的设想付诸表决，民法典的制定工作再次搁浅，颁布新中国第一部民法典的愿望终未实现。这主要是由于在20世纪80年代初期，经济体制改革才刚刚开始，计划经济仍然占据主导地位，缺乏生成民法典的必要土壤。而且，民法典所牵涉的问题既十分广泛，又相当复杂，当时的立法经验和理论准备都还有所欠缺，制定民法典的条件并不成熟。仔细斟酌之后，立法者决定退而求其次，暂时放弃在某种程度上能够"毕其功于一役"的民法典，而将重心转向制定各种民事单行法。

在短短几年时间里，我国陆续制定了一批民事单行法，例如商标法、专利法、涉外经济合同法、继承法等，但民事活动中存在一些共同性的问题，比如民事主体、民事法律行为、民事代理、民事责任、诉讼时效、涉外民事关系的法律适用等还缺乏明确的法律规定，而这些问题不宜也无法在任何一个单行法中加以规定。为此，立法机关在民法草案（第四稿）的基础上，经过深入调研、反复酝酿，于1986年审议通过了《中华人民共和国民法通则》（以下简称《民法通则》），该法对民法的调整对象、基本原则、基本制度作出了较为概括的规定，从而改变了各类民事单行法"群龙无首"的局面。

《民法通则》带有明显的过渡性质，它是从分散的民事单行法走向系统、完整的民法典的一个中间环节。《民法通则》不可避免地存在很大的局限性：体系不够健全、内容不够完整、规定过于原则、不少条文已不合时宜等。数十年来，我国的经济社会状况发生了深刻的变化，民事关系更为复杂多样，民事活动也更为活跃，《民事通则》已经很难继续发挥民事基本法的作用。如今，《民法通则》中的不少内容已经被大量的民事单行法和司法解释所替代，特别是1999年颁布的《合同法》，突破、变更了《民法通则》中许多带有总则性质的规定，《民法通则》在民事法律体系中的"统帅"地位正受到越来越多的挑战。

2001年九届全国人大常委会组织起草了《中华人民共和国民法（草案）》，并于2002年进行了初次审议，由于常委会组成人员提出，草案条文太多，一并审议难度太大，当务之急是制定物权法，以分编审议为宜。据此，十届全国人大以来，先后制定了《物权法》《侵权责任法》、涉外民事关系法律适用法等。近年来，社会各界对编纂民法典的呼声比较高。编纂民法典已经具备了较好的主客观条件。

随后，党的十八届四中全会通过了《中共中央关于全面推进依法治国若干重大问题的决定》，将"编纂民法典"作为一项重要任务列入2016年立法计划，并确立"两步走"方案。第一步，制定总则篇。总则篇作为民法典的纲领，统领各分编。自2015年3月20日总则编纂工作启动，经2016年6月、10月、12月三次常委会审议，2017年3月8日，《民法总则》正式提交全国人民代表大会进行审议，3月15日，审议通过，完成了我国民法典编纂的第一步。第二步为编纂各分编。分编涉及的法律包括《物权法》《合同法》《婚姻家庭法》《继承法》《侵权责任法》。2020年3月将各分编一并提请全国人大会议审议通过，从而形成统一的民法典①。

三、《民法典》及其意义

《民法典》被称为"社会生活百科全书"，是民事权利的宣言书和保障书，如果说宪法重在限制公权力，那么民法典就重在保护私权利，几乎所有的民事活动，大到合同签订、公司设立，小到缴纳物业费、离婚，都能在民法典中找到依据。编纂民法典是全面推进依法治国的重要举措，是我国民事立法进程中的一件大事。此次编纂工作耗费数年的时间，是我国法治建设发展的一个重要里程碑，开启了中国法治新时代。

民法典与我们每个人都息息相关，每个人从出生到死亡，都离不开民法。制定民法典是中国特色社会主义法制体系建设的一件大事。对过去分别制定的民事方面的法律，进行编纂，制定民法典，对保护公民、法人、其他组织的民事权利，对保障社会和经济秩序，具有非常重要的意义。

---

① 《中华人民共和国民法总则》主要内容及亮点解析，宣讲家网，http://www.71.cn/2017/0628/953495.shtml。

四、《民法典》立法历程

1954年，全国人大常委会组织力量起草民法典。此后，由于反右斗争扩大化，立法活动被终止。

1962年，民法典起草工作再次被提上议程，并于1964年完成了草案（试拟稿）。后因"文化大革命"而停止。

1979年11月，全国人大常委会第三次组织民法典起草工作，至1982年形成民法草案第四稿。虽然草案并未正式通过成为法律，但现行的民法通则都是以该草案为基础。

2002年12月，第九届全国人大常委会第三十一次会议审议民法草案。之后，由于物权法尚未制定，加之对民法草案认识分歧较大等原因，民法草案最终被搁置下来。

2014年11月，党的十八届四中全会明确提出编纂民法典。

2016年3月，十二届全国人大四次会议表示民法典编纂工作已经启动，从做法上分两步走，第一步是制定民法总则，第二步是全面整合民事法律。

2016年6月，十二届全国人大常委会第二十一次会议初次审议了民法总则草案，标志着民法典编纂工作进入立法程序。

2017年3月，《中华人民共和国民法总则》由中华人民共和国第十二届全国人民代表大会第五次会议通过，自2017年10月1日起施行。

2018年8月，民法典各分编草案提请第十三届全国人大常委会第五次会议审议，不再保留计划生育的有关内容，新增离婚冷静期。

2018年12月，民法典侵权责任编草案提请十三届全国人大常委会第七次会议审议。

2018年12月，民法典合同编草案二审稿提交全国人大常委会审议。为体现对合同的保护，二审稿规定，依法成立的合同受法律保护。

2019年6月，十三届全国人大常委会第十一次会议审议了民法典婚姻家庭编草案和民法典继承编草案。

2019年12月，法工委对民法典各分编草案进行了修改完善，并将2017年已经出台施行的《中华人民共和国民法总则》编入草案，重新编排条文序号，形成《中华人民共和国民法典（草案）》，提请12月常委会会议审议。

2019年12月，十三届全国人大常委会第十五次会议听取全国人大宪法和法律委员会关于《民法典各分编（草案）》修改情况和《中华人民共和国民法典（草案）》编纂情况的汇报，民法典（草案）共7编，依次为总则编、物权编、合同编、人格权编、婚姻家庭编、继承编、侵权责任编，以及附则，共1260条。

2019年12月，十三届全国人大常委会第十五次会议举行分组会议，审议民法典草案。12月28日上午，十三届全国人大常委会第十五次会议表决通过了全国人大常委会关于提请审议民法典草案的议案，决定将民法典草案提请2020年召开的十三届全国人大三次会议审议。

2020年5月28日，中国第十三届全国人民代表大会第三次会议表决通过了《中华人民共和国民法典》，这是新时代中国社会主义法治建设的重大成果。

五、《民法典》简介

2020年5月28日，十三届全国人大三次会议表决通过了《民法典》，自2021年1月1日起施行。《婚姻法》《继承法》《民法通则》《收养法》《担保法》《合同法》《物权法》《侵权责任法》《民法总则》同时废止。

《民法典》是新中国第一部以法典命名的法律，开创了我国法典编纂立法的先河，具有里程碑意义。编纂民法典是党的十八届四中全会确定的一项重大政治任务和立法任务，是以习近平同志为核心的党中央作出的重大法治建设部署。这部法律通过对我国现行的民事法律制度规范进行系统整合、编订纂修，形成了一部适应新时代中国特色社会主义发展要求，符合我国国情和实际，体例科学、结构严谨、规范合理、内容完整并协调一致的法典。

《民法典》被称为"社会生活的百科全书"，是新中国第一部以法典命名的法律，在法律体系中居于基础性地位，也是市场经济的基本法。《民法典》共七编、一千二百六十条，各编依次为总则、物权、合同、人格权、婚姻家庭、继承、侵权责任，以及附则。

第一编为总则，包括十章，第一章包括十二条，主要内容是基本规定；第二章共四节，主要内容是自然人；第三章共四节，主要内容是法人部分；第四章共七条，主要内容为非法人组织部分；第五章共二十四条，主要内容是民事权利部分；第六章共三节，主要内容是民事法律行为；第七章共三节，主要内容是代理部分；第八章共十二条，主要内容是民事责任部分；第九章共十二条，主要内容是诉讼时效；第十章共五条，主要内容是期间计算。

第二编为物权，共五个分编，共二十章。第一分编共三章，主要内容是通则；第二分编共六章，主要内容为所有权；第三分编共六章，主要内容为用益物权；第四分编共四章，主要内容为担保物权；第五分编共一章，主要内容为占有。

第三编为合同，共三个分编，二十九章。第一分编共八章，主要内容为通则；第二分编共四章，主要内容为典型合同；第三分编共两章，主要内容为准合同。

第四编为人格权，共六章。第一章共十三条，主要内容为一般规定；第二章共十条，主要内容为生命权、身体权和健康权；第三章共六条，主要内容为姓名权和名称权；第四章共六条，主要内容为肖像权；第五章共八条，主要内容为名誉权和荣誉权；第六章共八条，主要内容为隐私权和个人信息保护。

第五编为婚姻家庭，共五章。第一章共六条，主要内容为一般规定；第二章共九条，主要内容为婚姻；第三章，共两节，主要内容为家庭关系；第四章共十七条，主要内容为离婚；第五章共三节，主要内容为收养；

第六编为继承，共四章。第一章共七条，主要内容为一般规定；第二章共七条，主要内容为法定继承；第三章共十一条，主要内容为遗嘱继承和遗赠；第四章共十九条，主要内容为遗产的处理。

第七编为侵权责任，共十章。第一章共十五条，主要内容为一般规定；第二章共九条，主要内容为损害赔偿；第三章共十五条，主要内容为责任主体的特殊规定；第四章共六条，主要内容为产品责任；第五章共十条，主要内容为机动车交通事故责任；第六章共十一条，主要内容为医疗损害责任；第七章共七条，主要内容为环境污染和生态环境破坏；第八章共九条，主要内容为高度危险责任；第九章共七条，主要内容为饲养动物损害责任；第十章共七条，主要内容为建筑物和物件损害责任。

附则共两条，涉及本法中相关词条的解释、本法的施行时间以及同时废止的法律文件。①

六、《民法典》的国际评价②

国际人士表示，编纂民法典，是中国推进全面依法治国、推进国家治理体系和治理能力现代化的重大举措，对切实维护最广大人民的根本利益，促进社会公平正义具有重要意义。中国民法典的诞生，为人类法治文明进步作出了新的贡献。

（一）反映人民的意愿，具有中国特色和时代特点

巴西全球南方研究所所长亚历山大·菲格雷多表示，人格权关系到每个人的人格尊严。中国民法典将人格权独立成编，把对人格权的保护提升到新高度，在世界民法典立法史上具有创新意义。

"中国改革开放 40 多年，取得的巨大成就离不开法治建设不断完善。编纂民法典反映人民的意愿，具有中国特色和时代特点，可供其他国家借鉴。"罗马尼亚前总理蓬塔认为民法典的颁布"正当其时"，充分体现了中国社会主义核心价值观蕴含的司法理念。

比利时比中经贸委员会主席、布鲁塞尔律师公会律师贝尔纳·德威特表示，编纂民法典在中国民事立法史上具有里程碑意义。"这体现了中国经济社会的不断发展和法治深入人心，也是经济社会进一步繁荣发展的现实需要，有助于更好地保护中国公民权利。全国人大会议审议通过民法典，是中国深入推进全面依法治国的重要举措。"

在韩国太平洋律师事务所中国业务部总负责人池涌泉看来，此次民法典编纂过程，彰显了中国高度重视民生和人权的坚定立场，是中国特色社会主义法治理念的伟大实践。"从切实关注民生的视角出发，很多涉及中国百姓社会生活的具体问题，均在民法典草案中得以反映，充分彰显了以人为本、立法为民的理念。"

（二）有利于将中国制度优势更好地转化为国家治理效能

意大利罗马第三大学法学教授恩里科·托蒂表示，中国编纂民法典将丰富世界民

---

① 中华人民共和国民法典，中国政府网，http://www.gov.cn/xinwen/2020-06/01/content_5516649.htm。
② 国际人士积极评价中国全国人大审议通过民法典，国务院新闻办公室，http://www.scio.gov.cn/37259/Document/1681491/1681491.htm。

法体系内容。拥有一部完整的民法典，对于中国治理体系和治理能力的进一步优化具有深远影响。

日本中央大学法学部教授梶田幸雄多年从事中国法律的教学与研究工作。他认为，中国民法典是一部蕴含了民事权利保障、法律义务强化、社会秩序稳定等丰富内容的基础性法律，将更好地维护最广大人民的根本利益。"编纂民法典对推进中国国家治理体系和治理能力现代化具有重大意义，有利于将中国制度优势更好地转化为国家治理效能。"

比利时比中经贸委员会主席、布鲁塞尔律师公会律师贝尔纳·德威特坦言，编纂民法典并非易事，需要不同领域的专家付出大量努力，"全国人大会议审议通过民法典，表明中国政府依法治国的决心和信念。"他认为，中国民法典的编纂充分尊重科学规律，体现时代需求，将推动中国的司法体系现代化，"这部立法必将对中国司法制度产生积极影响"。

韩国太平洋律师事务所合伙人之一池涌泉指出，针对一些新的法律问题，民法典能够及时从法理上厘清责任界限，更好地满足人民群众需求，对于中国推进全面依法治国意义重大。"编纂民法典，展现了中国坚定不移走中国特色社会主义法治道路的决心。"

"民法典颁布，标志着中国依法治国又迈上一个新台阶。"美国泰和泰华盛顿律师事务所主任程绍铭律师认为，中国民法典将更好地维护公民权利，让各种民商事活动的行为有法可依，"它将为规范中国社会的各种民商事法律关系发挥重要作用"。

（三）中国编纂民法典是完善市场经济的重要一步

波兰东亚文明研究中心主任加夫利科夫斯基说："中国编纂民法典是完善市场经济的重要一步。编纂民法典，健全和充实民事权利种类，形成更加规范有效的权利保护机制，有利于更好维护人民权益，促进人的全面发展。"

"民法典的通过，是中国法治建设的重要里程碑，对中国进一步完善社会治理和市场经济有着非常重要的意义。"新加坡国立大学东亚研究所助理所长、高级研究员陈刚认为。

"不仅中国人民非常期待民法典的通过，外国企业也对此充满期待。民法典将有利于营造各种所有制主体依法平等使用资源要素、公开公平公正参与竞争、同等受到法律保护的市场环境。"梶田幸雄表示，在华日资企业众多，民法典将为其在华拓展市场保驾护航。

俄罗斯科学院远东问题研究所首席研究员弗拉基米尔·彼得罗夫斯基认为，民法典致力于解决社会发展问题，为市场经济提供了司法审判和执行指引，将成为中国健全市场秩序、维护交易安全、促进社会主义市场经济健康发展的基本法律。

马来西亚太平洋研究中心首席顾问胡逸山表示，民法典还涉及协调经济发展与环境保护的关系等宏观课题。中国作为世界第二大经济体，统筹平衡经济发展和环境保护，对中国乃至世界的可持续发展都有重大影响。

第三节 民事诉讼法

一、《民事诉讼法》的重要性

民事诉讼是指人民法院、当事人和其他诉讼参与人,在审理民事案件的过程中,所进行的各种诉讼活动,以及由这些活动所产生的各种关系总和。《民事诉讼法》是国家的基本法律,是我国社会主义法律体系中重要的组成部分。《民事诉讼法》是程序法,它通过规定人民法院和当事人在民事诉讼活动中应该遵循的原则、制度和程序,通过规定当事人和其他诉讼参与人在民事诉讼中的权利和义务,实现确认民事权利义务关系,制裁民事违法行为,保护公民和法人合法民事权益的任务,从而保障我国民法、经济法、婚姻法等民事法律规范的实施,稳定社会经济秩序,促进社会主义现代化建设和经济体制改革的顺利进行[①]。

二、《民事诉讼法》的特点

我国《民事诉讼法》的产生有其特定的社会背景,因此具有鲜明的中国特点。

第一,民事诉讼法注重适应我国的基本国情。

随着我国市场经济的不断发展和完善,民事纠纷越来越多,迫使我国必须加大对这些民事纠纷的协调,从而倒逼民事诉讼法的产生,并且根据我国经济发展的实际不断加以修订。

第二,民事诉讼法与民事实体法之间不断协调。

我国民事诉讼法在发展过程中,非常注重与《商标法》《专利法》《涉外经济合同法》《继承法》《物权法》《侵权责任法》《涉外民事关系法律适用法》等民事实体法之间的协调,从而促进我国法律体系的不断完善。

第三,民事诉讼法注重保障当事人的权利。

民事诉讼适用简易程序,是对案情简单、争议不大的案件,采用简便、快捷的方式,及时处理纠纷。止争息诉的审判机制,对化解大量的民事纠纷发挥着重要的作用。简易程序与普通程序都是民事诉讼法规定的审理民事案件的程序,无论适用何种程序,都应遵循民事诉讼法的立法宗旨,法律原则和具体规定,保障当事人的诉讼权利,及时、公正地审理案件,正确地确认民事权利义务,实现民诉法的任务要求。

最高人民法院关于适用民事诉讼简易程序的司法解释,对适用简易程序审理案件的具体操作规程,作了较为详细的规定,是法官审理案件的指南。司法解释规定法官应当给当事人释明的事项,应当告知的答辩时限、举证期限、诉讼权利义务等,法官应当及时告知、释明,充分保障当事人的诉讼权利。此外,相关司法解释还规定了具

---

① 王怀安. 论民事诉讼法的重要性 [J]. 学习与辅导,1988 (5):2-4.

体简便的操作方式，体现了简易程序的特点，又在具体规定中充分体现了保障当事人诉讼权利的立法思想。

第四，强制性与平等性。

民事诉讼是以司法方式解决平等主体之间的纠纷，是由法院代表国家行使审判权解决民事争议，既不同于群众自治组织性质的人民调解委员会以调解方式解决纠纷，也不同于由民间性质的仲裁委员会以仲裁方式解决纠纷，具有强制性。

人民法院只受理平等主体之间因人身关系和财产关系提起的民事诉讼，包括婚姻、继承、经济和纠纷引起的诉讼案件，它要求法院确实保障双方当事人处于完全平等诉讼境地，对当事人一视同仁，平等对待，不得偏袒或歧视任何一方；要求法院为双方当事人创造和提供同样的、均等的行使诉讼权利的手段、机会和便利条件，不得厚此薄彼；要求法院帮助当事人正确行使诉讼权利，主动告之其享有的诉讼权利、如何行使及其后果，及时行使释明权；要求法院对一切诉讼参与人平等保护和平等制裁，不允许有任何特权。总之法院确实履行好保障职责，是当事人平等原则得以实现的关键。[①]

三、《民事诉讼法》立法历程

1991年4月9日第七届全国人民代表大会第四次会议通过《中华人民共和国民事诉讼法》；

根据2007年10月28日第十届全国人民代表大会常务委员会第三十次会议《关于修改〈中华人民共和国民事诉讼法〉的决定》第一次修正；

根据2012年8月31日第十一届全国人民代表大会常务委员会第二十八次会议《关于修改〈中华人民共和国民事诉讼法〉的决定》第二次修正；

根据2017年6月27日第十二届全国人民代表大会常务委员会第二十八次会议《关于修改〈中华人民共和国民事诉讼法〉和〈中华人民共和国行政诉讼法〉的决定》第三次修正。

四、现行《民事诉讼法》简介

现行《民事诉讼法》于2017年6月27日颁布实施，共分成四编、二百八十四条。具体简介如下。第一编为总则，包括十一章，第一章为任务、适用范围和基本原则，第二章为管辖，第三章为审判组织，第四章为回避，第五章为诉讼参加人，第六章为证据，第七章为期间、送达，第八章为调解，第九章为保全和先予执行，第十章为对妨害民事诉讼的强制措施，第十一章为诉讼费用。第二编为审判程序，包括第十二章至第十八章，第十二章为第一审普通程序，第十三章为简易程序，第十四章为第二审程序，第十五章为特别程序，第十六章为审判监督程序，第十七章为督促程序，第十八章为公示催告程序。第三编为执行程序，包括第十九章至第二十二章，第十九

[①] 杨缓. 试析我国民事诉讼法的相关特点 [J]. 统计与管理，2015（5）：154.

章为一般规定,第二十章为执行的申请和移送,第二十一章为执行措施,第二十二章为执行中止和终结。第四编为涉外民事诉讼程序的特别规定,包括第二十三章至第二十七章,第二十三章为一般原则,第二十四章为管辖,第二十五章为送达、期间,第二十六章为仲裁,第二十七章为司法协助。①

五、民事诉讼理论热点综述

第一,民事诉讼的智能化。一方面,人工智能有助于提高司法的效率、公正与便捷。另一方面,也因为越来越智能化的日常生活与司法的密切联系,基于互联网交易、互联网侵权发生的大量纠纷,在司法过程中不可避免地涉及智能化的运用——取证、质证、认证。智能化正在明显地改变着民事诉讼的形态,对何谓现代民事诉讼作出了新的阐释。从发展的视角来看,智能化可能是民事诉讼发展过程中最具有革命性的变化。

第二,检察公益诉讼。一是继续沿袭关于公益诉讼研究的传统路线,探讨对民事公益诉讼的性质和定位;二是聚焦于检察机关提起公益诉讼的程序规则设计。而在检察机关提起公益诉讼的程序规则设计方面,有通过比较法对检察机关提起公益诉讼的基本程序予以探讨的研究成果,亦有集中研究检察机关提起刑事诉讼时如何附带民事公益诉讼的程序规则研究。

第三,民事执行立法。民事执行法(强制执行法)已经纳入立法规划,因此,关于民事执行立法中的若干问题也就成为了2019年民事诉讼法学界热点。学界热议的问题主要有以下方面:关于执行根据;关于执行回转;关于执行救济制度的完善;关于民事执行检察监督等。

第四,民事执行理论研究。关于民事执行理论研究,2019年依然延续了在一些重大理论问题上的探讨,既有宏观理论的探讨,亦有具体制度的规则设计的分析。在宏观理论探讨方面又分为两个不同的维度:一个维度是对"执行程序全过程"的系统性研究,另一个维度是聚焦于"执行难"。

第五,民事诉讼基础理论研究。民事诉讼基础理论的研究仍然是2019年民事诉讼法学研究的重要内容。其中较具代表性的如对诉讼标的、既判力、诉讼要件等理论问题的探讨。而在民法与民事诉讼法衔接问题上的研究仍为年度的热点问题。尤其是在民法典即将出台之时,实体权利的诉讼适用与保护将会成为后民法典时代的重点问题。

第六,民事诉讼证据与证明制度研究。民事诉讼证据与证明制度的研究依然延续了其研究热度,亦是2019年民事诉讼法学理论研究的重点内容。

第七,民刑交叉诉讼关系的处置。所谓民刑交叉关系存在着两个层面,一个是实体层面,另一个是诉讼层面。实体层面考虑的是,在实体上,一个特定纠纷究竟是刑事还是民事,抑或存在刑民竞合的问题;诉讼层面的问题,在于如何处理在事实上有联系的民事诉讼与刑事诉讼之间的关系问题。

第八,仲裁司法监督。其一,关于仲裁裁决事由问题,关于仲裁法第五十八条第

---

① 中华人民共和国民事诉讼法,中华人民共和国司法部 中国政府法制信息网,http://www.moj.gov.cn/Department/content/2018-12/25/357_182594.html。

一款第五项的规定，关于实体审查；其二，关于仲裁裁决司法监督的程序问题，一个是关于司法仲裁监督的程序设置，另一个是关于不予执行制度。①

第四节　企业破产法

一、破产的定义

破产，是指债务人因不能偿债或者资不抵债时，由债权人或债务人诉请法院宣告破产并依破产程序偿还债务的一种法律制度。狭义的破产制度仅指破产清算制度，广义的破产制度还包括重整与和解制度。多数情况下，破产指一种公司行为和经济行为，而人们有时习惯把个人或者公司停止经营也叫作破产。

公司破产，是指对公司因不能清偿到期债务，由债权人或者由债务人向人民法院申请破产还债。

二、公司破产的法定程序

公司破产的法定程序包括破产申请、破产受理、破产宣告、破产清算和破产终结。

（1）破产申请：指当事人向法院提出的宣告公司破产的请示。

（2）破产受理：人民法院裁定或受理公司破产案件后，应当在10日内通知债务人和已知的债权人，并发布公告。债权人应当在收到通知后的30天内，未收到通知的债权人应当自公告之日起3个月内向人民法院申报债权，说明债权的数额有无财产担保并提交证明材料。逾期申报债权的，视为自动放弃债权。

（3）破产宣告：法院对债权人或债务人提出的破产申请进行审理，确认其具备法定条件的即可宣告破产。公司宣告破产的界定，是指公司宣告破产的法定条件成立，被人民法院宣告公司破产。宣告公司破产，是依据《中华人民共和国企业破产法》关于企业法人破产还债程序的规定进行。

（4）破产清算：公司法规定，公司因不能清偿到期债务，被依法宣告破产的，由人民法院依照有关法律的规定，组织股东、有关机关及有关专业人员成立清算组，对公司进行破产清算。

（5）破产终结：指法院裁定的破产程序的终结。

三、《企业破产法》立法过程

1994年，企业破产法就列入了全国人大常委会的立法规划之中。

---

① 民事诉讼法学：聚焦基础理论关注司法实践新发展，中华人民共和国最高人民检察院，https://www.spp.gov.cn/spp/llyj/202001/t20200105_451998.shtml。

1994年3月，开始研究起草破产法草案。

1995年，提交全国人大常委会。但是，由于对本法的出台时机是否成熟存在不同意见，以及社会保险制度及其立法一时难以配套等原因，草案当时未能进入全国人大常委会审议程序。

2000年3月，起草组召开会议，就草案的修改问题进行了研究。

2003年8月，调整起草机构，再次启动草案修改起草工作。

2003年11月，将草案再次送各地和有关部门征求意见。

2004年5月，起草组再次召开大规模座谈会征求意见。

2004年6月21日，正式提交第十届全国人大常委会第十次会议进行初审。

2004年10月，对草案进行了第二次审议。

2006年8月27日，第十届全国人民代表大会常务委员会第二十三次会议通过《企业破产法》。

在法律起草过程中，在适用范围、破产原因、重整制度、破产企业职工权益保护、金融机构的破产等问题上都曾有过争论。

四、《企业破产法》简介

为规范企业破产程序，公平清理债权债务，保护债权人和债务人的合法权益，维护社会主义市场经济秩序，制定本法。《企业破产法》已由中华人民共和国第十届全国人民代表大会常务委员会第二十三次会议于2006年8月27日通过，现予公布，自2007年6月1日起施行。共十二章、一百三十六条，详细简介如下。

第一章为总则，包括第一条到第六条，规定了立法目的、适用范围、破产案件的管辖，民事诉讼程序对破产案件审理程序的准用，破产的域外效力及审理破产案件的基本原则。

第二章为申请和受理，包括第七条到第二十一条，规定了申请人、提出破产申请时应提交的文件，破产申请的撤回，受理期限，受理破产申请裁定的送达，不受理破产申请裁定和驳回破产申请裁定的送达与上诉，受理破产申请时对管理人的指定，受理破产申请后的通知与公告，受理破产申请送达后债务人有关人员的义务，破产申请受理后债务人清偿行为的限制，破产申请受理后债务人清偿债务的对象，破产申请受理后债务人未履行完毕合同的处理，破产申请受理后对债务人财产的保全措施和执行程序的处理，破产申请受理后已经开始的有关债务人的民事诉讼或仲裁的处理和破产申请受理后有关债务人的民事诉讼的管辖法院。

第三章为管理人，包括第二十二条到第二十九条，规定了管理人的制定与更换，管理人的监督，管理人的选择，管理人的职责，管理人决定继续或停止债务人的营业等事项的许可，管理人的勤勉义务和忠实义务，聘用工作人员和管理人的报酬，管理人的辞任。

第四章为债务人财产，包括第三十条到第四十条，规定了债务人财产的范围，破产撤销权的行为类型，个别清偿行为的撤销，破产无效行为，管理人对债务人财产的追回，破产申请受理后债务人的出资人尚未完全履行出资义务的处理，债务人的高管人员非正常收入和侵占的企业财产的收回，管理人对质物或留置物的取回，一般破产取回权、出卖人取回权和破产抵销权及其行使。

第五章为破产费用和共益债务，包括第四十一条到第四十三条，规定了破产费用的范围、共益债务的范围和破产费用及共益债务的清偿。

第六章为债券申报，包括第四十四条到第五十八条，规定了破产债权的范围，债权申报期限的确定，未到期债权的申报，附条件、附期限债权的申报，债权申报与无须申报的债权，债权申报的提出，连带债权的申报，因解除合同而产生的损害赔偿的申报，破产程序中委托合同的受托人的申报，破产程序中因票据关系而产生的债权，补充申报债权，管理人审查债权和编制债权表，债权核查、确认和异议程序。

第七章为债权人会议，包括第五十九条到第六十九条，规定了债权人会议成员及表决权，债权人会议主席，债权人会议的职权，债权人会议的召开，召开债权人会议的通知，债权人会议的表决，债务人财产管理方案、破产财产变价方案和分配方案未获通过时的裁定，债权人对裁定不服的救济途径，债权人委员会的设立和认可，债权人委员会的职权，管理人重大事项的申报。

第八章为重整，包括第七十条到第九十四条，规定了重整申请人、重整裁定与公告、重整期间的界定，债务人自行管理财产和营业事务，重整期间担保人权利的限制，重整期间取回权行使的限制，重整期间出资人及债务人高管人员权利的限制，重整程序的提前终止，重整计划草案的提交日期，重整计划草案的制定人，重整计划草案的内容，表决分组，重整计划对社会保险费用减免的禁止，重整计划草案的表决通过，出资人在重整计划草案通过中的作用，重整计划的通过与批准，重整计划草案的再次表决与强制批准，重整计划未获通过未获批准的法律后果，重整计划执行人，重整计划执行的监督，重整计划执行监督报告，人民法院裁定批准的重整计划的效力，债务人不能执行或不执行重整计划的法律后果，重整计划执行完毕的效力。

第九章为和解，包括第九十五条到第一百零六条，规定了和解申请与和解协议草案的提出，人民法院对和解申请的审查，债权人会议对和解协议的决议，人民法院对和解协议的裁定认可、和解协议草案未获通过、未获认可的法律后果，和解协议的效力，和解协议对保证人和其他连带债务的效力，和解协议对债务人的效力，和解协议的无效，债务人不能执行或者不执行和解协议的法律后果，债务人与全体债权人自行达成协议的处理和和解协议执行完毕的法律后果。

第十章为破产清算，包括第一百零七条到第一百二十四条，规定了破产宣告的裁定及其送达和公告，不予宣告破产的法定事由，别除权，未受清偿的别除权的性质，破产财产变价方案的拟订和通过，破产财产的变价，破产财产分配的顺位，破产财产的分配方式，破产财产分配方案的拟订、通过和认可，破产财产分配方案的执行，附生效条件或解除条件的债券的分配额的提存，未受领的分配额的提存，未决债权的分配额的提存，破产程序终结的原因，破产人的注销登记，管理人终止执行职务，破产程序终结后的追回分配和破产人连带债务人未受清偿债券的处理。

第十一章为法律责任，包括第一百二十五条到第一百三十一条，规定了企业董事、监事和高级管理人员的破产责任，债务人的有关人员违反说明义务的法律责任，违反提交或移交义务的法律责任，妨害公正清偿行为的法律责任，违反行为限制规定的法律责任，管理人未尽勤勉义务和忠实义务的法律责任，违反本法规定的刑事责任。

第十二章为附则，包括第一百三十二条到第一百三十六条，规定了本法公布前劳动债权清偿顺位的特别规定、特殊国有企业的特别规定、金融机构破产的特别规定、其他组织破产清算的法律适用和生效日期。①

五、《企业破产法》的司法解释

2011年8月29日，最高人民法院审判委员会第1527次会议通过了《最高人民法院关于适用〈中华人民共和国企业破产法〉若干问题的规定（一）》，共九条。

2013年7月29日，最高人民法院审判委员会第1586次会议通过了《最高人民法院关于适用〈中华人民共和国企业破产法〉若干问题的规定（二）》，共四十八条。

2019年2月25日，最高人民法院审判委员会第1762次会议通过了《最高人民法院关于适用〈中华人民共和国企业破产法〉若干问题的规定（三）》，共十六条，自2019年3月28日起施行。

六、修订《企业破产法》的必要性

2007年6月1日起施行的《企业破产法》不可避免地带有较多的历史局限性，已经不能完全满足现实的需要，破产程序目前面临"受理难"，法院受理的破产案件总量与实际歇业企业总量完全不匹配，破产案件审理效率低，没收财产却要缴清所得税。为此，对企业破产法修订包括设立专门的破产法院和管理人业务培训制度；对优先清偿担保债权还是优先清偿职工工资作出选择，并制定具体操作细则；规定税务机关、海关不得在破产阶段强制征收债务人的税款；细化破产企业职工权益的保障条款，完善与劳动合同法相关规定的衔接等。②

个人破产制度十几年前曾进入立法者的视野，因"条件尚不成熟"未入法。所谓个人破产，是指债务人不能清偿其到期债务，又不能和债权人达成和解时，向法院申请破产，通过破产程序对债权债务重新调整。建立个人破产制度，将使债务人和债权人共同分担债务不能清偿的风险，给予债务人重新在经济上自立的机会，从而减少人们参与经济活动的后顾之忧。但个人破产并不简单意味着债务人一旦被宣告破产，其不能清偿的债务一概得到豁免，相关立法和程序均颇为复杂。2006年通过的企业破产法，起草费时12年之久，有关个人破产的草案条文在讨论时引起争论，后被删除。主要是担心个人破产被滥用，当时还没有财产登记和个人信用记录等，而且当时迫切需要解决国有企业的破产问题。2019年7月，国家发展和改革委员会等部门发布《加快完善市场主体退出制度改革方案》，提出研究建立个人破产制度，重点解决企业破产产生的自然人连带责任担保债务问题；明确自然人因担保等原因而承担与生

---

① 中华人民共和国企业破产法 [M]. 北京：中国法制出版社，2017.
② 赵莹莹. 曹立强代表应尽快修订《企业破产法》[N]. 北京晚报，2019-03-16.

产经营活动相关的负债可依法合理免责;逐步推进建立自然人符合条件的消费负债可依法合理免责,最终建立全面的个人破产制度。2019年12月初,《深圳市建设中国特色社会主义先行示范区的行动方案(2019—2025年)》公布,深圳提出推进个人破产条例专项立法。2020年9月1日,广东省深圳市在全国出台首部个人破产法——《深圳经济特区个人破产条例》,并于2021年3月1日起施行。

七、《深圳经济特区个人破产条例》简介

《深圳经济特区个人破产条例》经深圳市第六届人民代表大会常务委员会第四十四次会议于2020年8月26日通过,现予公布,自2021年3月1日起实施。《深圳经济特区个人破产条例》共十三章、一百七十三条,具体内容如下。

第一章为总则,包括第一条到第七条,涉及本条例的制定目的,适用范围,制定原则,负责管辖本条例的单位,个人破产事务的行政管理职能的行使机构,以及关于破产登记制度和重大事项的登记与相关信息的公开。

第二章为申请和受理,包括第八条到第三十一条,共三节。第一节为申请,涉及债务人提出破产申请应提交的材料及其流程等;第二节为受理,涉及人民法院审查破产申请的调查方式等;第三节为破产受理的效力,涉及债务人在人民法院裁定受理破产申请后的行为原则等。

第三章为债务人财产,包括第三十二条到第四十七条,共三节。涉及财产申报、豁免财产、财产交易行为财产申报一节中,涉及债务人财产的定义及应申报的情况等;豁免财产一节中,涉及豁免财产的定义及豁免财产范围等;财产交易行为一节中,包括涉及债务人在破产申请提出的不同阶段对名下财产处分行为的规定等。

第四章为债权申报,包括第四十八条到第六十五条,共三节。第一节为申报程序,涉及债权人申报债权的相关规定;第二节为可申报债权,对债权人申报的债权作出规定;第三节为债权审核,明确编制债权表的责任归属、期限等。

第五章为破产费用和共益债务,包括第六十六条到第六十八条,涉及破产费用的定义及内容,共益债务的定义及内容,破产费用和共益债务的清偿顺序及比例等。

第六章为债权人会议,包括第六十九条到第八十三条,共两节。第一节为组织形式,规定有权参加第一次债权人会议的人员及其权力等;第二节为召开会议和表决,规定债权人会议的召集及召开等。

第七章为破产清算,包括第八十四条到第一百零五条,共三节。第一节为破产宣告,规定破产财产的定义,宣告债务人破产的法律性程序;第二节为财产分配,规定破产财产分配方案的执行等;第三节为免责考察,明确免除债务人未清偿债务的考察期限,以及期限内债务人的义务等。

第八章为重整,包括第一百零六条到第一百三十二条,共三节。第一节为重整申请与期间,规定债务人可申请重整的需满足的条件及期限等;第二节为重整计划制定和批准,规定重整计划草案包括的内容等;第三节为重整计划执行,规定重整计划的执行主体等。

第九章为和解，包括第一百三十三条到第一百四十七条，共两节。第一节为和解申请，涉及债务人向人民法院申请和解需要提交和解可行性报告等；第二节为和解协议认可，涉及和解协议的内容以及和解需要满足的条件等。

第十章为简易程序，包括第一百四十八条到第一百五十四条，涉及可以适用简易程序审理的案件情形及时限，适用简易程序审理的案件，管理人需要办理的事项等。

第十一章为破产事务管理，包括第一百五十五条到一百六十六条，共两节。第一节为破产事务管理部门，涉及市破产事务管理部门应当履行的职责等；第二节为管理人，涉及担任管理人应符合的条件等。

第十二章为法律责任，包括第一百六十七条到第一百七十条，涉及债务人、债务人的近亲属等利害关系人、债权人、利害关系人等行为主体违反本条例规定需承担的法律责任，管理人未依照本条例规定履行职责的处理办法等。

第十三章为附则，包括第一百七十一条到第一百七十三条，涉及符合本条例规定的债权人，其配偶可以选择同时适用本条例进行破产清算、重整或者和解，本条例的施行时间等。①

八、《深圳经济特区个人破产条例》立法的必要性

立法《深圳经济特区个人破产条例》，既为贯彻落实党的十九届四中全会精神等中央层面制度设计，也为推动深圳构建高质量发展，为国家立法积累经验。

一是贯彻落实党的十九届四中全会精神和中共中央、国务院《关于新时代加快完善社会主义市场经济体制的意见》的需要。

党的十九届四中全会通过的《中共中央关于坚持和完善中国特色社会主义制度推进国家治理体系和治理能力现代化若干重大问题的决定》提出"加快完善社会主义市场经济体制。健全破产制度"。中共中央、国务院《关于新时代加快完善社会主义市场经济体制的意见》再次明确提出，健全破产制度，改革完善企业破产法律制度，推动个人破产立法，实现市场主体有序退出。深圳先行一步，在国内首次进行个人破产立法的尝试，对于构建完整的现代破产制度和市场退出制度，营造稳定、公平、透明、可预期的国际一流法治化营商环境有着重大的意义。

二是推动深圳构建高质量发展体制机制，率先建设体现高质量发展要求的现代化经济体系的需要。

个人与企业一样，也是市场经济活动的重要参与者。据统计，截至2020年1月底，在深圳登记设立的商事主体已达329.8万户，其中个体工商户123.6万户，占比为37.5%。除此之外，还有大量自我雇用的商事主体以微商、电商、自由职业者等形式广泛参与市场经济活动。由于个人破产制度长期缺失，这部分商事主体一旦遭遇市场风险，需要以个人名义承担无限债务责任，无法实现从市场有序退出和再生。因此，建立完善个人破产制度，为诚实但不幸的市场主体提供遭遇债务危机的后续保障，能够为个人创业者解除后顾之忧，促进大众创业、万众创新，推动深圳在构建高

---

① 深圳经济特区个人破产条例，深圳之窗，https://city.shenchuang.com/city/20200902/1556965.shtml。

质量发展体制机制上走在全国前列。

三是深圳作为中国特色社会主义先行示范区立足先行先试，为国家立法探索和积累经验的需要。

从国外破产制度发展历程来看，破产制度的基础和源头是个人破产制度，市场经济发展比较成熟的国家和地区如英国、美国、德国、日本以及我国香港、台湾地区都制定了个人破产方面的法律法规。《深圳经济特区个人破产条例》是我国第一部有关个人破产的立法，尽管是地方立法，但具有十分重要的意义。据了解，全国人大法工委正在研究修订《企业破产法》，拟在该法中就个人破产制度作原则性的规定。深圳制定个人破产条例可以使个人破产制度更加具有可操作性，也可以为国家将来专门制定个人破产法探索和积累经验，充分发挥深圳作为中国特色社会主义先行示范区的示范作用。①

九、《深圳经济特区个人破产条例》立法总体思路

《深圳经济特区个人破产条例》立法总体思路主要有四点。

一是引导市场主体有序退出，激励个人市场主体创业创新。

在现代社会，个人不论是参与生产经营或者生活消费，都可能产生债权债务关系，如果这种关系长期得不到妥善清理，必然会妨害正常的社会经济秩序。个人债权债务关系有时表现得较为复杂，既有债务人恶意逃避债务的情况，也有债权人之间得不到公平清偿而引发更多矛盾和问题。因此，个人破产立法要全面规范个人破产程序，通过科学合理的制度设计，依法清理债权债务关系，引导市场主体有序退出，有效激励个人市场主体创业创新。同时，注重公平保障债权人、债务人和其他利害关系人的合法权益，努力实现个人破产制度的核心价值目标。

二是救济诚实而不幸的债务人，防止恶意逃债。

救济是个人破产制度最本质的意义和属性。个人破产制度从某种意义上来说，是为诚实而不幸的债务人提供了一种可期待、可信赖的保障。因此，个人破产立法要树立的基本价值导向是只有诚实守信的债务人在不幸陷入债务危机时，才能获得个人破产制度的保护，并帮助其从债务危机中解脱出来，重新参与社会经济活动，创造更多财富。对于恶意逃债或者实施破产欺诈的债务人，不仅不能通过破产逃避债务，还要通过法律手段加以预防和惩治。

三是开展制度创新学习借鉴市场经济发展比较成熟的国家和地区的破产立法经验。

深圳要打造高质量发展高地、法治城市示范，建成现代化国际化创新型城市、具有全球影响力的创新创业创意之都，成为竞争力、创新力、影响力卓著的全球标杆城市，要求在个人破产立法中具有国际视野，从实际出发，学习借鉴英国、美国、德国、日本以及我国香港、台湾等市场经济发展比较成熟的地区的破产立法经验，利用特区立法权优势，开展个人破产制度创新。

四是立足特区实际，充分体现深圳特色。

---

① 《深圳经济特区个人破产条例》解读，深圳之窗，https://city.shenchuang.com/city/20200902/1556968.shtml。

深圳经济特区是我国市场经济体系发展较为完善和成熟的地区，对市场机制法治化有着更为急迫的需求，而个人破产制度是成熟市场经济环境应有的救济机制。建立个人破产制度，要最大限度地解除创业者的后顾之忧，激发市场主体的创业热情，鼓励创新，宽容失败，让创业创新持续成为深圳经济发展最根本的推动力。[①]

第五节　招标投标法

一、招标投标定义

招标投标法是国家用来规范招标投标活动、调整在招标投标过程中产生的各种关系的法律规范总称。按照法律效力的不同，招标投标法律规范分为三个层次：第一层次是由全国人大及其常委会颁布的《招标投标法》；第二层次是由国务院颁发的招标投标行政法规以及有立法权的地方人大颁发的地方性招标投标法规；第三层次是由国务院有关部门颁发的招标投标的部门规章以及有立法权的地方人民政府颁发的地方性招标投标规章。本章所论述的内容属于第一层次，即由全国人民代表大会常务委员会制定和颁布的《招标投标法》。《招标投标法》是社会主义市场经济法律体系中非常重要的一部法律，是整个招标投标领域的基本法，一切有关招标投标的法规、规章和规范性文件都必须与《招标投标法》相一致。

二、《招标投标法》的作用

《招标投标法》的制定使招标投标活动有了法律的保障，提出了公开、公平、公正和诚实信用的招标投标原则。《招标投标法》的制定，对促进社会经济的发展有很强的现实意义。《招标投标法》的制定为招标投标活动提供有利的法律环境，为经济领域改革提供法律保障。该法确立了招标代理机构的法律地位，为规范建筑市场招投标交易行为创造了条件。

三、《招标投标法》简介

1999年8月30日，第九届全国人民代表大会常务委员会第十一次会议通过了《中华人民共和国招标投标法》。1999年8月30日中华人民共和国主席令第二十一号公布，自2000年1月1日起施行，全文共六章、六十八条。

第一章为总则，包括第一条到第七条，规定了立法目的，适用范围和调整对象，强制招标的范围，不得规避招标，招标投标活动应遵循的基本原则，法律效力和本法监督管理体制。

第二章为招标，包括第八条到第二十四条，规定了招标人的定义，招标项目的审

[①] 《深圳经济特区个人破产条例》解读，深圳之窗，https://city.shenchuang.com/city/20200902/1556968.shtml。

批程序和资金要求，招标的方式及定义，邀请招标的限定条件，招标人自行招标及自行选择招标代理机构，招标代理机构的定义及应当具备的条件，招标代理机构的资格认定，招标代理人的代理权限，招标公告的发布及其要求，邀请招标的招标要求，潜在投标人的资格审查，招标文件的要求，踏勘，招标人的保密责任，修改或澄清招标文件的程序和提交投标文件的时间要求。

第三章为投标，包括第二十五条到第三十三条，规定了投标主体，投标人资格，投标文件要求，投标人送达投标文件，投标人补充、修改、撤回投标文件，分包，联合体投标和禁止行为。

第四章为开标、评标和中标，包括第三十四条到第四十八条，根据开标时间和地点，开标主持人与参与人，开标程序、开标要求及开标应当记录，评标和中标活动的具体程序和步骤，评标委员会的组成及评标委员会成员的资格，评标过程的保密义务和评标不受非法干预和影响，投标文件的澄清，评标标准和结果效力，中标条件，否决投标，禁止谈判，评标委员会成员应遵守的基本准则，中标结果和中标通知书的法律效力，中标后程序和禁止行为。

第五章为法律责任，包括第四十九条到第六十四条，规定了招标人规避招标行为应承担的法律责任，招标代理机构的违法行为应承担的法律责任，否决投标，招标人对其泄露可能影响公平竞争的情况的行为和泄露标底的行为所负的法律责任，串通投标以及投标人为谋取中标而行贿的违法行为应负的法律责任，中标候选人公示和评标结果异议，招标人对其违法谈判行为应负的法律责任，评标委员会成员和参加评标的有关工作人员对其违法行为应承担的法律责任，招标人对其不按要求确定中标人的违法行为应负的法律责任，违法转让和分包中标项目应负的法律责任，不按照招标文件和投标文件签订合同以及订立违背合同实质性内容的协议而应承担的法律责任，投诉，实施行政处罚的主体，干涉招标活动的违法行为应当承担的法律责任，国家机关工作人员对其违法行为应负的法律责任和无效中标。

第六章为附则，包括第六十五条到第六十八条，规定了申诉权、强制招标的例外、国际招标程序的适用及生效日期。①

四、《招标投标法》修订背景

招投标制度是社会主义市场经济体制的重要组成部分。《招标投标法》自2000年颁布实施以来，我国招投标事业取得长足发展，招投标市场不断壮大，行政监督管理体制逐步完善，招投标制度规则日趋完备。随着实践不断发展，招投标领域出现了许多新情况、新问题推动加快修订《招标投标法》。

一是优化招投标市场营商环境的迫切需要。招投标市场存在的围标串标、弄虚作假、排斥限制潜在投标人、低质低价中标等突出问题严重破坏公平竞争的市场环境，需要从提高公开透明度、完善评标制度、加强信用体系建设、强化行政监督、加大违法行为惩处力度等方面加以解决。

---

① 中华人民共和国招标投标法，中国人大网，http：//www.npc.gov.cn/wxzl/wxzl/2000 - 12/05/content_4749.htm。

二是深化招投标领域"放管服"改革的迫切需要。当前招投标行政管理的重心尚未实现从事前审批核准向事中事后监管的转变，招标人主体责任落实不到位，招投标效率有待提高，需要进一步深化改革，充分发挥市场配置资源的决定性作用，更好发挥政府作用，降低制度性交易成本，同时切实强化监管。

三是更好发挥招投标政策功能的迫切需要。现行《招标投标法》对鼓励科技创新、节约能源资源、生态环保缺乏有针对性的制度安排，低质低价中标等问题也不符合深化供给侧结构性改革、促进制造业高质量发展等要求，需要完善相关制度设计，更好服务于国家相关政策的落实落地。

四是推动招投标行业转型升级和与国际规则接轨的迫切需要。近年来电子招投标、工程总承包、集中招标、政府和社会资本合作等新业态新模式蓬勃发展，《招标投标法》应当主动适应新形势，为推动行业转型升级提供法治保障。为促进我国更高水平对外开放，也有必要推动我国招投标法律制度进一步与国际通行公共采购规则衔接。

五、《招标投标法》修订的总体思路

国家发展和改革委员会牵头会同有关部门起草了《中华人民共和国招标投标法（修订草案公开征求意见稿）》（以下简称《征求意见稿》），于2019年12月3日至2020年1月1日向社会公开征求意见。《征求意见稿》坚持以习近平新时代中国特色社会主义思想为指导，深入贯彻党的十九大和十九届二中、三中、四中全会精神，按照党中央、国务院深化"放管服"改革和优化营商环境的部署要求，着力完善招投标基本制度，助力经济高质量发展。《招标投标法》修订的总体思路主要包括三点。

一是坚持问题导向。《招标投标法》涉及领域和行业广泛、利益主体多元、运行机制复杂、监管链条较长，社会各界高度关注。官方聚焦《招标投标法》实施以来招标人、投标人、招标代理机构以及行政监督部门反映强烈的突出问题，特别是排斥限制潜在投标人、围标串标、低质低价中标、评标质量不高、随意废标等，深入科学论证，提出制度化解决方案。

二是坚持处理好政府与市场的关系。厘清招投标活动各方职责定位，实现权责相匹配。切实转变政府职能，对应当由市场主体自主决策的，充分尊重市场主体权利，并明确相应的责任，减少对市场主体特别是民营企业招投标活动的干预；对属于政府职责范围的事项，创新监管机制，强化事中事后监管，提高监管能力和水平，切实管住管好。

三是坚持与时俱进。充分发挥招投标对深化供给侧结构性改革、促进经济高质量发展的政策功能，通过改革招标规则推动落实国家产业政策。适应信息化等发展趋势，积极推动招投标行业转型升级。在牢牢立足我国基本经济制度、市场发展阶段、现行法律框架以及监管实际需要的同时，借鉴国际有益经验。

六、《招标投标法》修订的主要内容

《征求意见稿》共八章、九十四条，对现行《招标投标法》修改五十八条，增加二十八条,删除二条,维持八条不变。修订内容主要涉及以下八个方面。

一是推进招投标领域简政放权。进一步清晰界定了必须进行招标的项目范围,大幅放宽对民间投资项目的采购方式要求,激发民间投资活力。取消企业投资项目招标方案核准、自行招标备案等多项事前核准、备案事项,更多采用事中事后监管,降低制度性交易成本。

二是提高招投标公开透明度和规范化水平。大幅增加招标公告、招标文件、中标公示等应当载明的事项范围。充分保障潜在投标人和投标人对资格预审、评标、定标结果的知情权。借鉴国际惯例首次对招标计划公开作出规定。大力推广使用标准招标文件。

三是落实招标人自主权。进一步明确招标人在选择代理机构、编制招标文件、选择资格审查方式、委派代表进入评标委员会、根据评标结果确定中标人等方面的自主权,同时强调招标人对招标过程和招标结果的主体责任,提高招投标质量。

四是提高招投标效率。根据实践需要,有条件地缩短了招标时限要求,兼顾效率和公平。明确两次招标失败、中标人不符合中标条件、中标人不履行合同等情形下的解决方式,避免反复重新招标。

五是解决低质低价中标问题。严格限定经评审的最低投标价法的适用范围。在评标环节引入异常低价投标处理程序,有效管控合同履行风险。鼓励在价格评审因素中引入全生命周期成本理念。

六是充分发挥招投标促进高质量发展的政策功能。鼓励招标人合理设置科技创新、节约能源资源、生态环保等要求和条件,倡导绿色采购,禁止招标文件套用特定生产供应者的条件设定招标项目技术标准,为高质量、创新型产品进入市场营造良好环境。

七是为招投标实践发展提供法治保障。明确总承包招标、集中招标、两阶段招标等招标组织形式的法律地位;积极促进电子招投标推广应用;明确政府和社会资本合作项目遴选社会资本方有关招标要求;扩大了允许自然人投标的项目范围。

八是加强和创新招投标监管。加强招投标领域信用体系建设;强化标后合同履行情况监管,解决招投标与合同履行脱节问题;加强对招标代理行为和评标专家行为的监管;加大对围标串标等违法行为惩戒力度;推动行政监督部门建立抽查检查机制,此外引入仲裁、调解等多元化纠纷解决方式。

同时,对现行《招标投标法》未规定的招标终止、异议与投诉处理程序、招标档案管理、投标担保和履约担保等基本制度作了补充规定,对法律实施过程中有关方面理解和执行上存在疑问的规定作了进一步明确。[1]

---

[1] 招标投标法(修订草案公开征求意见稿)公开征求意见,中国人大网,http://www.npc.gov.cn/npc/c30834/201912/97542d6baf084f71967ed86f9f5879f9.shtml。

第六节　消费者权益保护法

一、《消费者权益保护法》及作用意义

《消费者权益保护法》是维护全体公民消费权益的法律规范的总称，是为了保护消费者的合法权益，维护社会经济秩序稳定，促进社会主义市场经济健康发展而制定的一部法律。

我国《消费者权益保护法》的颁布实施，催生和强化了消费者的权利意识和自我保护意识，标志着我国以消费者为主体的市场经济向法制化、民主化迈出了一大步。《消费者权益保护法》规定了消费者享有安全权、知情权、选择权、公平交易权、获赔权、结社权、获知权、尊重权、监督权等 9 项权利。我国公民作为消费者应该拥有的权利，第一次在国家法律中做了系统规定。随着《消费者权益保护法》的贯彻实施，越来越多的消费者开始知晓并注重维护自己应有的合法权益，《消费者权益保护法》也因此成为民众间知名度较高的法律之一。它具有以下两个方面的意义。

第一，保护权益。《消费者权益保护法》的颁布，明确了消费者的权利、确立和加强了保护消费者权益的法律基础，弥补了原有法律、法规在保障消费者权益方面调整作用不全的缺陷。我国现有法律、法规中有不少内容涉及保护消费者权益，如《民法通则》《产品质量法》《食品安全法》等，但是对于因提供和接受服务而发生的消费者权益受损害的问题，只有在《消费者权益保护法》中做出了全面而明确的规定。

第二，维护秩序。《消费者权益保护法》通过规范经营者应对维护消费者权益承担何种义务，特别是规范经营者与消费者的交易行为，即必须遵循自愿、平等、公平、诚实信用的原则，对社会经济秩序产生重要的维护作用。

二、《消费者权益保护法》发展历程

1993 年 10 月 31 日，第八届全国人大常委会第四次会议通过《中华人民共和国消费者权益保护法》，该法首先确立了消费者的知情权、平等交易权、依法求偿权等，自 1994 年 1 月 1 日起施行。

2009 年 8 月 27 日，第十一届全国人大常委会第十次会议《关于修改部分法律的规定》进行第一次修正。

2010 年，修订草案送审稿报送国务院。

2012 年 3 月，十一届全国人大五次会议期间，121 名代表提出 4 件议案，建议修订消费者权益保护法。

2012 年 11 月，修订《消费者权益保护法》列入十一届全国人大常委会立法规划。

2013年4月,《消费者权益保护法》修正案草案首次提交全国人大常委会审议。

2013年10月25日,中华人民共和国第十二届全国人民代表大会常务委员会第5次会议通过《全国人民代表大会常务委员会关于修改的决定》第2次修正,该次修法主要从四个方面完善消费者权益保护制度,如强化经营者义务、规范网络购物等新的消费方式、建立消费公益诉讼制度等。

2014年3月15日,新版《消费者权益保护法》施行。

三、关于《中华人民共和国消费者权益保护法修正案(草案)》的说明

《消费者权益保护法》是1993年制定的。该法施行近三十年来,对保护消费者的合法权益,维护社会经济秩序,促进社会主义市场经济健康发展,发挥了重要作用。但是,随着经济社会不断发展,我国消费方式、消费结构和消费理念发生很大变化,在消费者权益保护领域出现了不少新情况新问题,有必要适时修改这部法律,完善消费者权益保护法律制度。

(一)充实细化消费者权益的规定

一是明确个人信息保护。实践中有的经营者非法收集、使用消费者的个人信息,擅自泄露或者非法向他人提供消费者个人信息,严重影响消费者正常生活,侵害消费者的合法权益。各方面普遍要求在本法中增加保护消费者个人信息的规定。草案从四个方面作出规定:第一,消费者在购买、使用商品和接受服务时,享有姓名权、肖像权、隐私权等个人信息得到保护的权利。第二,经营者收集、使用消费者个人信息,应当遵循合法、正当、必要的原则,明示收集、使用信息的目的、方式和范围,并经被收集者同意。第三,经营者及其工作人员对收集的消费者个人信息必须严格保密,并应当采取技术措施和其他必要措施,确保信息安全。第四,经营者未经消费者同意或者请求,或者消费者明确表示拒绝的,不得向其发送商业性电子信息。上述规定,与十一届全国人大常委会第三十次会议通过的《全国人民代表大会常务委员会关于加强网络信息保护的决定》的有关规定是一致的。

二是完善"三包"规定。商品和服务的质量,关系消费者的日常生活,涉及消费者人身、财产安全。从工商部门和消费者协会受理的申诉投诉案件看,一半是有关商品和服务质量的案件。强化退货、更换、修理的规定是促使保证商品和服务质量的有效措施。据此,草案规定:"经营者提供商品或者服务不符合质量要求的,消费者可以依照国家规定和当事人约定退货,或者要求经营者履行更换、修理等义务;没有国家规定和当事人约定的,消费者可以自收到商品之日起七日内退货;七日后符合《中华人民共和国合同法》规定的解除合同条件的,消费者可以及时退货,不符合解除合同条件的,可以要求经营者履行更换、修理等义务。"

三是加大对欺诈行为的惩罚力度。实践中有的经营者采取弄虚作假等欺诈行为,损害消费者权益,甚至造成严重损害消费者生命健康的后果,各方面呼吁对此要加大惩罚力度。据此,草案规定:"经营者提供商品或者服务有欺诈行为的,应当按照消

费者的要求增加赔偿其受到的损失，增加赔偿的金额为消费者购买商品的价款或者接受服务费用的两倍；增加赔偿的金额不足五百元的，为五百元。法律另有规定的，依照其规定。""经营者有明知商品或者服务存在缺陷，仍然向消费者提供的欺诈行为，造成消费者或者其他受害人死亡或者健康严重损害的，依法追究刑事责任；受害人有权要求所受损失两倍以下的民事赔偿。"

（二）强化经营者的义务与责任

一是明确召回缺陷商品的义务。根据各方面关于应明确经营者召回缺陷商品等义务的意见，草案规定："经营者发现其提供的商品或者服务存在缺陷，可能对人身、财产安全造成危害的，应当立即向有关行政部门报告和告知消费者，并及时采取停止生产、停止销售、警示、召回等消除危险的措施。采取召回措施的，经营者应当承担消费者因商品被召回支出的必要费用。"

二是明确经营者的举证责任。针对消费者维权中"举证难"问题，草案规定："经营者提供的机动车、微型计算机、电视机、电冰箱等耐用商品或者装饰装修等服务，自消费者接受商品或者服务之日起六个月内出现瑕疵，发生纠纷的，由经营者承担相关举证责任。"

三是强化广告经营者、发布者的责任。从行为后果看，广告经营者、发布者设计、制作、发布食品药品的虚假广告，对消费者造成的损害更为严重，应当强化其责任。据此，草案增加规定："广告经营者、发布者设计、制作、发布食品药品等关系消费者生命健康商品或者服务的虚假广告，造成消费者损害的，广告经营者、发布者与提供该商品或者服务的经营者承担连带责任。"

（三）规范网络购物等新的消费方式

一是保护消费者的知情权。针对网络购物中经营者提供的信息不真实、不完整问题，草案规定："采用网络、电视、电话、邮购等方式提供商品或者服务的经营者，以及从事证券、保险、银行业务的经营者，应当向消费者提供经营地址、联系方式、商品或者服务的数量和质量、价款或者费用、履行期限和方式、风险警示、售后服务、民事责任等真实、必要的信息。"

二是保护消费者的选择权。草案赋予消费者在适当期间单方解除合同的权利，规定："经营者采用网络、电视、电话、邮购等方式销售商品，消费者有权自收到商品之日起七日内退货，但根据商品性质不宜退货的除外。经营者应当自收到退回货物之日起七日内返还消费者支付的价款。"

三是保护消费者的损害赔偿请求权。草案规定当网络交易平台上的销售者、服务者不再利用该平台时，消费者可以向网络交易平台提供者要求赔偿。

（四）进一步发挥消费者协会的作用

一是向消费者提供消费信息和咨询服务，引导节约资源和保护环境的合理消费，提高消费者维护自身权益的能力。二是参与制定有关消费者权益的法律、法规和强制性标准。三是对侵害众多消费者合法权益的行为，中国消费者协会以及在省、自治区、直辖市设立的消费者协会,可以向人民法院提起诉讼。

(五) 进一步明确行政部门的监管职责

一是有关行政部门在各自的职责范围内,应当对经营者提供的商品和服务进行抽查检验,并向社会及时公布抽查检验结果。有关行政部门抽查检验中发现经营者提供的商品和服务存在缺陷,可能对消费者人身、财产安全造成危害的,应当立即责令经营者采取停止生产、停止销售、警示、召回等消除危险的措施。

二是消费者向有关行政部门申诉的,该部门应当自收到申诉书之日起七日内,作出处理。

三是相应加大对损害消费者权益行为的行政处罚力度。[①]

四、《消费者权益保护法》简介

2014年3月15日,由全国人大修订的新版《消费者权益保护法》正式实施。《消费者权益保护法》分总则、消费者的权利、经营者的义务、国家对消费者合法权益的保护、消费者组织、争议的解决、法律责任及附则共八章、六十三条。

第一章为总则,包括第一条到第六条,规定了立法目的、适用范围及与其他法律关系、经营者提供商品或服务应遵守法律、交易基本原则、维护消费者合法权益及倡导良好消费方式、保护消费者合法权益是全社会共同责任。

第二章为消费者的权利,包括第七条到第十五条,规定了消费者安全保障权、消费者知情权、消费者自主选择权、消费者公平交易权、消费者获得赔偿权、消费者结社权、消费者自我保护、消费者人格尊严权等权利以及消费者监督权。

第三章为经营者的义务,包括第十六条到第二十九条,规定了经营者的法定和约定义务,经营者听取消费者意见和接受消费者监督的义务,经营者安全保障义务,经营者提供真实全面信息的义务,经营者标明其真实名称和标记义务,经营者出具购货凭证或服务单据的义务,经营者质量担保义务,经营者脱货、更换、修理等义务,新兴消费方式经营者接收退货义务,经营者使用格式条款所承担的义务,经营者的禁止行为,新兴消费方式经营者的提供信息义务,经营者收集、使用消费者信息的基本原则。

第四章为国家对消费者合法权益的保护,包括第三十条到第三十五条,规定了国家在立法上采取措施保护消费者权益、各级人民政府保护消费者合法权益的职责、工商行政管理部门和其他有关行政部门的职责、行政部门对商品和服务进行抽查检验、国家行政机关依法对经营者的违法犯罪行为进行惩处、人民法院保护消费者权益措施。

第五章为消费者组织,包括第三十六条到第三十八条,规定了消费者协会和其他消费者组织的性质和任务、消费者协会职能、消费者组织活动限制。

---

① 关于《中华人民共和国消费者权益保护法修正案(草案)》的说明,中国人大网,http://www.npc.gov.cn/zgrdw/npc/lfzt/xfzqybhfxza/2014-01/02/content_1872487.htm。

第六章为争议的解决,包括第三十九条到第四十七条,规定了发生消费者权益争议的解决途径、消费者合法权益受到损害后的求偿对象、经营者造成消费者权益损害应当承担的责任、消行政部门处理消费者投诉的程序和消费公益诉讼。

第七章为法律责任,包括第四十八条到第六十一条,规定了经营者损害消费者权益应承担的法律责任、经营者应当承担的人身损害赔偿范围、经营者侵害消费者的人身权益应承担的法律责任、消费者要求精神损害赔偿、经营者造成消费者财产损害应承担的民事责任、经营者预收款时的义务和违约责任、经营者退货、经营者承担惩罚性赔偿责任、经营者损害消费者权益应承担的行政责任、经营者侵害消费者权益应承担的刑事责任、经营者赔偿不足时的赔偿顺序、申请行政复议或提起行政诉讼、经营者妨害公务应承担的法律责任和国家机关工作人员应承担的法律责任。

第八章为附则,包括第六十二条到第六十三条,规定了本法的适用情况及生效日期。[1]

第七节 信 托 法

一、信托基本概念

信托不仅是一种理财方式,还是一种特殊的财产管理制度和法律行为,同时又是一种金融制度,信托与银行、保险、证券一起构成了现代金融体系,信托业务是一种以信用为基础的法律行为,信托当事人包括委托人、受托人、受益人。信托当事人进行信托活动,必须遵守法律、行政法规,遵循自愿、公平和诚实信用原则,不得损害国家利益和社会公共利益。信托法是为了调整信托关系,规范信托行为,保护信托当事人的合法权益,促进信托事业健康发展而制定的一部法律。

二、《信托法》立法意义

(一)完善市场经济立法体系

《信托法》的立法意义主要在于完善市场经济立法体系、规范信托关系、确立信托制度、保护投资者利益、促进信托公司的发展等五方面。《信托法》是根据社会主义市场经济体制的要求,结合中国信托业的现状,借鉴国际上通行的做法,用法律的手段规范信托行为,保护信托当事人的合法权益,强化对信托业的监督管理,促进信托业健康、规范发展。在《信托法》起草过程中,坚持了以下原则:重在对受托人做出约束规定,以维护信托财产的安全,保障受益人的利益;根据金融体制改革的需

---

[1] 中华人民共和国消费者权益保护法,中国人大网,http://www.npc.gov.cn/zgrdw/npc/lfzt/xfzqybhfxza/2014-01/02/content_1872488.htm。

要,体现分业经营,将现有信托机构的业务与银行业务相区别,把信托投资公司办成专业财产管理机构,并在此基础上发挥其中长期的金融职能;稳定和规范信托投资公司的经营活动,既要有利于国家对金融业的宏观调控,同时也要照顾到中国信托业发展的现实,尽量减少对信托投资公司经营活动的限制;既要符合国际通行做法,又要结合中国的国情,具有可操作性。

(二) 规范信托关系

《信托法》是调整信托当事人之间权利义务关系的一部重要法律。信托的法律实质就是如何确定信托关系,围绕信托财产所形成的权利义务的性质问题,即如何看待受托人对信托财产的权利性质,如何看待受托人所负担的义务的性质,以及如何看待受益人的受益权的性质。《信托法》调整范围确定在信托关系的基本规则方面,是规范信托关系的基本法。

(三) 确立信托制度

信托制度是一种以资产为核心,以信用为基础,以委托为方式的现代财产管理制度,是一种财产移转及管理的巧妙设计;具有多样化的社会功能。经过多次整顿,市场上信托需求不断增长,对于规范化意义上的信托制度的建立也越来越迫切,《信托法》的颁布使信托业的发展重新焕发了生命力,为信托制度在中国的发展奠定了法律基础,也使信托制度以法律的形式被确定下来。

(四) 保护投资者利益

《信托法》对信托财产独立性条款的规定决定了信托是一种能够充分保护投资人利益的财产管理制度。现实经济活动的需要和国外财产管理市场发展的自然选择结果表明,保障投资人的利益是现代财产管理制度的一个基本原则。在信托关系中,一方面,信托财产具有独立的法律地位和破产隔离效应,使信托财产能够免受委托人、受托人、受益人与信托关系之外的第三人之间存在的复杂的债权债务关系影响,同时受托人管理信托财产时采用分别管理、分别计账的原则,这对于保障委托人的意愿和受益人利益非常有效;另一方面,受托人的法定职责,即受托人因违背管理职责致使信托财产受到损失应承担法律责任的规定,也可促使信托财产得到有效的管理和运用。

(五) 促进信托公司的发展

《信托法》的出台有利于形成中国规范的信托市场,为信托业的发展创造良好的外部环境。《信托法》还规定了信托投资公司可以开展的业务范围,信托投资公司可以探索从事资金信托、有价证券信托、动产和不动产信托及公益信托等金融信托品种的设计,探索有关产业基金、风险基金、社保基金和成立基金公司的工作,这样就拓展了信托业务空间,使信托获得更大发展。信托投资公司依据《信托法》,按照市场资源有效配置原则,体现"受人之托,代人理财"的经营内涵,规范开展信托业务,做到既有延续性,又有创新性,充分发挥信托专业理财的优势,在金融市场上寻求更大的发展。

三、《信托法》起草历程

1993年,信托法被列入第八届全国人大立法规划,全国人大财经委组织了由知名法学教授江平负责的信托法起草组。

1996年12月,信托法草案提交第八届全国人大常委会第二十三次会议初审。

1997年6月,有关部门提出的一项意见,改变了整个信托立法的进程。该意见同意就信托基本法律关系制定信托法,但认为由于信托业长期处在清理整顿状态,关于信托公司的立法条件尚不成熟,建议由国务院先制定法规或规范性文件。

2000年4月,全国人民代表大会财经委员会提出信托法建议稿。

2000年7月3日,信托法草案提交第九届人大常委会第十六次会议进行二审。

2001年4月28日,第九届全国人民代表大会常委会第二十一次会议对信托法进行了再次审议,自2001年10月1日起施行。

四、《信托法》简介

《信托法》由第九届全国人民代表大会常务委员会第二十一次会议于2001年4月28日通过,现已公布,自2001年10月1日起施行,共七章、七十四条。

第一章为总则,包括第一条到第五条,规定了立法目的、定义、适用范围、相关规范的制定权限和信托当事人应遵守的原则。

第二章为信托的设立,包括第六条到第十三条,规定了信托目的必须合法、设立信托的财产条件、设立信托的形式及其成立时间、信托文件应当载明的事项、信托的登记、无效信托、信托的撤销、遗嘱信托。

第三章为信托财产,包括第十四条到第十八条,规定了信托财产的范围、信托财产与委托人未设立信托的其他财产相区别、信托财产与属于受托人所有的财产相区别、信托财产被强制执行的情形和信托财产不得相互抵销债权的情形。

第四章为信托当事人,包括第十九条到第四十九条,规定了委托人的范围,委托人的了解情况权和查阅复制权,信托财产管理方法的调整,撤销权,要求承担民事责任权,解任权,受托人的范围,受托人的忠实义务与善良管理人义务,受托人不得为自己谋取利益的义务,受托人维护信托财产安全的义务,信托财产单独管理、单独记账的义务,亲自处理信托事务的义务,共同受托人、信托事务的处理、意见不一致时的处理,共同受托人的连带清偿责任、连带赔偿责任,受托人保存记录、报告委托人和受益人及保密的义务,支付信托利益的义务,受托人的取得报酬权,给付报酬权的限制,受托人承担相关费用的受偿,受托人的辞任,受托人职责的终止,新受托人的选任,受托人移交信托财产和信托事务的义务,共同受托人职责终止的处理,受益人的概念,信托受益权的生效日期,信托利益的分配、信托受益权的放弃,受益人的权利,共同受益人的撤销权。

第五章为变更与终止,包括第五十条到第五十八条,规定了信托的解除,变更受益人或处分受益人,信托不得终止的法定情形,信托终止,信托终止时的财产归属,信托财产的转移,信托终止后被强制执行人的确定,信托终止后受托人的权利和清算报告。

第六章为公益信托,包括第五十九条到第七十三条,规定了公益信托的法律适用、公益信托的范围、国家对公益信托的政策、公益信托的设立和确定受托人、公益信托的财产及收益的限制、信托监察人、信托监察人的权利、受托人要求、公益事业管理机构的检察权及受托人有关义务、变更受托人、变更信托文件中的有关条款、受托人对公益信托终止的报告义务、公益信托终止后的财产处理和公益管理机构违反规定时起诉的有关情形。

第七章为附则,包括第七十四条,规定了本法的生效日期。①

五、《信托法》亟须修订

《信托法》的部分条款已相对滞后,不能适应信托业快速发展的趋势。为此不同专家提出了不同修订建议。

有专家建议全国人大尽快启动《信托法》的修订工作:第一,调整信托定义,承认信托财产双重所有权;第二,规范信托分类,清晰不同信托活动边界;第三,增加营业信托相关条款,促进其规范发展;第四,明确信托财产登记具体要求,提高可操作性;第五,增加信托受益权登记要求,提高信托透明度;第六,落实公益信托税收优惠政策,促进公益事业发展。

还有些专家认为,中国信托业自 2001 年完成第五次清理整顿和重新核准登记后,已逐渐形成目前"一法三规"——《信托法》《信托公司管理办法》《信托公司集合资金信托计划管理办法》《信托公司净资本管理办法》为主的监管体系。信托关系普遍存在于金融机构的多种业务之中,适用范围不限于信托公司,特别是近年来,随着财富管理行业蓬勃发展,包括基金公司、保险公司、证券公司等金融机构纷纷在此领域"跑马圈地",由于绝大部分的财富资产管理是一种信托关系,本质上都运用了信托原理,但是,上述机构却不受《信托法》约束,反而比信托公司有了更多的优势,由于缺少"信托业法",信托公司的合法权利缺乏必要的法律保障。

第八节 资产评估法

一、《资产评估法》出台背景

资产评估是资产价值优化配置的重要工具,是维护社会秩序、促进市场公平竞争所不可或缺的部分。通过立法尽快建立与现代市场体系相适应的资产评估法律制度,

---

① 中华人民共和国信托法,中国证券监督管理委员会,http://www.csrc.gov.cn/pub/newsite/flb/flfg/flxzsf/201312/t20131205_239319.html。

是完善市场经济体制、促进市场经济健康发展的迫切需要。同时，随着国有企业改革的深化和混合所有制经济的发展，国有企业和非公有制企业之间的资产转让、并购、重组、股权交易较为频繁，为防止国有资产流失、维护公共利益、保护各种所有制资本的合法权益，我们也需要依法有序、客观公正的资产评估。

规范行业自身发展，也是《资产评估法》出台的重要背景。《资产评估法》的出台将促使从业人员依法开展业务，政府部门依法加强监管，行业协会积极发挥作用，从而遏制目前资产评估行业存在的一些乱象。

克服"资产评估行业多头管理的问题"也是《资产评估法》出台的重要背景之一。在《资产评估法》出台之前，我国资产评估行业分别由财政部、自然资源部、住房和城乡建设部、商务部、银保监会5个部门管理。《资产评估法》出台有利于评估行政管理部门统一监管尺度，有利于各评估行业协会统一制定规则，有利于各评估专业机构统一执业标准，也有利于统一落实评估当事人各方的法定责任，更有利于评估机构实现多种专业综合发展。

二、《资产评估法》对评估行业发展意义

近三十年来，我国资产评估行业积极服务国家改革开放和市场经济建设，走出了一条适合中国特色社会主义市场经济的评估服务专业之路，为维护国有资本权益、规范资本市场运作、防范金融系统风险、保障社会公共利益和国家经济安全做出了重要贡献。资产评估法的实施，将对评估行业的规范健康发展具有重大意义。资产评估法的实施，奠定了资产评估在我国经济和社会发展中的法定地位。资产评估法以法律的形式从根本上确立了各资产评估主体的权利、义务和责任。资产评估法的实施，形成了以资产评估法为统领，由资产评估相关法律、行政法规、部门规章和行业自律管理制度共同组成的全面、系统、完整的资产评估法律框架体系。资产评估法的实施，适应了维护社会主义市场经济秩序的迫切需要。资产评估法的实施，对全面深化改革特别是深化国有企业改革、健全完善资本市场、促进供给侧结构性改革和混合所有制经济发展等重大改革形成重要专业支撑。资产评估法的实施，将有助于充分发挥资产评估防范国有资产流失的重要屏障作用。[①]

三、《资产评估法》立法历程

1991年11月16日，国务院颁布《国有资产评估管理办法》，这是我国第一部亦是唯一一部针对评估专门颁布的行政法规，但该法规侧重于处置国有资产的评估规范，无法满足市场经济发展对于评估立法的要求。注册会计师、律师、资产评估都是重要的智力型服务业。目前注册会计师和律师行业都有全国性的统一法律，而资产评估行业至今没有一部系统性、全局性的专门法律。

《资产评估法》2006年成立草案起草组，2012年2月提交全国人大常委会首次审

---

① 以全面贯彻落实资产评估法为契机 开创评估行业法治新局面，上海市资产评估协会，https://www.shas.org.cn/main/?s=article/6985。

议,2013年8月提交二审,2015年8月草案提交三审;2016年7月2日草案四审通过,自2016年12月1日起施行。

回顾《资产评估法》的立法进程,有三点值得总结:一是立法过程充分发扬民主,先后三次公开征求社会意见,体现了科学立法、民主立法的立法原则,并且将简政放权的改革精神贯穿始终;二是《资产评估法》是人大主导的立法,充分发挥了人大立法在超越部门利益、行业利益方面的优势,真正实现了调整各方利益的最大公约数;三是《资产评估法》吸收和借鉴了评估行业先进实践经验,土地估价行业在六大评估行业中为立法提供了最多的实践经验支撑。

四、《资产评估法》简介

《资产评估法》已由中华人民共和国第十二届全国人民代表大会常务委员会第二十一次会议于2016年7月2日通过,自2016年12月1日起施行,共八章、五十五条。

第一章为总则,包括第一条到第七条,阐明了资产评估法的实施意义以及评估内容,规定了评估机构及评估专业人员的评估原则,评估人员加入评估机构的要求,评估行业设立行业协会的原则及被监督原则以及国务院的监督管理和设区的市级以上地方人民政府的监督管理。

第二章为评估专业人员,包括第八条到第十四条,规定评估人员的类型,相关考试资格条件,全国性行业协会公布评估师名单,因个人过失受法律处罚时的从业要求,评估人员享有的权利和应当履行的义务以及评估人员不得做出的行为。

第三章为评估机构,包括第十五条到第二十一条,规定评估机构的形式以及各种形式下的评估师数量与资质和股东等要求,评估机构的设立要求、设立原则,评估机构在何种情形下有权拒绝或与委托人解除合同,评估机构不得做出的行为以及评估机构的完善风险防范机制。

第四章为评估程序,包括第二十二条到第三十二条,规定了委托人可自主选择合法的委托机构,与评估机构签订合同要求,承办评估业务的评估人员数目及委托人要求相关人员回避的权利,评估人员需收集的评估依据,评估机构的审核责任,评估机构开展评估业务需指定符合条件的评估师及数量,评估报告的盖章要求,评估档案保存年限,委托人有权对评估报告产生质疑并要求评估机构进行解释及对评估报告的使用权,委托人认为评估机构或评估人员开展违法业务时委托人可行使的权力。

第五章为行业协会,包括第三十三条到第三十八条,规定了评估行业的性质,全国性评估行业和地方性评估行业设立依据,评估行业协会的章程机构及核准和备案机构,评估机构和评估人员加入有关评估行业协会后平等享有一定的权利且名单通过评估行业协会予以公布,评估行业协会需履行的职责,评估行业协会应建立共享机制,收取会员会费的标准。

第六章为监督管理,包括第三十九条到第四十三条,规定了制定评估基本准则和评估行业监督管理办法的组织,设区的市级以上人民政府有关评估行政管理部门的相关职责，评估行政管理部门对有关评估行业协会实施监督检查的有关规定。

第七章为法律责任，包括第四十四条到第五十四条，规定了在不同的情形下，评估专业人员违反本法规定时将会受到相应的处罚以及规定违反本法的行为，评估专业人员签署虚假评估报告时将会受到的惩罚，未经工商登记以评估机构名义从事评估业务的将会受到的惩罚，评估机构出现违反本法规定的行为时将会受到的惩罚以及具体的相关违法行为，评估机构违反本法规定出具虚假报告时将会受到的惩罚，评估机构和评估专业人员出现累次处罚时将接受的处罚，评估人员违反本法规定给委托人或其他相关当事人造成损失时责任承担方以及追偿办法，在违反本法规定的情形下应当委托评估机构进行法定评估而未委托时，相应的负责人将受到的惩罚，委托人出现违反本法规定时将接受的相应的处罚以及具体的违法行为，评估行业协会违反本法规定时将受到的处罚以及有关行政管理部门、评估行业协会工作人员违反本法规定时的处罚。

第八章为附则，包括第五十五条，阐明了本法的施行时间。①

五、《资产评估法》核心要义

资产评估是现代高端服务业，是经济社会发展中的重要专业力量，是财政管理的重要基础工作。《资产评估法》充分贯彻了党的十八大和十八届三中、四中、五中全会精神，体现了党中央、国务院确定的全面深化改革、全面推进依法治国的总体要求，融汇了近年来国家改革、评估行业发展和管理方式改革等多方面的经验和成果，同时，在多方面实现了理念创新、制度创新和管理创新。《资产评估法》的核心要义主要体现在对"人""机构""行业协会""委托人""法律责任"等重要内容。

一是对"人"的规范要求。具有高等院校专科以上学历的公民，可以参加评估师资格全国统一考试。资产评估专业人员除评估师外，还包括具有评估专业知识及实践经验的评估从业人。

这些法律规定，相应地降低了评估专业人员门槛，体现了国家改革精神，将吸引更多有能力的专业人才进入评估行业，加大行业人才储备。

二是对"机构"的管理要求。《资产评估法》取消了资产评估机构设立审批，改为事后备案，强化事后监管。同时，放宽了设立条件。合伙制的评估机构三分之一的合伙人可以不是评估师。公司制评估机构，除规定了三分之二以上股东应当是评估师，还允许更多从业人员成为股东。取消注册资本的限制，满足了评估机构对专业人才的不同需求，可以有效地促进大中小型评估机构均衡发展。

三是对"行业协会"的管理要求。《资产评估法》规定了评估行业协会的定位、组织形式、管理方式和成员构成，赋予协会更多自律管理职能。要求评估机构、评估专业人员加入有关评估行业协会，平等享有章程规定的权利，并履行义务。这些规定

---

① 中华人民共和国资产评估法，中国人大网，http://www.npc.gov.cn/wxzl/gongbao/2016-08/22/content_1995718.htm。

和要求，有利于行业协会切实履行行业自律监管职责，提高服务质量。

四是对"委托人"的规范要求。《资产评估法》对"委托人"相关的义务和权利进行了明确，强调了评估委托人应尽的职责。这些创新性的规定从法律层面厘清了评估机构与委托人之间的关系，对违法行为追究相应的法律责任，维护评估机构和评估人员的合法权益，为创造良好的评估执业环境起到了积极的作用。

五是对"法律责任"的要求。《资产评估法》详细规定了评估专业人员、评估机构违法所应当受到的处罚，强调了评估法定业务的鉴证属性，其监管要求远高于非法定评估业务。同时，该法明确了委托人和报告使用人的法律责任，强化了行政管理部门的监督管理和行业协会的工作职责，以及违法所应当受到的处罚等，将促进资产评估行业规范发展。[①]

第九节 乡村振兴促进法[*]

一、乡村振兴

乡村振兴一般指乡村振兴战略。乡村振兴战略是习近平同志2017年10月18日在党的十九大报告中提出的战略。党的十九大报告指出，农业农村农民问题是关系国计民生的根本性问题，必须始终把解决好"三农"问题作为全党工作的重中之重，实施乡村振兴战略。2018年3月5日，国务院总理李克强在《政府工作报告》中讲到，大力实施乡村振兴战略。2018年5月31日，中共中央政治局召开会议，审议《国家乡村振兴战略规划（2018－2022年）》。2018年9月，中共中央、国务院印发了《乡村振兴战略规划（2018－2022年）》，并发出通知，要求各地区各部门结合实际认真贯彻落实。2021年2月21日，《中共中央 国务院关于全面推进乡村振兴加快农业农村现代化的意见》，即中央一号文件发布，这是21世纪以来第18个指导"三农"工作的中央一号文件；2021年2月25日，国务院直属机构国家乡村振兴局正式挂牌。要做好乡村振兴这篇大文章，2021年3月，中共中央、国务院发布了《关于实现巩固拓展脱贫攻坚成果同乡村振兴有效衔接的意见》，提出重点工作。2021年4月29日，十三届全国人大常委会第二十八次会议表决通过《中华人民共和国乡村振兴促进法》，并于2021年6月1日正式施行。

二、立法过程和有关考虑

民族要复兴，乡村必振兴。为保障乡村振兴战略的有效贯彻实施，落实2018年

[①] 以全面贯彻落实资产评估法为契机 开创评估行业法治新局面，上海市资产评估协会，https://www.shas.org.cn/main/?s=article/6985。

[*] 参见韶关市曲江区罗坑镇人民政府网站，http://www.qujiang.gov.cn/sgqjlkz/gkmlpt/content/2/2049/post_2049305.html#1271。

中央一号文件提出的"强化乡村振兴法治保障"的要求，十三届全国人大常委会将制定乡村振兴促进法列入立法规划。2019年1月，全国人大农业农村委牵头组织国家发展改革委、农业农村部、财政部等成立乡村振兴促进法起草领导小组，启动乡村振兴促进法制定工作。起草领导小组赴地方开展调研，通过多种途径深入听取地方政府、基层干部和农民群众的意见建议；广泛征求全国人大代表、中央和国务院有关部门、各省（自治区、直辖市）人大、有关研究机构及专家的意见。经过深入分析研究，认真吸纳各方面意见，反复修改完善，形成了乡村振兴促进法草案，并在2020年6月、12月先后提请十三届全国人大常委会第十九次、第二十四次会议进行了两次审议。2021年4月，乡村振兴促进法草案经十三届全国人大常委会第二十八次会议三审，以出席常委会的168位组成人员166票同意、2票弃权的高票表决通过，国家主席习近平签发77号主席令公布实施。

《乡村振兴促进法》是第一部以"乡村振兴"命名的基础性、综合性法律。与2018年中央一号文件中提出的"乡村振兴法"相比，法律名称中增加了"促进"二字，主要是经过前期立法调研和征求意见，考虑到乡村振兴涉及农业农村方方面面，短时间内难以通过立法对乡村振兴作出全面规范，现行农业法等涉农法律，已经对农业农村主要方面作了规定，立法的着力点是把党中央关于实施乡村振兴的重大决策部署转化为法律规范，内容主要是倡导鼓励，着重点在促进，通过建立健全法律制度和政策措施，促进乡村全面振兴和城乡融合发展，不取代农业法等其他涉农法律。《乡村振兴促进法》共十章、七十四条，条文与各个涉农法律的规定有效衔接，同时立足乡村振兴实际需要，对其他法律规定不明确的内容作出补充性规定。

在调整范围和适用对象上，《乡村振兴促进法》规定，本法所称乡村，是指城市建成区以外具有自然、社会、经济特征和生产、生活、生态、文化等多重功能的地域综合体，包括乡镇和村庄等。这是我国第一次在法律中规定乡村的概念，将进一步强化全社会对乡村的认知和理解，突出乡村的特有价值和功能，同时也在法律规定中给各地实践操作留出一些尺度和空间，防止一些实际的乡村被遗忘或遗漏，确保促进乡村振兴的制度措施能够全面覆盖、不留死角。

此外，在起草审议过程中，不少意见反映，应当进一步细化实化有关内容，规定更加明确、刚性且管用的扶持措施，增强法律的针对性和约束力。考虑到乡村振兴是一个长期过程，不同阶段国情农情、内外环境可能发生变化，需要对具体政策措施加以适当调整。

三、重要意义

《乡村振兴促进法》是实施乡村振兴战略的重要保障。党的十九大以来，习近平总书记对实施乡村振兴战略作出一系列深刻阐述，党中央、国务院采取一系列重大举措推动落实，印发了《中国共产党农村工作条例》，制定了以乡村振兴为主题的中央一号文件，发布了乡村振兴战略规划，召开了全国实施乡村振兴战略工作推进会议，中央政治局就实施乡村振兴战略进行集体学习。《乡村振兴促进法》贯彻落实习近平总书记重要指示要求、党中央关于乡村振兴的重大决策部署，把乡村振兴的目标、原则、任务、要求等转化为法律规范，与2018年以来一号文件、乡村振兴战略规划、《中国共产党农村工作条例》等共同构建了实施乡村振兴战略的"四梁八柱"，而且是"顶梁柱"，进一步夯实了乡村振兴的制度体系，强化了走中国特色社会主义乡村振兴道路的顶层设计，夯实了良法善治的法律基础。

《乡村振兴促进法》是新阶段做好三农工作的重要抓手。脱贫攻坚取得胜利后，三农工作重心历史性地转向全面推进乡村振兴，对法治建设的需求也比以往更加迫切，更加需要有效发挥法治对于农业农村高质量发展的支撑作用、对农村改革的引领作用、对乡村治理的保障作用、对政府职能转变的促进作用。从世界范围看，美国、法国、英国、德国、日本、韩国等发达国家在工业化和城镇化进程中，为了缩小城乡差距，都通过立法的方式加大农业农村发展制度供给，使本国农业农村现代化跟上了国家现代化步伐。制定《乡村振兴促进法》把实践中行之有效的、可复制可推广的三农改革发展经验上升为法律规范，进一步保持政策的连续性、稳定性和权威性，举全党全社会之力推进乡村振兴，加快农业农村现代化，为新阶段促进农业高质高效、乡村宜居宜业、农民富裕富足提供有力法治保障。

《乡村振兴促进法》是农业农村法律制度体系的重要成果。随着全面依法治国方略深入推进，我国农业法律体系逐步完善。党的十八大以来，农业农村部配合全国人大常委会先后出台了农村土地承包法、土地管理法、种子法、动物防疫法、长江保护法、生物安全法等一批法律，目前正在制修订粮食安全保障法、农产品质量安全法、畜牧法、渔业法等法律。当前，农业农村现行有效法律22部、行政法规28部、部门规章140多部，涵盖农村基本经营制度、农业产业发展和安全、农业支持保护、农业资源环境保护等领域。《乡村振兴促进法》深入贯彻落实习近平法治思想和三农工作重要论述，总结提升三农法治实践，明确了各级政府及有关部门推进乡村振兴的职责任务，针对乡村产业、人才、文化、生态、组织等重点难点问题提出了一揽子举措，并对建立考核评价、年度报告、监督检查等制度提出了具体要求，是农业农村法律制度体系完善的重要成果，标志着乡村振兴战略迈入有法可依、依法实施的新阶段。

四、《乡村振兴促进法》简介

《中华人民共和国乡村振兴促进法》是为了全面实施乡村振兴战略，促进农业全面升级、农村全面进步、农民全面发展，加快农业农村现代化，全面建设社会主义现代化国家，制定的法律。2018年7月，全国人大常委会牵头启动了乡村振兴促进法的立法相关程序，2020年6月，第十三届全国人大常委会第十九次会议对《中华人民共和国乡村振兴促进法（草案）》进行了审议。2021年4月29日，中华人民共和国第十三届全国人民代表大会常务委员会第二十八次会议通过《中华人民共和国乡村振兴促进法》，自2021年6月1日起施行。

整部法律共十章、七十四条。第一章为总则，包括第一条到第十一条；第二章为产业发展，包括第十二条到第二十三条；第三章为人才支撑，包括第二十四条到二十八条；第四章为文化繁荣，包括第二十九条到第三十三条；第五章为生态保护，包括

第三十四条到第四十条;第六章为组织建设,包括第四十一条到第四十九条;第七章为城乡融合,包括第五十条到第五十七条;第八章为扶持措施,包括第五十八条到第六十七条;第九章为监督检查,包括第六十八条到第七十三条;第十章为附则,包括第七十四条。

第十节　其他法律法规

一、其他法律

(一)《农业法》

为了巩固和加强农业在国民经济中的基础地位,深化农村改革,发展农业生产力,推进农业现代化,维护农民和农业生产经营组织的合法权益,增加农民收入,提高农民科学文化素质,促进农业和农村经济的持续、稳定、健康发展,实现全面建设小康社会的目标,1993年7月2日第八届全国人民代表大会常务委员会第二次会议通过《中华人民共和国农业法》。2002年12月28日,中华人民共和国第九届全国人民代表大会常务委员会第三十一次会议修订《中华人民共和国农业法》。2012年12月28日,中华人民共和国第十一届全国人民代表大会常务委员会第三十次会议通过《全国人民代表大会常务委员会关于修改〈中华人民共和国农业法〉的决定》,整部法律共十三章、九十九条,自2013年1月1日起施行。

(二)《人民调解法》

《人民调解法》是为了完善人民调解制度,规范人民调解活动,及时解决民间纠纷,维护社会和谐稳定而制定。现行版本于2010年8月28日通过公布,自2011年1月1日起施行,共六章、三十五条。第一章为总则,第二章为人民调解委员会,第三章为人民调解员,第四章为调解程序,第五章为调解协议,第六章为附则。

(三)《刑法》

《刑法》用刑罚同一切反革命和其他刑事犯罪行为作斗争,以保卫无产阶级专政制度,保护社会主义的全民所有的财产和劳动群众集体所有的财产,保护公民私人所有的合法财产,保护公民的人身权利、民主权利和其他权利,维护社会秩序、生产秩序、工作秩序、教学科研秩序和人民群众生活秩序,保障社会主义革命和社会主义建设事业的顺利进行。由1979年7月1日第五届全国人民代表大会第二次会议通过,自1980年1月1日起施行。现行版本《中华人民共和国刑法修正案(十)》于2017年11月4日第十二届全国人民代表大会常务委员会第三十次会议通过,自公布之日起施行。《刑法》分总则、分则和附则三篇,共十五章、四百五十二条。第一编为总则,第一章为刑法的任务、基本原则和适用范围,第二章为犯罪,第三章为刑罚,第四章为刑法的具体运用,第五章为其他规定。第二编为分则,第一章为危害国家安全罪,第二章为危害公共安全罪,第三章为破坏社会主义市场经济秩序罪,第四章为侵犯公民人身权利、民主权利罪,第五章为侵犯财产罪,第六章为妨害社会管理秩序罪,第七章为危害国防利益罪,第八章为贪污贿赂罪,第九章为渎职罪,第十章为军人违反职责罪。第三编为附则。

(四)《刑事诉讼法》

《刑事诉讼法》是为了保证刑法的正确实施,惩罚犯罪,保护人民,保障国家安全和社会公共安全,维护社会主义社会秩序,根据宪法而制定的法律。1979年7月1日第五届全国人民代表大会第二次会议通过,现行版本为2018年10月26日第十三届全国人民代表大会常务委员会第六次会议《关于修改〈中华人民共和国刑事诉讼法〉的决定》第三次修正的版本。《刑事诉讼法》分总则,立案、侦查和提起公诉,审判,执行,特别程序,附则六篇,共三百零八条。第一编为总则,第一章为任务和基本原则,第二章为管辖,第三章为回避,第四章为辩护与代理,第五章为证据,第六章为强制措施,第七章为附带民事诉讼,第八章为期间、送达,第九章为其他规定。第二编为立案、侦查和提起公诉,第一章为立案,第二章为侦查,第三章为提起公诉。第三编为审判,第一章为审判组织,第二章为第一审程序,第三章为第二审程序,第四章为死刑复核程序,第五章为审判监督程序。第四编为执行。第五编为特别程序,第一章为未成年人刑事案件诉讼程序,第二章为当事人和解的公诉案件诉讼程序,第三章为缺席审判程序,第四章为犯罪嫌疑人、被告人逃匿、死亡案件违法所得的没收程序,第五章为依法不负刑事责任的精神病人的强制医疗程序。第六编为附则。

(五)《行政诉讼法》

《行政诉讼法》是为保证人民法院公正、及时审理行政案件,解决行政争议,保护公民、法人和其他组织的合法权益,监督行政机关依法行使职权而制定的法律。由第七届全国人民代表大会第二次会议于1989年4月4日通过,自1990年10月1日起施行。现行版本为2017年6月27日全国人民代表大会常务委员会关于修改《中华人民共和国民事诉讼法》和《中华人民共和国行政诉讼法》的决定,自2017年7月1日起施行,共十章、一百零三条。第一章为总则,第二章为受案范围,第三章为管辖,第四章为诉讼参加人,第五章为证据,第六章为起诉和受理,第七章为审理和判决,第八章为执行,第九章为涉外行政诉讼,第十章为附则。

(六)《行政复议法》

《行政复议法》是为了防止和纠正违法的或者不当的具体行政行为,保护公民、法人和其他组织的合法权益,保障和监督行政机关依法行使职权,根据宪法制定。1999年4月29日第九届全国人民代表大会常务委员会第九次会议通过。现行版本是根据2017年9月1日第十二届全国人民代表大会常务委员会第二十九次会议《关于修改〈中华人民共和国法官法〉等八部法律的决定》第二次修正的版本,共七章、四十三条。第一章为总则,第二章为行政复议范围,第三章为行政复议申请,第四章为行政复议受理,第五章为行政复议决定,第六章为法律责任,第七章为附则。

(七)《海关法》

《海关法》是为了维护国家的主权和利益,加强海关监督管理,促进对外经济贸易和科技文化交往,保障社会主义现代化建设而特别制定。1987年1月22日第六届全国人民代表大会常务委员会第十九次会议通过。现行版本是根据2017年11月4日第十二届全国人民代表大会常务委员会第三十次会议《关于修改〈中华人民共和国会计法〉等十一部法律的决定》第五次修正的版本,共九章、一百零二条。第一章为总则,第二章为进出境运输工具,第三章为进出境货物,第四章为进出境物品,第五章为关税,第六章为海关事务担保,第七章为执法监督,第八章为法律责任,第九章为附则。

(八)《出境入境管理法》

《出境入境管理法》是为了规范出境入境管理,维护中华人民共和国的主权、安全和社会秩序,促进对外交往和对外开放制定。由全国人民代表大会常务委员会于2012年6月30日发布,自2013年7月1日起施行,共八章、九十三条。第一章为总则,第二章为中国公民出境入境,第三章为外国人入境出境,第四章为外国人停留居留,第五章为交通运输工具出境入境边防检查,第六章为调查和遣返,第七章为法律责任,第八章为附则。

(九)《治安管理处罚法》

《治安管理处罚法》是为了维护社会治安秩序,保障公共安全,保护公民、法人和其他组织的合法权益,规范和保障公安机关及其人民警察依法履行治安管理职责制定。2005年8月28日第十届全国人民代表大会常务委员会第十七次会议通过。现行版本是根据2012年10月26日第十一届全国人民代表大会常务委员会第二十九次会议《关于修改〈中华人民共和国治安管理处罚法〉的决定》修正的版本,共六章、一百一十九条。第一章为总则,第二章为处罚的种类和适用,第三章为违反治安管理的行为和处罚,第四章为处罚程序,第五章为执法监督,第六章为附则。

二、其他法规、部门规章、司法解释

(一)《招标投标法实施条例》

《招标投标法实施条例》是为了规范招标投标活动,根据《中华人民共和国招标投标法》制定。《中华人民共和国招标投标法实施条例》于2011年11月30日由国务院第183次常务会议通过,现行版本是根据2019年3月2日《国务院关于修改部分行政法规的决定》第三次修订的版本,共七章、八十四条。第一章为总则,第二章为招标,第三章为投标,第四章为开标、评标和中标,第五章为投诉与处理,第六章为法律责任,第七章为附则。

(二)《电子招标投标办法》

《电子招标投标办法》是为了规范电子招标投标活动,促进电子招标投标健康发展,根据《招标投标法》《招标投标法实施条例》制定。2013年2月4日,由中华人民共和国国家发展和改革委员会令第20号公布,共九章、六十六条。第一章为总则,第二章为电子招标投标交易平台,第三章为电子招标,第四章为电子投标,第五章为电子开标、评标和中标,第六章为信息共享与公共服务,第七章为监督管理,第八章为法律责任,第九章为附则。

(三)《侵害消费者权益行为处罚办法》

《侵害消费者权益行为处罚办法》是为了依法制止侵害消费者权益行为,保护消费者的合法权益,维护社会经济秩序,根据《消费者权益保护法》等法律法规制定,自2015年3月15日起施行。1996年3月15日国家工商行政管理局发布的《欺诈消费者行为处罚办法》予以废止。2015年1月5日,由国家工商行政管理总局令第73号公布。该《办法》共二十二条。

(四)《中小企业划型标准规定》

为了贯彻落实《中华人民共和国中小企业促进法》和《国务院关于进一步促进中小企业发展的若干意见》,工业和信息化部、国家统计局、国家发展和改革委员会、财政部研究制定了《中小企业划型标准规定》,由工信部联企业在2011年6月18日发布,共十条。

(五)《中小企业发展专项资金管理暂行办法》

《中小企业发展专项资金管理暂行办法》是为了促进中小企业特别是小型微型企业健康发展,规范和加强中小企业发展专项资金的管理和使用制定。2015年7月17日,由财政部印发,共十六条。

(六)《最高人民法院关于人民法院登记立案若干问题的规定》

《最高人民法院关于人民法院登记立案若干问题的规定》是为了保护公民、法人和其他组织依法行使诉权,实现人民法院依法、及时受理案件,根据《中华人民共和国民事诉讼法》《中华人民共和国行政诉讼法》《中华人民共和国刑事诉讼法》等法律规定制定。于2015年4月13日由最高人民法院审判委员会第1647次会议通过,自2015年5月1日起施行,共二十条。

思考题

1. 请选择一部法律法规进行解读,并谈谈该法律法规对创业者的实际影响。
2. 除了以上列举的法律法规外,你觉得还有哪些基础法律法规很重要。
3. 以上介绍的创业基础法律法规中,你认为哪一部法律或法规在创业过程中最有帮助,如何对创业形成帮助?

第三章　企业注册相关的法律法规

学习目的

通过公司法、合伙企业法、外商投资法、个体工商户条例、公司登记若干规定等法律法规的学习，更好地为注册公司提供知识储备和现实指导。

第一节　公　司　法

一、《公司法》定义及调整对象

公司法有广义和狭义之分，狭义的公司法是指《中华人民共和国公司法》（以下简称《公司法》）。广义的公司法是指规定公司的设立、组织、活动、解散及其他对内对外关系的法律规范的总称，除《公司法》外，还包括其他法律，行政法规中有关公司的规定。

《公司法》的调整对象主要是指在公司设立、组织、运营或解散过程中所发生的社会关系。具体包括几方面：（1）公司内部财产关系。如公司发起人之间、发起人与其他股东之间、股东相互之间、股东与公司之间在设立、变更、破产、解散和清算过程中所形成的带有经济内容的社会关系。（2）公司外部财产关系。主要指公司从事与公司组织特征密切相关的营利性活动，与其他公司、企业或个人之间发生的财产关系，如发行公司债券或公司股票。（3）公司内部组织管理与协作关系。主要指公司内部组织机构，如股东会或股东大会、董事会、监事会相互之间，公司同公司职员之间发生的管理或合同关系。（4）公司外部组织管理关系。主要指公司在设立、变更、经营活动和解散过程中与有关国家经济管理机关之间形成的纵向经济管理关系。如公司的设立审批、登记，股份与公司债的发行审批、交易管理，公司财务会计的检查监督等。

二、《公司法》立法历程

1993年12月29日，第八届全国人民代表大会常务委员会第五次会议通过。

1999年12月25日，第九届全国人民代表大会常务委员会第十三次会议《关于修改〈中华人民共和国公司法〉的决定》第一次修正。

2004年8月28日，第十届全国人民代表大会常务委员会第十一次会议《关于修改〈中华人民共和国公司法〉的决定》第二次修正。

2013年12月28日，第十二届全国人民代表大会常务委员会第六次会议《关于修改〈中华人民共和国海洋环境保护法〉等七部法律的决定》第三次修正。

2018年10月26日，第十三届全国人民代表大会常务委员会第六次会议《关于修改〈中华人民共和国公司法〉的决定》第四次修正。

三、2018年版《公司法》简介

《公司法》是为了规范公司的组织和行为，保护公司、股东和债权人的合法权益，维护社会经济秩序，促进社会主义市场经济的发展而制定的法律。《公司法》1993年12月29日第八届全国人民代表大会常务委员会第五次会议通过，1999年、2004年、2005年、2013年、2018年多次修正修订。现行版本根据2018年10月26日第十三届全国人民代表大会常务委员会第六次会议《关于修改〈中华人民共和国公司法〉的决定》第四次修正，共十三章、二百一十八条。

第一章为总则，包括第一条到第二十二条，涉及设定本法的必要性，明确法律的适用主体等。

第二章为有限责任公司的设立和组织机构，包括第二十三条到第七十条，共四节。第一节为设立，涉及有限责任公司设立应具备的条件，有限责任公司成立后，公司应履行的行为等；第二节为组织机构，明确有限责任公司股东会的成员构成、行使职权等；第三节为一人有限责任公司的特别规定，明确一人有限责任公司的界定、公司章程、编制财务会计报告等规定；第四节为国有独资公司的特别规定，明确国有独资公司的界定、公司章程、行使股东会职权的机构设置等。

第三章为有限责任公司的股权转让，包括第七十一条到第七十五条，涉及有限责任公司的股权转让，转让过程、优先购买权、股东资格继承等。

第四章为股份有限公司的设立和组织机构，包括第七十六条到第一百二十四条，共五节。第一节为设立，包括设立股份有限公司应具备的条件、设立方式、公司章程等；第二节为股东大会，明确股份有限公司股东大会的构成及召开相关规定等；第三节为董事会、经理，明确公司董事会的成员数量及会议召开规定等；第四节为监事会，明确公司监事会成员数量、人员构成等；第五节为上市公司组织机构的特别规定，明确公司独立董事、董事会秘书等人员规定。

第五章为股份有限公司的股份发行和转让，包括第一百二十五条到第一百四十五条，共两节。第一节为股份发行，涉及股份的发行原则、股票发行价格及采取的形式等；第二节为股份转让，涉及股东转让持有股份的方式，公司不得收购本公司股份的情形等。

第六章为公司董事、监事、高级管理人员的资格和义务，包括第一百四十六条到第一百五十二条，涉及担任董事、监事、高级管理人员的人员资格及行为规范等。

第七章为公司债券，包括第一百五十三条到第一百六十二条，涉及公司债券的定义，公司债券募集办法的规定，公司债券的转让，发行可转换为股票的公司债券的相关规定。

第八章为公司财务、会计，包括第一百六十三条到第一百七十一条，涉及本公司的财务、会计制度的建立，财务会计报告的编制及审计规定，公司分配当年税后利润的有关规定等。

第九章为公司合并、分立、增资、减资，包括第一百七十二条到第一百七十九条，涉及公司合并的定义、流程、公告等，公司分立的财产分割、债务清偿等，公司改变注册资本的有关规定。

第十章为公司解散和清算，包括第一百八十条到第一百九十条，涉及公司解散的情形，清算组的成立时限要求、人员构成，清算组在清算期间的职权及义务等。

第十一章为外国公司的分支机构，包括第一百九十一条到第一百九十七条，涉及外国公司的界定，外国公司在中国设立分支机构的规定等。

第十二章为法律责任，包括第一百九十八条到第二百一十五条，涉及公司登记、出资、合并、分立、减少注册资本或者进行清算等不同环节违反本法规定的不同惩罚，公司登记机关不合规行为的惩戒等。

第十三章为附则，包括第二百一十六条到第二百一十八条，明确高级管理人员、控股股东、实际控制人、关联关系等用语的含义，本法的施行日期等。[1]

四、国内外股权回购对比

股份回购是公司在特定情形下，收购本公司已经发行在外的股份。我国2013年版《公司法》第一百四十二条规定了公司可以收购本公司股份的四种情形，即减少注册资本、与持有本公司股份的其他公司合并、将股份奖励给本公司职工，以及股东因股东大会作出的公司合并、分立决议持异议要求公司收购其股份的情形等。除股东对合并、分立持有异议的收购情形外，公司在其他情形下回购股份均应当经股东大会决议。公司回购股份用于减资的，需于十日内注销；用于公司合并或基于股东异议收购的，需于六个月内转让或者注销；用于奖励职工的，回购股份不得超过已发行股份总额的5%，且应在一年内转让给职工。

境外对股份回购采用了更为市场化的立法思路，不少国家和地区采用了"原则允许、例外禁止"立法模式，法律限制较少。在实施程序方面，有的国家和地区为便于上市公司根据市场情况及时回购，设置了较为简单的公司决策程序。我国台湾地区"证券交易法"规定，经董事会三分之二以上董事出席及过半数董事同意，上市公司就可以在公司已发行股份总数10%的范围内回购股份。在回购后股份的处理方面，不少国家和地区建立了库存股制度，如美国各州公司法、英国公司法都允许公司将股份以库存方式持有；我国台湾地区"证券交易法"规定因转让股份给员工等原因购回的股份，公司可以持有三年，以便于有足够的时间空间实施员工持股或股权激励计划。

从境外成熟市场的立法和实践看，股份回购制度，特别是上市公司股份回购已成

---

[1] 中华人民共和国公司法，中国人大网，http://www.npc.gov.cn/npc/c12435/201811/68a85058b4c843d1a938420a77da14b4.shtml。

为资本市场的基础性制度安排,在优化资本结构、稳定公司控制权、提升公司投资价值、建立健全投资者回报机制等方面具有重要作用,特别是当市场出现短期非理性下跌,股价普遍被低估时,通过实施回购计划提升每股价值,促进增量资金入市,有利于为股价稳定提供强力支撑,向市场释放正面信号,减少市场恐慌情绪,维护市场稳定健康发展。如1987年美国股灾发生后,约有650家公司宣布回购本公司股票,加上此前已宣布回购的350家公司的持续回购行为,提振了市场信心,对稳定股市起到了重要作用。1997年亚洲金融危机期间,我国台湾地区为维护证券市场稳定,以紧急修改"证券交易法"的方式,规定受市场影响导致股价非正常下跌的上市公司可以回购股份。

五、2018年版《公司法》修订背景

与境外成熟市场相比,境内上市公司回购股份的积极性不高,现行股份回购制度的作用发挥不够充分。2014年以来,沪深两市约有2169家次公司实施股份回购。其中,主动回购148家次,金额约529.36亿元(包括减资82家次,合计367.61亿元;用于实施股权激励66家次,合计161.75亿元),被动回购2021家次(主要为购回离职股权激励对象持有的激励股票),被动回购家次占比高达93%。2014~2017年,境内上市公司主动回购股份的总金额仅为同期现金红利金额的1.5%。同期,美国、英国上市公司回购股份分别达到4127起、2086起,回购总金额与其同期现金红利金额的比例分别为43.57%、49.50%。

我国上市公司较少进行股份回购,股份回购制度在稳定市场、回报投资者等方面的作用未能得到有效发挥,因素较多,从制度层面看,主要有以下三个方面原因。

一是回购情形规定不足。2013年版《公司法》基于传统公司法理念,没有充分考虑上市公司回购股份的市场需求,将回购的合法事由限定于四种特定情形,不能有效发挥股份回购的市场功能和作用,无法适应资本市场稳定运行的实际需要。特别是在股市大幅下挫过程中,尽管有大量上市公司股价已经低于每股净资产,因回购情形限制,公司无法适时采取回购措施,稳定市场预期,提振市场信心。

二是程序要求不尽合理。一般情况下,我国公司回购股份必须召开股东大会,涉及各种事先通知、公告等事项和期限要求,程序规定较为复杂,特别是适应特定市场目的的股份回购,过于严格的程序要求使得上市公司难以及时把握市场机会,合理安排回购计划,降低了上市公司主动实施回购的积极性。

三是库存股制度缺失。2013年版《公司法》不允许将购回股份以库存方式持有,回购股份奖励给本公司职工的也要在1年内转让,限制了股份回购的市场化功能作用发挥的必要条件和空间。从市场实践和需要看,大多数上市公司的股权激励计划从授权到行权一般都要经过至少2~3年,1年的转让时间不能满足长期激励需要。同时,注销回购股份,既影响金融机构的资本充足率,也会导致上市公司再融资时需重新发行股份,提高融资成本,挫伤公司回购股份的积极性。

为完善股份回购制度,加强资本市场基础制度建设,补齐制度短板,亟须修改

2013年版《公司法》。①

六、2018年版《公司法》修改的主要内容

针对2013年版《公司法》第一百四十二条在实践中存在的问题，草案从若干个方面对该条规定作了修改完善。

一是补充完善允许股份回购的情形。将现行规定中"将股份奖励给本公司职工"这一情形修改为"将股份用于员工持股计划或者股权激励"，增加"将股份用于转换上市公司发行的可转换为股票的公司债券"和"上市公司为避免公司遭受重大损害，维护公司价值及股东权益所必需"两种情形，以及"法律、行政法规规定的其他情形"的兜底性规定。

二是适当简化股份回购的决策程序，提高公司持有本公司股份的数额上限，延长公司持有所回购股份的期限。规定公司因将股份用于员工持股计划或者股权激励、用于转换上市公司发行的可转换为股票的公司债券，以及上市公司为避免公司遭受重大损害、维护公司价值及股东权益所必需而收购本公司股份的，可以依照公司章程的规定或者股东大会的授权，经2/3以上董事出席的董事会会议决议，不必经股东大会决议。因上述情形收购本公司股份的，公司合计持有的本公司股份数不得超过本公司已发行股份总额的10%，并应当在3年内转让或者注销。

三是补充上市公司股份回购的规范要求。为防止上市公司滥用股份回购制度，引发操纵市场、内幕交易等利益输送行为，增加规定上市公司收购本公司股份应当依照证券法的规定履行信息披露义务，除国家另有规定外，上市公司收购本公司股份应当通过公开的集中交易方式进行。

此外，根据实际情况和需要，删去了现行公司法关于公司因奖励职工收购本公司股份，用于收购的资金应当从公司的税后利润中支出的规定。②

第二节 合伙企业法

一、合伙企业定义及特征

合伙企业是指由各合伙人订立合伙协议，共同出资，共同经营，共享收益，共担风险，并对企业债务承担无限连带责任的营利性组织。合伙企业分为普通合伙企业和有限合伙企业。

合伙企业具有生命有限、责任无限、相互代理、财产共有、利益共享的特征。

---

① 股份回购制度迎"红利" 将为A股带来什么影响？中国新闻网，http://www.chinanews.com/fortune/2018/09-07/8621471.shtml。
② 刘士余，关于《中华人民共和国公司法修正案（草案）》的说明，中国人大网，http://www.npc.gov.cn/npc/c12435/201810/3827f3520f604de18d8451a21c24a550.shtml。

（1）生命有限。合伙企业比较容易设立和解散。合伙人签订了合伙协议，就宣告合伙企业的成立。新合伙人的加入，旧合伙人的退休、死亡、自愿清算、破产清算等均可造成原合伙企业的解散以及新合伙企业的成立。

（2）责任无限。合伙组织作为一个整体对债权人承担无限责任。按照合伙人对合伙企业的责任，合伙企业可分为普通合伙和有限合伙。普通合伙的合伙人均为普通合伙人，对合伙企业的债务承担无限连带责任。例如，甲、乙、丙三人成立的合伙企业破产时，当甲、乙已无个人资产抵偿企业所欠债务时，虽然丙已依约还清应分摊的债务，但仍有义务用其个人财产为甲、乙两人付清所欠的应分摊的合伙债务，当然此时丙对甲、乙拥有财产追索权。有限责任合伙企业由一个或几个普通合伙人和一个或几个责任有限的合伙人组成，即合伙人中至少有一个人要对企业的经营活动负无限责任，而其他合伙人只能以其出资额为限对债务承担偿债责任，因而这类合伙人一般不直接参与企业经营管理活动。

（3）相互代理。合伙企业的经营活动，由合伙人共同决定，合伙人有执行和监督的权利。合伙人可以推举负责人。合伙负责人和其他人员的经营活动，由全体合伙人承担民事责任。换言之，每个合伙人代表合伙企业所发生的经济行为对所有合伙人均有约束力。因此，合伙人之间较易发生纠纷。

（4）财产共有。合伙人投入的财产，由合伙人统一管理和使用，不经其他合伙人同意，任何一位合伙人不得将合伙财产移为他用。只提供劳务，不提供资本的合伙人仅有权分享一部分利润，而无权分享合伙财产。

（5）利益共享。合伙企业在生产经营活动中所取得、积累的财产，归合伙人共有。如有亏损则亦由合伙人共同承担。损益分配的比例，应在合伙协议中明确规定；未经规定的可按合伙人出资比例分摊，或平均分摊。以劳务抵作资本的合伙人，除另有规定者外，一般不分摊损失。

二、《合伙企业法》简介

我国《合伙企业法》是适应市场经济发展、拓展合伙企业的法律制度，由1997年2月23日第八届全国人民代表大会常务委员会第二十四次会议通过，第十届全国人民代表大会常务委员会第二十三次会议于2006年8月27日修订通过，共六章、一百零九条。第一章为总则，第二章为普通合伙企业，第三章为有限合伙企业，第四章为合伙企业解散、清算，第五章为法律责任，第六章为附则。

第一章为总则，包括第一条到第十三条。该部分阐明了本法的制定目的，明确了合伙企业、普通合伙企业、有限合伙企业的定义，合伙协议的订立形式，订立合伙协议、设立合伙企业应当遵循的原则，合伙企业的生产经营所得和其他所得需遵循的税收原则，合伙企业及其合伙人的合法财产及其权益受法律保护，合伙企业的营业执照的申领及签发等。

第二章为普通合伙企业，包括第十四条到第五十九条，涵盖合伙企业设立，合伙企业财产，合伙事务执行，合伙企业与第三人关系，入伙、退伙，特殊的普通合伙企业，共六节。第一节为合伙企业设立，包括第十四条到第十九条，明确了设立合伙企业应当具备的条件，合伙人可以出资的形式，合伙人应当履行出资义务，合伙协议应当载明的事项，合伙协议生效的条件。第二节为合伙企业财产，包括第二十条到第二十五条，明确了合伙企业的财产，合伙人请求分割合伙企业财产的条件，合伙人转让其合伙企业财产份额的条件，合伙人以其在合伙企业中的财产份额出质的条件等。第三节为合伙事务执行，包括第二十六条到第三十六条，明确了合伙人对执行合伙事务享有同等的权利，有关合伙人执行合伙事务的规定。明确了除合伙协议另有约定外，合伙企业应当经全体合伙人一致同意的事项。明确有关合伙企业的利润分配、亏损分担的原则。明确合伙企业应当依照法律、行政法规的规定建立企业财务、会计制度等。第四节为合伙企业与第三人关系，包括第三十七条到第四十二条，明确了合伙企业对合伙人执行合伙事务以及对外代表合伙企业权利的限制，不得对抗善意第三人。明确合伙企业对其债务，应先以其全部财产进行清偿。明确合伙企业不能清偿到期债务的，合伙人承担无限连带责任等。第五节为入伙、退伙，包括第四十三条到第五十四条，明确了新合伙人入伙需依法订立书面入伙协议；入伙的新合伙人与原合伙人享有同等权利，承担同等责任。明确了合伙协议约定合伙期限的，在合伙企业存续期间，合伙人可以退伙的情形及财产结算原则等。第六节为特殊的普通合伙企业，包括第五十五条第五十九条，明确了设立为特殊的普通合伙企业的条件，特殊的普通合伙企业的定义，合伙人造成合伙企业债务的责任划分，特殊的普通合伙企业应当建立执业风险基金、办理职业保险等。

　　第三章为有限合伙企业，包括第六十条到第八十四条，明确了有限合伙企业设立的条件，合伙协议应当载明的事项，有限合伙人的出资形式，有限合伙人需按期足额缴纳出资。明确有限合伙企业由普通合伙人执行合伙事务；有限合伙人不执行合伙事务，不得对外代表有限合伙企业。该部分也包括新入伙的有限合伙人、有限合伙人退伙的情形等内容。

　　第四章为合伙企业解散、清算，包括第八十五条到第九十二条，明确了合伙企业应当解散的情形；合伙企业解散，应当由清算人进行清算；清算人在清算期间需要执行的事务；合伙企业财产的分配；合伙企业注销后，原普通合伙人对合伙企业存续期间的债务仍应承担无限连带责任等内容。

　　第五章为法律责任，包括第九十三条到第一百零六条，明确了违反本法规定需要承担的法律责任。如，违反本法规定，提交虚假文件或者采取其他欺骗手段，取得合伙企业登记的，由企业登记机关责令改正，处以五千元以上五万元以下的罚款；情节严重的，撤销企业登记，并处以五万元以上二十万元以下的罚款等。

　　第六章为附则，包括第一百零七条到第一百零九条，明确了非企业专业服务机构依据有关法律采取合伙制的，其合伙人承担责任的形式可以适用本法关于特殊的普通合伙企业合伙人承担责任的规定。明确外国企业或者个人在中国境内设立合伙企业的管理办法由国务院规定。明确了该法的施行时间。[1]

---

[1] 中国政府网，http://www.gov.cn/flfg/2006-08/28/content_371399.htm。

三、《合伙企业法》修订背景

第一,1997年版《合伙企业法》规范的对象比较单一。该法第八条规定合伙人应当是"依法承担无限责任者"。这样规定会产生两个弊端:一是限制了愿意参与合伙,但不愿承担无限连带责任的投资者的投资选择;二是限制了公司等法人组织利用合伙方式投资经营,特别是直接影响了大企业与具有特定优势的中小企业通过设立合伙企业进行合作。

第二,发展风险投资迫切需要在法律中规定有限合伙制度。风险投资是20世纪60年代快速发展起来的一种股权投资方式,主要通过持有股权,投资于在创业阶段有快速成长可能的科技型中小企业,以促进这类企业的技术开发、创业发展和资金融通。

第三,专业服务机构的发展迫切需要在法律中规定有限责任合伙制度。有限责任合伙制度是普通合伙的一种发展形式,各合伙人仍对合伙债务承担无限责任,对因其他合伙人过错造成的合伙债务不负无限连带责任,对因其他合伙人过错造成的合伙债务不负无限连带责任。国际四大会计师事务所均采用的是这种形式。

四、新修订的《合伙企业法》的主要特点

第一,扩大了合伙人的范围。1997年版《合伙企业法》规定的合伙人仅限于自然人。修订后的《合伙企业法》将合伙人的范围扩大到"法人和其他组织",为法人等利用灵活的合伙企业形式提供了方便。实际上,也为所有商事主体设立合伙企业提供了依据。但是,根据《合伙企业法》的规定,并非所有民商事主体都能作为特定合伙人设立合伙企业。该法第三条规定:"国有独资公司、国有企业、上市公司以及公益性的事业单位、社会团体不得成为普通合伙人。"依此规定,上述主体只能参与设立有限合伙企业成为有限合伙人,而不得成为普通合伙人。

第二,增加了新的合伙企业形式——有限合伙企业。1997年版《合伙企业法》仅规定了普通合伙企业,即合伙人对合伙企业债务承担无限连带责任的合伙企业。修订后的《合伙企业法》第三章专章规定了有限合伙企业。该种合伙企业不同于普通合伙企业,由普通合伙人与有限合伙人组成,前者负责合伙的经营管理,并对合伙债务承担无限连带责任,后者不执行合伙事务,仅以其出资额为限对合伙债务承担有限责任。相对于普通合伙企业,有限合伙企业允许投资者以承担有限责任的方式参加合伙成为有限合伙人,有利于刺激投资者的积极性。并且,可以使资本与智力实现有效的结合,即拥有财力的人作为有限合伙人,拥有专业知识和技能的人作为普通合伙人,从而建立以有限合伙为组织形式的风险投资机构,从事高科技项目的投资,促进创新型国家建设。

第三,增设"特殊的普通合伙企业"的规定。修订后的《合伙企业法》基于减轻专业服务机构中普通合伙人的风险和促进专业服务机构发展的立法政策,在"普

通合伙企业"一章中以第六节规定了"特殊的普通合伙企业"。根据其规定，以专业知识和专门技能为客户提供有偿服务的专业服务机构，可以设立为特殊的普通合伙企业。并且，一个合伙人或者数个合伙人在执业活动中因故意或者重大过失造成合伙企业债务的，应当承担无限责任或者无限连带责任，其他合伙人以其在合伙企业中的财产份额为限承担责任。为了保护债权人利益，《合伙企业法》规定，特殊的普通合伙企业应当建立执业风险基金、办理职业保险。

五、《合伙企业法》实施意义

第一，为发展我国风险投资提供了新的组织保障。《合伙企业法》的修订实施，以专章共24条的内容来规定有限合伙企业，给我国风险投资采用有限合伙制搭起了可供选择的合法平台，对于促进风险投资繁荣具有重要意义。

第二，满足了私募股权投资以及中小企业求"资"若渴的双重需要。《合伙企业法》增加有限合伙制度，在为有限合伙企业"正名"的同时，也为私募基金转成地上金融形态开辟了道路，标志着我国私募股权投资产业跨入一个新的里程。

第三，突破了资产证券化发展的"瓶颈"，加速其本土化进程。作为一种新生的金融工具，资产证券化更需要依法运作，其发起人（有关资产的拥有者）必须成立一个称为"特殊目的载体"（special purpose vehicle，SPV）的市场主体来购买、包装证券化资产，发行证券化了的资产凭证。SPV是实现证券化资产与发起人破产隔离的关键一环，一般可以信托、公司、合伙等法律形式组建，具体选择哪种形式不但要考虑其在法律上的可行性，还要考虑其在税制上是有效率的。不同税收的差异对证券化的成本产生不同影响，成为选择SPV的主要因素。与信托制、公司制相比，有限合伙制下的SPV在"至少有一名合伙人承担无限责任、其他合伙人承担有限责任"的治理机制下，投资者和管理者各取所需，在税收优惠、融资效率、风险隔离方面更胜一筹，从而能大大推进我国"资产证券化"本土市场的繁荣发展。

第三节　外商投资法

一、制定外商投资法的重要意义

第一，制定外商投资法，是贯彻落实党中央扩大对外开放、促进外商投资决策部署的重要举措。

党的十八大以来，以习近平同志为核心的党中央在扩大对外开放、促进外商投资方面作出了一系列重要决策部署，强调中国开放的大门不会关闭，只会越开越大。习近平总书记在庆祝改革开放40周年大会上发表重要讲话，发出了新时代改革开放再出发、继续把改革开放推向前进的宣言书和动员令。在新的历史起点上，我们必须坚定贯彻新发展理念，坚持对外开放的基本国策，继续实行积极主动的开放政策，推动形成全面开放新格局。

积极吸引和利用外商投资，是我国扩大对外开放和构建开放型经济新体制的重要内容，必须有健全的法治保障。总结改革开放40年我国外商投资法律制度的实践经验，适应新形势新要求，外商投资法确立了我国新型外商投资法律制度的基本框架，确定了我国对外开放、促进外商投资的基本国策和大政方针，对外商投资的准入、促进、保护、管理等作出了统一规定，是我国外商投资领域新的基础性法律，是对我国外商投资法律制度的完善和创新。通过制定和实施外商投资法，坚定实行高水平投资自由化便利化政策，保护外商投资合法权益，营造法治化、国际化、便利化营商环境，以高水平对外开放推动经济高质量发展，充分彰显了新时代我国进一步扩大对外开放、积极促进外商投资的决心和信心。

第二，制定外商投资法，是我国外商投资法律制度与时俱进、完善发展的客观要求。

法治建设与改革开放紧密结合、协调推进、相互促进，是我国改革开放、社会主义现代化建设和法治建设取得成功的重要原因。中国的对外开放立法是从外商投资立法起步和发展起来的。1978年12月，邓小平同志就明确提出制定外国人投资法。1979年7月改革开放新时期第一批出台的7部法律，就包括中外合资经营企业法，标志着中国打开大门引进外资、实行对外开放，具有重大政治和法律意义。1980年8月，全国人大常委会批准《广东省经济特区条例》。1986年和1988年，全国人民代表大会又先后制定了外资企业法和中外合作经营企业法，国务院、有关部门和地方陆续制定了一大批有关外商投资的实施性、配套性法规和规章。上述"外资三法"，为外商投资企业在我国发展创造了良好法治环境，对推动改革开放伟大历史进程发挥了重要作用。

进入21世纪后，为适应加入世界贸易组织的需要，全国人大及其常委会对"外资三法"作出部分修改，删除了法律中要求外商投资企业在境内优先采购、实现外汇收支平衡、出口实绩等规定。2007年，全国人民代表大会通过企业所得税法，实现了内外资企业所得税制统一。党的十八大以后，根据全面深化改革、扩大对外开放的需要，全国人大常委会于2013年、2014年两次作出决定，授权在有关自由贸易试验区内暂时调整"外资三法"关于外商投资企业审批等规定，试行准入前国民待遇加负面清单管理方式。2016年，根据自由贸易试验区取得的可复制推广的经验，全国人大常委会对"外资三法"作出修改，在法律中确立外商投资企业实行准入前国民待遇加负面清单管理制度，将自由贸易试验区的改革试点经验推广到全国。

40多年来，外商投资企业对于促进经济持续发展、扩大对外贸易、优化产业结构、增加社会就业、培育市场主体、健全市场机制，都发挥了积极作用，"外资三法"为我国外商投资企业提供了有力的法治保障。同时，我们也要看到，在新的形势下，"外资三法"已难以适应新时代改革开放实践的需要。"外资三法"主要规范外商投资企业的组织形式、组织机构和生产经营活动准则，随着社会主义市场经济体制和中国特色社会主义法律体系的建立和不断完善，"外资三法"的相关规范已逐步为公司法、合伙企业法、民法总则、物权法、合同法等市场主体和市场交易方面的法律所涵盖；同时，新形势下全面加强对外商投资的促进和保护、进一步规范外商投资管理的要求，也大大超出了"外资三法"的调整范围。适应新时代改革开放的需要，推动外商投资法律制度与时俱进、完善发展，迫切需要在总结我国吸引外商投资实践经验的基础上，制定一部新的外商投资基础性法律取代"外资三法"，并配合制定相应的具体法规、规章，以更加全面完善的外商投资法律制度，促进、保障和规范外商投资活动，提高外资工作法治化水平，促进国家治理体系和治理能力现代化，推动全面依法治国战略深入实施。

第三，制定外商投资法，是促进社会主义市场经济健康发展、实现经济高质量发展的客观要求。

中国特色社会主义进入新时代，我国经济已由高速增长阶段转向高质量发展阶段。过去40多年中国经济发展是在开放条件下取得的，未来中国经济实现高质量发展也必须在更加开放条件下进行。党的十九大明确提出，实行高水平的贸易和投资自由化便利化政策，全面实行准入前国民待遇加负面清单管理制度，大幅度放宽市场准入，扩大服务业对外开放，保护外商投资合法权益；凡是在我国境内注册的企业，都要一视同仁、平等对待。改革开放40年给我们的重要启示就是：开放带来进步，封闭必然落后。我国发展仍处于并将长期处于重要战略机遇期，我国与其他国家开放合作、互利共赢的空间十分广阔。面向未来，我国经济要实现高质量发展，就必须抓住机遇、用好机遇，以扩大开放推动改革、带动创新、促进发展。

习近平总书记在阐述新发展理念时指出："开放发展注重的是解决发展内外联动问题。"外商投资法着眼于增强发展的内外联动性，明确规定了多项促进内外资企业规则统一、促进公平竞争方面的内容。一是外商投资企业依法平等适用国家支持企业发展的各项政策；二是国家保障外商投资企业依法平等参与标准制定工作，国家制定的强制性标准平等适用于外商投资企业；三是国家保障外商投资企业依法通过公平竞争参与政府采购活动，政府采购依法对外商投资企业在中国境内生产的产品平等对待；四是外商投资过程中技术合作的条件由投资各方遵循公平原则平等协商确定，行政机关及其工作人员不得利用行政手段强制转让技术；五是外商投资准入负面清单以外的领域，按照内外资一致的原则实施管理；六是有关主管部门应当按照与内资一致的条件和程序，审核外国投资者的许可申请，法律、行政法规另有规定的除外。这些促进内外资企业规则统一的规定，有利于贯彻一视同仁、平等对待的原则，营造稳定、透明、可预期和公平竞争的市场环境，也有利于我国各类企业平等参与，在全面开放新格局中实现更高水平、更高质量的发展。[1]

二、《外商投资法（草案）》起草过程和总体要求

党的十八届三中、四中全会和党中央关于构建开放型经济新体制的决策部署，对完善涉外法律法规体系、统一内外资法律、制定新的外商投资基础性法律提出了明确要求。全国人大常委会高度重视外商投资立法工作，全国人大常委会立法规划和2018年立法工作计划明确提出制定外商投资法。按照党中央决策部署和中央全面依

---

[1] 关于《中华人民共和国外商投资法（草案）》的说明，新华网，http://www.xinhuanet.com/politics/2019-03/09/c_1124211684.htm。

法治国委员会工作要求，国务院有关部门经过认真调研、征求意见和论证协调，拟订了外商投资法草案。2018年12月，国务院将外商投资法草案提请全国人大常委会审议。

2018年12月下旬召开的十三届全国人大常委会第七次会议对外商投资法草案进行了初次审议。之后，全国人大宪法和法律委员会、常委会法制工作委员会通过多种方式广泛征求地方、部门、研究机构的意见，召开座谈会听取外国商会协会、外商投资企业的意见，通过全国人大网公布草案征求社会公众的意见。各方面普遍赞同制定外商投资法，认为这是完善涉外法律法规体系、促进外商投资、扩大对外开放、营造法治化国际化便利化营商环境的重要举措，有利于推动形成对外开放新格局。宪法和法律委员会、法制工作委员会会同国务院有关部门根据常委会审议意见和各方面的意见，经认真研究后，对外商投资法草案作了修改完善。2019年1月29～30日召开的十三届全国人大常委会第八次会议对草案进行了第二次审议，并决定由全国人大常委会将外商投资法草案提请十三届全国人大二次会议审议。全国人大常委会办公厅及时将外商投资法草案印发全国人大代表，部署组织全国人大代表研读讨论外商投资法草案工作，征求代表意见。2月25日，宪法和法律委员会召开会议，根据常委会第八次会议的审议意见、代表研读讨论中提出的意见和各方面的意见，对草案作了进一步修改完善；认为经过全国人大常委会两次审议和广泛征求意见，草案充分吸收各方面的意见建议，已经比较成熟，形成了提请本次会议审议的《中华人民共和国外商投资法（草案）》。

在外商投资法立法过程中，认真学习领会习近平新时代中国特色社会主义思想特别是习近平总书记关于扩大对外开放的重要论述，坚决贯彻落实党中央关于加快统一内外资法律法规、制定新的外商投资基础性法律的要求，深刻认识改革开放40年来我国坚定不移实行对外开放、以开放促改革促发展促创新取得的巨大成就和宝贵经验；深刻认识在新的历史起点上坚持对外开放基本国策、坚持互利共赢开放战略的重大意义；准确把握和全面贯彻外商投资立法的总体要求，努力通过制定外商投资法，充分彰显新时代中国进一步扩大对外开放、积极促进外商投资、保护外商投资合法权益的决心和信心，坚持以改革创新精神推动外商投资法律制度与时俱进、完善发展。

根据新时代改革开放新的形势和要求，制定外商投资法的指导思想是：高举中国特色社会主义伟大旗帜，以习近平新时代中国特色社会主义思想为指导，深入贯彻落实党的十九大和十九届二中、三中全会精神，适应推动形成全面开放新格局、构建开放型经济新体制的新形势新要求，坚持对外开放基本国策，坚持市场化、法治化、国际化的改革方向，创新外商投资管理制度，确立新时代外商投资法律制度基本框架，为推动高水平对外开放提供有力法治保障，促进社会主义市场经济健康发展。

贯彻上述指导思想，外商投资立法着重遵循和体现以下重要原则。

（1）突出积极扩大对外开放和促进外商投资的主基调。制定外商投资法，就是要在新的历史条件下通过国家立法表明将改革开放进行到底的决心和意志，展现新时代中国积极的对外开放姿态，顺应时代发展潮流，体现推动新一轮高水平对外开放、营造国际一流营商环境的精神和要求，使这部法律成为一部外商投资的促进法、保护法。

（2）坚持外商投资基础性法律的定位。外商投资法是新形势下国家关于外商投资活动全面的、基本的法律规范，是外商投资领域起龙头作用、具有统领性质的法律。因此，这部法律重点是确立外商投资准入、促进、保护、管理等方面的基本制度框架和规则，建立起新时代我国外商投资法律制度的"四梁八柱"。

（3）坚持中国特色和国际规则相衔接。草案立足于我国当前的发展阶段和利用外资工作的实际需要，对外商投资的准入、促进、保护、管理等作出有针对性的规定；同时注意与国际通行的经贸规则、营商环境相衔接，努力构建既符合我国基本国情和实际又顺应国际通行规则、惯常做法的外商投资法律制度。

（4）坚持内外资一致。外商投资在准入后享受国民待遇，国家对内资和外资的监督管理，适用相同的法律制度和规则。继续按照市场化、法治化、国际化的改革方向，在行政审批改革、加强产权平等保护等方面完善相关法律制度，努力打造内外资公平竞争的市场环境，依靠改善投资环境吸引更多外商投资。[1]

三、《外商投资法》的主要内容

《外商投资法》是为了进一步扩大对外开放，积极促进外商投资，保护外商投资合法权益，规范外商投资管理，推动形成全面开放新格局，促进社会主义市场经济健康发展，根据宪法，制定的法律。《外商投资法》共分六章、四十二条，第一章为总则，包括第一条到第八条；第二章为投资促进，包括第九条到第十九条；第三章为投资保护，包括第二十条到第二十七条；第四章为投资管理，包括第二十八条到第三十五条；第五章为法律责任，包括第三十六条到第三十九条；第六章为附则，包括第四十条到第四十二条。[2]

四、读解《外商投资法》的四个角度

改革开放 40 年的经验表明，中国坚持不断扩大对外开放，取得了举世瞩目的发展成就。外商投资也成为推动中国经济社会发展的重要力量。截至 2018 年底，中国累计设立外商投资企业约 96 万家，累计实际使用外资超过 2.1 万亿美元。然而近年来，保护主义和单边主义大行其道，美国等部分发达国家甚至将贸易战火蔓延到非洲等发展中国家，全球化遭遇了前所未有的波折。在此背景下，中国颁布《外商投资法》不仅开辟了国家治理现代化的新境界，而且也为全球治理贡献了"中国智慧"。

首先，《外商投资法》再一次体现了中国全面推进依法治国的决心。改革开放初期制定的"外资三法"，为中国利用外资、设立外商投资企业提供了法律保障，打开了中国引进外资的大门。当前"外资三法"已难以适应构建开放型经济新体制、推动形成全面开放新格局的需要，亟须制定统一的外资基础性法律。为进一步全面深化

---

[1] 关于《中华人民共和国外商投资法（草案）》的说明，新华网，http：//www.xinhuanet.com/politics/2019－03/09/c_1124211684.htm。

[2] 中华人民共和国外商投资法，中国政府网，http：//www.gov.cn/xinwen/2019－03/20/content_5375360.htm。

改革、扩大对外开放、积极有效利用外资提供更加有力的法治保障，习近平总书记提出，"中国将加快出台外商投资法规，完善公开、透明的涉外法律体系"。改革开放以来，中国利用外资从探索起步到蓬勃发展，都是立法先行，践行了全面依法治国要求。

其次，《外商投资法》颁布过程经历了长时间的审定和公开征求意见，具有广泛的民意基础。从草案制定到全国人大投票通过，历时三年有余。事实上，早在2011年外商投资法草案就启动修法研究，2015年第一次在商务部官网公开征求意见，2018年12月提请全国人大常委会初次审议。2019年1月，全国人大常委会专门召开会议再度审议，而在人大初次审议之前，外商投资法草案已经留出了两个月的时间向社会公开征求意见。至二审前夕，全国人大宪法和法律委员会、财政经济委员会、全国人大常委会法制工作委员会联合召开了座谈会，听取有关部门、专家、协会和企业的意见。同时，全国人大常委会法制工作委员又召开专题会议，悉心听取了外国在华商会、协会和部分外商投资企业的意见。

再次，《外商投资法》的制定体现了中国从地方治理经验上升到国家治理层面的立法过程。为推进新形势下改革开放，党中央、国务院先后决定设立上海等12个自贸试验区，按照习近平总书记提出的"大胆闯、大胆试、自主改"的要求，自贸试验区积极探索外商投资管理模式创新。2013年，上海自贸试验区发布中国首份外商投资准入特别管理措施（负面清单）之后，自贸试验区外商投资准入负面清单已经先后四次修订，2018年版的条目已经由2013年版的190条减少到45条。2016年10月起，自贸试验区的负面清单管理模式在全国推广。基于此，《外商投资法》将许多有战略价值的成果纳入法律体系中，在实践上将地方治理经验复制、推广并上升为国家法律，形成了新的导向与指引。

最后，《外商投资法》反映了中国探索发展中国家如何利用外资实现自主发展的雄心。优化营商环境、吸引外资是所有发展中国家共同面临的难题。尽管据世界银行发布的《2019年营商环境报告》排名，中国从78位上升到了46位，一年跳升32位，营商环境有了较大改善，但是中国政府并没有回避问题，而是勇于通过法律内容的调整与更新进行负面性纠偏与正向性固化，形成吸引与扩大外资进入的全新引力。比如"外资三法"中都有"国家鼓励举办技术先进的外资企业"的规定，经常被曲解为"利用行政手段强制转让技术"，《外商投资法》对其进一步明确与纠正。对于外商投资者要求更有效的保护，《外商投资法》明确规定"国家对外商投资实行准入前国民待遇加负面清单管理制度"，并明确作出解释——"准入前国民待遇，是指在投资准入阶段给予外国投资者及其投资不低于本国投资者及其投资的待遇；所称负面清单，是指国家规定在特定领域对外商投资实施的准入特别管理措施。国家对负面清单之外的外商投资，给予国民待遇。"由此可见，该法律的出台预示着中国这一最大的发展中国家将以更大力度、更积极的姿态融入全球化发展进程中，为推动发展中国家的群体性崛起贡献智慧和力量。[①]

[①] 观察：读解《外商投资法》的四个角度，人民网，http://finance.people.com.cn/n1/2019/0316/c1004-30978976.html。

第四节 个体工商户条例

一、个体工商户、农村承包经营户的基本概念

个体工商户,指公民在法律允许的范围内,依法经核准登记,从事工商业经营的家庭或户,个体工商户还可以起字号,并以其字号进行活动。农村承包经营户是指农村集体组织的成员,在法律允许的范围内按照承包合同规定从事商品经营的家庭或户。

二、法律特征

个体工商户是个体工商业经济在法律上的表现,其具有以下三个特征。

(1) 个体工商户是从事工商业经营的自然人或家庭。自然人或以个人为单位,或以家庭为单位从事工商业经营,均为个体工商户。

根据法律有关政策,可以申请个体工商户经营的主要是城镇待业青年、社会闲散人员和农村村民。此外,国家机关干部、企事业单位职工,不能申请从事个体工商业经营。

(2) 自然人从事个体工商业经营必须依法核准登记。个体工商户的登记机关是县以上工商行政管理机关。个体工商户经核准登记,取得营业执照后,才可以开始经营。个体工商户转业、合并、变更登记事项或歇业,也应办理登记手续。

(3) 个体工商户只能经营法律、政策允许个体经营的行业。

三、《个体工商户条例》出台目的及历程

国务院 1987 年发布的《城乡个体工商户管理暂行条例》,对个体经济的发展起到了积极作用,已成为促进社会经济发展和吸纳劳动力就业的重要力量。为了更好地贯彻国家鼓励非公有制经济发展的方针政策,进一步充分发挥个体工商户服务经济社会发展和扩大就业的重要作用,需要对暂行条例进行全面修改,为鼓励、支持、引导和规范个体工商户健康发展提供更完善的法制保障。

为保护个体工商户合法权益,鼓励、支持和引导个体工商户健康发展,加强对个体工商户的监督、管理,发挥其在经济社会发展和扩大就业中的重要作用,制定《个体工商户条例》。《个体工商户条例》由 2011 年 3 月 30 日国务院第 149 次常务会议通过,自 2011 年 11 月 1 日起施行。并根据 2014 年 2 月 19 日《国务院关于废止和修改部分行政法规的决定》修改,自 2014 年 3 月 1 日起施行,根据 2016 年 2 月 6 日国务院 666 号令《国务院关于修订部分行政法规的决定》进行了第三次修订,自 2016 年 3 月 1 日起施行。2018 年 11 月 9 日司法部为了增强立法的公开性和透明度,

提高立法质量,将市场监管总局起草的《个体工商户条例(修订送审稿)》及其说明公布,征求社会各界意见,共三十四条。

《个体工商户条例(修订送审稿)》阐明了本条例的制定意义、个体工商户的界定与可经营类型,并保证其合法权益不受侵害。规定了登记机关的设立,国家对个体工商户实行的原则,对个体工商户的监督与管理,为个体工商户提供支持、便利和信息咨询等服务,依法成立的个体劳动者协会的作用,申请登记个体工商户的办法与登记事项,登记机关对申请材料依法审查后的办理流程,个体工商户登记事项变更流程,许可证明的提交,注销登记的办理,在规定时间向登记机关报送年度报告,未按规定履行年度报告义务的处理办法;登记机关对年度报告的接受与抽查不得收取任何费用,登记机关和有关行政机关以有便于公众知晓的方式公布与个体工商户相关的事项;个体工商户依法办理税务登记,不得强行要求个体工商户提供赞助或者接受有偿服务,将个体工商户所需生产经营场地纳入城乡建设规划,统筹安排、贷款申请方法,根据经营需要招用从业人员并确保不侵害从业人员的合法权益;提交虚假材料的处罚,未及时办理变更登记的处罚,行政许可被吊销或届满时的处理办法,相关部门促进个体工商户间的交流,并逐步建立个体工商户管理信息系统,相关工作人员出现滥用职权等情况的处理办法,港澳台地区公民可申请登记个体工商户的要求,相关部门需为个体工商户转变为企业组织形式提供便利,无固定经营场所摊贩的管理办法。阐明本条例的实施时间以及同时被废止的条例。①

四、《个体工商户条例》修订的总体思路

《个体工商户条例》修订的总体思路主要有三点。一是贯彻落实党中央、国务院关于"放管服"改革及深化党和国家机构改革的决策部署,做到"该管的管住,该放的放开",优化政府职能,服务个体经济,为个体经济的高质量发展创造更宽松的法律政策环境。

二是充分体现改革开放以来个体工商户管理的经验和成果,推动个体工商户管理的制度化、规范化、程序化、法治化建设,做到监管与发展、服务、维权、执法的统一。

三是坚持进一步巩固商事制度改革成果。随着商事制度改革的逐步深入,商事制度改革经过论证和探索,总结并推广了大量有益的改革措施,为了进一步巩固和推广这些改革成果,在本次修订中对个体工商户登记监管的部分条款做了相应调整。

五、《个体工商户条例》修订送审稿的主要内容

《个体工商户条例》修订送审稿共三十四条,主要内容如下:

(1) 关于个体工商户的定义。《民法总则》第五十四条对个体工商户的定义已作出规定,因此在送审稿中不再作重复性规定,具体修改体现在第二条:"公民从事工

---

① 司法部关于《个体工商户条例(修订送审稿)》公开征求意见的通知,中国政府网,http://www.gov.cn/xinwen/2018-11/09/content_5340045.htm#3。

商业经营，依照本条例规定，经市场监督管理部门登记的，为个体工商户"。

（2）关于个体工商户的设立登记。明确个体工商户的登记义务，同时按照《国务院关于印发注册资本登记制度改革方案的通知》"尊重市场主体民事权利，工商行政管理机关对工商登记环节中的申请材料实行形式审查"的要求，明确申请人对申请文件材料的真实性负责。在送审稿第八条中明确规定："申请人应当提交登记申请书、身份证明和经营场所证明，并对申请材料的真实性负责。"

（3）适应商事制度改革和国家机构改革的要求。为了进一步吸收巩固商事制度改革成果和顺应机构改革需要，送审稿对部分条款进行了增加或调整：第九条增加"申请人也可以通过电子数据交换等登记机关认可的方式提出申请。国家推行电子营业执照。电子营业执照与纸质营业执照具有同等法律效力"。第十一条增加"申请登记的经营范围中属于法律、行政法规或者国务院决定规定在登记前须经批准的经营项目的，应当在申请登记前报经有关部门批准后，凭审批机关的批准文件、证件向登记机关申请登记。申请登记的经营范围中属于法律、行政法规或者国务院决定等规定在登记后须经批准的经营项目的，依法经登记机关核准登记后，应当报经有关部门批准方可开展后置许可经营项目的经营活动"。第十四条修改为"登记机关将未按照规定履行年度报告义务的个体工商户标记为经营异常状态，并在国家企业信用信息公示系统上向社会公示"。将《条例》第十七条修改为送审稿第十八条"个体工商户应当依法履行纳税义务，并依法享受税收优惠"。将《条例》第二十二条修改为送审稿第二十三条"个体工商户提交虚假材料骗取登记的，撤销登记，并在国家企业信用信息公示系统上向社会公示，一年内不再予以登记。涂改、出租、出借、转让营业执照的，由登记机关责令改正，逾期未改正的，处5000元以下的罚款，标记为经营异常状态，并在国家企业信用信息公示系统上向社会公示；情节严重的，撤销注册登记或者吊销营业执照"。将《条例》第二十三条修改为送审稿第二十四条"个体工商户登记事项变更，未办理变更登记的，由登记机关责令改正，逾期未改正的，处5000元以下的罚款，标记为经营异常状态，并在国家企业信用信息公示系统上向社会公示；情节严重的，吊销营业执照"。将《条例》第二十五条修改为送审稿第二十九条"市场监督管理部门以及其他有关部门应当加强个体工商户管理工作的信息交流，实现互认共享，逐步建立个体工商户管理信息系统"。此外，将七处"工商行政管理部门"统一修改为"市场监督管理部门"。

（4）关于建立个体工商户依职权主动注销制度。登记实践中，个体工商户存在大量实际不经营，但不办理注销的情况，为了进一步降低市场主体退出成本、提高政府监管效能，根据前期试点情况，送审稿新增个体工商户依职权注销制度。将《条例》第二十四条修改为送审稿第二十五条："申请登记的经营范围中属于法律、行政法规或者国务院决定在登记前须经批准的经营项目的，有关行政机关依法吊销、撤销个体工商户的行政许可，或者行政许可有效期届满的，应当自吊销、撤销行政许可或者行政许可有效期届满之日起五个工作日内通知登记机关，当事人应当依法办理变更或注销登记，未办理变更或注销登记的，由登记机关自收到通知之日起十五个工作日内，责令当事人依法办理变更或注销登记，逾期未办理的，由登记机关注销登记或者吊销营业执照。"增加第二十六条，即"有以下情形之一的，由登记机关注销个体工商户登记：（一）两年未按规定报送年度报告，并且不在登记的经营场所经营或者经营场所不存在，当事人逾期未办理变更或者注销登记的；（二）依法被撤销登记或者依法被吊销营业执照，当事人逾期未办理注销登记的；（三）法律法规规定的应当注销个体工商户登记的其他情形。"增加第二十七条"对拟由登记机关注销登记的个体工商户，登记机关应告知经营者，并通过国家企业信用信息公示平台公示，公示期为三个月。公示期满后，经营者或相关人未提出异议的，登记机关予以注销登记。个体工商户申请登记的经营范围属于法律、行政法规或者国务院决定等规定须经行政机关批准的经营项目的，登记机关注销个体工商户登记后五个工作日内，应当告知有关行政机关，由有关行政机关注销个体工商户的行政许可。"增加第二十八条"由登记机关注销的个体工商户，可以在登记机关作出注销决定后一年内，提出恢复登记的申请。登记机关对其申请进行审查，符合恢复经营条件的，由登记机关恢复登记。"

（5）关于促进个转企便利化的问题。为鼓励个体工商户自愿转企业，做大做强，对《条例》第二十八条作了明确和细化，具体修改为送审稿第三十二条"个体工商户申请转变为企业组织形式，登记机关和有关行政机关应当为其提供便利，符合法定条件的，并经原许可机关同意，可以保留原有字号、行政许可。"

（6）加强对个体工商户的扶持。个体经济量大面广，对增加就业、保障民生具有重要的意义。为了进一步加强对个体经济的扶持，送审稿第二十条规定："县级以上地方各级人民政府应当根据实际情况，支持个体经济公共服务体系和融资服务体系建设，促进个体经济健康发展。地方各级人民政府应当将个体工商户所需的集中生产经营场地纳入城乡建设规划，统筹安排"。根据国务院推进职能转变协调小组职业资格改革组关于深化"放管服"改革，减少职业资格许可和认定的工作部署，以及专家论证会意见，删除了《条例》第六条关于"职业技能鉴定"的内容。另外，根据《中华人民共和国立法法》第七十二条的有关规定，将《条例》第二十九条"无固定经营场所摊贩的管理办法，由省、自治区、直辖市人民政府根据当地实际情况规定"修改为送审稿第三十三条"无固定经营场所摊贩的管理办法，由地方人民政府在立法权限内根据实际情况规定。"[①]

第五节 公司登记若干规定

一、相关概念

（一）公司的概念

公司是依照公司法在中国境内设立的以营利为目的的企业法人，包括有限责任公司和股份有限公司。它是适应市场经济社会化大生产的需要而形成的一种企业组织形式。

---

① 财政部网站，http://www.moj.gov.cn/news/content/2018-11/09/zlk_42361.html。

市场经济要求平等的市场主体按照等价交换的原则；通过公平竞争，从市场取得和向市场提供商品，促进整个市场合理流动，实现结构架置优化、资源合理配置。市场经济的要求决定了市场主体必须拥有明晰界定的财产权，而且必须是独立的、平等的。法人制度以其独特的性质使法人在市场经济中充当了主要的角色。公司作为法人的一种形态，其特质完全符合市场经济的要求，这必然是公司成为市场经济的主体。与其他市场主体相比，公司的优点表现在以下五点。

（1）公司股东的有限责任决定了对公司投资的股东既可满足投资者谋求利益的需求，又可使其承担的风险限定在一个合理的范围内，增加其投资的积极性。

（2）公司特别是股份有限公司可以公开发行股票、债券，在社会上广泛集资，便于兴办大型企业。

（3）公司实行彻底的所有权与经营权分离的原则，提高了公司的管理水平。

（4）公司特有的组织结构形式使公司的资本、经营运作趋于利益最大化，更好地实现投资者的目的。

（5）公司形态完全脱离个人色彩，是资本的永久性联合，股东的个人生存安危不影响公司的正常运营。因此，公司存续时间长稳定性高。

（二）注册资本的概念

注册资本是指合营企业在登记管理机构登记的资本总额，是合营各方已经缴纳的或合营者承诺一定要缴纳的出资额的总和。我国法律、法规规定，合营企业成立之前必须在合营企业合同、章程中明确企业的注册资本，合营各方的出资额、出资比例、利润分配和亏损分担的比例，并向登记机构登记。

2013年版《公司法》修改主要涉及三方面。第一，将注册资本实缴登记制改为认缴登记制，取消了关于公司股东（发起人）应当自公司成立之日起两年内缴足出资，投资公司可以在五年内缴足出资的规定；取消了一人有限责任公司股东应当一次足额缴纳出资的规定。第二，放宽注册资本登记条件。第三，简化登记事项和登记文件。有限责任公司股东认缴出资额、公司实收资本不再作为公司登记事项。公司登记时，不需要提交验资报告。

（三）公司登记的概念

公司登记是将公司应予公示的事项向有关主管机关进行登记。通过登记，主管机关可对其活动进行监督，有利于保护交易安全。一般来说，公司登记可分为以下4种。（1）设立登记。即在设立公司的最后阶段将公司的主要事项报主管机关进行登记，登记被认可有效后，公司即告成立。设立登记的效力包括：公司取得法人资格，具有权利能力和行为能力；取得公司名称的专用权，其他公司不得使用相同或相类似之名称；在登记范围内展开营业。（2）撤销登记。公司设立登记后，如发现其设立登记或其他登记事项有违法情况时，经法院判决确定后，由主管机关撤销已登记的全部公司登记或部分登记事项，被撤销部分不得用以对抗第三人。（3）变更登记。公司成立后，其已登记事项有变化的，如公司迁址、经理人更换等，应进行相应的变更登记。否则，不得以此对抗第三人。（4）解散登记。公司解散，除破产外，应进行解散登记。

公司登记须在国家规定的公司注册登记机关进行。依《公司登记管理条例》及相关法律文件的规定，我国的公司登记机关是市场监管局。无论是设立、变更、注销公司登记，均应在同一登记机关进行登记。而且，虽然企业迁移或跨地区设立分支机构需要在其他登记机关登记，但还须在原登记机关做变更登记。

公司登记不同于营业登记。公司登记属于法人登记，目的是创设法律人格，赋予公司以独立主体资格。营业登记是指登记主管机关对从事经营活动，又不具备法人条件的经营单位进行审查核准并颁发《营业执照》，确认其合法经营权的登记行为。其作用则是政府承认某项营业及其某一商号的合法性，准许其开业。在我国，公司的这两种登记是合并进行的，并由同一机关主管。

（四）企业法人登记注册基本概念

目前我国法人单位主要包括机关、事业、企业、社会团体和其他五种类型。法人应当具备四个条件：依法成立；有必要的财产或者经费；有自己的名称、组织机构和经营场所；能够独立承担民事责任。企业法人是指依据《企业法人登记管理条例》《公司登记管理条例》等，经各级工商行政管理机关登记注册的，具有符合国家法律规定的独立财产和资金数额、企业名称、组织章程、组织机构、住所等法定条件，能够独立承担民事责任，经主管机关核准登记取得法人资格的社会经济组织。也就是说企业只有具备了法人条件，才可以进行法人登记，并不等于所有类型的企业都符合企业法人的构成要件。

企业法人登记注册是指登记注册管理机关对从事生产经营活动，符合企业法人条件的经营单位，依法定程序进行审查核准并颁发《企业法人营业执照》，确认其企业法人资格和合法经营权的登记注册行为。

企业法人依法登记后，就成为独立的民事主体，并享有相应的权力和承担相应的民事义务。企业法人对由其经营管理的财产或所有的财产依法享有占有权、使用权和处分权，任何单位和个人不得非法干涉和侵犯。企业法人违反合同、不履行义务或侵犯他人利益时，依法由自己承担民事责任。工商行政管理机关自企业法人登记注册之日起，即以核定的登记事项为依据，对企业法人的生产经营活动进行监督检查。公、检、法、司等执法部门在查处经济违法案件时，以核定的登记事项作为重要的法律依据。除此之外，企业登记适应了涉外经济工作的需要，企业只有取得法人资格，才能以中华人民共和国企业法人的资格，进行涉外经济活动。

按照规定，企业法人登记注册的主要事项有11项：企业法人名称、住所、经营场所、法定代表人、经济性质、经营范围、经营方式、注册资金、从业人数、经营期限、分支机构。对企业法人申请登记注册事项的核定，是工商行政管理机关进行企业法人登记注册整个程序中最重要的一个环节，是审查企业是否具备法人条件的关键所在。

二、《公司注册资本登记管理规定》

本规定共二十三条，涉及制定本规定的目的、不同类型公司的设立方式以及注册资本的规定、公司登记的要求、对公司注册资本数额、股东或者发起人的出资时间及出资方式的规定、股东或发起人的出资规定、股权出资的要求以及股权不得用作出资的情形、债权人的权利以及债权可转为公司股权的情形、股东或发起人出资名义的规定、关于注册资本的规定、增加和减少注册资本的要求、收购其他股东股权的要求、有限责任公司变更为股份有限公司后的处理办法、股东出资额或者发起人认购股份、出资时间及方式的规定、虚报注册资本取得公司登记的处理办法、其股东或者发起人虚假出资,未交付作为出资的货币或者非货币财产的处理办法、股东或者发起人在公司成立后抽逃其出资的处理办法、公司注册资本发生变动,公司未按规定办理变更登记的处理办法、验资机构、资产评估机构出具虚假证明文件的处理办法、公司未按规定办理公司章程备案的处理办法、撤销公司变更登记涉及公司注册资本变动的处理办法、外商投资的公司注册资本的登记管理办法、本规定的开始施行时间以及其他相关规定的废止时间。[1]

三、《公司登记管理条例》简介

为了确认公司的企业法人资格,规范公司登记行为,1994年6月24日中华人民共和国国务院令第156号发布《公司登记管理条例》,自1994年7月1日起施行。2005年12月18日中华人民共和国国务院令第451号公布的《国务院关于修改〈中华人民共和国公司登记管理条例〉的决定》第一次修正,2014年2月19日中华人民共和国国务院令第648号公布的《国务院关于废止和修改部分行政法规的决定》第二次修正,2016年2月6日发布的国务院令第666号《国务院关于修改部分行政法规的决定》第三次修正,共十一章、八十三条。

第一章为总则,包括第一条到第五条,阐明了本法的制定意义,规定了公司需依法办理公司登记并确保相关文件和材料的真实性,未经公司登记机关登记不得从事经营活动,工商行政管理机关的地位,国家工商行政管理总局的职权。

第二章为公司的登记管辖,包括第六条到第八条,规定了国家工商行政管理总局负责登记的公司,省、自治区、直辖市工商行政管理局负责登记的公司,设区的市(地区)工商行政管理局、县工商行政管理局,以及直辖市的工商行政管理分局、设区的市工商行政管理局的区分局负责登记的公司。

第三章为公司的登记事项,包括第九条到第十六条,规定了公司具体的登记事项,登记事项必须符合法律法规、公司名称的要求,公司住所的相关要求,注册资本的要求,股东出资方式的要求,公司经营范围的确定并依法登记,规范经营范围用语,公司的类型。

第四章为公司的设立登记,包括第十七条到第二十五条,规定了设立公司前先申请名称预先核准以及不同类型公司申请预先核准人的确定,申请预先核准应提交的文件,预先核准的公司名称的保留期与保留期的限制,不同类型公司申请设立登记人的不同及申请设立登记过程,申请设立有限责任公司时应向公司登记机关提交的文件,

---

[1] 公司注册资本登记管理规定,中国政府网,http://www.gov.cn/zhengce/2016-04/05/content_5061386.htm。

申请设立股份有限公司申请登记事项及应当向公司登记机关提交的文件，公司申请登记经营范围的相关规定，公司登记机关有权对违反法律法规的公司章程提出修改要求，公司住所证明的定义，依法设立公司后营业执照的办法及银行账户的开立与申请纳税登记。

第五章为公司的变更登记，包括第二十六条到第四十条，规定了公司变更登记事项应向相关单位申请变更登记，未经申请变更登记的情况下不得擅自改变登记事项，公司申请变更登记具体须向公司登记机关提交的文件，公司变更名称登记办法，公司变更住所登记办法，变更法定代表人，增加或减少注册资本，变更经营范围，变更公司类型的申请变更登记办法，有限责任公司股东发生变更时的申请变更登记办法，涉及分公司登记事项变更的公司登记事项变更登记办法，公司章程变更，公司董事、监事、经理发生变动的备案方法，因合并、分立而存续、解散或新设立公司而导致登记事项发生变化的申请登记办法，需换发营业执照的情况，向公司登记机关申请撤销变更登记应提交的文件。

第六章为公司的注销登记，包括第四十一条到第四十四条，规定了公司解散后清算组的职责，公司清算组应当自公司清算结束之日起30日内向原公司登记机关申请注销登记的具体情形，公司申请注销登记应提交的文件，经公司登记机关注销登记后公司终止。

第七章为分公司的登记，包括第四十五条到第四十九条，规定了分公司的定义，分公司的登记事项以及名称与经营范围要求，公司设立分公司需在规定时间向相关机关单位申请登记以及具体需要提交的文件，分公司变更登记事项后的申请变更登记流程，分公司被公司撤销、依法责令关闭、吊销营业执照的处理办法。

第八章为登记程序，包括第五十条到第五十六条，规定了申请公司、分公司登记的申请办法，公司登记机关作出是否受理的决定所涉及的具体情形，《受理通知书》与《不受理通知书》的出具，公司登记机关对决定予以受理的登记申请后在规定的期限内作出是否准予登记决定的情况，公司登记机关对公司的相关申请作出肯定或否定答复时的操作，公司登记机关向社会共识相关信息并发布相关公告。

第九章为年度报告公示、证照和档案管理，包括第五十七条到第六十二条，规定了年度报告的报送与公示，营业执照的形式与摆放位置，保存要求以及变更后的处理办法，营业执照的扣留，公司登记档案资料的相关要求，营业执照的样式要求。

第十章为法律责任部分，包括第六十三条到第八十条，规定了虚假注册资本以取得公司登记后的处罚办法，提交虚假材料或者采取其他欺诈手段隐瞒重要事实以取得公司登记的处罚办法，涉及虚假出资或未按时交付出资额的处罚办法，公司的发起人或股东在公司成立后，抽逃出资的处罚办法，无理由未开业或停业超过六个月的处罚办法，公司登记事项发生变更后为依法处理有关变更登记的处罚办法，公司在合并、分立、减少注册资本或者进行清算时存在不合法律法规行为的处罚办法，报送清算报告有虚假、遗漏或瞒报现象的处罚办法，与营业执照相关的违法行为及处罚办法，承担资产评估、验资或者验证的机构提供虚假材料或有遗漏的情况下的处罚办法，冒用公司名义相关行为的处罚办法，公司登记机关对公司申请登记处理不当的处罚办法，公司登记机关的上级部门出现不合规的操作的处罚办法，外国公司违反《公司法》

规定擅自在中国境内设立分支机构的处罚办法，利用公司名义做出违法违规行为的处罚办法，分公司的相关违规行为适用本章规定，构成犯罪是依法追究刑事责任。

第十一章为附则，包括第八十一条到第八十三条，规定外商投资的公司适用本条例，国家工商行政管理总局依法依规编制企业登记前置行政许可目录并公布以及本条例的施行时间。①

四、《企业法人登记管理条例》简介

建立企业法人登记管理制度，确认企业法人资格，保障企业合法权益，取缔非法经营，维护社会经济秩序，中华人民共和国国务院令第1号《中华人民共和国企业法人登记管理条例》已经1988年5月13日国务院第四次常务会议通过，于1988年6月3日发布，自1988年7月1日起施行。2011年1月8日《国务院关于废止和修改部分行政法规的决定》第一次修订，2014年2月19日《国务院关于废止和修改部分行政法规的决定》第二次修订，2016年2月6日国务院666号令《国务院关于修改部分行政法规的决定》第三次修订，2019年3月2日《国务院关于修改部分行政法规的决定》修正，共十一章、三十八条。

第一章为总则，包括第一条到第三条，阐明了本法的实施意义，规定了应当依照本条例的规定办理企业法人登记的具备法人条件的企业类型、申请企业法人登记的流程及从事经营活动的条件。

第二章为登记主管机关，包括第四条到第六条，阐明了登记主管机关的定义、负责各类企业核准登记注册的机构、各级登记主管机关的职责。

第三章为登记条件和申请登记单位，包括第七条到第八条，规定了申请企业法人登记的单位应当具备的条件、企业申请法人登记的负责人。

第四章为登记注册事项，包括第九条到第十三条，规定了企业法人登记注册的主要事项、企业法人只准使用一个名称，经相关部门核准后享有专用权，法定代表人的签字与备案，注册资金定义及申请注册的资金数额与实有资金不一致的处理办法，企业法人的经营范围要求。

第五章为开业登记，包括第十四条到第十六条，规定了办理开业登记办法，申请企业法人开业登记，应当提交的文件与证件，申请企业法人开业登记后的相关操作流程。

第六章为变更登记，包括第十七条到第十九条，规定了需申请办理变更登记相关情形、申请变更登记办法，企业法人分立、合并、迁移的变更登记办法。

第七章为注销登记，包括第二十条到第二十二条，规定了应申请注销登记的情形、办理注销登记的操作流程、领取《企业法人营业执照》后满6个月尚未开展经营活动或者停止经营活动满1年的处理办法。

第八章为公示和证照管理，包括第二十三条到第二十六条，规定了登记主管机关应向社会公示的相关信息，企业法人报送上一年度年度报告时间及方法，《企业法人

---

① 中华人民共和国公司登记管理条例，国家市场监督管理总局，http://www.samr.gov.cn/djzcj/zcfg/fg/201708/t20170804_281789.html。

营业执照》的相关要求，企业法人缴纳登记费的要求。

第九章为事业单位、科技性的社会团体从事经营活动的登记管理，包括第二十七条到第二十八条，规定了事业单位、科技性的社会团体可从事经营活动的要求，实行企业化经营，国家不再核拨经费的事业单位和从事经营活动的科技性的社会团体可从事经营活动的要求。

第十章为监督管理，包括第二十九条到第三十四条，规定了登记主管机关对企业法人依法应履行的监督管理职责，登记主管机关可以根据情况分别给予警告、罚款、没收非法所得、停业整顿、扣缴、吊销《企业法人营业执照》的处罚的企业法人的情形，登记主管机关处理企业法人违法活动的要求，企业法人对登记主管机关的处罚不服时的处理办法，企业法人被吊销《企业法人营业执照》后登记主管机关的处理办法和债务清算、主管部门、审批机关、登记主管机关的工作人员违反本条例规定的处罚办法。

第十一章为附则，包括第三十五条到第三十八条，规定了企业法人设立与登记要求及登记办法，不重复办理企业法人登记，本条例施行细则由国家市场监督管理总局制定以及本条例的实施时间，同时废止的法律条例。①

第六节 其他法律法规

一、其他法律

《个人独资企业法》是为了规范个人独资企业的行为，保护个人独资企业投资人和债权人的合法权益，维护社会经济秩序，促进社会主义市场经济的发展，根据宪法制定。1999年8月30日第九届全国人民代表大会常务委员会第十一次会议通过。共六章、四十八条，第一章为总则，第二章为个人独资企业的设立，第三章为个人独资企业的投资人及事务管理，第四章为个人独资企业的解散和清算，第五章为法律责任，第六章为附则。

二、其他法规、部门规章

（一）《企业名称登记管理规定》

《企业名称登记管理规定》是为了加强企业名称管理，保护企业的合法权益，维护社会经济秩序制定。1991年5月6日经国务院批准，1991年7月22日国家工商行政管理局令第7号公布，现行版本是根据2012年11月9日《国务院关于修改和废止部分行政法规的决定》修订的版本。该《规定》共三十四条。

---

① 中国政府网，http://www.gov.cn/gongbao/content/2019/content_5468910.htm。

(二)《无证无照经营查处办法》

《无证无照经营查处办法》旨在维护社会主义市场经济秩序,促进公平竞争和保护经营者和消费者的合法权益。2017年8月6日以国务院令第684号发布,自2017年10月1日起施行。2003年1月6日国务院公布的《无照经营查处取缔办法》同时废止。该《办法》共十九条。

(三)《企业信息公示暂行条例》

《企业信息公示暂行条例》是为了保障公平竞争,促进企业诚信自律,规范企业信息公示,强化企业信用约束,维护交易安全,提高政府监管效能,扩大社会监督制定。由中华人民共和国国务院于2014年8月7日发布,自2014年10月1日起施行。该《条例》共二十五条。

(四)《注册资本登记制度改革方案》

改革注册资本登记制度,是深入贯彻党的十八大和十八届二中、三中全会精神,在新形势下全面深化改革的重大举措,对加快政府职能转变、创新政府监管方式、建立公平开放透明的市场规则、保障创业创新,具有重要意义。2014年2月7日,国务院印发《注册资本登记制度改革方案》。该《方案》分指导思想、总体目标和基本原则(放松市场主体准入管制、切实优化营商环境、严格市场主体监督管理、依法维护市场秩序)保障措施四部分。

(五)《企业登记程序规定》

《企业登记程序规定》是为了规范企业登记行为,提高登记效率而制定的法规。2004年6月10日,经中华人民共和国国家工商行政管理总局局务会议审议通过,中华人民共和国国家工商行政管理总局第9号令公布,自2004年7月1日起施行,共五章、二十四条,第一章为总则,第二章为登记申请,第三章为审查、受理和决定,第四章为撤销和吊销的注销登记,第五章为登记公示、公开。

(六)《企业法人法定代表人登记管理规定》

《企业法人法定代表人登记管理规定》是为了规范企业法人法定代表人的登记管理而制定。经国家工商行政管理局第85号令发布,于1999年6月12日经国务院批准修订并发布,自1999年6月23日起施行。该《规定》共十四条。

(七)《企业经营范围登记管理规定》

《企业经营范围登记管理规定》是为了规范企业经营范围登记管理,规范企业经营行为,保障企业合法权益而制定的法规,2015年8月27日,经国家工商行政管理总局局务会议审议通过,自2015年10月1日起施行,2004年6月14日国家工商行政管理总局令第12号公布的《企业经营范围登记管理规定》同时废止。该《规定》共十四条。

(八)《企业名称登记管理实施办法》

《企业名称登记管理实施办法》是为了加强和完善企业名称的登记管理,保护企业名称所有人的合法权益,维护公平竞争秩序,根据《企业名称登记管理规定》和有关法律、行政法规制定。1999年12月8日国家工商行政管理局令第93号公布,现行版本由2004年6月14日国家工商行政管理总局令第10号修订。共六章、四十七条,第一章为总则,第二章为企业名称,第三章为企业名称的登记注册,第四章为企业名称的使用,第五章为监督管理与争议处理,第六章为附则。

(九)《个体工商户名称登记管理办法》

《个体工商户名称登记管理办法》是为了加强个体工商户名称的登记管理,规范个体工商户名称的使用,维护经营者和消费者的合法权益,保护个体工商户名称所有人的合法权利,根据有关法律、行政法规制定。由中华人民共和国国家工商行政管理总局局务会议审议通过,自2009年4月1日起施行。该《办法》共二十五条。

(十)《个体工商户登记管理办法》

《个体工商户登记管理办法》是为保护个体工商户合法权益,鼓励、支持和引导个体工商户健康发展,规范个体工商户登记管理行为,依据《个体工商户条例》制定。由2011年9月30日国家工商行政管理总局令第56号公布,现行版本是根据2019年8月8日国家市场监督管理总局令第14号公布的《市场监管总局关于修改〈中华人民共和国企业法人登记管理条例施行细则〉等四部规章的决定》第二次修订的版本。共八章、四十二条,第一章为总则,第二章为登记事项,第三章为登记申请,第四章为受理、审查和决定,第五章为监督管理,第六章为登记管理信息公示、公开,第七章为法律责任,第八章为附则。

(十一)《个人独资企业登记管理办法》

《个人独资企业登记管理办法》是为了确认个人独资企业的经营资格,规范个人独资企业登记行为,依据《个人独资企业法》而制定。于2000年1月13日以国家工商行政管理局令第94号公布,现行版本是根据2014年2月20日国家工商行政管理总局令第63号公布的《国家工商行政管理总局关于修改〈中华人民共和国企业法人登记管理条例施行细则〉〈外商投资合伙企业登记管理规定〉〈个人独资企业登记管理办法〉〈个体工商户登记管理办法〉等规章的决定》修订的版本。共三章、十六条,第一章为总则,第二章为设立登记,第三章为变更登记。

(十二)《中外合资经营企业合营期限暂行规定》

《中外合资经营企业合营期限暂行规定》根据《中外合资经营企业法》(1990年4月4日第七届全国人民代表大会第三次会议修正)第十二条的规定而制定。1990年9月30日经国务院批准,1990年10月22日由对外经济贸易部发布,根据2011年1月8日《国务院关于废止和修改部分行政法规的决定》修订。该《规定》共七条。

(十三)《外商投资合伙企业登记管理规定》

《外商投资合伙企业登记管理规定》是为了规范外国企业或者个人在中国境内设立合伙企业的行为,便于外国企业或者个人以设立合伙企业的方式在中国境内投资,扩大对外经济合作和技术交流,依据《合伙企业法》、《外国企业或者个人在中国境内设立合伙企业管理办法》和《合伙企业登记管理办法》制定。2010 年 1 月 29 日国家工商行政管理总局令第 47 号公布,根据 2014 年 2 月 20 日国家工商行政管理总局令第 63 号公布的《国家工商行政管理总局关于修改〈企业法人登记管理条例施行细则〉〈外商投资合伙企业登记管理规定〉〈个人独资企业登记管理办法〉〈个体工商户登记管理办法〉等规章的决定》修订。共九章、六十六条,第一章为总则,第二章为设立登记,第三章为变更登记,第四章为注销登记,第五章为分支机构登记,第六章为登记程序,第七章为年度报告公示和证照管理,第八章为法律责任,第九章为附则。

(十四)《外商投资法实施条例》

《外商投资法实施条例》是根据《外商投资法》制定的条例。2019 年 12 月 12 日,《外商投资法实施条例》经国务院第 74 次常务会议通过,自 2020 年 1 月 1 日起施行。共六章、四十九条,第一章为总则,第二章为投资促进,第三章为投资保护,第四章为投资管理,第五章为法律责任,第六章为附则。

思考题

1. 谈谈我国工商登记制度的注册制改革与"大众创业、万众创新"的关系?
2. 如果你准备创业,会选择哪种法律形式进行注册,该法律形式的注册流程是什么,请予以说明。

第四章 科技型企业创业相关的法律法规

学习目的

通过专利法、商标法、著作权法、反不正当竞争法、反垄断法、促进科技成果转化法、专利行政执法办法、技术进出口管理条例等法律法规的学习,以及我国企业科技创新资助政策体系的简单学习,为有效地开展科技创业提供指导。

第一节 专利法

一、相关概念

专利,从字面上是指专有的权利和利益。"专利"一词来源于拉丁语 Litterae Patentes,意为公开的信件或公共文献,是中世纪的君主用来颁布某种特权的证明,后来指英国国王亲自签署的独占权利证书。

在现代,专利一般是由政府机关或者代表若干国家的区域性组织根据申请而颁发的一种文件,这种文件记载了发明创造的内容,并且在一定时期内产生这样一种法律状态,即获得专利的发明创造在一般情况下他人只有经专利权人许可才能予以实施。在我国,专利分为发明、实用新型和外观设计三种类型。

专利属于知识产权的一部分,是一种无形的财产,具有与其他财产不同的特点:时间性、地域性及排他性。此外,专利权还具有如下法律特征:专利权是两权一体的权利,既有人身权,又有财产权。专利权的取得须经专利局授予。专利权的发生以公开发明成果为前提。专利权具有利用性,专利权人如不实施或不许可他人实施其专利,有关部门将采取强制许可措施,使专利得到充分利用。

专利权的主体即专利权人,是指依法享有专利权并承担相应义务的人。专利权主体包括以下几种:发明人、单位、受让人、外国人。

专利权的客体,也称为专利法保护的对象,是指依法应授予专利权的发明创造。根据《中华人民共和国专利法》第二条的规定,专利法的客体包括发明、实用新型和外观设计三种。专利权授予必须满足新颖性、创造性和实用性。

专利合作条约英文 Patent Cooperation Treaty(PCT),从名称上可以看出,专利合作条约是专利领域的一项国际合作条约。自采用巴黎公约以来,它被认为是该领域进行国际合作最具有意义的进步标志。但是，它主要涉及专利申请的提交、检索及审查以及其中包括的技术信息的传播的合作性和合理性的一个条约。PCT 不对"国际专利授权"：授予专利的任务和责任仍然只能由寻求专利保护的各个国家的专利局或行使其职权的机构掌握。PCT 并非与巴黎公约竞争，事实上是其补充。的确，它是在巴黎公约下只对巴黎公约成员国开放的一个特殊协议。

二、专利的价值

专利文献作为技术信息最有效的载体，囊括了全球 90% 以上的最新技术情报，相比一般技术刊物所提供的信息早 5~6 年，而且 70%~80% 发明创造只通过专利文献公开，并不见诸其他科技文献，相对于其他文献形式，专利更具有新颖、实用的特征。可见，专利文献是世界上最大的技术信息源，另据实证统计分析，专利文献包含了世界科技技术信息的 90%~95%。

如此巨大的信息资源远未被人们充分地加以利用。事实上，对企业组织而言，专利是企业的竞争者之间唯一不得不向公众透露而在其他地方都不会透露的某些关键信息。因此，企业竞争情报的分析者，通过细致、严密、综合、相关的分析，可以从专利文献中得到大量有用信息，而使公开的专利资料为本企业所用，从而实现其特有的经济价值。科研工作中经常查阅专利文献，不仅可以提高科研项目的研究起点和水平，而且还可以节约研究时间和研究经费。

三、《中华人民共和国专利法》修订历程

1984 年 3 月 12 日，第六届全国人民代表大会常务委员会第四次会议通过《中华人民共和国专利法》（以下简称《专利法》）。

1992 年 9 月 4 日，第七届全国人民代表大会常务委员会第二十七次会议《关于修改〈中华人民共和国专利法〉的决定》第一次修正。

2000 年 8 月 25 日，第九届全国人民代表大会常务委员会第十七次会议《关于修改〈中华人民共和国专利法〉的决定》第二次修正。

2008 年 12 月 27 日，第十一届全国人民代表大会常务委员会第六次会议《关于修改〈中华人民共和国专利法〉的决定》第三次修正。

2020 年 10 月 17 日，第十三届全国人民代表大会常务委员会第二十二次会议《关于修改〈中华人民共和国专利法〉的决定》第四次修正。

四、《专利法》第四次全面修改背景

随着我国经济社会的快速发展，加强知识产权保护、提高自主创新能力，成为加快转变经济发展方式、实施创新驱动发展战略的内在要求。近年来，我国在专利保护方面开展了扎实有效的工作，取得了举世公认的成绩和进步。但是，随着科技发展和市场竞争加剧，专利保护领域的新问题、新矛盾不断出现。在开展"打击侵犯知识

产权和制售假冒伪劣商品"专项行动过程中发现，我国目前专利侵权现象较为普遍，特别是群体侵权、重复侵权还较为严重，再加上专利权无形性和侵权行为隐蔽性的特点，导致专利维权举证难、周期长、成本高、赔偿低、效果差，使我国一些创新型企业处境艰难。国务院发布的《关于进一步做好打击侵犯知识产权和制售假冒伪劣商品工作的意见》指出，"要建立健全长效机制，研究修订相关法律法规和规章，加大惩处力度，为依法有效打击侵权和假冒伪劣行为提供有力法制保障"。此后，专利法的修改被列入2012年国务院立法工作计划，2011年11月启动专利法特别修改的准备工作，2013年1月形成《中华人民共和国专利法修订草案（送审稿）》上报国务院。2013~2014年，国务院法制办对该修订草案（送审稿）公开征求意见。

在此之后，2014年全国人大常委会开展了专利法执法检查工作，指出专利法实施中存在如下突出问题：专利质量总体上还处在较低水平，不能适应经济和社会发展的需要；侵权行为时有发生，专利保护实际效果与创新主体的期待存在较大差距；专利运用能力不足，专利的市场价值没有得到充分体现；专利公共和社会服务能力不强，与快速增长的社会需求之间还存在较大的差距。党的十八大明确提出"实施知识产权战略，加强知识产权保护"；十八届三中全会强调要"加强知识产权运用和保护，健全技术创新激励机制"；十八届四中全会提出"全面推进依法治国""完善激励创新的产权制度、知识产权保护制度和促进科技成果转化的体制机制"。新的形势下，专利工作面临更新更高的任务和要求。

因此，为了落实党中央和国务院有关文件精神，解决全国人大常委会执法检查中指出的我国专利保护和运用中的突出问题，这次从提高专利质量、加大执法力度、加强专利保护、促进专利运用等方面对《中华人民共和国专利法》进行第四次全面修改。

五、《专利法》简介

1984年3月12日第六届全国人民代表大会常务委员会第四次会议通过。根据1992年9月4日第七届全国人民代表大会常务委员会第二十七次会议《关于修改〈中华人民共和国专利法〉的决定》第一次修正。根据2000年8月25日第九届全国人民代表大会常务委员会第十七次会议《关于修改〈中华人民共和国专利法〉的决定》第二次修正。根据2008年12月27日第十一届全国人民代表大会常务委员会第六次会议《关于修改〈中华人民共和国专利法〉的决定》第三次修正。根据2020年10月17日第十三届全国人民代表大会常务委员会第二十二次会议《关于修改〈中华人民共和国专利法〉的决定》第四次修正。自2009年10月1日起施行。修改后的专利法自2021年6月1日起施行，共八章、八十二条。

第一章为总则，包括第一条到第二十一条，阐明本法的实施意义，发明、实用新型及外观设计的具体含义，规定了专利工作管理部门的职权范围，申请专利的发明创造需保密时的处理办法，不授予专利权的情形，职务发明创造与非职务发明创造的相关要求，非职务发明创造专利申请不得被压制，申请专利的权利和专利权人的归属，同样的发明创造只能授予一项专利权以及同时申请实用新型专利权和发明专利权的处理办法，两人以上的对同一发明创造申请的处理办法，专利申请权和专利权的可转让性，专利权被授予后的使用限制，任何单位或者个人实施他人专利的要求，发明专利申请公布后申请人的权利，国有企业事业单位的发明专利的批准实施与使用费的支付，专利申请权或者专利权的共有人对权利的行使有无约定时的情形，职务发明创造的发明人或者设计人应得的奖励，发明人或者设计人以及专利权人的权利，在中国没有经常居所或者营业所的外国人、外国企业或者外国其他组织在中国申请专利的处理办法，对专利代理机构的要求，在中国完成的发明或者实用新型向外国申请专利的处理办法以及违反本条规定的处理办法，国务院专利行政部门及其专利复审委员会的职责。

第二章为授予专利权的条件，包括第二十二条到第二十五条，规定了授予专利权的发明和实用新型应当具备的特性及具体含义，现有技术的含义，授予专利权的外观设计的要求，现有设计的含义，申请专利的发明创造在申请日以前六个月内不丧失新颖性的情形，不授予专利权的情况。

第三章为专利的申请，包括第二十六条到第三十三条，规定了申请发明或者实用新型专利应提交的文件及具体的文件要求，依赖遗传资源完成的发明创造的申请文件的要求，申请外观设计专利的要求以及对提交的图片或照片的要求，申请日的确定，关于在国内外申请专利的优先权的情形，申请人要求优先权的申请要求，一件发明或者实用新型专利申请的限制，专利申请的可撤回性，专利申请文件的可修改性及修改要求。

第四章为专利申请的审查和批准，包括第三十四条到第四十一条，规定了国务院专利行政部门对发明专利申请的处理以及对专利进行实质审查，请求实质审查时的资料提交与相关申请要求，国务院专利行政部门对不符合本法规定的申请有权驳回，授予发明专利权决定后的相关操作流程，实用新型专利权或者外观设计专利权的授予，专利复审委员会的职权。

第五章为专利权的期限、终止和无效，包括第四十二条到第四十七条，规定了发明专利权的期限，按时缴纳年费，专利权在期限届满前终止的情形，认为专利权的授予不符合本法有关规定时的处理办法，专利复审委员会的职责，宣告无效的专利权的相关处理。

第六章为专利实施的强制许可，包括第四十八条到第六十三条，规定了国务院专利行政部门根据具备实施条件的单位或者个人的申请，可以给予实施发明专利或者实用新型专利的强制许可的情形，国家出现紧急状态或者非常情况时或者为了公共利益的目的国务院的处理办法，关于药品国务院专利行政部门可以给予制造并将其出口到符合中华人民共和国参加的有关国际条约规定的国家或者地区的强制许可的情形，国务院专利行政部门根据后一专利权人的申请，可以给予实施前一或后一发明或者实用新型的强制许可的情形，强制许可涉及的发明创造为半导体技术的实施限制，强制许可的实施目的，申请强制许可的单位或者个人应当提供的相关证据，实施强制许可决定的相关要求，关于取得实施强制许可的单位或个人的实施权的规定，取得实施强制许可单位或个人支付使用费问题，专利权人对实施强制许可的决定不服的处理办法。

第七章为专利权的保护，包括第六十四条到第八十条，规定了发明或者实用新型专利权的保护范围的确定以及说明书用途，外观设计专利权的保护范围的确定和简要说明的用途，侵犯他人专利权的处理办法，专利侵权纠纷的处理，被控侵权人有证据证明其实施的技术或者设计属于现有技术或现有设计的处理办法，假冒专利的处罚办法，管理专利工作的部门对涉嫌假冒专利行为的处理，侵犯专利权的赔偿数额，专利权人或者利害关系人在有证据的情况下有权对可能的侵权行为提起诉讼并向人民法院申请采取责令停止有关行为，专利权人或者利害关系人在特定的情况下可向人民法院申请保全证据以及后续人民法院的相关职责，侵犯专利权的诉讼时效，不视为侵犯专利权的情形，为生产经营目的使用、许诺销售或者销售不知道是未经专利权人许可而制造并售出的专利侵权产品，能证明该产品合法来源的处理办法，向外国申请专利、泄露国家秘密的处罚办法，侵夺发明人或者设计人的非职务发明创造专利申请权和本法规定的其他权益的处罚办法，管理专利工作的部门不得做出的行为以及处理办法，从事专利管理工作的国家机关工作人员以及其他有关国家机关工作人员因滥用私权等情形的处罚办法。

第八章为附则，包括第八十一条到第八十二条，规定了向国务院专利行政部门申请专利和办理其他手续，应当按照规定缴纳费用，阐明了本法的施行时间。[①]

六、《专利法》（2020年修正）解读

从2014年开始启动的专利法第四次修改，历时6年，终于落锤定音。10月17日，十三届全国人大常委会第二十二次会议表决通过了关于修改《中华人民共和国专利法》的决定，修改后的专利法将于2021年6月1日起施行。该法在加强对专利权人合法权益的保护、促进专利实施和运用、完善专利授权制度等方面进行了一系列修改完善，以满足经济社会发展的需要，营造尊重知识、尊重创新的良好营商环境。

亮点一：提高侵权成本，发挥法律威慑力。保护知识产权就是保护创新。多年来，我国持续加强知识产权保护力度，但专利权保护效果与专利权人的期待仍有差距，专利维权仍存在举证难、成本高、赔偿低等问题。对此，专利法修改增加了惩罚性赔偿制度，即对故意侵犯专利权，情节严重的，人民法院可以在按照权利人受到的损失、侵权人获得的利益或者专利许可使用费倍数计算的数额1~5倍内确定赔偿数额。与此同时，提高了法定赔偿额，将法定赔偿额上限提高至500万元、下限提高至3万元。同时，专利法修改完善了关于举证责任的规定，在权利人已经尽力举证，而与侵权行为相关的账簿、资料主要由侵权人掌握的情况下，人民法院可以责令侵权人提供，从而减轻权利人的举证负担。

亮点二：唤醒休眠专利，提高转化运用率。由于我国有相当一部分专利申请授权后并没有得到很好的转化和运用，还处于"沉睡"阶段。专利法修改完善了职务发明制度，新增了单位依法处置职务发明相关权利、国家鼓励被授予专利权的单位实行产权激励的相关规定。专利法修改还增加了专利开放许可制度，规定了开放许可声明及其生效的程序要件、被许可人获得开放许可的程序和权利义务以及相应的争议解决路径，有利于解决专利技术供需双方信息不对称问题，使任何单位和个人都可以便利

---

① 中华人民共和国专利法，中国人大网，http://www.npc.gov.cn/npc/c30834/202011/82354d98e70947c09dbc5e4eeb78bdf3.shtml。

地获得专利许可。专利法修改充分发挥专利无形资产的作用,以实现专利的市场价值,并为实体经济创新发展提供有力支撑。

亮点三:激发医药创新,守护百姓生命力。药品是特殊的产品,与人民群众生命健康息息相关,需要确保其可及性,特别需要有力的知识产权保护,只有药品领域持续创新,我们才能不断获得新的安全有效药品,战胜疾病。专利法修改新增了关于药品专利期限补偿的规定,即为补偿新药上市审评审批占用的时间,对在中国获得上市许可的新药相关发明专利,应专利权人的请求给予专利权期限补偿。补偿期限不超过5年,新药批准上市后总有效专利权期限不超过14年。同时,专利法修改增加了对药品专利纠纷早期解决机制的规定,旨在相关药品上市前尽早解决潜在的专利纠纷。[1]

第二节 商 标 法

一、商标相关概念

(一) 商标的定义

商标是经营者在其生产、制造、加工、拣选、经销的商品或者提供的服务上采用的,能够与他人的商品或者服务区别开的可视性标志。

(二) 商标的种类

按商标的构成分类:文字商标、图形商标、组合商标。

按商标的用途分类:商品商标、服务商标、集体商标和证明商标四种。商品商标是指商品的生产者或经营者为了将自己的商品与他人的商品相区别而使用的标记;服务商标是指服务的提供者为了将自己提供的服务与他人提供的服务相区别而使用的标记;集体商标是指以团体、协会或者其他组织名义注册,供该组织成员在商事活动中使用,以表明使用者在该组织中的成员资格的标志;证明商标是指由对某种商品或者服务具有监督能力的组织所控制,而由该组织以外的单位或个人使用于其商品或者服务,用以证明该商品或服务的原产地、原料、制造方法、质量或者其他特定品质的标志。

(三) 商标权的定义及特征

商标权,又称商标专用权,是指商标所有人在法律规定的有效期内,对其经商标主管机关核准注册的商标享有的独占的、排他的使用和处分的权利。

商标权具有专有性、时间性和地域性的特征。商标权的专有性又称为独占性或垄

---

[1] 《中华人民共和国专利法》(2020年修正)解读,无锡市滨湖区人民政府,http://www.wxbh.gov.cn/doc/2020/11/16/3128490.shtml。

断性，是指注册商标所有人对其注册商标享有专有使用权，其他任何单位及个人非经注册商标所有人的许可，不得使用该注册商标。商标权的时间性也称法定时间性，是指商标权为一种有期限的权利，在有效期限内才受法律保护，超过有效期限，商标权即终止，不再受法律保护。《中华人民共和国商标法》（简称《商标法》）第三十八条、第三十九条规定，注册商标的有效期限为10年，并可续展。

商标权具有严格的地域性，这是由商标权的国内法性质所决定的。

（四）商标权的取得原则、条件、程序

商标权取得的原则为自愿注册为主、强制注册为辅，先申请原则。

商标权取得的条件：商标标识的设计必须是由文字、图形、字母、数字、三维标志和颜色组合要素中的一种或几种构成。商标使用的文字、图形应具有显著特征，便于识别。与他人已注册的商标不相同或不相近似。不属于商标法所作的禁止性规定范围。应依法向商标局申请注册，未经注册，其使用人不得取得商标权。

商标权取得的程序包括商标注册的申请程序、商标注册的审批程序。

（五）商标权的内容

在我国，只有注册商标才享有商标权，商标权的内容通常包括：商标专用权、商标禁用权、商标转让权、商标许可使用权、商标续展权。

商标使用权是指商标权人在核定使用的商品上专有使用核准注册的商标，取得合法利益的权利。商标禁用权是指商标注册人所享有的禁止他人擅自使用与其注册商标相混同的商标的权利。商标转让权是指商标注册人依据法律规定，享有的将注册商标转让给他人的权利。商标许可使用权是指商标权人依据法律规定，许可他人使用其注册商标的权利。商标续展权是指商标权的保护期限届满时，商标权人有依法定程序延展其已注册商标的有效期的权利。

二、商标法及其特征

商标法是确认商标专用权，规定商标注册、使用、转让、保护和管理的法律规范的总称。它的作用主要是加强商标管理，保护商标专用权，促进商品的生产者和经营者保证商品和服务的质量，维护商标的信誉，以保证消费者的利益，促进社会主义市场经济的发展。商标法具有以下一些基本特点。

第一，商标法具有无形财产法的特征。近代商标法起源于侵权法，主要规定仿冒商标和商号等不正当竞争行为及其制裁。但现代商标法是以确认和保护商标权所有人的权利为其基本目的，制止商标领域的不正当竞争行为仅仅是保护商标权的措施和手段。1804年的法国民法典第一次确认了商标权的无形财产权的属性，使之与其他有形财产权一样，受到同等的保护。商标权虽不能完全适用物权法（财产法）的规定，但主体对无形财产所享有的排他性支配权，与对有形财产的排他性支配权并无差异。现在，商标权作为用来促进和保护工商业活动的专有产权，已为世界各国的商标立法和实践所接受。

第二，商标法的调整对象广泛。商标法调整的法律关系包括商标注册人与国家商标管理机构、其他民事主体，在商标注册、使用、管理以及商标权保护中的各种社会关系。这种法律关系既包括平等主体之间在有关商标权的转让、继承、使用许可等方面的民事法律关系，也包括在商标注册、管理等方面商标注册人或使用人与国家商标管理机关之间的行政法律关系，在有关制裁商标侵权及假冒商标行为方面还包括一些刑事法律关系。但总体而言，商标法主要以调整平等民事主体之间的关系为其本旨，其属民商法（私法）的一个分支，应无疑义。

第三，商标法兼有实体法和程序法的特点。商标法作为一项无形财产法，绝大部分都属实体法的规范，如商标权的归属、行使、保护以及商标权的权利、义务等，但有关商标的注册、异议、撤销等方面，又属程序法的规范。

三、《商标法》立法历程

1982年8月23日，第五届全国人民代表大会常务委员会第二十四次会议通过《中华人民共和国商标法》（以下简称《商标法》）。

1993年2月22日，第七届全国人民代表大会常务委员会第三十次会议《关于修改〈中华人民共和国商标法〉的决定》第一次修正。

2001年10月27日，第九届全国人民代表大会常务委员会第二十四次会议《关于修改〈中华人民共和国商标法〉的决定》第二次修正。

2013年8月30日，第十二届全国人民代表大会常务委员会第四次会议《关于修改〈中华人民共和国商标法〉的决定》第三次修正。

2019年4月23日，第十三届全国人民代表大会常务委员会第十次会议《关于修改〈中华人民共和国商标法〉等八部法律的决定》第四次修正。

四、《商标法》第四次修正内容

（1）将第四条第一款修改为："自然人、法人或者其他组织在生产经营活动中，对其商品或者服务需要取得商标专用权的，应当向商标局申请商标注册。不以使用为目的的恶意商标注册申请，应当予以驳回。"

（2）将第十九条第三款修改为："商标代理机构知道或者应当知道委托人申请注册的商标属于本法第四条、第十五条和第三十二条规定情形的，不得接受其委托。"

（3）将第三十三条修改为："对初步审定公告的商标，自公告之日起三个月内，在先权利人、利害关系人认为违反本法第十三条第二款和第三款、第十五条、第十六条第一款、第三十条、第三十一条、第三十二条规定的，或者任何人认为违反本法第四条、第十条、第十一条、第十二条、第十九条第四款规定的，可以向商标局提出异议。公告期满无异议的，予以核准注册，发给商标注册证，并予公告。"

（4）将第四十四条第一款修改为："已经注册的商标，违反本法第四条、第十条、第十一条、第十二条、第十九条第四款规定的，或者是以欺骗手段或者其他不正当手段取得注册的，由商标局宣告该注册商标无效；其他单位或者个人可以请求商标评审委员会宣告该注册商标无效。"

（5）将第六十三条第一款中的"一倍以上三倍以下"修改为"一倍以上五倍以下"；第三款中的"三百万元以下"修改为"五百万元以下"；增加两款分别作为第四款、第五款："人民法院审理商标纠纷案件，应权利人请求，对属于假冒注册商标的商品，除特殊情况外，责令销毁；对主要用于制造假冒注册商标的商品的材料、工具，责令销毁，且不予补偿；或者在特殊情况下，责令禁止前述材料、工具进入商业渠道，且不予补偿。

"假冒注册商标的商品不得在仅去除假冒注册商标后进入商业渠道。"

（6）将第六十八条第一款第三项修改为："（三）违反本法第四条、第十九条第三款和第四款规定的"；增加一款作为第四款："对恶意申请商标注册的，根据情节给予警告、罚款等行政处罚；对恶意提起商标诉讼的，由人民法院依法给予处罚。"

《中华人民共和国商标法》的修改条款自 2019 年 11 月 1 日起施行，其他法律的修改条款自本决定公布之日起施行。①

五、新《商标法》内容简介

为了加强商标管理，保护商标专用权，促使生产、经营者保证商品和服务质量，维护商标信誉，以保障消费者和生产、经营者的利益，促进社会主义市场经济的发展，特制定商标法。1982 年 8 月 23 日第五届全国人民代表大会常务委员会第二十四次会议通过，根据 1993 年 2 月 22 日第七届全国人民代表大会常务委员会第三十次会议《关于修改〈中华人民共和国商标法〉的决定》第一次修正；根据 2001 年 10 月 27 日第九届全国人民代表大会常务委员会第二十四次会议《关于修改〈中华人民共和国商标法〉的决定》第二次修正；根据 2013 年 8 月 30 日第十二届全国人民代表大会常务委员会第四次会议《关于修改〈中华人民共和国商标法〉的决定》第三次修正；根据 2019 年 4 月 23 日第十三届全国人民代表大会常务委员会第十次会议《关于修改〈中华人民共和国建筑法〉等八部法律的决定》第四次修正，自 2019 年 11 月 1 日起施行，共八章、七十三条。

第一章为总则，包括第一条到第二十一条，阐明了本法的实施意义，规定了处理商标相关工作的部门，商标的类型与分类，商标专用权的获取，可共同享有和行使商标专用权的情形，未经核准注册的商品不得在市场销售，申请注册和使用商标的原则，各级工商行政管理部门的职责，可作为商标申请注册的标志类型，申请注册的商标的要求，不得作为商标使用的标志，不得作为商标注册的标志，不得注册的情形，驰名商标的注册与保护，认定驰名商标应当考虑的因素，不予注册或禁止使用的情形，涉及地理标志的商标注册事项，外国人或者外国企业在中国申请商标注册的处理办法，申请商标注册或者办理其他商标事宜可自行办理也可委托办理，商标代理机构应当遵循的原则，商标代理行业组织的执行原则与处理办法，商标国际注册遵循的原则。

---

① 全国人大常务委员决定对《商标法》《反不正当竞争法》等八部法律作出修改，中国知识产权资讯网转中国人大网转新华社，http://www.cipnews.com.cn/Index_NewsContent.aspx?NewsId=115463。

第二章为商标注册的申请，包括第二十二条到第二十七条，规定了商标注册申请人需要做的事情，应当另行提出注册申请情形，应当重新提出注册申请的情形，商标注册申请人在规定期限内同时在外国与中国申请同一商标的优先权问题，其他享有商标优先权情形，对为申请商标注册所申报的事项和所提供的材料的要求。

第三章为商标注册的审查与核准，包括第二十八条到第三十八条，规定了商标局对申请注册的商标的审查，审查过程中的修正与说明，不予公告的申请注册的商标类型，两个或者两个以上的商标注册申请人的处理办法，申请商标注册不得损害他人利益的要求，初步审定公告的商标可在规定期限内提出异议，对驳回申请、不予公告的商标的相关处理，对初步审定公告的商标提出异议的相关处理过程，法定期限届满后申请决定、不予注册决定或者复审决定的处理办法，对商标注册申请和商标复审申请应当及时进行审查，对商标申请文件或者注册文件有明显错误的更正。

第四章为注册商标的续展、变更、转让和使用许可，包括第三十九条到第四十三条，规定了注册商标的有效期，注册商标有效期满的后续处理办法，注册商标产生变更应提出变更申请，转让注册商标的处理办法，商标使用许可合同的签订，许可人与被许可人的权利与责任。

第五章为注册商标的无效宣告，包括第四十四条到第四十七条，规定了违反本法前款相关条例的行为的处理办法，法定期限届满后当事人未提出相关异议的且不起诉则相关裁定与决定生效。

第六章为商标使用的管理，包括第四十八条到第五十五条，规定了本法所称商标使用的范围，商标使用不当的行为以及相应的处理办法，商标局对相同或相似商标的处理办法，使用未经核准注册的商标的处罚办法，未注册商标冒充注册商标使用的或者使用未注册商标等情况的处罚办法，规定了违反本法前款相关条例的行为的处理办法，当事人对商标局撤销或者不予撤销注册商标的决定不服的处理办法，法定期限届满，当事人对商标局做出的撤销注册商标的决定不申请复审或者对商标评审委员会做出的复审决定不向人民法院起诉的处理办法。

第七章为对注册商标专用权的保护，包括第五十六条到第七十一条，规定了注册商标的专用权限定，属侵犯注册商标专用权的行为，将他人注册商标、未注册的驰名商标作为企业名称中的字号使用的处理办法，注册商标专用权人无权禁止他人正当使用的情形，侵犯注册商标专用权行为之一旦引起纠纷的处理办法，对侵犯注册商标专用权的行为的处理办法，县级以上工商行政管理部门可以行使的职权，侵犯商标专用权的赔偿数额的界定，注册商标专用权人请求赔偿，被控侵权人以注册商标专用权人未使用注册商标提出抗辩的处理办法，对正在实施或者即将实施侵犯其注册商标专用权的行为的处理办法，证据可能灭失或者以后难以取得的情况下的处理办法，未经商标注册人许可、擅自使用或涂改他人商标等行为的处理办法，商标代理机构导致工商行政管理部门责令限期改正，给予警告的行为，从事商标注册、管理和复审工作的国家机关工作人员的从业要求，工商行政管理部门应当建立健全内部监督制度以及负责的相关的工作内容，从事商标注册、管理和复审工作的国家机关工作人员工作中出现不当行为的处理办法。

第八章为附则,包括第七十二条到第七十三条,规定申请商标注册和办理其他商标事宜的缴费标准,阐明本法的施行时间及同时被废止的法律。[①]

六、新《商标法》亮点

本次修法主要涉及三个方面、六个条款的修改。整体趋势为加强知识产权保护,打击非真实使用目的的商标恶意注册行为,完善恶意注册和恶意诉讼的救济制度,提高商标侵权,尤其是恶意侵犯商标权行为的赔偿金额,使违法成本显著提高,将充分发挥商标法对恶意注册、恶意诉讼、恶意侵权行为的震慑作用。

第三节 著作权法

一、著作权概念及特征

著作权,是指作者或其他著作权人依法对文学、艺术或科学作品所享有的各项专有权利的总称,包括著作人身权利和著作财产权。著作权有狭义与广义之分。狭义的著作权,是指各类作品的作者依法所享有的权利;广义的著作权除狭义著作权的含义外,还包括艺术表演者、录音录像制品的制作者和广播电视节目制作者依法所享有的权利,在法律上称"邻接权"或称"与著作权有关的权利"。

著作权不同于一般民事权利,在权利客体和权能属性等方面都具有自己特征。

著作权的权利客体具有可复制性。作为著作权客体的作品是思想或情感的表现,具有无形性和共享性,能够被多人同时使用或复制。同时,作品的表现形式多样,具有表演、广播、翻译等多种利用方式,作品的利用对作品载体产生影响,但对作品本身不构成事实改变。

著作权的权能具有可分性。著作权本身由著作人身权和著作财产权复合而成,两者可以实现有效分离,著作人身权可以独立于著作财产权而单独存在,同一权能能够进行多次处分。

著作权自动产生。专利权、商标权的取得必须经过申请、审批、登记和公告,即必须以行政确认程序来确认权利的取得和归属。而著作权因作品的创作完成而自动产生,一般不必履行任何形式的登记或注册手续,也不论其是否已经发表,只要创作完成即具有著作权。

著作权人身保护的永久性。著作权与作品的创作者密切相关,因此,在著作权中,保护作者对作品的人身权利是其重要的内容。著作权中作者的发表权、署名权、修改权、保护作品完整权等人身权利,永远归作者享有,不能转让,也不受著作权保护期限的限制。

---

① 中华人民共和国商标法,中国人大网,http://www.npc.gov.cn/npc/c30834/201905/dacf65eec798444e821a1e06a347f3ee.shtml。

专有性。除权利人同意或法律规定外，任何人不得享有或使用该项权利。

地域性。除加入国际公约或缔结双边协定外，一个国家法律所保护的某项权利只在该国范围内发生法律效力。

二、《著作权法》简介

为保护文学、艺术和科学作品作者的著作权，以及与著作权有关的权益，鼓励有益于社会主义精神文明、物质文明建设的作品的创作和传播，促进社会主义文化和科学事业的发展与繁荣，根据宪法制定著作权法。1990 年 9 月 7 日第七届全国人民代表大会常务委员会第十五次会议通过，根据 2001 年 10 月 27 日第九届全国人民代表大会常务委员会第二十四次会议《关于修改〈中华人民共和国著作权法〉的决定》第一次修正；根据 2010 年 2 月 26 日第十一届全国人民代表大会常务委员会第十三次会议《关于修改〈中华人民共和国著作权法〉的决定》第二次修正；根据第十三届全国人大常委会第二十三次会议通过《全国人民代表大会常务委员会关于修改〈中华人民共和国著作权法〉的决定》第三次修正，自 2021 年 6 月 1 日起施行，共六章、六十七条。

第一章为总则，包括第一条到第八条，阐明了本法的实施意义，规定了享有著作权的情形，本法所称的作品包括的类型，行使著作权的要求，本法不适用的情形，民间文学艺术作品的著作权保护办法由国务院另行规定，著作权行政管理范围，著作权集体管理组织的定义及被授权后的权利。

第二章为著作权，共四节，包括第九条到第二十五条。第一节包括第九条到第十条，涉及著作权人及其权利，规定了具体著作权人类型以及具体的著作权包含的内容。第二节包括第十一条到第二十一条，涉及著作权归属，规定了著作权属于作者，改编、翻译、注释、整理已有作品而产生的作品享有著作权额度同时不得侵犯原作品的著作权，两人以上合作创作的作品著作权的划分，汇编若干作品等情形时的著作权归属，视听作品的著作权归属，职务作品的著作权归属，职务作品的作者享有署名权的情形，受委托创作的作品的著作归属、美术等作品原件所有权的转移后的著作权归属以及展览权归属。著作权属于自然人时，自然人死亡后的著作权归属，著作权属于法人或者其他组织的，变更或终止后的著作权归属。第三节包括第二十二条到第二十三条，涉及权利的保护期，规定了保护期不受限制的权利以及其余具有保护期限制的权利。第四节包括第二十四条到第二十五条，涉及权利的限制，规定了使用作品可以不经著作权人许可，不向其支付报酬，但应当指明作者姓名、作品名称，并且不得侵犯著作权人依照本法享有的其他权利的情形，为实施义务教育和国家教育规划而编写出版教科书所涉及的著作权的限制。

第三章为著作权许可使用和转让合同，包括第二十六条到第三十一条，规定了使用他人作品应当同著作权人订立许可使用合同以及许可使用合同包括的主要内容，转让相关权利须订立书面合同以及权利转让合同所包含的具体内容，以著作权出质的处理办法，许可使用合同和转让合同中的权利许可、转让与使用限制，使用作品的付酬标准的制定，出版者、表演者、录音录像制作者、广播电台、电视台等不相关权利。

第四章为与著作权有关的权利，共四节，包括第三十二条到第四十八条。第一节包括第三十二条到第三十七条，涉及图书、报刊的出版，规定了出版合同的订立与报酬支付，图书出版者享有专有出版权并受法律保护不被侵犯，著作权人应当按照合同约定期限交付作品，图书出版者不按照合同约定期限出版的处理办法，图书出版者重印、再版作品和脱销的处理办法，著作权人向报社、期刊社投稿的办法，图书出版者经作者许可，可以对作品修改、删节、出版者有权许可或者禁止他人使用其出版的图书、期刊的版式设计以及保护期限。第二节包括第三十八条到第四十一条，涉及表演，规定了使用他人作品演出均须取得相关许可并支付报酬，表演者对其表演享有的权利，职务表演的定义及其权利划分，相关权利的保护期限。第三节包括第四十二条到第四十五条，涉及录音录像，规定了录音录像制作者使用他人作品制作录音录像制品时应当取得著作权人许可、应当同表演者订立合同支付报酬且享有一定的权利，表明了权利的保护期限，录音制品用于有线或者无线等方式公开传播，应向录音制作单位支付报酬。第四节包括第四十六条到第四十八条，涉及广播电台、电视台播放，规定了广播电台、电视台播放他人未发表的作品时应当取得著作权人许可，并支付报酬，已发表的作品和播放已经出版的录音制品，可以不经著作权人许可，但应当支付报酬，广播电台、电视台有权禁止未经其许可的行为，电视台播放他人的电影作品和以类似摄制电影的方法创作的作品、录像制品时应取得相应的作者许可并支付报酬，播放他人的录像制品，还应当取得著作权人许可，并支付报酬。

第五章为著作权与著作权有关的权利的保护，包括第四十九条到第六十一条，规定了为保护相关权利，权利人可以采取对技术措施，未经权利人许可，任何组织或者个人不得故意避开或者破坏技术措施等，规定了不侵犯权利人的权利，可以避开技术措施的情形，未经权利人许可不得进行的行为，侵权行为承担民事责任、罚款和刑事责任，等等。

第六章为附则，包括第六十二条到第六十七条，规定了本法所称的著作权即版权，出版的定义，由国务院另行规定的保护办法类型，本法涉及的相关权利拥有者的权利在本法施行之日尚未超过本法规定的保护期的，依照本法予以保护，本法的施行时间。[①]

第四节　反不正当竞争法

一、基本概念

反不正当竞争法是指制止经营者采用欺骗、胁迫、利诱以及其他违背诚实信用原则的手段从事市场交易的各种不正当竞争行为、维护公平竞争的商业道德和交易秩序

[①] 中华人民共和国著作权法，中华人民共和国国家版权局，http：//www.ncac.gov.cn/chinacopyright/contents/479/17542.html。

的法律制度。它与制止垄断和限制竞争行为、保障自由竞争机制正常运行的反垄断法（或称反限制竞争法）一起，共同成为竞争法的两大组成部分。反垄断法与反不正当竞争法的立法目的均是推动和保护竞争，反对企业以不公平和不合理的手段谋取利益，从而成为维护市场经济秩序的必要手段。反不正当竞争法是反对企业以假冒、虚假广告、窃取商业秘密等不正当手段攫取他人的竞争优势，其前提条件是市场上有竞争，其目的是维护公平的竞争秩序，保护合法经营者和消费者的利益。因此，反不正当竞争法也称为公平竞争法，它追求的是公平竞争。

二、《反不正当竞争法》立法历程

1993年9月2日，第八届全国人民代表大会常务委员会第三次会议通过《反不正当竞争法》。

2017年11月4日，第十二届全国人民代表大会常务委员会第三十次会议修订。

2019年4月23日，第十三届全国人民代表大会常务委员会第十次会议《关于修改〈中华人民共和国建筑法〉等八部法律的决定》修正。

三、2019年对《反不正当竞争法》作出修改的内容

（1）将第九条修改为："经营者不得实施下列侵犯商业秘密的行为：①以盗窃、贿赂、欺诈、胁迫、电子侵入或者其他不正当手段获取权利人的商业秘密；②披露、使用或者允许他人使用以前项手段获取的权利人的商业秘密；③违反保密义务或者违反权利人有关保守商业秘密的要求，披露、使用或者允许他人使用其所掌握的商业秘密；④教唆、引诱、帮助他人违反保密义务或者违反权利人有关保守商业秘密的要求，获取、披露、使用或者允许他人使用权利人的商业秘密。经营者以外的其他自然人、法人和非法人组织实施前款所列违法行为的，视为侵犯商业秘密。第三人明知或者应知商业秘密权利人的员工、前员工或者其他单位、个人实施本条第一款所列违法行为，仍获取、披露、使用或者允许他人使用该商业秘密的，视为侵犯商业秘密。本法所称的商业秘密，是指不为公众所知悉、具有商业价值并经权利人采取相应保密措施的技术信息、经营信息等商业信息。"

（2）将第十七条修改为："经营者违反本法规定，给他人造成损害的，应当依法承担民事责任。经营者的合法权益受到不正当竞争行为损害的，可以向人民法院提起诉讼。因不正当竞争行为受到损害的经营者的赔偿数额，按照其被侵权所受到的实际损失确定；实际损失难以计算的，按照侵权人因侵权所获得的利益确定。经营者恶意实施侵犯商业秘密行为，情节严重的，可以在按照上述方法确定数额的一倍以上五倍以下确定赔偿数额。赔偿数额还应当包括经营者为制止侵权行为所支付的合理开支。经营者违反本法第六条、第九条规定，权利人因被侵权所受到的实际损失、侵权人因侵权所获得的利益难以确定的，由人民法院根据侵权行为的情节判决给予权利人五百万元以下的赔偿。"

（3）将第二十一条修改为："经营者以及其他自然人、法人和非法人组织违反本法

第九条规定侵犯商业秘密的,由监督检查部门责令停止违法行为,没收违法所得,处十万元以上一百万元以下的罚款;情节严重的,处五十万元以上五百万元以下的罚款。"

(4)增加一条,作为第三十二条:"在侵犯商业秘密的民事审判程序中,商业秘密权利人提供初步证据,证明其已经对所主张的商业秘密采取保密措施,且合理表明商业秘密被侵犯,涉嫌侵权人应当证明权利人所主张的商业秘密不属于本法规定的商业秘密。"

"商业秘密权利人提供初步证据合理表明商业秘密被侵犯,且提供以下证据之一的,涉嫌侵权人应当证明其不存在侵犯商业秘密的行为:①有证据表明涉嫌侵权人有渠道或者机会获取商业秘密,且其使用的信息与该商业秘密实质上相同;②有证据表明商业秘密已经被涉嫌侵权人披露、使用或者有被披露、使用的风险;③有其他证据表明商业秘密被涉嫌侵权人侵犯。"①

四、2019年《反不正当竞争法》修订背景

2019年《反不正当竞争法》的修改距2018年修订仅有一年多,并且修改内容仅涉及知识产权中的商业秘密部分,足见本次修法与中美贸易谈判的大背景密切相关。中美贸易摩擦的核心问题之一便是外资企业向中方合作伙伴转让专有技术问题。早在2017年8月,美国总统特朗普就在公开讲话中指责中方侵犯知识产权并强迫美方转让知识产权,随后签署命令授权美国贸易代表罗伯特·莱特希泽采取一切可能的措施进行调查。在上述背景下,我国在加强知识产权保护方面采取了一系列举措。例如,成立最高人民法院知识产权法庭针对部分知识产权案件将二审管辖法院直接提至最高人民法院,以及在2018年12月5日38个部门联合发布《关于对知识产权(专利)领域严重失信主体开展联合惩戒的合作备忘录》等。本次《反不正当竞争法》关于商业秘密侵权内容的修改,是我国在加强知识产权保护方面的有力举措,并配合《外商投资法》有关行政机关保护商业秘密的要求,进一步对其他主体通过不正当竞争行为非法获取商业秘密进行规制,对司法救济手段的举证责任向权利人给予有利的倾斜。新法的落地将对建立市场公平竞争秩序、保护权利人合法利益发挥更为积极的作用。②

五、《反不正当竞争法》简介

《中华人民共和国反不正当竞争法》是为保障社会主义市场经济健康发展,鼓励和保护公平竞争,制止不正当竞争行为,保护经营者和消费者的合法权益制定的法律。2019年4月23日,第十三届全国人民代表大会常务委员会第十次会议《关于修改〈中华人民共和国建筑法〉等八部法律的决定》修正,共五章、三十三条。

第一章为总则,包括第一条到第五条,阐明本法的实施意义,规定了经营者在生产经营活动中应当遵循的原则、不正当行为和经营者的具体含义,各级人民政府和国

---

① 全国人民代表大会常务委员会做出修改《中华人民共和国反不正当竞争法》的决定,湖州市人民政府,http://www.huzhou.gov.cn/hzgov/front/s72/xxgk/zcwj/20191010/i2516950.html.

② 詹昊,宋迎,吴院渊,韦飞. 本次《反不正当竞争法》修改意义重大[N]. 中国市场监管报,http://www.cicn.com.cn/zggsb/2019-05/21/cms117766article.shtml.

务院针对制止不正当竞争行为采取的措施、县级以上人民政府的作用,鼓励社会监督、行业组织加强行业自律等,规范相关工作人员的行为。

第二章为不正当竞争行为,包括第六条到第十二条,规定了经营者不得实施的、引人误认为是他人商品或者与他人存在特定联系的行为,经营者不得采用财物或者其他手段贿赂的单位或者个人,以谋取交易机会或者竞争优势,经营者不得欺骗误导消费者,经营者不得实施的侵犯商业秘密的行为,商业秘密的具体含义,经营者进行有奖销售不得存在的情形,经营者不得使用手段损害竞争对手的商业信誉、商品声誉,经营者不得利用技术手段,通过影响用户选择或者其他方式,实施下列妨碍、破坏其他经营者合法提供的网络产品或者服务正常运行的行为。

第三章为对涉嫌不正当竞争行为的调查,包括第十三条到第十六条,规定了监督检查部门调查涉嫌不正当竞争行为可以采取的措施、监督检查部门调查涉嫌不正当竞争行为是涉嫌人员应如实提供有关资料或情况,监督检查部门及其工作人员的保密义务,监督检查部门依法处理举报。

第四章为法律责任,包括第十七条到第三十二条,规定了经营者违反本法前款的相关规定时对应的处罚办法,从事不正当竞争的处罚办法,财产不足以支付时优先用于承担民事责任,妨害监督检查部门依照本法履行职责的处罚办法,当事人对监督检查部门作出的决定不服的处理办法,监督检查部门的工作人员存在不合法律法规的工作行为的处罚办法,违反本法规定构成犯罪的,依法追究刑事责任,涉及商业机密的证据提供和处罚办法。

第五章为附则,包括第三十三条,阐明本法的施行时间。[①]

第五节 反垄断法

一、基本概念

"中国反垄断法",狭义上仅指 2007 年 8 月 30 日全国人大常委会第十届第二十九次会议通过、2008 年 8 月 1 日开始施行的《反垄断法》。

广义上是指中国的整个反垄断法的法律体系,既包括《反垄断法》以及随后为了实施该法而颁布、施行的相关配套法律文件,也包括在《反垄断法》颁布之前已经颁布并施行的具有反垄断性质或功能的全部立法性和行政性文件,以及行政执法、私人执行和司法程序。2010 年 12 月 31 日,国家工商总局公布了《工商行政管理机关禁止垄断协议行为的规定》《工商行政管理机关禁止滥用市场支配地位行为的规定》《工商行政管理机关制止滥用行政权力排除、限制竞争行为的规定》三个《反垄断法》的配套实体规章,2012 年 5 月 8 日,最高人民法院出台《关于审理因垄断行为引发的民事纠纷案件应用法律若干问题的规定》。

---

① 中华人民共和国反不正当竞争法,国家市场监督管理总局,http://gkml.samr.gov.cn/nsjg/fgs/201906/t20190625_302771.html。

二、反垄断法的作用

反垄断法的作用可以表述为,通过法律的强制性作用排除各种对竞争机制作用的干扰,保护市场主体参与市场竞争的权利,维护竞争的市场结构,保护消费者的合法权益。反垄断法的作用主要是通过实现有效竞争表现出来的,同时也表现为弥补市场机制本身的缺陷,这些作用主要表现在以下四个方面。

其一,维持合理的市场结构,提高资源配置效率。市场经济条件下要不断提高资源配置效率,必须满足两个前提条件,一是市场竞争主体的自主性和平等地位,二是商品和生产要素的交易性和自由流动。反垄断法通过禁止垄断,维护公平竞争的市场竞争秩序,可以为满足这两个前提条件提供重要的法律保障。

其二,维护和促进有效的市场竞争,推动经济和技术的发展。竞争是一个优胜劣汰的过程。即竞争可以淘汰低效率的企业,淘汰不合理的生产工序和劣质产品。因此,竞争会使每个企业感到压力,产生动力,激发活力,迫使每个企业努力降低成本和价格,不断进行创新,开发新产品、新工艺、新技术,改善经营管理,以最小的投入获取最大的收益,从而推动整个经济的发展和技术进步。可以说,竞争是生产力发展的强大推进器,是一个国家经济活力的源泉。

其三,保护消费者的合法权益和社会公共福利。竞争对企业是一种压力。在竞争的压力下,企业必须努力降低生产成本,改善产品质量,改善售后服务,并且得根据消费者的需求不断地开发新产品,增加花色品种。例如,在我国的家电领域,新产品越来越多,产品质量越来越好,价格却是一降再降。是竞争迫使生产商和销售商不断地向消费者降价让利,要求他们在产品的质量、数量以及花色品种方面尽量满足消费者的需求。因此,企业竞争给消费者带来了社会福利。

其四,有利于实现经济民主。经济民主化的作用在于保护中小企业和广大消费者的利益。这是现代社会发展的趋势,也是劳动人民长期斗争的结果。反垄断法就是维护并促进经济民主化的法律保障。在市场经济体制下,竞争是一种不可缺少的机制,但竞争的结果也可能造成垄断,排斥竞争,市场机制本身没有自发地维护公平竞争和自由竞争的内在功能。企业可能不是靠竞争获取利益,而是通过垄断捞取好处,实质上是以超经济手段占他人的劳动,这是违背民主原则的。从这个意义上讲,禁止垄断,也就是维护经济民主。在这种情况下,国家为弥补市场机制的缺陷和不足,必须通过法律手段包括制定反垄断法来维护公平竞争的市场环境。如美国、日本等均提出,为确保经济民主和社会稳定,促进技术进步,必须排除经济力的集中,活跃竞争,禁止垄断[①]。

三、中国反垄断法治化水平不断提高、统一开放竞争有序的市场体系不断完善

《反垄断法》实施十年成效卓著,为保护市场公平竞争,提高经济运行效率,维

---

① 反垄断法的作用是什么,法律快车,http://www.lawtime.cn/info/wto/WTOchangshi/201403032882094.html。

护消费者利益和社会公共利益,促进社会主义市场经济健康发展发挥了重要作用,具体体现在以下四个方面。

一是建立中国特色的竞争政策和反垄断制度规则体系。十几年来,大力推进反垄断领域法治建设,国务院出台了《关于经营者集中申报标准的规定》,反垄断执法机构出台《经营者集中审查办法》《反价格垄断规定》《禁止垄断协议行为的规定》等12件部门规章、3件规范性文件、10件办事指南和指导意见,切实提高了法律的可操作性,推动反垄断工作全面纳入法治轨道,为法律的有效实施和依法行政提供了制度保障。国务院反垄断委员会颁布了《关于相关市场界定的指南》《关于知识产权领域的反垄断指南》等4部指南,给予经营者更加清晰的指引。我们的实践也证明,反垄断法治化为促进中国经济的持续健康发展发挥了重要作用。

二是推动形成统一开放、竞争有序的市场体系。十年来,依法打击垄断行为,截至2018年10月底,共查处滚装货物国际海运企业案、山西电力案等垄断协议案件165件,高通案、利乐案等滥用市场支配地位案件55件,累计罚款金额超过110亿元,震慑了违法者。审结经营者集中2437件,审结交易总金额超过40万亿元,依法禁止可口可乐收购汇源、马士基等设立网络中心两案,附条件批准微软收购诺基亚、陶氏化学和杜邦合并等37件经营者集中案件,维护了相关市场的公平竞争。查处了12个省级政府在"新居配"建设中滥用行政权力排除限制竞争案件等193件,建立并组织实施了公平竞争审查制度,各地区各部门共对12.2万份文件开展了公平竞争审查。实践证明,通过不断加强反垄断执法,促进了全国统一开放、竞争有序的市场体系形成。

三是保护消费者和经营者合法权益。十年来,围绕消费者和经营者反映强烈的突出问题,严厉查处汽车、燃气、供电、供水、电信、黄金饰品、乳粉等民生领域价格垄断行为,深入开展公用事业限制竞争和垄断行为专项整治,查处交通、医药、电力、教育、金融、保险等民生领域的滥用行政权力排除、限制竞争案件。附条件批准雅培收购圣犹达、贝克顿—迪金森与巴德合并等医疗器械领域案件,打破高端医疗器械垄断;附条件批准农化和农业大型国际并购案件,确保大宗产品稳定供应和农民利益。同时按照"放管服"改革要求,强化监管的成本意识和效能观念,完善执法程序,优化办案机制,提高执法效率。以经营者集中执法为例,目前简易案件基本在初步审查阶段(30天)内审结,案件在初步审查阶段审结率较2008年提高85%以上,2017年案件平均审结时间较2013年缩短50%以上。同时官方大力推进信息公开制度建设,提升监管执法的透明度,大力推进竞争倡导和市场竞争状况评估等工作。

四是服务构建开放型经济新体制。反垄断执法理念、监管规则不仅影响本国的经济运行,更是影响国家竞争力和国际影响力的重要因素,是构建开放新格局的重要基础,代表了营商环境的国际竞争力水平。十年来,中国积极参与国际竞争规则的谈判和调整,推动国际竞争规则相互衔接与融合,为投资贸易活动的顺利进行提供规则保障。在中国—瑞士等8个自贸协定中已经设立竞争政策与反垄断执法合作专章,正在进行多个自贸协定竞争政策议题的谈判。与美国、欧盟、澳大利亚等28个国家和地区反垄断执法机构商签55个竞争政策与反垄断执法合作文件,推动金砖国家等开展竞争合作。反垄断执法获得了国际社会的充分认可,中国已经成为与美国、欧盟并列的全球三大反垄断司法辖区之一。①

四、《反垄断法》的完善

以《反垄断法》为主体的反垄断规则体系尚需完善，《反垄断法》正在酝酿修改之中。反垄断案件的查处还有许多现实性困难，反垄断的理论研究需进一步加强。同时应推动中国竞争政策的顶层设计，逐步强化其在经济政策中的基础性地位，通过正确的政策选择与可持续的法律治理，进一步厘清政府与市场关系的边界。

2020年1月2日起，国家市场监管总局就《反垄断法》修订草案公开征求意见，2020年1月31日截止。与"旧法"相比，《修订草案（公开征求意见稿）》首次拟将互联网新业态列入，并大幅提升处罚标准。

五、《中华人民共和国反垄断法》修订草案简介

为了预防和制止垄断行为，保护市场公平竞争，鼓励创新，提高经济运行效率，维护消费者利益和社会公共利益，促进社会主义市场经济健康发展，制定《中华人民共和国反垄断法》，共八章、六十四条。

第一章为总则，包括第一条到第十三条，规定了本法的立法宗旨，适用范围，垄断行为的具体情形，对具有市场支配地位的经营者的要求，国家的相关措施，对行业经营者要求，对行政机关和法律、法规授权的具有管理公共事务职能的组织的要求，公平竞争审查制度，反垄断委员会的职责，国务院反垄断执法机构及其权利，对行业协会的要求，经营者及相关市场的具体含义。

第二章为垄断协议，包括第十四条到第十九条，规定了垄断协议的禁止，垄断协议的具体含义，具有竞争关系的经营者禁止达成的垄断协议类型，经营者与交易相对人禁止达成的垄断协议类型，经营者间帮助达成垄断协议的禁止，不适用于本法的垄断协议类型，行业协会不得出现的行为。

第三章为滥用市场支配地位，包括第二十条到第二十二条，规定了禁止具有竞争关系的经营者达成的垄断协议类型，认定经营者具有市场支配地位依据的因素，可以推定经营者具有市场支配地位的情形。

第四章为经营者集中，包括第二十三条到第三十六条，规定了经营者集中的具体情形、经营者集中的申报、经营者集中可以不向国务院反垄断执法机构申报的情形，经营者向国务院反垄断执法机构申报集中应当提交的文件和资料并需确保真实性，相关文件的补交，国务院反垄断执法机构对申报的处理，国务院反垄断执法机构对申报的进一步审查，国务院反垄断执法机构经书面通知经营者可以延长前款规定的审查期限的情形，所需时间不计入审查时限的情形，对经营者集中进行审查和调查应当考虑的因素，禁止经营者集中的决定，对不予禁止的经营者集中相关处理办法，国务院反垄断执法机构对经营集中与否的处理，国务院反垄断执法机构对相关决定的公示，须

---

① 中国《反垄断法》实施十年成效卓著 反垄断法治化水平提高，人民网－财经频道，http://finance.people.com.cn/n1/2018/1116/c1004-30404971.html。

进行国家安全审查的情形。

第五章为滥用行政权力排除、限制竞争，包括第三十七条到第四十二条，规定了对相关组织行政职权的限定，禁止出现的妨碍商品在地区之间自由流通的行为，禁止排斥或者限制经营者参加招标投标活动，禁止采取不平等待遇方式，禁止强制或者变相强制经营者从事本法规定的垄断行为，按照国家有关规定进行公平竞争审查。

第六章为对涉嫌违法行为的调查，包括第四十三条到第五十二条，规定了反垄断执法机构对垄断行为的调查、反垄断执法机构调查涉嫌垄断行为可采取的措施、调查涉嫌垄断行为的执法要求、保密义务，涉及相关人员的义务，反垄断执法机构对证据与事实等进行核实、做出处理决定并进行公示、中止调查的情形，恢复调查的情形，重新审查的处理办法，对滥用行政权力排除、限制竞争的行为进行调查的过程。

第七章为法律责任，包括第五十三条到第六十一条，规定了达成垄断协议的处罚办法，滥用市场支配地位的处罚办法，由反垄断执法机构处上一年度销售额百分之十以下的罚款的与经营者集中相关的情形，确定罚款数额的考虑因素，实施垄断行为的处罚办法，行政机关和法律、法规授权的具有管理公共事务职能的组织相关的处罚办法，涉嫌不配合反垄断执法机构调查工作的处罚办法，对决定不服的处理办法，反垄断执法机构工作人员存在失职行为的处罚办法。

第八章为附则，包括第六十二条到第六十四条，规定了经营者适用与不适用本法的情形，与农业生产者相关的不适用于本法的情形，本法的施行时间。[①]

第六节　促进科技成果转化法

一、相关概念

科技成果转化，是指为提高生产力水平而对科学研究与技术开发所产生的具有实用价值的科技成果所进行的后续试验、开发、应用、推广直至形成新产品、新工艺、新材料，发展新产业等活动。

科技成果转化的概念可分为广义和狭义两种。广义的科技成果转化应当包括各类成果的应用、劳动者素质的提高、技能的加强、效率的增加等。狭义的科技成果转化实际上仅指技术成果的转化，即将具有创新性的技术成果从科研单位转移到生产部门，使新产品增加，工艺改进，效益提高，最终经济得到进步。我们通常所说的科技成果转化大多指狭义的概念。

科技成果转化的途径，主要有直接和间接两种转化方式，并且这两种方式也并非泾渭分明，经常是相互包含的。

直接转化包括科技人员自己创办企业；高校、科研机构与企业开展合作或合同研究；高校、研究机构与企业开展人才交流；高校、科研机构与企业沟通交流的网络

---

① 市场监管总局就《〈反垄断法〉修订草案（公开征求意见稿）》公开征求意见的公告，国家市场监督管理总局，http://www.samr.gov.cn/hd/zjdc/202001/t20200102_310120.html。

平台。

间接转化主要是通过各类中介机构来开展的。机构类型和活动方式多种多样。在体制上，有官办的、民办的，也有官民合办的；在功能上，有大型多功能的机构（如既充当科技中介机构，又从事具体项目的开发等），也有小型单一功能的组织。

二、1996 年版《促进科技成果转化法》出台背景

我国改革和发展 40 余年，在科学技术法治进程当中，1993 年《中华人民共和国科学技术进步法》（以下简称《科学技术进步法》）出台具有标志性意义，这是中国第一部指导科技进步与发展的基本法律。《科技进步法》规定了我国科技改革和发展的基本原则，目的就是要解放科技第一生产力，推动科学技术为经济建设和社会发展服务。在实施《科技进步法》的过程中，中国科学技术法学会的专家总结产学研各界实践，提出一个关键问题，科技成果如何真正形成生产力，也就是说，从科技成果到现实生产力创造经济效益、社会效益，是科技成果的转化。因此，1996 年制定了《中华人民共和国促进科学技术成果转化》（以下简称《促进科技成果转化法》）。

三、2016 年版《促进科技成果转化法》修订背景

1996 年公布施行的促进科技成果转化法对促进科技成果转化为现实生产力、推动经济社会发展发挥了重要作用。但是，随着我国经济社会发展和科技体制改革的深入，该法有些内容已难以适应实践需要，主要是：科技成果供求双方信息交流不够通畅，企业对科研机构取得的科技成果信息缺乏充分了解，影响科技成果转化；科研机构和科技人员的考核评价体系以及科技成果处置、收益分配机制没有充分体现科技成果转化特点，对科研机构和科技人员的考核评价存在重理论成果、轻成果运用的现象，国家设立的科研机构处置科技成果所得收益需按规定上缴财政，且审批手续烦琐，影响科研机构和科技人员积极性的发挥；科研的组织、实施与市场需求结合不够紧密，产学研合作落实得不够好，现有科技成果与企业需求有差距，企业在科技成果转化中的主导作用发挥不够；科技成果转化服务还比较薄弱，不便于科技成果转化的实施。为了有效解决这些问题，推动科技与经济结合、实施创新驱动发展战略，修改现行促进科技成果转化法十分必要。

2013 年 12 月，科技部报请国务院审议《中华人民共和国促进科技成果转化法（修订草案）（送审稿）》（以下简称《送审稿》）。法制办收到此件后，即发有关中央单位，各省、自治区、直辖市人民政府以及部分企业、科研院所、高校、行业协会、专家学者征求意见，并通过中国政府法制信息网向社会公开征求意见，召开专家论证会、企业征求意见会，赴上海、江苏、云南、湖北、辽宁进行调研，在此基础上会同科技部等有关部门对《送审稿》反复研究、修改，形成了草案。草案已经国务院第 70 次常务会议讨论通过。

四、修改的总体思路

按照党的十八届三中全会关于促进科技成果资本化、产业化的总体要求，草案从科研组织、实施到科技成果转化诸环节统筹考虑，在修改思路上主要把握了以下几点。一是增进社会各界对科技成果信息的了解，完善科技成果信息发布制度，为科技成果供求提供信息平台。二是充分调动科研机构转化科技成果的积极性，增强科研机构和科研人员从事科技成果转化的动力。三是强化企业在科技成果转化中的主体地位，充分发挥企业在科研计划编制、研究方向选择与科研项目实施中的作用，推进产学研合作，促进科研与市场的结合。四是创造良好的科技成果转化服务环境。

五、修改的主要内容

（一）加强科技成果信息发布

草案对现行促进科技成果转化法规定的科技成果信息资料库制度作了修改、完善，规定国家建立、完善科技报告制度和科技成果信息系统，向社会公布科技项目实施情况以及科技成果和相关知识产权信息，提供科技成果信息查询、筛选等公益服务（第三十二条）。

（二）引导和激励科研机构积极转化科技成果

一是完善科技成果处置、收益分配制度。规定国家设立的研究开发机构、高校对其持有的科技成果，可以自主决定转让、许可或者作价投资（第十二条）；转化科技成果获得的收入全部留归本单位，在对完成、转化职务科技成果做出重要贡献的人员给予奖励和报酬后，纳入本单位预算，用于科学技术研究开发与成果转化工作（第十三条）。二是完善科研评价体系。规定国家设立的研究开发机构、高校应当建立符合科技成果转化工作特点的职称评定、岗位管理、考核评价制度，完善收入分配激励约束机制（第十四条）；研究开发机构、高校的主管部门以及相关行政部门应当建立有利于促进科技成果转化的绩效考核评价体系（第十五条）。三是修改、完善对科技人员的奖励制度，为加大奖励力度留下空间。规定科技成果完成单位可以规定或者与科技人员约定奖励、报酬的方式和数额（第三十四条）；没有规定或者约定的，按照法定标准给予奖励和报酬（第三十五条）。

（三）强化企业在科技成果转化中的主体作用

为了促进科研与市场的结合，进一步发挥企业在科技成果转化中的主体作用，草案增加以下规定：一是完善企业参与科研组织、实施的制度，规定利用财政资金设立科技项目，制定相关科技规划、计划，编制项目指南应当听取相关行业、企业的意见（第三条）；县级以上地方人民政府科学技术行政部门和其他有关部门应当根据职责分工,为企业获取所需的科技成果提供帮助和支持(第十六条);对利用财政资金设立的具有市场应用前景、产业目标明确的科技项目,政府有关部门、管理机构应当发挥企业在研究开发方向选择、项目实施和成果应用中的主导作用(第十七条)。二是推进产学研合作,规定国家鼓励企业与研究开发机构、高校及其他组织采取联合建立研究开发平台、技术转移机构或者技术创新联盟等产学研合作方式,共同开展研究开发、成果应用与推广、标准研究与制定等活动(第十九条);鼓励研究开发机构、高校与企业及其他组织开展科技人员交流(第二十条);支持企业与研究开发机构、高校、职业院校及培训机构联合建立学生实习实践培训基地和研究生科研实践工作机构,共同培养专业技术人才和高技能人才(第二十一条)。

(四) 加强科技成果转化服务

为了加强科技成果转化服务,为科技成果转化创造更加良好的环境,在总结实践经验的基础上,草案增加以下规定:一是国家培育和发展技术市场,鼓励创办科技中介服务机构,为技术交易提供交易场所、信息平台以及信息加工与分析、评估、经纪等服务(第二十二条)。二是国家支持根据产业和区域发展需要建设公共研究开发平台,为科技成果转化提供技术集成、共性技术研究开发、中间试验和工业性试验、科技成果系统化和工程化开发、技术推广与示范等服务(第二十四条)。三是国家支持科技企业孵化器、国家大学科技园等科技企业孵化机构发展,为初创期科技型中小企业提供孵化场地、创业辅导、研究开发与管理咨询等服务(第二十五条)。[①]

六、2016 年版《促进科技成果转化法》简介

《中华人民共和国促进科技成果转化法》是为促进科技成果转化为现实生产力,规范科技成果转化活动,加速科学技术进步,推动经济建设和社会发展制定。由全国人民代表大会常务委员会于 1996 年 5 月 15 日发布,自 1996 年 10 月 1 日起施行。2015 年 8 月 29 日修订,共六章、五十二条。

第一章为总则,包括第一条到第八条,阐明了本法的实施意义,科技成果和科技成果转化的具体含义、意义和应当遵循的原则,国务院以及各级地方人民政府为科技成果转化创造良好的环境、国家鼓励科技成果首先在中国境内实施,规定国家可以依法组织实施或者许可他人实施相关科技成果,国家相关部门管理、指导和协调科技成果转化工作。

第二章为组织实施,包括第九条到第三十二条,规定了由国务院和地方各级人民政府组织协调实施有关科技成果的转化,利用财政资金设立应用类科技项目和其他相关科技项目,国家建立完善科技报告制度和科技成果信息系统,国家通过政府采购、研究开发资助、发布产业技术指导目录、示范推广等方式支持的科技成果转化项目,国家通过制定政策措施促进技术和工艺等的进步与发展,国家加强标准制定工作,国家建立有效的军民科技成果相互转化体系,完善国防科技协同创新体制机制,科技成

---

① 关于《中华人民共和国促进科技成果转化法修正案(草案)》的说明,中国人大网,http://www.npc.gov.cn/zgrdw/npc/lfzt/rlys/2015-03/02/content_1907379.htm。

果持有者可采用的科技成果转化方式，促进科技成果由高校向企业转化，研究开发机构、高等院校对其持有的科技成果的自主决定权，相关参与人享有的权益，促进科技成果转化的绩效考核评价体系的建立，科技成果转化情况年度报告的提交，企业可向外界寻求科技成果转化所需的合作者，企业可独立或联合其他单位共同承担科技研发和科技成果转化项目，政府在利用财政资金设立的科技项目中的作用，国家对实施科技成果转化的鼓励方式，国家对企业与高校等共同培养专业技术人才和高技能人才的支持，国家对农业科研机构、农业试验示范单位独立或者与其他单位合作实施农业科技成果转化的鼓励，鼓励创办科技中介服务机构，明确科技中介服务机构的职责，国家通过相关措施大力促进科技成果转化在各个领域、地区间的实施。

第三章为保障措施，包括第三十三条到第三十九条，规定了科技成果转化财政经费的用途，税收优惠的施行，为科技成果转化提供金融支持的方式，为科技成果转化提供保险服务的方式，为科技成果转化项目进行融资的方式，鼓励创业投资机构投资科技成果转化项目及采取的措施，设立科技成果转化基金或者风险基金以及资金来源。

第四章为技术权益，包括第四十条到第四十五条，规定了科技成果完成单位与其他单位合作进行科技成果转化的，应当依法由合同约定该科技成果有关权益的归属，合同未作约定时的办理原则，保密协议和保密制度的制定，科技转化成果收入归属以及奖励和报酬的给予，对完成、转化职务科技成果做出重要贡献的人员给予奖励和报酬的标准。

第五章为法律责任，包括第四十六条到第五十一条，规定了利用财政资金设立的科技项目的承担者未依照本法规定提交科技报告，汇交科技成果和相关知识产权信息的处罚办法，涉嫌在科技成果转化活动中存在弄虚作假等行为的处罚办法，科技服务机构及其从业人员违反本法规定的处罚办法，科技中介服务机构及其从业人员违反本法规定泄露相关机密的处罚办法，科学技术行政部门和其他有关部门及其工作人员在工作中存在滥用职权等行为的处罚办法，以唆使窃取、利诱胁迫等手段侵占他人的科技成果的处罚办法，职工未经单位允许做出泄露本单位技术秘密等行为时的处罚办法。

第六章为附则，包括第五十二条，阐明了本法的施行时间。①

七、2016 年版《促进科技成果转化法》六大亮点

按照党的十八届三中全会关于促进科技成果资本化、产业化的总体要求，新法从科研组织、实施到科技成果转化诸环节统筹考虑：增进社会各界对科技成果信息的了解，完善科技成果信息发布制度，为科技成果供求提供信息平台；充分调动科研机构转化科技成果的积极性，增强科研机构和科研人员从事科技成果转化的动力；强化企业在科技成果转化中的主体地位，充分发挥企业在科研计划编制、研究方向选择与科研项目实施中的作用，推进产学研合作，促进科研与市场的结合；创造良好的科技成

---

① 中华人民共和国促进科技成果转化法，国家自然科学基金委员会，http://www.nsfc.gov.cn/publish/portal0/tab609/info73541.htm。

果转化服务环境。

其一，明确界定职务科技成果含义。新的《促进科技成果转化法》，对科技成果以及职务科技成果的含义作出界定。

其二，国家建立完善科技报告制度。新的《促进科技成果转化法》加强了科技成果信息发布的管理。

其三，完善科技成果收益分配制度。为引导和激励科研机构积极转化科技成果，新的《促进科技成果转化法》完善了科技成果处置、收益分配制度。

其四，大幅提高科技人员奖励标准。新的《促进科技成果转化法》进一步提高给予科技人员奖励和报酬的标准。

其五，完善企业参与科研组织制度。新的《促进科技成果转化法》强化了企业在科技成果转化中的主体作用。

其六，支持建设公共研究开发平台。

第七节　专利行政执法办法

一、基本概念

专利行政执法是指管理专利的相关部门依据《专利行政执法办法》处理专利侵权纠纷、调解专利纠纷及查处假冒专利侵权行为的总称。

近年来《行政强制法》《行政诉讼法》《专利行政执法办法》等法律法规规章相继制定、修订，案件信息公开、行政裁量权基准等制度不断完善。国家知识产权局大力推进专利行政执法规范化建设，先后制定《专利行政执法操作指南》《专利行政执法文书表格》《专利侵权判定和假冒专利行为认定指南》《关于公开有关专利行政执法案件信息具体事项的通知》等文件，有效规范了全系统执法工作，全面提升了全系统执法办案工作水平。

二、中国加强专利行政执法必要性

在知识产权制度全球一体化的趋势之下，知识产权行政执法体现出因国情而异的多样化发展趋势。我国的专利行政执法也是如此，在制度产生的土壤、立法的理念、运行的机制与发展的方向上都具有鲜明的中国特色。

目前，我国大量的案例和事实表明，我国专利行政保护既具有优势，也有其必要性，这主要表现在以下两个方面。首先，专利行政保护具有文化基础和制度惯性，沿袭至今的传统观念让行政保护在我国有深厚的群众基础。其次，专利行政执法具有独特优势。这主要体现在三个层面，在维权成本方面，专利纠纷发生时，专利行政调处的经济成本和时间成本较低；在专业优势方面，专利侵权纠纷案中不仅涉及法律问题，而且还涉及大量的专业技术问题；在政策优势方面，专利行政执法部门可以通过制定发布引导、扶持政策，提高企事业单位的知识产权保护意识，可以通过对有代表性的专利侵权纠纷处理案例进行分析和总结，并将结果反馈到政策和管理制度中去，形成新的规范和制度，为预防和避免类似侵权纠纷的发生，奠定了政策基础。[①]

三、修改的背景和必要性

现行《专利行政执法办法》于 2011 年 2 月正式实施。《专利行政执法办法》的实施对规范专利行政执法行为，保护专利权人和社会公众的合法权益，维护社会主义市场经济秩序发挥了积极作用。

随着我国经济社会的快速发展，技术进步和市场竞争的加剧带来专利保护领域的新情况、新问题。在开展"打击侵犯知识产权和制售假冒伪劣商品"专项行动以及人大常委会专利法执法检查中发现，我国目前专利保护不力，需要进一步强化和完善专利行政执法。伴随着展会经济、虚拟经济的发展和电子商务的兴起，如何有效解决展会期间和网络环境下的专利保护问题备受社会关注。同时，《中共中央关于全面推进依法治国若干重大问题的决定》（以下简称《决定》）明确指出要"深入推进依法行政，加快建设法治政府"，提出了"严格实行执法人员持证上岗和资格管理制度""全面落实行政执法责任制"等具体要求。

为落实党中央、国务院有关文件精神，解决我国专利保护实践中的突出问题，更好地指导地方加强、规范专利行政执法行为，有必要对执法办法及时调整，进行有针对性的修改。

需要说明的是，对于专利群体侵权、重复侵权严重等突出问题，需要通过修改专利法及其实施细则予以解决。本次修改只对执法办法作局部修改，以及时解决实际问题、及早落实中央最新指示要求。

四、2015 年版《专利行政执法办法》修改的主要过程

为了加强法治政府建设，进一步完善部门规章，国家知识产权局启动了《专利行政执法办法》修改工作，并按照国家知识产权局领导要求，进一步根据中央关于依法行政的最新要求，结合专利保护实践中的问题和需求，对修改方案进行扩充完善，并专门征求了中央编办监督检查司和国务院法制办秘书行政司的意见。

国家知识产权局于 2014 年委托第三方研究机构对《专利行政执法办法》开展了立法后评估工作，通过地方立法指导协调机制交流平台了解地方局意见，并由具体负责修改工作的条法司征求人事司、协调司、管理司、审业部和复审委等局内相关部门意见，并与中编办等相关部门密切沟通。在此基础上，国家知识产权局形成《专利行政执法办法修改草案》（征求意见稿），报请局领导审阅后，按照有关要求，于2015 年第一季度通过国务院法制办公室"法规规章草案意见征集系统"和国家知识产权局政府网站面向社会公开征求意见，同时向各省、自治区、直辖市和计划单列市

---

① 加强专利行政执法是大势所趋，中国知识产权报/中国知识产权资讯网，http://www.iprchn.com/Index_NewsContent.aspx?newsId=76669。

知识产权局发函征求意见。在汇总整理和吸收各方意见的基础上,形成了《专利行政执法办法修改草案(审议稿)》,报请局务会审议。局务会审议通过后,相关局令于5月29日公布,并将于7月1日起施行。

五、修改主要内容

(一)贯彻法治原则,强调依法行政宗旨

《决定》对加强依法行政提出明确要求。专利行政执法行为关系到专利权人合法权益与市场经济秩序的维护,其全过程应贯彻法治原则,严格落实依法行政。为此,本次修改将"深入推进依法行政"明确写入执法办法的立法宗旨中(第一条)。

(二)完善执法程序,规范执法行为

《国务院关于加强法治政府建设的意见》指出,"进一步加强法制机构建设,使法制机构的规格、编制与其承担的职责和任务相适应"。《决定》进一步强调"严格实行行政执法人员持证上岗和资格管理制度","全面落实行政执法责任制"以及"加强行政执法信息化建设和信息共享"。为此,本次修改明确强调"加强专利行政执法力量建设,严格行政执法人员资格管理,落实行政执法责任制"(第四条),"管理专利工作的部门应当加强行政执法信息化建设和信息共享"(第九条),并就及时公开行政决定、发布执法信息作出明确规定(第四十六条)。

(三)发挥行政执法优势,适应展会和互联网发展需求

专利行政执法具有程序简单、处理快捷的特点。为进一步发挥其优势,加强专利权保护,本次修改进一步缩短了处理专利侵权纠纷的办案期限(第二十一条,由立案之日起4个月内结案加复杂案件1个月延期,缩短为立案之日起3个月内结案加复杂案件1个月延期),明确了调解专利纠纷和查处假冒专利行为的立案期限(第二十四条、第二十八条,由较为原则的"及时立案"改为规定明确的时间期限),并明确了公开有关行政决定的期限要求(第四十六条,明确在规定的时间内通过政府网站等途径及时发布执法信息)。

展会对于专利侵权纠纷的快速调处和假冒专利行为的及时查处有明确的现实需要。现行专利法已规定了外观设计专利权人的许诺销售权,但展会知识产权保护的有关规定尚未对此加以体现。同时,随着互联网等新技术的飞速进步,电子商务等新兴领域的专利保护问题逐步显现,相应的行政执法手段也需要变化、创新。浙江等地的实践证明,电子商务平台提供者、网店经营者及权利人对进一步完善专利行政执法、解决电商领域专利侵权纠纷有较强的诉求。为此,本次修改规定,管理专利工作的部门应当加强展会和电子商务领域的行政执法,快速调解、处理展会期间和电子商务平台上的专利侵权纠纷,及时查处假冒专利行为(第八条),并明确管理专利工作的部门应当责令侵权的参展方采取从展会上撤出侵权展品、销毁或者封存相应的宣传材料、更换或者遮盖相应的展板等撤展措施,应当通知电子商务平台提供者对侵权或假

冒专利产品的相关网页及时采取删除、屏蔽或者断开链接等措施，以及时制止侵权和假冒专利行为（第四十三条、四十五条）。①

六、2015年版《专利行政执法办法》简介

为规范专利行政执法行为，保护专利权人和社会公众的合法权益，维护社会主义市场经济秩序，根据《专利法》《专利法实施细则》以及其他有关法律法规，制定本办法。自2011年2月1日起施行，共七章、五十一条。

第一章为总则，包括第一条到第七条，阐明了本法的实施意义，规定了适用本法的相关部门的相关工作，管理专利工作的部门的办事原则，管理专利工作的部门开展专利行政执法活动的要求，对案件承办人员的要求，在对侵权案件的处理过程中国家知识产权局，有关省、自治区、直辖市管理专利工作的部门处理案件的办法，管理专利工作的部门对工作的委托以及受委托方的职责与责任，案件办理过程中相关人员的回避要求。

第二章为专利侵权纠纷的处理，包括第八条到第十九条，规定了请求管理专利工作的部门处理专利侵权纠纷应符合的具体条件，应当提交请求和相关的证明材料，请求书应当记载的内容，管理专利工作的部门对请求书的处理，请求书及其附件的副本的送达与答辩书的提交要求。管理专利工作的部门对专利侵权纠纷的调解，对是否进行口头审理决定以及口头审理的审理程序，"发明或者实用新型专利权的保护范围以其权利要求的内容为准"的具体含义，管理专利工作的部门处理专利侵权纠纷应当制作处理决定书以及决定书的具体内容，被请求人就同一专利权再次作出相同类型的侵权行为的处理办法，管理专利工作的部门处理专利侵权纠纷的案件办理期限。

第三章为专利纠纷的调解，包括第二十条到第二十五条，规定了应当提交请求书的情形以及请求书包含的具体内容，管理专利工作的部门收到调解请求书后的处理方法，调解的进行，可邀请有关单位和个人协助调解，经调解达成协议或未达成协议的处理办法，对因专利申请权或者专利权的归属纠纷请求调解的处理以及是否达成协议的处理办法。

第四章为假冒专利行为的查处，包括第二十六条到第三十四条，规定了管理专利工作的部门对案件处理的及时性与调查办法，查处假冒专利行为由行为发生地的管理专利工作的部门管辖，管辖权有争议时的处理办法，对假冒专利产品的查封与扣押办法，案件调查终结后根据案件情况的具体处理办法，作出行政处罚决定前后的相关工作，当事人有权进行陈述和申辩，由管理专利工作的部门进行核实与进一步的处理，情节复杂或者重大违法行为给予较重的行政处罚的决定方式，管理专利工作的部门制作处罚决定书的具体内容，结案与延长期限。

第五章为调查取证，包括第三十五条到第四十条，规定了专利侵权纠纷处理过程中的调查取证处理方法，收集证据的渠道以及笔录的制作，采取抽样取证的方式，登记保存证据办法以及笔录与清单的制作，管理专利工作的部门有权要求其他管制专利

---

① 关于修改《专利行政执法办法》的说明，上海市知识产权局，http://sipa.sh.gov.cn/zcjd/20191130/0005-24047.html。

部门的协作与配合，管理专利的部门与海关的相互协作。

第六章为法律责任部分，包括第四十一条到第四十八条，规定了管理专利工作的部门认定专利侵权行为成立，作出处理决定后责令侵权人立即停止侵权行为的，应当采取的制止侵权行为的措施，被请求人向人民法院提起行政诉讼的处理办法，管理专利工作的部门认定假冒专利行为成立的，可责令行为人采取的改正措施，管理专利工作的部门应公告处罚决定，管理专利工作的部门认定假冒专利行为成立的，可确定行为人的违法所得的办法，当事人申请行政复议或者向人民法院提起行政诉讼时的决定处理办法，假冒专利行为的行为人的罚款缴纳期限，拒绝、阻碍管理专利工作的部门依法执行公务的处罚办法。

第七章为附则，包括第四十九条到第五十一条，规定了管理专利工作的部门送达有关法律文书和材料的方法，本办法由国家知识产权局负责解释，阐明本法的实施时间与废止法律。①

第八节　技术进出口管理条例

一、《技术进出口管理条例》制定背景

中国对技术进出口的管理采用法律手段，始于改革开放初期国务院于 1981 年、1985 年先后制定的《技术引进和设备进口工作暂行条例》和《技术引进合同管理条例》。《技术进出口管理条例》是国务院为了规范技术进出口管理，维护技术进出口秩序，促进国民经济和社会发展，根据《中华人民共和国对外贸易法》及其他有关法律的有关规定而制定的，于 2002 年 1 月 1 日开始正式实施。这也是我国加入世界贸易组织后制定的一个重要的行政法规。

二、修改的背景

《外商投资法》规定了对外商投资实行准入前国民待遇加负面清单管理制度，并对外国投资者在技术转移和知识产权方面进行保护。

在技术合作方面，《外商投资法》的第二十二条第二款规定："国家鼓励在外商投资过程中基于自愿原则和商业规则开展技术合作。技术合作的条件由投资各方遵循公平原则平等协商确定。行政机关及其工作人员不得利用行政手段强制转让技术。"该条款在给予外国投资者国民待遇的原则下，明确规定了技术合作合同遵循公平原则，当事人平等协商确定合同内容，行政机关不得干预。基于此，《技术进出口管理条例》对涉及技术进口合同部分条款进行了修改，即删除了行政干预技术合同内容的条款。

---

① 牛炬钦律师，专利行政执法办法（2015 年修正），https://www.sohu.com/a/395399148_120693751。

三、修订内容简介

条例修改的重点内容为删除了第二十四条第三款、第二十七条、第二十九条的规定,删除了对技术进口合同中对让与人的限制性规定。主要体现在以下几处。

(一) 删除了让与人的瑕疵担保和相应的赔偿责任的规定

原条例第二十四条规定,技术合同受让人依合同约定使用让与人提供的技术的,侵害他人合法权益的,由让与人承担责任。本条强制规定责任由让与人承担,增加了让与人的技术瑕疵担保责任,有利于保护受让人。而《合同法》第三百五十三条规定,侵害他人合法权益的责任由让与人承担责任,但当事人另有约定的除外。《合同法》在规定上给了当事人协商的权利,体现除了合同签订中的平等和意思自治原则。

原条例第二十四条删除后,在技术进口合同签订时相应条款应符合《合同法》的规定,即给予了双方当事人在侵害他人权利时,可以由让与人承担责任,也可以双方约定责任承担的方式。

在技术进口合同签订时,受让人要特别注意侵权责任的分担的约定,律师建议,受让人在合同中还是约定由技术让与人承担为好。

(二) 删除了技术改进成果强制归属改进人的规定

原条例第二十七条规定,技术进口合同履行中,技术改进的成果归属改进人,该条还是体现了对技术受让人的保护,剥夺了技术让与人在改进成果上与受让人(改进人)协商的权利。而《合同法》第三百五十四条规定,当事人可以按照互利原则,对后续成果归属进行约定,如没有约定或者约定不明,也不能补充约定,按照合同相关条款和交易习惯也无法确定的,改进成果归改进方所有。

原条例第二十七条删除后,技术进口合同相关条款应当符合《合同法》第三百五十四条的规定。

实际操作中,律师建议,受让人在合同中约定成果的归属为双方共享,或者一方为权利人,另一方免费使用的方式。

(三) 删除了技术进口合同中对限制性条款的规定

原条例第二十七条规定了七种限制性条款,这些限制性条款在合同第三百二十九条以及《最高人民法院关于审理技术合同纠纷案件适用法律若干问题的解释》第十条中也有相关规定。在《外商投资法》给予外商投资者准入前国民待遇的规定下,删除作为行政法规的《条例》中的限制性条款的,改由《合同法》对技术进口合同的限制条款进行规定也更为妥当。

四、条例修改对技术进口受让人的影响

原条例第二十四条第三款、第二十七条、第二十九条的规定是对技术受让人利益

的保护，在国内技术远落后于国外技术发展的背景下，条例在保护我国企业签订和履行技术进口协议的利益方面起到了积极的作用。

现在，《技术进出口管理条例》放宽了对技术进口合同内容的限制，让我国企业与外资企业在平等基础上，自由协商技术进口合同条款。在此条件下，律师建议，作为受让方要对技术进行详细的尽职调查，寻找更多的谈判筹码，才能在合同签订中切实保护自己的合法利益。①

五、新《技术进出口管理条例》简介

为了规范技术进出口管理，维护技术进出口秩序，促进国民经济和社会发展，2001年10月31日，《中华人民共和国技术进出口管理条例》由国务院第四十六次常务会议通过，自2002年1月1日起实施，共五章、五十三条。

第一章为总则，包括第一条到第六条，阐明了本法的实施意义、技术进出口的含义以及相关的具体行为，国家对技术进出口的统一管理，规定技术进出口应当符合国家的相关政策，国家准许技术的自由进出口，国务院外经贸主管部门，国务院外经贸主管部门的职责。

第二章为技术进口管理，包括第七条到第二十七条，阐明国家鼓励先进、适用的技术进口，规定了限制或禁止进口的情形，进口的限制，国务院外经贸主管部门收到技术进口申请后的处理办法，技术进口申请经批准后进行的相关事项，进口经营者签订技术进口合同后需办理的事项，申请人提出技术进口申请时可以一并提交已经签订的技术进口合同副本，等待国务院外经贸主管部门的处理，技术进口许可证的颁发，合同登记管理，进口属于自由进口的技术，应当向国务院外经贸主管部门办理登记并提交相关文件。国务院外经贸主管部门颁发技术进口合同登记证的时限，申请人凭技术进口许可证或者技术进口合同登记证办理相关手续，经许可或者登记的技术进口合同发生变更时的处理办法，外商投资企业的技术投资处理办法。国务院外经贸主管部门和有关部门及其工作人员应当履行的保密义务，技术进口合同的让与人与受让人相关要求，技术进口合同期满后的处理办法。

第三章为技术出口管理，包括第二十八条到第四十三条，阐明国家鼓励成熟的产业化技术出口，规定了禁止或者限制出口的情形，不得出口禁止出口的技术，需实行许可证管理的出口，出口属于限制出口的技术的处理办法。国务院外经贸主管部门收到技术出口申请后的处理办法，发给技术出口许可意向书的情形。申请人签订技术出口合同后，应当向国务院外经贸主管部门提交规定的文件以申请技术出口许可证，技术出口许可证的颁发并凭证办理相关手续，技术出口合同发生变更后的处理办法。国务院外经贸主管部门和有关部门及其工作人员的保密义务，出口核技术、核两用品相关技术，监控化学品生产技术、军事技术等出口管制技术的要求。

第四章为法律责任，包括第四十四条到第五十条，规定了有进口或者出口禁止进出口的技术等行为时的处罚办法，擅自超出许可的范围进口或者出口属于限制进出口

---

① 速看《技术进出口管理条例》有哪些新变化？知识产权达人，https：//www.sohu.com/a/304354665_120103677。

的技术的处罚办法，伪造、变造或者买卖技术进出口许可证或者技术进出口合同登记证的处罚办法，以欺骗或者其他不正当手段获取技术进出口许可的处罚办法，以欺骗或者其他不正当手段获取技术进出口合同登记的处罚办法，技术进出口管理工作人员违反本条例的规定泄露秘密的处罚办法，技术进出口管理工作人员存在工作过失等行为的处罚办法。

第五章为附则，包括第五十一条到第五十三条，规定了可以申请行政复议的情形，与本条例不一致的相关条例以本条例为准，阐明了本条例的施行时间以及同时被废止的法律文件。①

第九节　我国企业科技创新资助政策体系

一、企业科技创新资助政策相关概念

科技创新，英文为 Science and Technology Innovation，是原创性科学研究和技术创新的总称，它是指创造和应用新知识、新技术和新工艺，采用新的生产方式和经营管理模式，开发新产品，提高产品质量，提供新服务的过程。科技创新可以被分成三种类型：知识创新、技术创新和现代科技引领的管理创新。

科技创新资助政策是指企业因为科技创新活动从政府无偿取得货币性资产或非货币性资产的行为，但不包括政府作为企业所有者投入的资本。我国目前主要科技创新资助方式：财政贴息、研究开发补贴、政策性补贴、税收优惠或减免、科技创新奖励等。

科技创新资助政策具有两个特点。

一是无偿性。无偿性是科技创新资助政策的基本特征。政府并不因此享有企业的所有权，企业将来也不需要偿还。这一特征将科技创新资助政策与政府作为企业所有者投入的资本、政府采购等区分开来。科技创新资助政策通常附有一定的条件，这与科技创新资助政策的无偿性并无矛盾，并不表明该项资助政策有偿，而是企业经法定程序申请取得科技创新资助后，应当按照政府规定的用途使用该项资助。

二是直接取得资产。科技创新资助政策是企业从政府直接取得的资产，包括货币性资产和非货币性资产，形成企业的收益。例如，企业取得科技创新资助，先征后返（退）、即征即退等办法返还的税款，行政划拨的土地使用权，天然起源的天然林，等等。不涉及资产直接转移的经济支持不属于科技创新资助，比如政府与企业间的债务豁免，除税收返还外的税收优惠，如直接减征、免征、增加计税抵扣额、抵免部分税额等。

---

① 中华人民共和国技术进出口管理条例，中华人民共和国商务部，http://fms.mofcom.gov.cn/article/a/ae/200403/20040300198763.shtml。

二、企业科技创新资助政策与企业科技创新的关系

科技创新资助政策与企业科技创新之间存在着紧密联系，具体如下。

（1）科技创新资助政策为企业主提供科技创新方向，有利于提高企业科技创新绩效。科技创新资助政策是政府科技创新意愿的具体表现，代表着社会发展的主流方向。这些政策的出台，经过全国范围的调查和论证，是实业界和理论界智慧的结晶，而科技创业者和科技企业主在从事创业和企业经营过程中，往往凭借个人感觉来制定企业科技创新方向，这种方向的制定带有很强的主观意识，有时和主流方向并不一致。但是科技创业者或者企业主为了获得科技创新资助，就必须按照科技创新资助政策规定的方向来设计其科技创新规划，为此，在科技创新资助政策的指导下，企业就能够更加有效地制定其科技创新规划，提高企业科技创新绩效。

（2）科技创新资助政策弥补企业研发投入不足，有利于企业科技创新深入开展。企业要开展科技创新，就意味着企业要投入大量的前期科研经费，就目前我国市场而言，企业在经营过程中困难重重，往往没有过多的资金用于科技创新，这不利于企业长久经营。企业科技创新资助政策为企业资金不足提供了难得的补充，在不同类别的企业科技创新资助政策中，国家会为企业科技创新提供不同的资金补助，例如，企业通过高新技术企业认定，就可以获得 20 万~200 万元不等的政府奖励，并且可以享受企业所得税减免 40% 的优惠政策；而对于企业科技项目资助而言，企业通过申请相关项目，可以无偿获得国家相应科研经费，额度可以从几万元到几千万元，甚至是上亿元，这对于企业科技创新来说，可以大大节约自身研发投入，从而有更多的精力从事企业管理的其他方面，科技企业者还可以依托国家资助的资金展开系统深入的科研，从而有利于企业的可持续性发展。

（3）科技创新资助政策体系为企业提供发展战略方向，有利于企业科技创新能力持续提高。科技企业在发展过程中，需要有一定的战略眼光。但是在现在多变的社会环境中，科技企业主往往很难具备这种素质，而我国企业科技创新资助政策刚好为科技企业主有效制定其发展战略提供了一种有效指引。在我国，国家往往会根据不同发展阶段的企业制定不同类别的企业科技创新资助政策，例如，对于刚刚起步的科技企业，比较适合申报科技型中小企业，经过一定时间的发展和积累后，可以申报高新技术企业。之后还有科技小巨人领军企业、技术创新示范企业等，通过企业科技创新资助政策的引导，科技企业发展就有了一个比较明确的方向，从而在企业科技创新资助政策的引导下一步一步往前走，有利于企业科技创新能力的持续提高。

（4）创新人才支撑政策体系为企业科技创新提供源源不断的原动力。企业科技创新需要人才，尤其是高层次的创新创业人才，如何有效吸引企业科技创新所亟须的高端创新创业人才便是科技企业主面临的一个既现实又紧迫的任务。因此理应把创新人才支撑体系纳入我国企业科技创新资助体系中，通过国家制定的创新人才支撑政策体系，为高层次创新创业人才安心从事科技创新事业提供生活方面、工作方面和学习方面等不同于一般人的政策，而且所需要的各种费用都由国家相关部门来承担。这一方面提高了科技企业主吸引从事科技创新的高层次人才的筹码，另一方面也增强了高

层次创新创业人才开展科技创新的积极性和主动性。

三、我国企业科技创新资助政策存在问题及解决思路

我国科技创新资助政策存在着"最后一公里"的问题，具体主要有以下几个方面。第一，科技创新资助政策不成体系，不利于政策普及。政府部门尽管出台政策非常多，但部门不同时间也不一致，无法及时有效地把企业科技创新资助政策传达到真正需要的每一家企业，不利于这些政策在社会广泛深入实施，影响政府相关部门工作质量。第二，科技企业主获取资助政策信息渠道有限。科技创新创业者亟须系统了解我国科技创新资助相关政策，但是不知道如何获取相关信息，只能通过朋友介绍或者政府相关部门零星的培训活动获取部分信息，很多企业即使知道，也不知道如何申请，更不懂得如何依托这些政策来发展和壮大自身企业，丧失了很多快速发展的机会。第三，申请流程复杂，少部分大企业能够独立申请，影响资助政策大范围效应发挥。科技创新资助政策对申请者（单位）有着严格的要求和认定，申请流程复杂，导致能够独立承担申请相应科技创新资助政策的企业不多，而且大部分都是一些大企业，一些中小微科技型企业为了获得零星的资助政策，只能依靠社会中介机构，有些科技型企业觉得这样申请非常麻烦，就放弃了可能的各种资助，从而降低了科技创新资助政策大范围效应发挥。第四，缺乏科技创新资助政策专业实用人才，限制中介机构作用发挥。各类从事企业科技创新资助政策项目申请的辅导中介机构亟须大量通晓我国各类企业科技创新资助政策的相关人才，但是高校无法有效提供，因此只能依靠内部培养或者从竞争对手中挖人，内部培养需要 2~3 年时间，从竞争对手挖人会提高企业用人成本，限制了现在各类辅导中介机构规模扩大，另外，众多中介机构在工作过程中，只能提供简单的中介工作，而无法实现对企业发展和成长的引导，没有充分发挥中介机构应有的作用。第五，高校科技创新资助政策专业人才培养缺失。目前拥有科技政策研究方向的高校不少，但是针对企业科技创新资助政策实操性的课程、教材、教师极其稀缺，大学生也知悉企业科技创新资助政策的重要性，但是没有途径熟悉，也不知道如何申请，在校期间没有相应的课程和教材供他们选择，无法直接给社会提供亟须的科技创新资助政策人才。

针对以上存在的问题，要有效提高我国企业科技创新资助政策的政策效应，除了坚持现有的各种成功做法外，还要通过政产学的方式进一步开展此项工作。具体做法如下：在政府相关部门统一领导下，联合高校、产业相关力量，围绕产业对相关人才的需求，编制相应实用性教材，并且依托高校开设相应的课程大规模培养熟悉我国企业科技创新资助政策的相关人才，为我国科技创新事业深入发展提供生力军、后备力量。

四、我国科技创新资助政策的特点

第一，政府 R&D 经费投入持续增加，带动我国 R&D 经费投入不断攀升。2013~2017 年，我国政府 R&D 经费投入分别为 2500.6 亿元、2636.1 亿元、3013.2 亿元、3140.3 亿元和 3487.4 亿元，年均增长将近 28%，带动企业 R&D 经费投入分别为

8837.7亿元、9816.9亿元、10588.6亿元、11923.6亿元和13464.9亿元,年均增长近31%,使得我国R&D经费支出占国内生产总值之比分别为1.99%、2.02%、2.06%、2.11%和2.13%。为我国构建创新型国家提供源源不断的动力。

第二,R&D项目数稳定增加,课题经费也随之增加,推动专利申请数的增加。2013~2017年,我国科学研究与开发机构R&D项目数分别为85069个、91465个、99559个、100925个、112472个,5年之内增加了32%,对应的课题经费分别为1221.7亿元、1272.7亿元、1513.8亿元、1592.5亿元和1720.8亿元,产生的专利总和在2013~2017年分别为37040件、41966件、46559件、52331件、56267件;2016年和2017年规模以上工业企业R&D项目数分别为360997项和445029项,带动的课题经费分别为10064.3亿元和11990.2亿元,专利申请数分别为715397件和817037件。

第三,科研机构不断增加,为我国科技事业发展提供平台保障。2013~2017年,我国科学研究与开发机构分别为3651个、3677个、3650个、3611个和3547个,2016年和2017年企业办R&D数量分别为72963个和82667个,对应的科研人员数量分别为292.4万人和325.4万人,为我国科技事业发展提供平台保障。①

第四,创新人才大幅度增长,对经济社会发展贡献明显。党的十八大以来,我国人才资源总量达1.75亿人,较五年前增长43.8%,人才资源规模、科技人力资源以及研发人员数量等指标居全球首位、创历史新高。人才创新能力明显增强,科研水平从跟跑向并跑、领跑转变,创新成果从量的增长向质的提升转变,涌现出量子调控、中微子振荡等一批基础研究重大原创性成果,载人航天、探月工程、深海潜器、超级计算等战略高技术领域取得重大突破,高铁、4G移动通信、核电、新能源汽车、杂交水稻等重大创新成果加速应用、引领世界新潮流,我国在全球人才和创新版图中的位势大大提升。人才对经济社会发展贡献率大幅提高,人才优势更多更好地转化为创新发展优势。②

五、我国企业科技创新资助政策体系构建

为了推动科技创新,我国政府积极地实施企业科技创新资助政策,目前,这些资助政策大部分由科技部、财政部、税务总局、工业和信息化部、国家发展和改革委员会、国家知识产权局、国务院国资委和全国总工会及其省属机构、各省级政府等不同部门出台与实施。通过对这些资助政策的分析,我们发现,企业在科技创新资助体系中处于主体地位,离开了企业,企业科技创新资助政策就无从谈起;而企业要真正开展科技创新活动,大多不是自发形成的,而是必须依托各类科研机构或科研平台,可见,科技创新平台是企业科技创新的依托;有了主体和平台之后,企业如何实现科技创新,或者企业要开展什么样的科技创新,这就需要借助企业设立的各种研究项目或者各种奖励,因此科技创新奖励和项目是企业科技创新资助的核心内容。但是不管是主体、依托还是核心内容,如果离开了创新人才这个关键因素,任何的企业科技创新

---

① 国家统计局. 中国统计年鉴2018 [M]. 北京:中国统计出版社, 2018.
② 罗旭. 让人才引擎释放澎湃动力——十八大以来我国创新型人才队伍建设述评 [N]. 光明日报, 2017-09-18.

资助政策都是无效的,创新人才在企业科技创新资助政策体系中发挥着决定性的作用。为此,根据以上的分析,本书把我国的企业科技创新资助政策体系划分为科技创新企业资助政策体系、科技创新奖励和项目资助政策体系、科技创新平台资助政策体系加创新人才支撑资助政策体系(即我国企业科技创新资助政策体系"三加一"模式)。其中,我国重大的创新人才支撑资助政策大部分是由中央人才工作协调小组制定实施,中央人才工作小组组长一般由中央组织部部长兼任,成员单位包括中央组织部、中央宣传部、中央统战部、人力资源社会保障部、国家发展改革委、教育部、科技部、工业和信息化部、民政部、财政部、农业农村部、文化和旅游部、国家卫生计生委、国务院国资委、国家外国专家局、中科院、社科院、中国工程院、国务院扶贫办、中国科协等20个部门,协调小组办公室设在中央组织部。

不管是企业科技创新资助政策还是创新人才支撑资助政策,都是分散于我国不同部委或是省市相关机构,出台的时间也非常的不一致,目前对这些政策都是各个部门根据自己的工作实际进行相应的政策汇编,不成体系,对部门工作具有很强的指导意义,但无法系统地呈现给急需了解这些信息的科技企业主和未来的科技企业主(大学生),这非常不利于我国企业科技创新资助政策以及创新人才支撑资助政策在我国深入实施,降低了我国企业科技创新资助政策以及创新人才支撑资助政策的实施效果,为此,对我国各类企业科技创新资助政策与创新人才支撑资助政策进行系统梳理,以加速我国创新型国家创建。

根据以上我国企业科技创新资助政策的分类,并结合资助制定和实施单位颁布的各类政策,对我们企业科技创新资助体系划分为四大类。

第一类为科技创新企业资助政策。主要包括科技型中小企业、高新技术企业、技术创新示范企业、知识产权优势企业、技术先进型服务企业、"专精特新"中小企业、双软企业认证、科技小巨人领军企业、瞪羚企业、"独角兽"培育企业等。

第二类为企业科技项目资助政策体系。主要包括重点研发计划、科技重大专项、专利奖、技术发明奖和科学进步奖、科技创新券、研发费用后补助、首台(套)重大技术装备政策、福建省在科技创新方面的系列资助。

第三类为企业科技创新平台资助政策体系。主要包括中国创新创业大赛、"创客中国"中小企业创新创业大赛、众创空间与星创天地、科技企业孵化器、技术创新中心、工程研究中心、企业技术中心、新一代人工智能开放创新平台、新型研发机构、博士后流动站、院士工作站、福建省各类科技创新平台资助、其他科研平台。

第四类为创新人才支撑资助政策体系。主要包括引进海外高层次人才(千人计划)、国家高层次人才特殊支持计划、百千万人才工程、创新人才推进计划、科技特派员制度、福建省创新人才支撑政策。

具体内容直接参见《我国企业科技创新资助政策体系》经济科学出版社2019年版。[①]

---

① 苏世彬,苏国彬. 我国企业科技创新资助政策体系 [M]. 北京:经济科学出版社,2019.

第十节 其他法律法规

一、其他法律

《中华人民共和国科学技术进步法》是为了促进科学技术进步，发挥科学技术第一生产力的作用，促进科学技术成果向现实生产力转化，推动科学技术为经济建设和社会发展服务而制定的法律。1993年7月2日由第八届全国人民代表大会常务委员会第二次会议通过，2007年12月29日第十届全国人民代表大会常务委员会第三十一次会议修订，共八章、七十五条。第一章为总则，第二章为科学研究、技术开发与科学技术应用，第三章为企业技术进步，第四章为科学技术研究开发机构，第五章为科学技术人员，第六章为保障措施，第七章为法律责任，第八章为附则。

二、其他法规、部门规章

（一）《专利法实施细则》

《专利法实施细则》由2001年6月15日中华人民共和国国务院令第306号公布，现行版本是根据2010年1月9日《国务院关于修改〈中华人民共和国专利法实施细则〉的决定》第二次修订的版本，共十一章、一百二十三条。第一章为总则，第二章为专利的申请，第三章为专利申请的审查和批准，第四章为专利申请的复审与专利权的无效宣告，第五章为专利实施的强制许可，第六章为对职务发明创造的发明人或者设计人的奖励和报酬，第七章为专利权的保护，第八章为专利登记和专利公报，第九章为费用，第十章为关于国际申请的特别规定，第十一章为附则。

（二）《商标法实施条例》

《商标法实施条例》于2002年8月3日中华人民共和国国务院令第358号公布，2014年4月29日中华人民共和国国务院令第651号修订，共十章、九十八条。第一章为总则，第二章为商标注册的申请，第三章为商标注册申请的审查，第四章为注册商标的变更、转让、续展，第五章为商标国际注册，第六章为商标评审，第七章为商标使用的管理，第八章为注册商标专用权的保护，第九章为商标代理，第十章为附则。

（三）《特殊标志管理条例》

《特殊标志管理条例》是为了加强对特殊标志的管理，推动文化、体育、科学研究及其他社会公益活动的发展，保护特殊标志所有人、使用人和消费者的合法权益制定。国务院于 1996 年 7 月 13 号颁布，共三章、二十二条。第一章为总则，第二章为特殊标志的登记，第三章为特殊标志的使用与保护。

（四）《著作权法实施条例》

《著作权法实施条例》2002 年 8 月 2 日中华人民共和国国务院令第 359 号公布，现行版本是根据 2013 年 1 月 30 日《国务院关于修改〈中华人民共和国著作权法实施条例〉的决定》第二次修订的版本。该《条例》共三十八条。

（五）《著作权集体管理条例》

《著作权集体管理条例》是为了规范著作权集体管理活动，便于著作权人和与著作权有关的权利人行使权利和使用者使用作品，根据《中华人民共和国著作权法》制定。2004 年 12 月 28 日中华人民共和国国务院令第 429 号公布，现行版本是根据 2013 年 12 月 7 日《国务院关于修改部分行政法规的决定》第二次修订的版本，共七章、四十八条。第一章为总则，第二章为著作权集体管理组织的设立，第三章为著作权集体管理组织的机构，第四章为著作权集体管理活动，第五章为对著作权集体管理组织的监督，第六章为法律责任，第七章为附则。

（六）《国家自然科学基金条例》

《国家自然科学基金条例》是为了规范国家自然科学基金的使用与管理，提高国家自然科学基金使用效益，促进基础研究，培养科学技术人才，增强自主创新能力，根据《科学技术进步法》制定。经 2007 年 2 月 14 日国务院第一百六十九次常务会议通过，由中华人民共和国国务院于 2007 年 4 月 1 日颁布施行，共七章、四十三条。第一章为总则，第二章为组织与规划，第三章为申请与评审，第四章为资助与实施，第五章为监督与管理，第六章为法律责任，第七章为附则。

（七）《国家科学技术奖励条例》

《国家科学技术奖励条例》是为了奖励在科学进步活动中做出突出贡献的公民、组织，调动科学技术工作者的积极性和创造性，加速科学技术事业的发展，提高综合国力而制定。于 1999 年 5 月 23 日中华人民共和国国务院令第 265 号发布，现行版本是根据 2013 年 7 月 18 日《国务院关于废止和修改部分行政法规的决定》第二次修订的版本，1993 年 6 月 28 日国务院修订发布的《自然科学奖励条例》和《科学技术进步奖励条例》同时废止。共五章、二十五条。第一章为总则，第二章为国家科学技术奖的设置，第三章为国家科学技术奖的评审和授予，第四章为罚则，第五章为附则。

（八）《专利实施强制许可办法》

《专利实施强制许可办法》是为了规范实施发明专利或者实用新型专利的强制许可的给予、费用裁决和终止程序，根据《专利法》《专利法实施细则》及有关法律规定而制定。于 2012 年 3 月 15 日以国家知识产权局令第 64 号发布，2003 年 6 月 13 日国家知识产权局令第 31 号发布的《专利实施强制许可办法》和 2005 年 11 月 29 日国家知识产权局令第 37 号发布的《涉及公共健康问题的专利实施强制许可办法》予以废止。共六章、四十三条。第一章为总则，第二章为强制许可请求的提出与受理，第三章为强制许可请求的审查和决定，第四章为强制许可使用费裁决请求的审查和裁决，第五章为终止强制许可请求的审查和决定，第六章为附则。

（九）《专利权质押登记办法》

《专利权质押登记办法》是为了促进专利权的运用和资金融通，保障债权的实现，规范专利权质押登记，根据《物权法》《担保法》《专利法》及有关规定制定。于 2010 年 8 月 26 日经国家知识产权局会议审议通过，自 2010 年 10 月 1 日起施行，1996 年 9 月 19 日中华人民共和国专利局令第八号发布的《专利权质押合同登记管理暂行办法》同时废止。该《办法》共二十二条。

（十）《专利实施许可合同备案办法》

《专利实施许可合同备案办法》是为了切实保护专利权，规范专利实施许可行为，促进专利权的运用，根据《专利法》《合同法》和相关法律法规制定。于 2011 年 6 月 27 日以国家知识产权局令 62 号公布。2001 年 12 月 17 日国家知识产权局第 18 号发布的《专利实施许可合同备案管理办法》同时废止。该《办法》共二十二条。

（十一）《技术进出口合同登记管理办法》

《技术进出口合同登记管理办法》是为了规范自有进出口技术的管理，建立技术进出口信息管理制度，促进我国技术进出口的发展，根据《技术进出口管理条例》制定。于 2009 年 2 月 1 日以商务部令 3 号公布，2002 年 1 月 1 日起施行的《技术进出口合同登记管理办法》同时废止。该《办法》共十八条。

思考题

1. 谈谈如何利用《专利法》《商标法》《著作权法》《反不正当竞争法》《反垄断法》《促进科技成果转化法》等法律法规来指导自身的科技创业。
2. 简要介绍我国企业科技创新资助政策体系，并谈谈该体系对科技创业的影响。

第五章　网络创业相关的法律法规

学习目的

通过电子商务法、网络安全法、电子签名法、网络交易管理办法、互联网信息服务管理办法、网络发票管理办法、信息网络传播权保护条例、移动互联网应用程序信息服务管理规定、网络信息内容生态治理规定、区块链信息服务管理规定、关于加强网络信息保护的决定等法律法规的学习，为有效地开展网络创业提供指导。

第一节　电子商务法

一、相关概念

电子商务通常指在全球各地广泛的商业贸易活动中，在因特网开放的网络环境下，基于客户端/服务端应用方式，买卖双方不谋面地进行各种商贸活动，实现消费者的网上购物、商户之间的网上交易和在线电子支付以及各种商务活动、交易活动、金融活动和相关的综合服务活动的一种新型的商业运营模式。

电子商务包括电子货币交换、供应链管理、电子交易市场、网络营销、在线事务处理、电子数据交换（EDI）、存货管理和自动数据收集系统。在此过程中，利用到的信息技术包括互联网、外联网、电子邮件、数据库、电子目录和移动电话等。

电子商务构成四要素分别为商城、消费者、产品、物流。

电子商务的形成与交易离不开交易平台、平台经营者、站内经营者、支付系统四方面。

移动电子商务就是利用手机、PDA 及掌上电脑等无线终端进行的 B2B、B2C 或 C2C 的电子商务。它将因特网、移动通信技术、短距离通信技术及其他信息处理技术完美的结合，使人们可以在任何时间、任何地点进行各种商贸活动，实现随时随地、线上线下的购物与交易、在线电子支付以及各种交易活动、商务活动、金融活动和相关的综合服务活动等。

电子商务法是政府调整、企业和个人以数据电文为交易手段，通过信息网络所产生的，因交易形式所引起的各种商事交易关系，以及与这种商事交易关系密切相关的社会关系、政府管理关系的法律规范的总称。

二、《中华人民共和国电子商务法》立法进程

2000年12月,中国全国人大常委会审议通过了《关于维护互联网安全的决定》;2004年8月通过了《中华人民共和国电子签名法》;2012年12月,通过了《关于加强网络信息保护的决定》。

2013年12月7号,全国人大常委会在人民大会堂上召开了电子商务法第一次起草组的会议,正式启动了电子商务法的立法进程。

2014年11月24日,中国全国人大常委会将于召开电子商务法起草组第二次全体会议,就电子商务重大问题和立法大纲进行研讨。

2015年1月至2016年6月,开展并完成电子商务法草案起草。

2016年3月10日,电子商务立法已列入十二届全国人大常委会五年立法规划,法律草案稿已经形成,将尽早提请审议。

2016年12月19日,十二届全国人大常委会第二十五次会议上,全国人大财政经济委员会提请审议电子商务法草案。

2016年12月27日至2017年1月26日,电子商务法在全国人大网向全国公开电子商务立法征求意见。

2018年6月19日,电子商务法草案三审稿提请十三届全国人大常委会第三次会议审议。

2018年8月27日至8月31日举行的第十三届全国人大常委会第五次会议正在对电子商务法草案进行四审。

2018年8月31日,全国人大常委会表决通过《中华人民共和国电子商务法》(以下简称《电子商务法》)。

2018年8月31日,中华人民共和国主席习近平签署中华人民共和国主席令(第七号),《中华人民共和国电子商务法》已由中华人民共和国第十三届全国人民代表大会常务委员会第五次会议于2018年8月31日通过。

三、《电子商务法》的特点

《电子商务法》包括科学合理界定该法调整对象、规范电子商务经营主体权利、责任和义务等六项特点。

(1) 科学合理界定电子商务法调整对象。《电子商务法》调整对象和范围的确定,直接关系到促进发展、规范秩序、保障权益的立法目标顺利实现,关系到电子商务法总体框架设计,应综合考虑中国电子商务发展实践、中国的现实国情并与国际接轨、与国内其他法律法规的衔接等。

(2) 规范电子商务经营主体权利、责任和义务。本法对电子商务经营主体做出了明确规定,区分了一般的电子商务经营者和电子商务平台经营者(第三方平台)。据统计,通过平台经营者达成的交易占目前网络零售市场规模的九成。平台经营者对市场的主导作用,构成了我国电子商务发展的重要特点。

（3）完善电子商务交易与服务。围绕电子商务的交易与服务主要有电子合同、电子支付和快递物流。关于电子合同，本法根据电子商务发展的特点，在现有法律规定的基础上规定了电子商务当事人行为能力推定规则、电子合同的订立、自动交易信息系统，以及电子错误等内容。

（4）强化电子商务交易保障。一是电子商务数据信息的开发、利用和保护。二是市场秩序与公平竞争，规定电子商务经营主体知识产权保护、平台责任、不正当竞争行为的禁止、信用评价规则等。三是加强消费者权益保护，包括商品或者服务信息真实、保证商品或者服务质量、交易规则和格式条款制定，并规定了设立消费者权益保证金，电子商务平台有协助消费者维权的义务。四是争议解决。电子商务纠纷除适用传统的方式外，根据电子商务发展特点，积极构建在线纠纷解决机制。

（5）促进和规范跨境电子商务发展。一是国家支持、促进跨境电子商务的发展。二是国家推动建立适应跨境电子商务活动需要的监督管理体系，推进单一窗口建设，提高通关效率，保障贸易安全，促进贸易便利化。三是国家推进跨境电子商务活动通关、税收、检验检疫等环节的电子化。四是推动建立国家之间跨境电子商务交流合作等。

（6）加强监督管理，实现社会共治。国务院有关部门按照职责分工负责电子商务发展促进、监督管理等工作。县级以上地方各级人民政府可以根据本行政区域为实际情况，确定电子商务的部门职责划分。建立符合电子商务特点的协同管理体系，推动形成有关部门、电子商务行业组织、电子商务经营者、消费者等共同参与的市场治理体系。电子商务行业组织和电子商务经营主体应当加强行业自律，建立健全行业规范和网络规范，推动行业诚信建设，公平参与市场竞争。[①]

四、《电子商务法》简介

《电子商务法》是政府调整、企业和个人以数据电文为交易手段，通过信息网络所产生的，因交易形式所引起的各种商事交易关系，以及与这种商事交易关系密切相关的社会关系、政府管理关系的法律规范的总称。2013年12月27号，中国全国人大常委会正式启动了《中华人民共和国电子商务法》的立法进程。2018年8月31日，十三届全国人大常委会第五次会议表决通过《电子商务法》，自2019年1月1日起施行，共七章、八十九条。

第一章为总则，包括第一条到第八条，阐明了本法的实施意义，电子商务的具体含义、本法的适用范围，国家鼓励电子商务的发展，国家平等对待线上线下商务活动，电子商务经营者从事经营活动应当遵循的原则和承担相应的义务与责任，国务院有关部门和县级以上地方各级人民政府发挥的作用，国家建立符合电子商务特点的协同管理体系，电子商务行业组织按照本组织章程开展活动。

第二章为电子商务经营者，共两节，包括第九条到第四十六条，第一节包括第九条到第二十六条，为一般规定，规定了本法所称电子商务经营者、电子商务平台经营

[①] 《电子商务法》解读，中共南湖区委、南湖区政府，http://www.nanhu.gov.cn/art/2019/4/19/art_1579901_33430554.html。

者、平台内经营者的具体含义，市场主体登记的办理以及不需要办理登记的情形，电子商务经营者享受税收优惠的同时应当依法履行纳税义务，从事经营活动需要取得相关行政许可，不得销售或者提供法律、行政法规禁止交易的商品或者服务，发票的开具，电子商务经营者应当在其首页显著位置按要求公示相关信息，自行终止从事电子商务的要求，保障消费者的知情权和选择权，不提供针对其个人特征的选项，不得将搭售商品或者服务作为默认同意的选项，向消费者交付商品或者服务的要求，押金的收取与退还要求，电子商务经营者不得滥用市场支配地位，排除、限制竞争，电子商务经营者处理用户个人信息的要求，用户信息查询、更正、删除以及用户注销设置与要求，电子商务经营者应当提供相关部门要求的相关数据信息以及相关部门的数据信息的处理要求，电子商务经营者从事跨境电子商务的要求。第二节包括第二十七条到第四十六条，涉及电子商务平台经营者，规定了电子商务平台经营者对要求申请进入平台销售商品或者提供服务的经营者的要求，电子商务平台经营者的职责，电子商务平台经营者发现存在规定的违规行为时的处理办法，电子商务平台经营者保障电子商务交易安全的责任及采取的措施，电子商务平台经营者对相关信息的保存要求，制定平台服务协议和交易规则的要求，并保证经营者和消费者能够便利、完整地阅览和下载的相关措施，修改平台服务协议和交易规则的办法，电子商务平台经营者不得做出的行为，对相关行为实施警示的操作办法，开展自营业务的要求，电子商务平台经营者可能承担连带责任或其他相应的责任的情形，电子商务平台经营者建立健全信用评价制度，公示信用评价规则的目的及相关要求，"广告"的依法标明，知识产权保护办法与具体保护措施，声明的提交与相关行为处理办法，电子商务平台经营者及时处理侵犯知识产权行为，电子商务平台经营者为经营者之间的电子商务提供服务类型和要求。

　　第三章为电子商务合同的订立与履行，包括第四十七条到第五十七条，规定了电子商务当事人订立和履行合同的相关法律规定，电子商务当事人使用自动信息系统订立或者履行合同的行为的相关规定，电子商务经营者发布的商品或者服务信息的要求、格式条款等要求，电子商务经营者告知用户订立合同的相关要求，电子商务经营者给予用户在提交订单前可以更正输入错误的权利，合同标的为交付商品和提供服务的不同交付要求，电子商务当事人对快递物流方式的选择权，快递物流服务提供者的职责，电子支付服务的相关要求与提供的服务，电子支付服务提供者提供不符合法律法规的电子支付服务的处理办法，用户发出支付指令的相关操作要求，电子支付服务提供者完成电子支付后需进行的操作，用户自己应对自己负责，未经授权的支付造成的损失的处理办法。

　　第四章为电子商务争议解决，包括第五十八条到第六十三条，规定了国家鼓励电子商务平台经营者建立有利于电子商务发展和消费者权益保护的商品、服务质量担保机制，消费者权益保证金的相关要求，消费者要求赔偿的特殊情形及使用的法律法规，电子商务经营者有关举报、投诉方面的职责，电子商务争议的解决办法，消费者在电子商务平台发生争议时的处理办法，在电子商务争议处理中电子商务经营者的义务以及存在违规行为的处罚办法，争议在线解决机制的建立。

　　第五章为电子商务促进，包括第六十四条到第七十三条，规定了国务院和省、自治区、直辖市人民政府的相关职责，阐述了国务院和县级以上地方人民政府及其有关部门应当采取的相关措施，国家推动电子商务基础设施和物流网络建设的具体措施，国家对电子商务发展的支持、促进互联网技术应用，维护电子商务交易安全，向社会提供电子商务信用评价服务的措施，国家对跨境电子商务发展的促进办法，国家进出口管理部门对跨境电子商务相关管理，国家推动建立与不同国家、地区之间跨境电子商务的交流合作。

第六章为法律责任，包括第七十四条到第八十八条，规定了电子商务经营者不履行合同义务或者履行合同义务不符合约定等情况时的处罚办法，电子商务经营者违反本法相关条例所对应的处罚措施，由市场监督管理部门责令限期改正并给予一定处罚的情形，由相关主管部门责令限期改正并给予一定处罚的情形，电子商务经营者有本法规定的违法行为的处罚办法，依法负有电子商务监督管理职责的部门的工作人员存在失职行为的处罚办法，构成违反治安管理行为的处罚办法。

第七章为附则，包括第八十九条，阐明本法的施行时间。[①]

五、《电子商务法》解读

《电子商务法》出台之后，商务部组织了专家对《电子商务法》进行了六个系列的解读，分别为电子商务法的调整对象与适用范围；线上线下融合背景下《电子商务法》适用范围探讨；《电子商务法》为平台经营者建章立制；电子商务平台知识产权保护制度解读；"国家促进电子商务"已写入法律；《电子商务法》促进重点方向：农村电商与电商扶贫。[②]

第二节　网络安全法

一、立法背景

在信息化时代，网络已经深刻地融入了经济社会生活的各个方面，网络安全威胁也随之向经济社会的各个层面渗透，网络安全的重要性随之不断提高。一方面，党的十八大以来，以习近平同志为核心的党中央从总体国家安全观出发对加强国家网络安全工作做出了重要的部署，对加强网络安全法制建设提出了明确的要求，制定《中华人民共和国网络安全法》（以下简称《网络安全法》）是适应国家网络安全工作新形势、新任务，落实中央决策部署，保障网络安全和发展利益的重大举措，是落实国家总体安全观的重要举措。另一方面，中国是网络大国，也是面临网络安全威胁最严

[①] 中华人民共和国电子商务法，中国政府网中华人民共和国电子商务法专题，http://www.mofcom.gov.cn/article/zt_dzswf/deptReport/201811/20181102808398.shtml。

[②] 中华人民共和国电子商务法，中国政府网中华人民共和国电子商务法专题，http://www.mofcom.gov.cn/article/zt_dzswf/。

重的国家之一,迫切需要建立和完善网络安全的法律制度,提高全社会的网络安全意识和网络安全保障水平,使国家的网络更加安全、更加便利。在这样的形势下,制定《网络安全法》是维护国家广大人民群众切身利益的需要,是维护国家网络安全的客观需要,是落实国家总体安全观的重要举措。《网络安全法》的正式发布,是所有网络安全工作者共同奋斗的结果,网络安全工作的框架体系,全社会高度重视的网络安全格局已经基本形成。网络安全工作就是把贯彻习近平总书记的网络安全观与落实《网络安全法》有机结合起来。①

二、立法意义

《网络安全法》是国家安全法律制度体系中的又一部重要法律,是网络安全领域的基本大法,与之前出台的《国家安全法》《反恐怖主义法》等属同一位阶。《网络安全法》对于确立国家网络安全基本管理制度具有里程碑式的重要意义,具体表现为六个方面:一是服务于国家网络安全战略和网络强国战略;二是助力网络空间治理,护航"互联网+";三是构建我国首部网络空间管辖基本法;四是提供维护国家网络主权的法律依据;五是利于在网络空间领域贯彻落实依法治国精神;六是为网络参与者提供普遍法律准则和依据。

《网络安全法》明确了网络安全的内涵和工作体制,反映了中央对国家网络安全工作的总体布局,标志着网络强国制度保障建设迈出了坚实的一步。②

三、立法历程

2015年6月,十二届全国人大常委会第十五次会议对网络安全法草案进行首次审议。

2016年6月,十二届全国人大常委会第二十一次会议对网络安全法草案进行第二次审议。

2016年10月31日,网络安全法草案提交十二届全国人大常委会第二十四次会议对网络安全法草案进行第三次审议。

2016年11月7日,《网络安全法》已由中华人民共和国第十二届全国人民代表大会常务委员会第二十四次会议通过,自2017年6月1日起施行。

四、《网络安全法》简介

为了保障网络安全,维护网络空间主权和国家安全、社会公共利益,保护公民、法人和其他组织的合法权益,促进经济社会信息化健康发展,制定《中华人民共和国网络安全法》。2016年11月7日第十二届全国人民代表大会常务委员会第二十四次会议通过,自2017年6月1日起施行,共七章、七十九条。

---

①② 《中华人民共和国网络安全法》解读,德宏州文化和旅游局,http://www.dh.gov.cn/lfw/Web/_F0_0_28D00JLCO43WRV3FBV9QBKJYLD.htm。

第一章为总则，包括第一条到第十四条，阐明了本法的实施意义、本法的适用范围，国家对网络安全的重视以及相关政策的提出与执行，国家相关部门的职责划分，规定网络运营者开展经营和服务活动的要求，对建设、运营网络或者通过网络提供服务的要求，网络相关行业组织按照章程开展活动，国家对公民的保护措施，公民的举报权以及国家相关部门对举报的处理。

第二章为网络安全支持与促进，包括第十五条到第二十条，阐明了国家建立和完善网络安全标准体系，国务院和省、自治区、直辖市人民政府的职责，国家推进网络安全社会化服务体系建设，国家鼓励开发网络数据安全保护，各级人民政府及其有关部门的相关职责，国家培养网络安全人才、促进网络安全人才交流的方式。

第三章为网络运行安全，包括第二十一条到第三十九条，规定了网络运营者应当履行地义务、网络产品、服务应当符合相关国家标准的强制性要求，网络关键设备和网络安全专用产品应当按照相关国家标准执行与被检测，国家网信部门会同国务院有关部门制定、公布相关产品目录，用户提供真实信息的要求，网络运营者应当制定网络安全事件应急预案以及应急预案的使用，开展网络安全认证、检测、风险评估等活动并向社会发布相关安全信息，任何个人和组织不得做出有损网络安全的事情，网络运营者应当为相关机关提供支持和协助，国家支持网络运营者之间的合作，网信部门和有关部门获取的信息只能由于特定用途，国家队相关行业与领域信息安全实行重点保护，负责关键信息基础设施安全保护工作的部门的职责，建设关键信息基础设施的要求，关键信息基础设施的运营者应当履行的安全保护义务，关键信息基础设施的运营者采购网络产品和服务的相关要求以及保密协议的签订，关键信息基础设施的运营者在中华人民共和国境内运营中收集和产生的个人信息和重要数据存储要求与向境外提供的要求，风险评估要求，国家网信部门应当统筹协调有关部门对关键信息基础设施的安全保护采取的措施。

第四章为网络信息安全，包括第四十条到第五十条，规定了网络运营者应当对其收集的用户信息严格保密，网络运营者收集、使用个人信息的要求，确保收集到的个人信息的安全以及泄露应采取的补救措施，个人发现网络运营者存在违法违规行为时可行使的权利，任何个人和组织不得做与个人信息相关的违法违规行为，对依法负有网络安全监督管理职责的部门及其工作人员的要求，任何个人和组织应当对其使用网络的行为负责，网络运营者应当加强对其用户发布的信息的管理，对发现的违法违规现象及时采取处置措施，任何个人和组织发送的电子信息，提供的应用软件的要求，网络运营者应当建立相关投诉或举报制度，并配合相关部门的监督检查，国家网信部门和有关部门依法履行网络信息安全监督管理职责。

第五章为监测预警与应急处置，包括第五十一条到第五十八条，规定了国家建立网络安全监测预警和信息通报制度，负责关键信息基础设施安全保护工作的部门的相关工作职责，国家网信部门协调有关部门协调开展相关工作，网络安全事件发生的风险增大时，省级以上人民政府有关部门应当按照规定的权限和程序，并根据网络安全风险的特点和可能造成的危害采取的具体措施，发生网络安全事件的处理办法，省级以上人民政府有关部门的相关职责，因网络安全事件发生突发事件或者生产安全事故的处理办法，因维护国家安全和社会公共秩序，处置重大突发社会安全事件的需要可采取的临时措施。

第六章为法律责任，包括第五十九条到第七十五条，规定了网络运营者不履行本法相关条例规定时的处罚办法，违反本法相关规定，由有关主管部门责令改正的行为、违反本法相关条例所对应的处罚办法，国家机关政务网络的运营者不履行本法规定的网络安全保护义务的处罚办法，境外的机构、组织、个人从事攻击、侵入、干扰、破坏等危害中华人民共和国的关键信息基础设施的活动，造成严重后果的处罚办法。

第七章为附则，包括第七十六条到第七十九条，阐述了本法中涉及的部分用于的具体含义，规定了存储、处理涉及国家秘密信息的网络的运行安全保护应遵守的规定，军事网络的安全保护方法，阐明本法的施行时间。①

五、《网络安全法》解读

《网络安全法》是我国第一部全面规范网络空间安全管理方面问题的基础性法律，是我国网络空间法治建设的重要里程碑，是依法治网、化解网络风险的法律重器，是让互联网在法治轨道上健康运行的重要保障。《网络安全法》将近年来一些成熟的好做法制度化，并为将来可能的制度创新做了原则性规定，为网络安全工作提供切实法律保障。

（一）《网络安全法》确立了网络安全法的基本原则

第一，网络空间主权原则。《网络安全法》第一条"立法目的"开宗明义，明确规定要维护我国网络空间主权。网络空间主权是一国国家主权在网络空间中的自然延伸和表现。习近平总书记指出，《联合国宪章》确立的主权平等原则是当代国际关系的基本准则，覆盖国与国交往各个领域，其原则和精神也应该适用于网络空间。各国自主选择网络发展道路、网络管理模式、互联网公共政策和平等参与国际网络空间治理的权利应当得到尊重。第二条明确规定《网络安全法》适用于我国境内网络以及网络安全的监督管理。这是我国网络空间主权对内最高管辖权的具体体现。

第二，网络安全与信息化发展并重原则。习近平总书记指出，安全是发展的前提，发展是安全的保障，安全和发展要同步推进。网络安全和信息化是一体之两翼、驱动之双轮，必须统一谋划、统一部署、统一推进、统一实施。《网络安全法》第三条明确规定，国家坚持网络安全与信息化并重，遵循积极利用、科学发展、依法管理、确保安全的方针；既要推进网络基础设施建设，鼓励网络技术创新和应用，又要建立健全网络安全保障体系，提高网络安全保护能力，做到"双轮驱动、两翼齐飞"。

第三，共同治理原则。网络空间安全仅仅依靠政府是无法实现的，需要政府、企业、社会组织、技术社群和公民等网络利益相关者的共同参与。《网络安全法》坚持共同治理原则，要求采取措施鼓励全社会共同参与，政府部门、网络建设者、网络运

---

① 中华人民共和国网络安全法，中华人民共和国国家互联网信息办公室网站转引新华社，http://www.cac.gov.cn/2016-11/07/c_1119867116.htm。

营者、网络服务提供者、网络行业相关组织、高等院校、职业学校、社会公众等都应根据各自的角色参与网络安全治理工作。

（二）《网络安全法》提出制定网络安全战略，明确网络空间治理目标，提高了我国网络安全政策的透明度

《网络安全法》第四条明确提出了我国网络安全战略的主要内容，即：明确保障网络安全的基本要求和主要目标，提出重点领域的网络安全政策、工作任务和措施。第七条明确规定，我国致力于"推动构建和平、安全、开放、合作的网络空间，建立多边、民主、透明的网络治理体系。"这是我国第一次通过国家法律的形式向世界宣示网络空间治理目标，明确表达了我国的网络空间治理诉求。上述规定提高了我国网络治理公共政策的透明度，与我国的网络大国地位相称，有利于提升我国对网络空间的国际话语权和规则制定权，促成网络空间国际规则的出台。

（三）《网络安全法》进一步明确了政府各部门的职责权限，完善了网络安全监管体制

《网络安全法》将现行有效的网络安全监管体制法制化，明确了网信部门与其他相关网络监管部门的职责分工。第八条规定，国家网信部门负责统筹协调网络安全工作和相关监督管理工作，国务院电信主管部门、公安部门和其他有关机关依法在各自职责范围内负责网络安全保护和监督管理工作。这种"1+X"的监管体制，符合当前互联网与现实社会全面融合的特点和我国监管需要。

（四）《网络安全法》强化了网络运行安全，重点保护关键信息基础设施

《网络安全法》第三章用了近1/3的篇幅规范网络运行安全，特别强调要保障关键信息基础设施的运行安全。关键信息基础设施是指那些一旦遭到破坏、丧失功能或者数据泄露，可能严重危害国家安全、国计民生、公共利益的系统和设施。网络运行安全是网络安全的重心，关键信息基础设施安全则是重中之重，与国家安全和社会公共利益息息相关。为此，《网络安全法》强调在网络安全等级保护制度的基础上，对关键信息基础设施实行重点保护，明确关键信息基础设施的运营者负有更多的安全保护义务，并配以国家安全审查、重要数据强制本地存储等法律措施，确保关键信息基础设施的运行安全。

（五）《网络安全法》完善了网络安全义务和责任，加大了违法惩处力度

《网络安全法》将原来散见于各种法规、规章中的规定上升到人大法律层面，对网络运营者等主体的法律义务和责任做了全面规定，包括守法义务，遵守社会公德、商业道德义务，诚实信用义务，网络安全保护义务，接受监督义务，承担社会责任等，并在"网络运行安全""网络信息安全""监测预警与应急处置"等章节中进一步明确、细化。在"法律责任"中则提高了违法行为的处罚标准，加大了处罚力度，有利于保障《网络安全法》的实施。

(六)《网络安全法》将监测预警与应急处置措施制度化、法制化

《网络安全法》第五章将监测预警与应急处置工作制度化、法制化,明确国家建立网络安全监测预警和信息通报制度,建立网络安全风险评估和应急工作机制,制定网络安全事件应急预案并定期演练。这为建立统一高效的网络安全风险报告机制、情报共享机制、研判处置机制提供了法律依据,为深化网络安全防护体系,实现全天候全方位感知网络安全态势提供了法律保障。①

六、《网络安全法》的亮点解读

十二届全国人大常委会第二十四次会议表决通过的《中华人民共和国网络安全法》共有七章七十九条,内容十分丰富,具有六大突出亮点。一是明确了网络空间主权的原则;二是明确了网络产品和服务提供者的安全义务;三是明确了网络运营者的安全义务;四是进一步完善了个人信息保护规则;五是建立了关键信息基础设施安全保护制度;六是确立了关键信息基础设施重要数据跨境传输的规则。

针对当前通讯信息诈骗特别是新型网络违法犯罪呈多发态势,"网络安全法"增加了惩治网络诈骗等新型网络违法犯罪活动的规定,即任何个人和组织不得设立用于实施诈骗,传授犯罪方法,制作或者销售违禁物品、管制物品等违法犯罪活动的网站、通讯群组,不得利用网络发布与实施诈骗,制作或者销售违禁物品、管制物品以及其他违法犯罪活动有关的信息,并增加规定相应的法律责任。

目前,我国公民的网络安全面临着日益严峻的形势,特别是不法分子利用现代通讯信息技术实施新型网络犯罪呈高发态势,犯罪涉案链条长,团伙组织严密,犯罪手法逐步升级更趋隐蔽,受害群体已覆盖各行各业,各个年龄阶段,给人民群众造成了巨大的财产损失,已经成为侵害人民群众切身利益的社会公害,严重影响了社会的和谐稳定。这类新型网络违法犯罪的典型特征是不法分子利用通信、互联网等技术和工具,通过发送短信、拨打电话、植入木马等手段,网络诱骗(盗取)被害人资金汇(存)入其控制的银行账户等行为。

为保障网络信息依法有序自由流动,保护公民个人信息安全,防止公民个人信息被窃取、泄露和非法使用,《网络安全法》第四章(网络信息安全)在全国人大常委会《关于加强网络信息保护的决定》的基础上用较大的篇幅专章规定了公民个人信息保护的基本法律制度。这之中有四大亮点。一是网络运营者收集、使用个人信息必须符合合法、正当、必要原则。二是网络运营商收集、使用公民个人信息的目的明确原则和知情同意原则。三是公民个人信息的删除权和更正权制度,即个人发现网络运营者违反法律、行政法规的规定或者双方的约定收集、使用其个人信息的,有权要求网络运营者删除其个人信息;发现网络运营者收集、存储的其个人信息有错误的,有权要求网络运营者予以更正。网络运营者应当采取措施予以删除或者更正。四是网络安全监督管理机构及其工作人员对公民个人信息、隐私和商业秘密的保密制度等。

---

① 《网络安全法》解读,中华人民共和国国家互联网信息办公室网站转引中国网信网,http://www.cac.gov.cn/2016-11/07/c_1119866583.htm。

《网络安全法》针对实践中网络安全存在的突出问题，为应对网络安全面临的严峻形势，保障公民网络空间的合法权益不受侵害，在确立保障网络安全基本制度，保障网络信息依法有序自由流动以及促进网络技术创新和信息化持续健康发展的基础上，充分体现了保护各类网络主体的合法权利的立法原则，特别是把保障公民网络空间合法权益不受侵犯作为网络安全立法的基础。

针对通信信息网络诈骗等新型网络违法犯罪的多发态势，《网络安全法》第四章设定了两项禁止性规定：一是不得设立用于实施诈骗，传授犯罪方法，制作或者销售违禁物品、管制物品等违法犯罪活动的网站、通讯群组；二是不得利用网络发布与实施诈骗，制作或者销售违禁物品、管制物品以及其他违法犯罪活动有关的信息。

当前，新型网络犯罪日益呈现出精准化、职业化的特征，其精准度和成功率不断提高，症结在于个人信息安全保护的防线不断失守。在互联网、大数据时代，侵犯个人信息和实施通信信息网络诈骗是两大主要新型网络违法犯罪类型，其中"违法犯罪活动的网站和通信群组"以及"利用网络发布与实施诈骗"是上述两大犯罪的两个"终端"。《网络安全法》有针对性地规定：任何个人和组织不得设立用于实施诈骗，传授犯罪方法，制作或者销售违禁物品、管制物品等违法犯罪活动的网站、通讯群组，不得利用网络发布与实施诈骗，制作或者销售违禁物品、管制物品以及其他违法犯罪活动有关的信息。这两项规定对于保护公民网络空间的合法权益，维护网络空间的安宁显得十分必要和紧迫，充分体现了我国网络安全立法"以民为本、立法为民"的核心理念，符合当前网络安全工作的实际和需要，也为今后《个人信息保护法》的制定奠定了坚实的上位法基础。[①]

第三节　电子签名法

一、相关定义

电子签名是指数据电文中以电子形式所含、所附用于识别签名人身份并表明签名人认可其中内容的数据。通俗点说，电子签名就是通过密码技术对电子文档的电子形式的签名，并非是书面签名的数字图像化，它类似于手写签名或印章，也可以说它就是电子印章。

电子签名的两个基本功能：识别签名人、表明签名人对内容的认可。

很多领域都会使用电子签名，如网上银行、实体银行、电子政务、电子合同的签署以及电信、银行营业厅等场所，特别是随着互联网的发展，网上银行采用基于电子签名身份认证，应用十分广泛。

电子签名法是以规范作为电子商务（也包括电子政务）信息载体的数据电文和当事人在数据电文上以电子数据形式"签名"为主要内容的法律制度。

[①] 《中华人民共和国网络安全法》解读，德宏州文化和旅游局信息公开专栏，德宏州文化和旅游，http://www.dh.gov.cn/lfw/Web/_F0_0_28D00JLCO43WRV3FBV9QBKJYLD.htm。

二、立法背景

随着电脑的应用和互联网快速发展，人们通过网络实现快速、远距离的电子商务活动的需求越来越高，却遇到了传统法律的障碍，产生了一系列必须解决的法律问题：（1）书面形式问题，无纸化的电子商务以数据电文代替纸质媒介为信息载体，交易信息是否具有法律效力，需要予以明确；（2）原件和保存问题，电子数据如何确定数据电文的"原件"，什么样的数据电文可以视为符合法律要求的书面形式，需要明确；（3）签名问题，电子签名是否具有与手写签名同等的法律效力，也需要法律予以明确；（4）电子签名的规则不明确，对电子签名人的行为缺乏规范，发生纠纷后责任难以认定；（5）电子认证服务提供者的法律地位和法律责任不明确，行为不规范，认证的合法性难以保证；（6）电子签名的安全性、可靠性没有法律保障，交易方对电子交易的安全缺乏信心；在这样背景下制定了《中华人民共和国电子签名法》（以下简称《电子签名法》）。

三、修订历程

2002年5月，《中华人民共和国电子签名法》起草工作的正式启动，当时由国务院信息化领导小组组织。

2003年4月，根据国务院立法工作计划，国务院法制办会同信息产业部、国务院信息化工作办公室开始接手《中华人民共和国电子签名法（草案）》的起草工作。该《草案》于2004年4月2日提交全国人大常委会第八次会议首次审议，经第十次二读后，第十一次会议通过。

2004年8月28日第十届全国人民代表大会常务委员会第十一次会议通过，自2005年4月1日起施行。

2015年4月24日第十二届全国人民代表大会常务委员会第十四次会议《关于修改〈中华人民共和国电力法〉等六部法律的决定》修正。

根据2019年4月23日第十三届全国人民代表大会常务委员会第十次会议《关于修改〈中华人民共和国建筑法〉等八部法律的决定》修正。

四、2019年版《电子签名法》修订内容及意义

2019年4月23日，第十三届全国人民代表大会常务委员会第十次会议决定，对《中华人民共和国电子签名法》（以下简称《电子签名法》）作出修改：删去第三条第三款第二项；将第三项改为第二项，修改为："（二）涉及停止供水、供热、供气等公用事业服务的"。修改条款自决定公布之日起施行。

这就意味着，涉及土地、房屋、供电适用"电子签名、数据电文"。也就是说涉及土地、房屋等不动产权益转让的合同类型、涉及供电公用事业服务的合同类型可适用电子签名。

"电子签名、数据电文"已经覆盖了包括金融科技、大型制造业、电子商务、在线政务在内的主流业务。这些行业的天然属性决定了其对数据高度敏感，对安全性要求极高。从行业实践角度来看，电子签名技术能很好地实现降本增效、安全可控的赋能各类业务，达成产业数字化。相比传统的纸质盖章，不仅电子签名很好地起到了降本增效的作用，而且比纸质签名更加具有安全可控。因此将电子签名技术扩展到原有法律限定不适用的场景，将涉及土地、房屋等不动产权益转让适用"电子签名、数据电文"是有实际的实践基础的，这也标志着电子签名行业的一个重大里程碑。

"电子签名"作为各政府职能部门提供"联网通办"，消除信息孤岛的重要手段。就不动产管理方面，国务院办公厅印发《关于压缩不动产登记办理时间的通知》中提出了三项主要任务，其中之一便是推动信息共享集成。要求有关部门和单位及时提供不动产登记相关信息，与不动产登记机构加强协同联动和信息集成，2019年底前实现互通共享。推行"互联网＋不动产登记"，建立不动产"网上（掌上）登记中心"，构建"外网申请、内网审核"模式，实现服务企业和群众零距离。这和全国各地大力推行的"最多跑一次""一次都不跑"的思路和趋势是完全契合的。

五、2019年版《电子签名法》简介

为了规范电子签名行为，确立电子签名的法律效力，维护有关各方的合法权益，制定本法。2004年8月28日第十届全国人民代表大会常务委员会第十一次会议通过，根据2015年4月24日第十二届全国人民代表大会常务委员会第十四次会议《关于修改〈中华人民共和国电力法〉等六部法律的决定》第一次修正；根据2019年4月23日第十三届全国人民代表大会常务委员会第十次会议《关于修改〈中华人民共和国建筑法〉等八部法律的决定》第二次修正；自2005年4月1日起施行，共五章、三十六条。

第一章为总则，包括第一条到第三条，阐明了本法的实施意义，电子签名的具体含义电子签名的用途，不适用的文书。

第二章为数据电文，包括第四条到第十二条，规定了符合法律、法规要求的书面形式的数据电文的要求，满足法律、法规规定的原件形式要求的数据电文的条件，满足法律、法规规定的文件保存要求的数据电文的条件，数据电文不得被拒绝作为证据使用的情形，审查数据电文作为证据的真实性应当考虑的因素，视为发件人发送的数据电文情形，数据电文需要确认收讫的情形，数据电文的发送时间与接受时间的约定，发件人与收件人的主营业地与数据电文的发送地点与接收地点的关系。

第三章为电子签名与认证，包括第十三条到第二十六条，规定了电子签名同时可视为可靠的电子签名的条件，可靠的电子签名的法律效力，电子签名人应当妥善保管电子签名制作数据以及丢失时的处理办法，电子签名需要第三方认证及提供服务者，提供电子认证服务应当具备的条件，从事电子认证服务的要求，电子认证服务提供者职责，电子认证的业务规则，电子签名人向电子认证服务提供者申请电子签名认证证书的要求及后续的相关操作，电子认证服务提供者签发的电子签名认证证书应当准确无误以及应当载明的内容，电子认证服务提供者应当保证电子签名认证证书符合相关

要求,电子认证服务提供者拟暂停或者终止电子认证服务的处理办法,电子认证服务提供者应当妥善保存与认证相关的信息以及保存期限,国务院信息产业主管部门的职责与管理依据,中华人民共和国境外的电子认证服务提供者在境外签发的电子签名认证证书与依照本法设立的电子认证服务提供者签发的电子签名认证证书具有同等的法律效力的要求。

第四章为法律责任,包括第二十七条到第三十三条,规定了电子签名人知悉电子签名制作数据已经失密或者可能已经失密后处理不当的处罚办法,电子签名人或者电子签名依赖方造成相关损失的处罚办法,未经许可提供电子认证服务的处罚办法,电子认证服务提供者暂停或者终止电子认证服务操作不当的处罚办法,电子认证服务提供者做出相关违法违规行为的处罚办法,伪造、冒用、盗用他人的电子签名的处罚办法,依照本法负责电子认证服务业监督管理工作的部门的工作人员存在失职行为的处罚办法。

第五章为附则,包括第三十四条到第三十六条,阐明了本法涉及的相关术语的具体含义和本法的施行时间,规定了国务院或者国务院规定的部门的相关权利。①

第四节 网络交易监督管理办法

一、相关定义

网络交易指发生在信息网络中企业之间(Business to Business,B2B)、企业和消费者之间(Business to Consumer,B2C)以及个人与个人之间(Consumer to Consumer,C2C)通过网络通信手段缔结交易。

交易流程:(1)用户注册。网络消费者在第一次访问所选定的网上商店进行购物时,先要在该网上商店注册姓名、电话、地址等必要的用户信息,以方便网上商店进行相关的操作。(2)浏览产品。网络消费者通过网上商店提供的各种搜索方式,如产品组合、关键字、产品分类、产品品牌查询等对商店经营的商品进行查询和浏览。(3)选购产品。(4)订购产品。(5)送货上门。(6)货到付款。

网络交易存在着安全保密、合同抵赖、非法交易和域名抢注等诸多风险。

在互联网上交易,必须输入自己的账户号码及密码,一旦消费者的账户号码及密码被他人所知,并且非法进入后进行交易,很可能给消费者带来很大的损失。

网络交易合同,是指在网络交易中以电子数据交换方式拟定的合同。此时的合同抵赖,是指当交易一方发现交易性为对自己不利时,否认电子交易行为。

所谓的网络非法交易,是以网络为交易工具从事非法交易的行为。

所谓域名抢注,是指个人或公司将其他公司企业的商标、名称或者名人的姓名以及这些标记的相关变形恶意注册为域名,并通过恶意使用以从中牟利或者达到其他不

---

① 中华人民共和国电子签名法,中国人大网,http://www.chinalaw.gov.cn/Department/content/2019 - 06/11/592_236651.html。

正当的行为。

二、《网络交易监督管理办法》立法历程

《网络商品交易及有关服务行为管理暂行办法》自 2010 年 7 月 1 日起施行至 2014 年 3 月 15 日废止（2014 年 1 月 26 日国家工商行政管理总局令第 60 号《网络交易管理办法》）。

国家工商行政管理总局 2010 年 5 月 31 日发布的《网络商品交易及有关服务行为管理暂行办法》。

《网络交易管理办法》已经中华人民共和国国家工商行政管理总局局务会审议通过，现予公布，自 2014 年 3 月 15 日起施行。

2019 年 5 月 1 日市场监管总局在对《网络交易管理办法》修订的基础上，起草了《网络交易监督管理办法（征求意见稿）》向社会公开征求意见。

三、《网络交易监督管理办法（征求意见稿）》背景

2018 年 8 月 31 日，第十三届全国人大常委会第五次会议通过了《电子商务法》，自 2019 年 1 月 1 日起施行。《电子商务法》作为电子商务领域综合性、基础性法律，是从事电子商务活动、实施电子商务监管必须遵守的基本法律规范。

2014 年 1 月 26 日，原工商总局令第 60 号公布了《网络交易管理办法》，自 2014 年 3 月 15 日起施行。《网络交易管理办法》针对网络交易概念定义、适用范围、网络交易经营者权利责任义务、监督管理等内容作出了规定，在依法加强网络交易监管执法，维护网络市场良好秩序，维护各方主体合法权益，推动网络经济快速发展等方面起到了积极作用。

《网络交易管理办法》出台时，《电子商务法》尚未颁布。在《电子商务法》颁布实施后，对《网络交易管理办法》相关内容予以修订，既是贯彻落实依法治国精神、更好履行市场监管职责的需要，又是促进网络经济发展的客观要求。

四、《网络交易监督管理办法》（征求意见稿）主要内容

此次修订是根据《电子商务法》相关规定，结合网络交易监管执法实际，以促进发展、规范秩序、保障各方权益为原则而进行的。共删除条文二十四条，修改条文三十四条，新增条文三十六条。《网络交易监督管理办法（征求意见稿）》共六章、七十条，包括总则、网络交易经营者、消费者权益保护、监督管理、法律责任、附则，重点对以下七个方面问题进行了修改、补充、完善。

（1）网络交易经营者市场主体登记问题。网络交易经营者不得违反法律、法规、国务院决定的规定，从事无证无照经营活动；除依法不需要办理市场主体登记的经营者以外，所有网络交易经营者均应当依法办理市场主体登记；允许符合条件的自然人网店经营者依法登记为个体工商户。

（2）网络交易经营者身份信息公示问题。网络交易经营者应当在其网站首页或者从事经营活动的主页面显著位置，持续公示其营业执照登载的信息、与其经营业务有关的行政许可信息或者上述信息的链接标识；依法不需要办理市场主体登记的经营者，应当持续公示其依法无须办理市场主体登记情形的自我声明、经营地址、联系方式等信息或者上述信息的链接标识。

（3）网络交易信息数据报送提供问题。平台经营者应当依照规定程序向市场监管部门报送已经办理市场主体登记的平台内经营者的营业执照、行政许可、联系方式、网络店铺名称、网络经营场所等信息，以及依法无须办理市场主体登记的平台内经营者的姓名、身份证号码、经营地址、联系方式、网络店铺名称、网络经营场所等信息。网络交易经营者应当向市场监管部门报送特定时段、特定区域、特定品类的商品或者服务的销量、销售额等经营统计资料，提供商品或者服务信息、交易信息等有关网络交易数据信息。

（4）用户信息收集使用保护问题。网络交易经营者应当依法收集、使用消费者或者经营者信息，对其知悉的消费者个人信息或者经营者的商业秘密应当严格保密，不得对用户信息查询、更正、删除以及用户注销设置不合理条件。

（5）网络交易经营行为规范问题。网络交易经营者应当全面、真实、准确、及时地披露商品或者服务信息，销售商品或者提供服务应当明码标价，不得虚构交易、编造用户评价、删除用户不利评价，不得违法搭售商品或者服务，不得滥用市场支配地位，不得限制交易、收取不合理费用等。

（6）平台内部治理行为规范问题。平台经营者应当遵循公开、公平、公正原则，制定平台服务协议和交易规则；应当建立健全信用评价制度，公示信用评价规则，为消费者提供公开评价途径；应当以多种方式向消费者显示商品或者服务的搜索结果；应当对申请进入平台的经营者的真实身份信息进行核验、登记、建档；应当建立对平台内商品和服务信息的检查监控机制，依法处置、报告平台内违法信息等。

（7）消费者权益保护问题。网络交易经营者应当及时处理消费者投诉、举报；平台经营者应当积极协助消费者维权；鼓励平台经营者建立争议在线解决机制、质量担保机制。

此外，对于立法条件尚未成熟的问题，将在进一步实践探索基础上，结合法定职责，适时出台相关文件或者规章。①

五、《网络交易监督管理办法》简介

为规范网络交易活动，维护网络交易秩序，保障各方主体合法权益，促进网络交易持续健康发展，依据《电子商务法》等有关法律、行政法规以及市场监督管理职责，制定本办法，共五章。

第一章为总则，共六条，涉及本法的制定意义，适用本法的情形，网络交易经营者从事经营活动应当遵循的原则，市场监督管理部门的职责，鼓励支持成立网络交易

---

① 市场监管总局关于《网络交易监督管理办法（征求意见稿）》公开征求意见的公告，国家市场监督管理总局网站，http://www.cac.gov.cn/2019－05/01/c_1124440135.htm。

行业组织以及行业建设办法，相关参与者、行业建设者的鼓励及规范。

第二章为网络经营交易者，共两节。第一节为一般规定，共二十条，涉及网络交易经营者、网络交易平台经营者、平台内经营者的定义，网络交易经营者应当依法办理市场主体登记，取得相关的许可证，市场登记主体的申请办理，网络交易经营者申请登记为个体工商户的相关处理，对于在两个以上网络交易平台从事经营活动的登记处理，营业执照登载的信息，与其经营业务有关的行政许可信息的公示，不需要办理市场主体登记的网络交易经营者的处理办法，网络交易经营者自行终止从事网络交易活动的处理办法，网络交易经营者销售的商品或者提供的服务的要求以及禁止的行为，对网络交易经营者的要求，网络交易经营者销售商品或者提供服务应当提供的相关信息、相关要求以及出具相关的票据，网络交易经营者根据消费者的兴趣爱好、消费习惯、浏览历史等个人特征向其提供商品或者服务的搜索结果或者展示商业性信息的处理方法，网络交易经营者搭售或者以多种选项方式向消费者销售商品或者提供服务的处理方法，网络交易经营者在经营活动中使用合同格式条款的处理方法，网络交易经营者不得出现的行为，网络交易经营者在经营活动中收集、使用消费者或者经营者信息应当遵循的原则，网络交易经营者收集、使用消费者个人信息的处理方法，网络交易经营者及其工作人员应当对知悉的消费者个人信息或者经营者的商业秘密的要求，网络用户经营者对用户信息处理的相关方式，网络交易经营者因其技术优势、用户数量、对相关行业的控制能力以及其他经营者对该网络交易经营者在交易上的依赖程度等因素而具有市场支配地位的处理方法，市场监督管理部门要求网络交易经营者提供有关网络交易数据信息的处理方法，市场监督管理部门要求网络交易经营者报送特定时段、特定品类、特定区域的商品或者服务的销量、销售额等统计资料的处理方法。第二节为网络交易平台经营者，共十七条，涉及网络交易平台经营者应当遵循的原则，网络交易平台经营者应当在其首页显著位置持续公示的相关信息，修改平台服务协议和交易规则的要求，网络平台交易者不得出现的行为，网络平台交易者的职责，搜索结果的显示，"广告"的标明，网络交易平台经营者应当针对网络交易的特点做出的相关事项，对要求申请进入平台销售商品或者提供服务的经营者的要求，申请进入平台销售商品或者提供服务的经营者无法提供前款规定的信息的，或者提供的信息不完整、不真实的，或者提供的信息未经核验、登记的处理办法，网络交易平台经营者为进入平台销售商品或者提供服务的非经营用户提供服务应当遵循的规定，业务的区分标记要求，商品和服务信息的相关要求，对进入平台销售商品或者提供服务的经营者及其发布的商品和服务信息建立检查监控制度并采取相应的措施，网络交易平台经营者对平台内经营者违反市场监督管理法律、法规、规章和本办法规定的行为采取警示，暂停或者终止服务等处理措施的处理办法，网络交易平台经营者对平台内经营者实施警示、暂停服务等处理措施的处理办法，对平台内经营者作出终止服务的处理办法，向其住所所在地县级市场监督管理部门报送一次平台内经营者的身份信息的要求，网络交易平台经营者报送的平台内经营者的身份信息的具体内容，对市场监督管理部门因调查取证需要的配合，市场监督管理部门发现平台内有违反市场监督管理法律、法规、规章和本办法规定的行为的处理。

第三章为监督管理，共六条，涉及县级以上市场监督管理部门的权利，网络交平台经营者所在地和平台内经营者所在地县级以上市场监督管理部门的职责，县级以上市场监督管理部门加强对网络交易监督管理的办法，县级以上市场监督管理部门根据工作需要建立网络交易监管信息化系统的要求，县级以上市场监督管理部门对网络交易经营者实施信用监管的相关处理办法，县级以上市场监督管理部门可以依法行使的职权，网络交易活动中违反市场监督管理法律、法规、规章规定的处理办法，县级以上市场监督管理部门对网络交易经营者作出责令停业整顿的行政处罚后的处理办法，县级以上市场监督管理部门对网络交易经营者作出责令停产停业、吊销许可证、吊销营业执照的行政处罚后的处理办法，县级以上市场监督管理部门提请通信管理部门责令暂时屏蔽、停止违法网站接入服务或者关闭违法网站的具体程序的执行规定。

第四章为法律责任，共十七条，涉及网络交易平台经营者违反本法相关规定时的处理办法。

第五章为附则，共一条，本办法自 2021 年 5 月 1 日起施行。2014 年 1 月 26 日国家工商行政管理总局令第 60 号公布的《网络交易管理办法》同时废止。①

第五节 互联网信息服务管理办法

一、互联网信息服务概念及特征

互联网信息服务就是用户在互联网上面得到的信息服务，互联网可以给用户提供的信息面十分广泛。

互联网信息服务业是利用计算机和通信网络等现代科学技术对信息进行生产、收集、处理、加工、存储、传输、检索和利用，并以信息产品为社会提供服务的专门行业。

互联网信息服务分为经营性和非经营性两类。经营性互联网信息服务，是指通过互联网向上网用户有偿提供信息或者网页制作等服务活动。非经营性互联网信息服务，是指通过互联网向上网用户无偿提供具有公开性、共享性信息的服务活动。

现代网络信息服务以从内容为中心、以技术为中心，向以用户为中心发展，在服务理念变革的引导下，加之计算机技术、智能技术和网络技术的有力支撑，信息服务体现出集成化、个性化、交互式、体验式等特征。

（1）集成化。集成化信息服务旨在通过信息服务资源、流程和业务的充分整合，为用户提供一站式、多层次、全方位、全过程的解决方案。从集成方式而言，信息集成服务可以分为以资源整合为基础的集成、以系统融合为基础的集成、以机构合作为基础的集成、以业务流程重组为基础的整合等。

（2）个性化。个性化信息服务是在信息服务确立以用户为中心导向后发展起来的服务模式，其核心理念是充分考察不同用户的个性化需求，拟定有针对性的个性化

---

① 市场监管总局关于《网络交易监督管理办法（征求意见稿）》公开征求意见的公告，国家市场监督管理总局网站，http://www.cac.gov.cn/2019-05/01/c_1124440135.htm。

服务方案。个性化可以表现在信息表达个性化、信息提供个性化、信息推送个性化等多个方面。个性化信息服务可以分为个体个性化服务和群体个性化服务两类。

（3）交互式。虽然信息交流从来都是具备双向性的，即信息提供——信息反馈。然而在很长一段时期，信息服务提供者由于各种因素的限制，更加强调信息提供而忽视了信息反馈特别是及时有效的信息反馈。交互式信息服务概念就是在这样的背景下产生的，其强调信息服务提供者应设计友好便捷的交互功能。保障在信息服务前—中—后3个阶段用户都能够充分表达反馈信息，在及时充分收集用户反馈信息的基础上不断完善服务内容。

（4）体验式。用户体验是指用户在获得服务的过程中的主观感受，如果从人类大脑反应的三个层次即本能层、行为层和反思层角度进行考虑，信息服务提供者应相应设计界面友好的、使用方便的、可行有效的服务业务。

二、2011 年版《互联网信息服务管理办法》修订背景及原则

现行《互联网信息服务管理办法》（以下称现行办法）是我国互联网管理的基础性法规，自2000年公布实施以来，对我国互联网信息服务的健康有序发展起到了积极作用。随着我国互联网的快速发展，出现了许多新情况，面临一些新问题，为进一步促进互联网健康有序发展，维护国家安全和公共利益，保护公众和互联网信息服务提供者的合法权益，规范互联网信息服务活动，依据宪法和相关法律，国家互联网信息办公室、工业和信息化部等有关部门对现行办法进行了修订。

按照积极利用、科学发展、依法管理、确保安全的方针，坚持发展与管理并重，坚持从实际出发，切实服务于互联网执法实践，2011版《互联网信息服务管理办法》修订工作主要遵循以下原则。

（1）坚持管理与发展相协调。鼓励互联网信息服务提供者开展有益于提高民族素质、推动经济社会发展的信息服务。管理重在维护国家安全、公共利益和公民个人的合法权益，重在加强基础管理，解决多年来发展、管理工作实践中的突出问题；同时，努力使新的管理措施能够促进互联网的健康发展与合理应用。

（2）着力明确相关主体权责关系。着力明确互联网信息服务活动相关的互联网信息服务提供者、互联网接入服务提供者、政府管理部门及用户等主体的权利、义务和责任。鼓励互联网信息服务提供者开展行业自律活动，鼓励公众监督互联网信息服务。

（3）增强前瞻性和包容性。尽可能对相关内容作原则性规定，避免因具体概念而制约法规的适用性，为互联网的未来发展和管理预留空间。[1]

三、2011 年版《互联网信息服务管理办法》

2011年版《互联网信息服务管理办法》共包括二十七条。涉及本办法的制定目

---

[1] 中国政府网，http：//www.gov.cn/gzdt/2012-06/07/content_2155471.htm。

的，本办法的适用范围，互联网信息服务的定义，互联网信息服务的分类及定义，国家对不同性质的互联网信息服务施行不同的制度，从事新闻、出版、教育、医疗保健、药品和医疗器械等互联网信息服务的相关规定，从事经营性互联网信息服务除应当符合《中华人民共和国电信条例》规定的要求外，还应当具备的条件、申请从事经营性互联网信息服务经营许可证、办理备案、从事非经营性互联网信息服务的备案手续、从事互联网信息服务，拟开办电子公告服务的相关规定。省、自治区、直辖市电信管理机构和国务院信息产业主管部门的相关职责，互联网信息服务提供者提供服务的范围要求，互联网信息服务提供者变更服务项目，网站网址等事项的处理办法，标明经营许可证编号或者备案编号的规定，对互联网信息服务提供者提供服务和信息的要求，从事新闻、出版以及电子公告等服务项目的互联网信息服务提供者的相关要求，互联网信息服务提供者不得制作、复制、发布、传播的信息类型、互联网信息服务提供者发现其网站传输的信息明显属于本办法第十五条所列内容之一的处理办法，经营性互联网信息服务提供者申请在境内境外上市或者同外商合资、合作的处理办法，相关部门的监督管理职责，违反本办法的规定，未取得经营许可证，擅自从事经营性互联网信息服务、超出许可的项目提供服务或未履行备案手续，擅自从事非经营性互联网信息服务，或者超出备案的项目提供服务的处理办法、制作、复制、发布、传播本办法第十五条所列内容之一的信息的处理办法，未履行本办法第十四条规定的义务的处理办法，违反本办法的规定，未在其网站主页上标明其经营许可证编号或者备案编号的处理办法，违反本办法第十六条规定的义务的处理办法，互联网信息服务提供者在其业务活动中，违反其他法律、法规的处理办法，电信管理机构和其他有关主管部门及其工作人员，玩忽职守、滥用职权、徇私舞弊，疏于对互联网信息服务的监督管理的处罚办法，在本办法公布前从事互联网信息服务的相关手续补办要求，本办法的施行时间。①

第六节　网络发票管理办法

一、相关概念

发票是指在购销商品、提供或者接受服务以及从事其他经济活动中，开具、收取的收付款凭证。因此，发票首先是记录经济活动的商事凭证；同时，也是税务机关进行税收征管的重要依据。

我国常见发票主要可以分为增值税专用发票和普通发票两类。普通发票只是一种收付款凭证，而增值税专用发票既是收支凭证，又是纳税人据以抵扣增值税税款的主要依据。我们这里所说的网络发票，目前主要是指的普通发票。

根据我国发票管理规定，税务机关负责对发票印制、领购、开具、取得、保管、

---

① 互联网信息服务管理办法，中央网信办、国家网信办，http://www.cac.gov.cn/2000-09/30/c_126193701.htm?spm=5176.2020520130.105.2.5daf697bp4aiJh。

缴销进行管理和监督。在传统纸质发票管理过程中，纳税人通过向税务机关提出领票申请，提供税务登记证件及其他有关证明，以及发票专用章的印模，经主管税务机关审核后，发给发票领购簿，到税务机关办税厅去领取纸质发票，一般由手工或机器填写。网络发票推行后纳税人可以通过互联网，利用省以上税务机关公布的发票在线应用系统开具发票，实现发票的在线开具、查询、购销等功能；纳税人开具网络发票后，开票信息会实时传至税务机关监管系统，不仅简化了审批程序，方便纳税人申领、开具发票，为纳税人减少接受假发票的损失；而且税务机关可以及时对开票数据进行查询、统计，将纳税人的发票信息与其纳税申报以及财务报表信息进行对比，及时发现纳税人少报销售、多记成本等违法违规问题，增强税收征管的针对性和有效性，防止国家税款流失。

网络发票与传统发票的区别，主要是具有成本低、填开数据真实、便于发票真伪查询、有利于税收征管等优点，并为进一步发展到电子发票，也就是发票无纸化奠定了基础。

电子发票是指纸质发票的电子映像和电子记录，是网络发票的电子形态或者说无纸化形式。网络发票的推行为使用电子发票奠定了基础。从长远看，电子发票有利于加快简化发票的流转、贮存、查验、比对，提升节能减排效益，降低纳税人成本，强化税务发票管理，为网络发票的电子形态或无纸化提供了广阔的发展前景，鼓励和支持条件成熟的地区和行业试点电子发票。①

二、《网络发票管理办法》出台背景

随着经济全球化和社会主义市场经济的推进，一方面我国经济平稳较快发展，另一方面，经济活动中也出现一些复杂情况，包括存在一些违法违规现象。比如，一些不法分子制售假发票，利用虚假发票抵扣税款、骗取退税，不仅严重侵蚀国家税基，干扰国家经济秩序，而且给滋生腐败和其他经济犯罪提供了便利，成为经济活动的一个顽疾。近几年，我国打击经济违法犯罪活动工作效果显著，制售、使用假发票违法活动受到一定遏制；但受虚假发票"买方市场"需求和"卖方市场"高额利润等因素的影响，发票违法犯罪多发、高发势头仍未得到根本遏制，在一些地区和领域问题仍然较为严重。为有效惩处和制止制售、使用假发票等违法行为，进一步规范和加强我国发票管理，国务院 2010 年通过了《国务院关于修改〈中华人民共和国发票管理办法〉的决定》，该办法不仅加大了对发票违法行为的处罚力度，而且为了建立打击假发票的长效机制，第二十三条还专门规定："国家推广使用网络发票管理系统开具发票，具体管理办法由国务院税务主管部门制定。"这就是税务总局制定网络发票管理办法的背景。②

三、2018 年版《网络发票管理办法》简介

为加强普通发票管理，保障国家税收收入，规范网络发票的开具和使用，根据

---

①② 税务总局就《网络发票管理办法》有关问题答问，中国政府网转引税务总局网站，http://www.gov.cn/gzdt/2013-04/02/content_2368208.htm。

《中华人民共和国发票管理办法》规定，制定本办法。2013 年 2 月 25 日国家税务总局令第 30 号公布，根据 2018 年 6 月 15 日《国家税务总局关于修改部分税务部门规章的决定》修正。自 2013 年 4 月 1 日起施行，共十六条。

本法的正文部分阐述了本法的实施意义、适用范围，网络发票的具体含义，对税务机关的职责要求，开具发票的单位和个人需要变更网络发票核定内容的操作办法，开具发票的单位和个人开具网络发票的办法，单位和个人取得网络发票后的处理办法，开具发票的单位和个人需要开具红字发票时的相关要求，开具发票的单位和个人作废开具的网络发票的要求，用户变更、注销手续并缴销空白发票的情形，税务机关的职责权限，对开具发票的单位和个人的要求，开具发票的单位和个人在网络出现故障、无法在线开具发票时的处理办法，开具发票的单位和个人违反本办法规定时的处理办法，省级以上税务机关可运行电子发票的情形，本法的施行时间。①

第七节　信息网络传播权保护条例

一、定义及特点

信息网络传播权即以有线或者无线方式向公众提供作品，使公众可以在其个人选定的时间和地点获得作品的权利。它是著作权中财产权的重要内容。具有以下特点。（1）传播介质的特殊性。通过"有线或无线"的电视、电脑、广播、手机、网络等多媒体方式，以数字格式保存或传播的。（2）传播的普遍公开性。信息网络是一个开放的环境，一件作品一旦被放置于互联网环境中，就等于处在一个公开状态，任何人、任何时间都有可能访问、阅读、复制、下载该作品，网络用户是不特定的公众。（3）传播的交互性。网络用户可以按个人喜好、需要，在个人选定的时间和地点，通过电视、网站、手机等不同终端登录某网络服务提供者，浏览、复制、使用、下载该作品，并可以很轻松地将该作品保存或推荐给第三人。

二、《信息网络传播权保护条例》出台背景

近年来，我国互联网迅速发展，互联网已成为公众获取信息的重要途径。随着网络技术的快速发展，通过信息网络传播权利人作品、表演、录音录像制品（以下统称作品）的情况越来越普遍。如何调整权利人、网络服务提供者和作品使用者之间的关系，已成为互联网发展必须认真加以解决的问题。为保护著作权人、表演者、录音录像制作者的信息网络传播权，鼓励有益于社会主义精神文明、物质文明建设的作品的创作和传播，根据《著作权法》，于 2006 年制定并实施《信息网络传播权保护条例》。

---

① 网络发票管理办法（2018 年 6 月 15 日修正并施行），税海涛声，https：//www.sohu.com/a/236464024_467122。

三、2013 年版《信息网络传播权保护条例》

2013 年 1 月 16 日国务院第 231 次常务会议通过《国务院关于修改〈信息网络传播权保护条例〉的决定》，国务院决定对《信息网络传播权保护条例》作如下修改：将第十八条、第十九条中的"并可处以 10 万元以下的罚款"修改为："非法经营额 5 万元以上的，可处非法经营额 1 倍以上 5 倍以下的罚款；没有非法经营额或者非法经营额 5 万元以下的，根据情节轻重，可处 25 万元以下的罚款"。

2013 年版《信息网络传播权保护条例》共包括二十七条，涉及本条例的制定目的，权利人享有的信息网络传播权受著作权法和本条例保护，不受本条例保护的情形；权利人行使信息网络传播权的要求，为保护信息网络传播权，权利人可以采取技术措施的相关规定；未经权利人许可，任何组织或者个人不得进行的行为；通过信息网络提供他人作品，可以不经著作权人许可，不向其支付报酬的情形；图书馆、档案馆、纪念馆、博物馆、美术馆等的相关权利以及要求；为通过信息网络实施九年制义务教育或者国家教育规划的相关规定；为扶助贫困，通过信息网络向农村地区的公众免费提供中国公民、法人或者其他组织已经发表的种植养殖、防病治病、防灾减灾等与扶助贫困有关的作品和适应基本文化需求的作品，对网络服务提供者向著作权人支付报酬的相关要求；依照本条例规定不经著作权人许可、通过信息网络向公众提供其作品的，应当遵守的规定；通过信息网络提供他人表演、录音录像制品时应当遵循的规定；可以避开技术措施，但不得向他人提供避开技术措施的技术、装置或者部件，不得侵犯权利人依法享有的其他权利的情形；著作权行政管理部门的职责权限，给予提供信息存储空间或者提供搜索、链接服务的网络服务提供者书面通知书的情形以及通知书应包含的内容；网络服务提供者接到权利人的通知书后应采取的做法；服务对象接到网络服务提供者转送的通知书后，认为其提供的作品、表演、录音录像制品未侵犯他人权利的处理办法书面说明，应当包含的具体内容；网络服务提供者接到服务对象的书面说明后应采取的做法；违反本条例相关情形的处理办法，网络服务提供者根据服务对象的指令提供网络自动接入服务，或者对服务对象提供的作品、表演、录音录像制品提供自动传输服务，不承担赔偿责任的具体条件；网络服务提供者为提高网络传输效率，自动存储从其他网络服务提供者获得的作品、表演、录音录像制品，根据技术安排自动向服务对象提供，不承担赔偿责任的具体条件；网络服务提供者为服务对象提供信息存储空间，供服务对象通过信息网络向公众提供作品、表演、录音录像制品，不承担赔偿责任的具体条件；网络服务提供者为服务对象提供搜索或者链接服务，在接到权利人的通知书后不同应对方式的处理办法；因权利人的通知导致网络服务提供者错误删除作品、表演、录音录像制品，或者错误断开与作品、表演、录音录像制品的链接，给服务对象造成损失的处理办法；网络服务提供者无正当理由拒绝提供或者拖延提供涉嫌侵权的服务对象的姓名（名称）、联系方式、网络地址等资料的处理办法；本条例中相关用语的具体含义，本条例的施行时间。①

第八节　移动互联网应用程序信息服务管理规定

一、出台背景

目前，移动互联网应用程序（App）已成为移动互联网信息服务的主要载体，对提供民生服务和促进经济社会发展发挥了重要作用。据不完全统计，在国内应用商店上架的 App 超过 400 万款，且数量还在高速增长。与此同时，少数 App 也被不法分子利用，传播暴力恐怖、淫秽色情及谣言等违法违规信息，有的还存在窃取隐私、恶意扣费、诱骗欺诈等损害用户合法权益的行为，社会反映强烈。

国家互联网信息办公室在深入调研和广泛征求意见的基础上，出台《移动互联网应用程序信息服务管理规定》，就是本着为民、便民、惠民的宗旨，加强 App 信息服务规范管理，促进行业健康有序发展。②

二、《移动互联网应用程序信息服务管理规定》

《移动互联网应用程序信息服务管理规定》共十一条，涉及本规定的制定目的，本规定的适用对象，相关术语的具体含义，国家和地方互联网信息办公室的职责，鼓励相关单位运用移动互联网应用程序，通过移动互联网应用程序提供信息服务的要求，移动互联网应用程序提供者和互联网应用商店服务提供者不得出现的行为，移动互联网应用程序提供者应当严格落实信息安全管理责任以及依法履行的义务，互联网应用商店服务提供者应当对应用程序提供者履行的管理责任，互联网应用商店服务提供者和移动互联网应用程序提供者服务协议的签订，移动互联网应用程序提供者和互联网应用商店服务提供者应当接受监督并接受投诉举报，本规定的施行时间。③

三、《移动互联网应用程序信息服务管理规定》实施意义

近年来，智能手机广泛普及，移动互联网发展迅速，通过移动端随时随地接入互联网获取网络信息、享受网络应用信息服务，已经成为越来越多人的生活方式。截至 2015 年底使用手机上网的用户数已经超过 6 亿，占上网用户总数的 90% 以上。为苹

---

① 国务院关于修改《信息网络传播权保护条例》的决定，印江土家族苗族自治县人民政府，http://www.yinjiang.gov.cn/jgsz/xzjdbsc/yxz_5698566/zfxxgk/fdzdgknr_5698460/lzyj/202010/t20201015_64120589.html。
② 国家网信办发布《移动互联网应用程序信息服务管理规定》，中国网信网，http://www.cac.gov.cn/2016-06/28/c_1119123114.htm。
③ 移动互联网应用程序信息服务管理规定，中国网信网，http://www.cac.gov.cn/2016-06/28/c_1119122192.htm。

果操作系统开发 App 的中国程序人员就超过百万，很多年轻人将 App 开发作为创业的起点，希望以一款应用实现创业梦想；App 更成为广大手机用户享受网上服务的必然选择。

但是，App 产业迅速发展的同时也乱象频生，从群众反映强烈的恶意收费、消费陷阱，到较为普遍的过度信息采集、盗取或滥用个人信息，乃至传播病毒软件，甚至违法开展信息服务活动、非法经营等，越来越引起社会公众的广泛关注。

然而缺乏对 App 应用各环节主体权利责任的性质界定，不仅使得行政监管无处着力，更会在缺乏质量保障体系和市场监管机制的环境下对开发者和消费者的权益造成损害。国家互联网信息办公室出台的《移动互联网应用程序信息服务管理规定》（以下简称《规定》），规范了移动互联网应用程序信息服务管理，明确了网民在使用移动互联网信息服务中的合法权益，为构建移动互联网的安全、健康、可持续发展的长效机制提供了制度保障。①

第九节　网络信息内容生态治理规定

一、出台背景

出台规定主要基于两个方面的考虑。一是建立健全网络综合治理体系的需要。党的十九届四中全会决定提出，建立健全网络综合治理体系，加强和创新互联网内容建设，落实互联网企业信息管理主体责任，全面提高网络治理能力，营造清朗的网络空间。加强网络生态治理，培育积极健康、向上向善的网络文化，有利于建立健全网络综合治理体系。

二是维护广大网民切身利益的需要。网络空间天朗气清、生态良好，符合人民利益；网络空间乌烟瘴气、生态恶化，不符合人民利益。网络信息内容生态治理需要政府、企业、社会、网民等多方主体参与，共同构建良好的网络生态。制定实施规定，有利于进一步明确治理任务，动员全社会共同参与网络信息内容生态治理，营造良好网络生态。

二、《网络信息内容生态治理规定》简介

为了营造良好网络生态，保障公民、法人和其他组织的合法权益，维护国家安全和公共利益，根据《国家安全法》《网络安全法》《互联网信息服务管理办法》等法律、行政法规，制定本规定。自 2020 年 3 月 1 日起施行，共八章、四十二条。

第一章为总则，包括第一条到第三条，阐明了本法的实施意义，本法的适用范围，网络信息内容生态治理的具体含义，由国家网信部门负责统筹协调全国相关工作

---

① 专家解读《移动互联网应用程序信息服务管理规定》：让普通网民感受到政府治理的切实好处，中国网信网，http：//www.xinhuanet.com/politics/2016-06/28/c_129096223.htm。

的开展,地方网信部门负责统筹协调地方相关工作的开展。

第二章为网络信息内容生产者,包括第四条到第七条,阐明了网络信息内容生产者应当遵守的原则,鼓励网络信息内容生产者制作、复制、发布的信息的类型,网络信息内容生产者不得制作、复制、发布的违法信息类型,网络信息内容生产者应当采取措施,防范和抵制制作、复制、发布的不良信息的类型。

第三章为网络信息内容服务平台,包括第八条到第十七条,规定了网络信息内容服务平台应当履行的职责并加强信息内容的管理,需积极呈现本规定第五条规定的信息的重点环节,设置符合规定的推荐模型和相关选择机制,鼓励网络信息内容服务平台开发适合未成年人使用的模式,加强对本平台设置的广告位和在本平台展示的广告内容的审核巡查,制定并公开管理规则和平台公约,给予公众举报投诉的权利、网络信息内容生态治理工作年度报告的编制以及应当包含的内容。

第四章为网络信息内容服务使用者,包括第十八条到第二十五条,阐明对网络信息内容服务使用者的要求,对网络群组、论坛社区版块建立者和管理者的要求,鼓励网络信息内容服务使用者积极参与网络信息内容生态治理,规定网络信息内容服务使用者和网络信息内容生产者、网络信息内容服务平台不得做出损害他人合法权益的行为,不得发布违法违规信息侵害他人的合法权益或谋取非法利益,不得利用新技术新应用从事法律、行政法规禁止的活动,不得做出破坏网络生态秩序的行为,不得利用国旗等代表党和国家形象的标识及内容以及借国家重大活动、重大纪念日和国家机关及其工作人员名义等开展违规开展网络商业营销活动。

第五章为网络行业组织,包括第二十六条到第二十九条,鼓励行业组织发挥指导、桥梁和引导作用,建立完善行业自律机制开展网络信息内容生态治理教育培训和宣传引导工作,推动行业信用评价体系建设。

第六章为监督管理,包括第三十条到第三十三条,规定各级网信部门会同有关主管部门的工作职责,监督检查的开展办法,网络信息内容服务平台违法违规行为台账管理制度的建立,多主体共同参与的监督评价机制。

第七章为法律责任,包括第三十四条到第四十条,规定了网络信息内容生产者违反本规定相关条例的处罚办法,网信部门会同有关主管部门对相关违法违规行为的处罚办法,违反本规定,给他人造成损害的处罚办法。

第八章为附则,包括四十一条到第四十二条,阐述网络信息内容生产者、网络信息内容服务平台、网络信息内容服务使用者的具体含义以及本法的施行时间。[1]

三、《网络信息内容生态治理规定》解读

《网络信息内容生态治理规定》(以下简称《规定》)提出,鼓励网络信息内容生产者制作、复制、发布含有"宣传习近平新时代中国特色社会主义思想,全面准确生动解读中国特色社会主义道路、理论、制度、文化"和"弘扬社会主义核心价值观,宣传优秀道德文化和时代精神,充分展现中华民族昂扬向上精神风貌"等内容

---

[1] 网络信息内容生态治理规定,中国人大网转引中国网信网,http://www.npc.gov.cn/npc/c30834/201912/8c5002d2785c4236812b4a6889d431e8.shtml。

的正能量信息。网络信息内容生产者不得制作、复制、发布含有"危害国家安全,泄露国家秘密,颠覆国家政权,破坏国家统一"和"损害国家荣誉和利益"等内容的违法信息,应当采取措施,防范和抵制制作、复制、发布含有"使用夸张标题,内容与标题严重不符"和"炒作绯闻、丑闻、劣迹"等内容的不良信息。

《规定》强调,网络信息内容服务平台应当履行信息内容管理主体责任,加强本平台网络信息内容生态治理,培育积极健康、向上向善的网络文化。网络信息内容服务平台应当建立网络信息内容生态治理机制,制定本平台网络信息内容生态治理细则,健全用户注册、账号管理、信息发布审核、跟帖评论审核、版面页面生态管理、实时巡查、应急处置和网络谣言、黑色产业链信息处置等制度。

《规定》要求,网络信息内容服务平台不得传播本规定第六条规定的违法信息,应当防范和抵制传播本规定第七条规定的不良信息。网络信息内容服务平台应当加强信息内容的管理,发现本规定第六条、第七条规定的信息的,应当依法立即采取处置措施,保存有关记录,并向有关主管部门报告。鼓励网络信息内容服务平台坚持主流价值导向,优化信息推荐机制,加强版面页面生态管理,在重点环节积极呈现本规定第五条规定的正能量信息,不得在重点环节呈现本规定第七条规定的不良信息。

《规定》明确,网络信息内容服务使用者应当文明健康使用网络,按照法律法规的要求和用户协议约定,切实履行相应义务,在以发帖、回复、留言、弹幕等形式参与网络活动时,文明互动,理性表达,不得发布本规定第六条规定的违法信息,防范和抵制本规定第七条规定的不良信息。网络信息内容服务使用者和生产者、平台不得开展网络暴力、人肉搜索、深度伪造、流量造假、操纵账号等违法活动。

国家互联网信息办公室有关负责人指出,网络信息内容生态治理需要政府、企业、社会、网民等多方主体参与,共同构建良好的网络生态,营造清朗的网络空间。[①]

第十节　关于加强网络信息保护的决定

一、出台背景

近年来,随着我国信息化建设不断推进,信息技术广泛应用,信息网络快速普及。信息网络在促进经济发展、社会进步、科技创新的同时,也带来十分突出的信息安全问题;移动互联网、物联网、云计算等新的信息技术和移动终端的发展应用,给信息安全带来更为严峻的挑战。当前,随意收集、擅自使用、非法泄露甚至倒卖公民个人电子信息,侵入、攻击信息系统窃取公民个人电子信息,以及网络诈骗、诽谤等违法犯罪活动大量发生,严重损害公民、法人和其他组织的合法权益,危害国家安全和社会公共利益。与此同时,我国有关网络信息保护的法律规范还比较薄弱,必要的

---

① 国家互联网信息办公室发布《网络信息内容生态治理规定》,网信办网站转中国网网信网,http://www.cac.gov.cn/2019-12/20/c_1578375159431916.htm。

管理措施缺乏上位法依据，与我国信息化发展和维护广大人民群众在网络活动中合法权益的要求不相适应。社会各方面强烈呼吁制定相关法律，规范收集、使用公民个人信息的活动，严厉惩处网络违法犯罪行为，维护网络用户的合法权益，保障网络健康有序运行。①

二、《全国人民代表大会常务委员会关于加强网络信息保护的决定》简介

本决定共十二条，涉及本决定的制定目的，对电子信息的保护，网络服务提供者和其他企业事业单位在业务活动中收集、使用公民个人电子信息的要求和规定，网络服务提供者和其他企业事业单位应当采取技术措施和其他必要措施，确保信息安全以及需采取补救措施的情形，网络服务提供者发现法律、法规禁止发布或者传输的信息的处理办法，办理固定电话、移动电话等入网手续，或者为用户提供信息发布服务相关要求，任何组织和个人未经电子信息接收者同意或者请求，或者电子信息接收者明确表示拒绝时不得出现的行为，公民发现泄露个人身份，散布个人隐私等侵害其合法权益的网络信息，或者受到商业性电子信息侵扰时的处理办法，任何组织和个人对窃取或者以其他非法方式获取、出售或者非法向他人提供公民个人电子信息的违法犯罪行为以及其他网络信息违法犯罪行为的处理办法，有关主管部门应当在各自职权范围内依法履行职责，对国家机关及其工作人员的要求，违反本决定的处罚办法，本决定的施行时间。②

三、《全国人民代表大会常务委员会关于加强网络信息保护的决定》解读

本决定针对我国信息化建设不断推进、信息技术广泛应用、信息网络快速发展中网络信息保护面临的突出问题和薄弱环节，从公民个人电子信息保护出发，对治理垃圾电子信息、网络身份管理以及网络服务提供者和网络用户的义务与责任、政府有关部门的监管职责等作出了明确规定，体现了管理与发展相协调、规范与保护相统一、权利与义务相一致的原则，兼顾了个人、网络服务提供者和政府等相关主体的权责关系，为保障网络信息安全，保护公民、法人和其他组织的合法权益，维护国家安全和社会公共利益提供了法律保障。

贯彻积极利用、科学发展、依法管理、确保安全的方针，我国互联网取得了长足发展，已成为世界上网民最多的国家，互联网普及率突破40%，超过世界平均水平。互联网在促进我国经济发展、社会进步、科技创新的同时，也带来十分突出的信息安全问题；移动互联网、物联网、云计算等新的信息技术和移动终端的发展应用，也使信息安全面临严峻的挑战。近年来，随意收集、擅自使用、非法泄露甚至倒卖公民个人电子信息，侵入、攻击信息系统窃取公民个人电子信

---

① 关于《全国人民代表大会常务委员会关于加强网络信息保护的决定（草案）》的说明，中国人大网，http://www.npc.gov.cn/wxzl/gongbao/2013-04/16/content_1811070.htm。
② 全国人民代表大会常务委员会关于加强网络信息保护的决定，中国人大网，http://www.npc.gov.cn/wxzl/gongbao/2013-04/16/content_1811077.htm。

息,以及网络诈骗、诽谤等违法犯罪活动大量发生,严重损害公民、法人和其他组织的合法权益,危害国家安全和社会公共利益。对此,社会各界反应强烈,要求加强对网络信息的依法保护。

党中央、国务院高度重视互联网法制建设。尤其是2000年以来,我国制定了《全国人民代表大会常务委员会关于维护互联网安全的决定》《中华人民共和国电信条例》《互联网信息服务管理办法》《互联网新闻信息服务管理规定》等一系列涉及互联网的法律、行政法规和部门规章。同时,我国《刑法》《未成年人保护法》等法律的相关条款也涉及或适用于互联网管理。上述法律法规在推动和规范我国互联网建设发展过程中发挥了重要作用。但总体来看,有关网络信息保护的法律规范还比较薄弱和滞后,不适应我国信息化发展和维护公民在网络活动中合法权益的要求,本决定的出台恰逢其时,得民心、顺民意,符合中国国情和国际惯例。①

第十一节 其他法律法规

一、其他法律

《保守国家秘密法》是为了保守国家秘密,维护国家安全和利益,保障改革开放和社会主义建设事业的顺利进行而制定的。1988年9月5日第七届全国人民代表大会常务委员会第三次会议通过,经2010年4月29日第十一届全国人民代表大会常务委员会第十四次会议修订,共六章、五十三条。第一章为总则,第二章为国家秘密的范围和密级,第三章为保密制度,第四章为监督管理,第五章为法律责任,第六章为附则。

二、其他法规、部门规章

(一)《电信条例》

《电信条例》是为了规范电信市场秩序,维护电信用户和电信业务经营者的合法权益,保障电信网络和信息的安全,促进电信业的健康发展制定。2000年9月25日中华人民共和国国务院令第291号公布,现行版本是根据2016年2月6日《国务院关于修改部分行政法规的决定》(国务院令第666号)第二次修订的版本,共七章、八十条。第一章为总则,第二章为电信市场,第三章为电信服务,第四章为电信建设,第五章为电信安全,第六章为罚则,第七章为附则。

---

① 国家网信办解读《全国人民代表大会常务委员会关于加强网络信息保护的决定》,国家网信办转中国网信网,http://www.cac.gov.cn/2014-02/25/c_133142038.htm。

(二)《互联网信息服务管理办法》

《互联网信息服务管理办法》是为了规范互联网信息服务活动,促进互联网信息服务健康有序发展制定。经 2000 年 9 月 20 日中华人民共和国国务院第 31 次常务会议通过,2000 年 9 月 25 日公布施行。2011 年 1 月 8 日,根据《国务院关于废止和修改部分行政法规的决定》修订。该《办法》共二十七条。

(三)《网络交易平台经营者履行社会责任指引》

《网络交易平台经营者履行社会责任指引》是为了规范网络商品交易及有关服务行为,引导网络交易平台经营者积极履行社会责任,保护消费者和经营者的合法权益,促进网络经济持续健康发展,依据《消费者权益保护法》《产品质量法》《反不正当竞争法》《合同法》《商标法》《广告法》《侵权责任法》《网络交易管理办法》等法律法规和规章制定。2014 年 5 月 28 日,国家工商行政管理总局发布,共四章、三十五条。

(四)《计算机信息网络国际联网安全保护管理办法》

《计算机信息网络国际联网安全保护管理办法》是为了加强对计算机信息网络国际联网的安全保护,维护公共秩序和社会稳定,根据《中华人民共和国计算机信息系统安全保护条例》《中华人民共和国计算机信息网络国际联网管理暂行规定》和其他法律、行政法规的规定制定。1997 年 12 月 11 日国务院批准,1997 年 12 月 16 日公安部令第 33 号发布,根据 2011 年 1 月 8 日《国务院关于废止和修改部分行政法规的决定》修订,共五章、二十五条。第一章为总则,第二章为安全保护责任,第三章为安全监督,第四章为法律责任,第五章为附则。

(五)《经营性网站备案登记管理暂行办法》

《经营性网站备案登记管理暂行办法》是为了规范网站备案登记工作,规范网站的经营行为,保护消费者和网站所有者的合法权益而制定。2000 年 8 月 15 日,根据国家工商局的授权,由北京市工商行政管理局制定,共五章、十九条。第一章为总则,第二章为备案,第三章为变更、转让和取消,第四章为注销,第五章为附则。

(六)《中国互联网络域名注册暂行管理办法》

《中国互联网络域名注册暂行管理办法》是为了保证和促进我国互联网络的健康发展,加强我国互联网络域名系统的管理制定。于 1997 年 5 月 30 日由中国互联网络信息中心制定。该《办法》共三十一条。

(七)《互联网视听节目服务管理规定》

《互联网视听节目服务管理规定》是为了维护国家利益和公共利益,保护公众和互联网视听节目服务单位的合法权益,规范互联网视听节目服务秩序,促进健康有序发展制定。于 2007 年 12 月 29 日由国家广电总局公布，自 2008 年 1 月 31 日起实施。该《规定》共二十九条。

思考题

1. 谈谈如何运用以上所列举的各种法律法规来指导网络创业？
2. 除了本章所介绍的法律法规之外，你觉得在开展网络创业的时候，还必须关注哪些法律法规？请举例说明。

第六章 企业一般管理过程相关的法律法规

学习目的

通过劳动合同法、社会保险法、安全生产法、产品质量法、价格法、广告法、票据法、直销管理条例、商业特许经营管理条例、现金管理暂行条例、劳务派遣暂行规定、商品现货市场交易特别规定、标准化票据管理办法等法律法规的学习,为有效地进行企业管理提供指导。

第一节 劳动合同法

一、劳动合同概念及特征

劳动合同是劳动者与用工单位之间确立劳动关系,明确双方权利和义务的协议。根据这个协议,劳动者加入企业、个体经济组织、事业组织、国家机关、社会团体等用人单位,成为该单位的一员,承担一定的工种、岗位或职务工作,并遵守所在单位的内部劳动规则和其他规章制度;用人单位应及时安排被录用的劳动者工作,按照劳动者提供劳动的数量和质量支付劳动报酬,并且根据劳动法律、法规规定和劳动合同的约定提供必要的劳动条件,保证劳动者享有劳动保护及社会保险、福利等权利和待遇。

订立和变更劳动合同,应当遵循平等自愿、协商一致的原则,不得违反法律、行政法规的规定。劳动合同依法订立即具有法律约束力,当事人必须履行劳动合同规定的义务。劳动合同包括如下特征。

(1)劳动合同主体具有特定性。一方是劳动者,即具有劳动权利能力和劳动行为能力的中国人、外国人和无国籍人;另一方是用人单位,即具有使用劳动能力的权利能力和行为能力的企业个体经济组织、事业组织、国家机关、社会团体等用人单位。双方在实现劳动过程中具有支配与被支配、领导与服从的从属关系。

(2)劳动合同内容具有劳动权利和义务的统一性和对应性。没有只享受劳动权利而不履行劳动义务的,也没有只履行劳动义务而不享受劳动权利的。一方的劳动权利是另一方的劳动义务,反之亦然。

(3)劳动合同客体具有单一性,即劳动行为。

(4)劳动合同具有诺成、有偿、双务合同的特征。劳动者与用人单位就劳动合同条款内容达成一致意见，劳动合同即成立。用人单位根据劳动者劳动的数量和质量给付劳动报酬，不能无偿使用劳动力。劳动者与用人单位均享有一定的权利并履行相应的义务。

（5）劳动合同往往涉及第三人的物质利益关系。劳动合同必须具备社会保险条款，同时劳动合同双方当事人也可以在劳动合同中明确规定有关福利待遇条款，而这些条款往往涉及第三人物质利益待遇。

二、《劳动合同法》制定背景

《中华人民共和国劳动合同法》（以下简称《劳动合同法》）的出台是协调劳动关系、维护劳动者合法权益的需要，是建立和谐社会的需要。它的出台背景包括如下因素。

（1）劳动法律法规严重滞后。制定于十余年前的《中华人民共和国劳动法》在实施过程中已日益显现出适用范围窄、劳动合同短期化、劳动关系法制化落实难等严重滞后于现实需要的弊端。

（2）政府执政理念发生重要转变。党的十六届六中全会上通过的《关于构建社会主义和谐社会若干重大问题的决定》，确定了政府的执政理念之一是构建和谐社会。而在构建和谐社会的活动中，必须把构建和谐劳动关系放在首位，劳动关系和谐稳定直接关系着整个社会的和谐稳定，在建立社会主义市场经济体制过程中，《劳动合同法》是我国建立和维护劳动关系协调机制的基础性劳动法律规范。

（3）"强资本、弱劳工"的基本国情。"强资本、弱劳工"现象在劳动关系领域普遍存在，在劳动领域发生的一系列问题，如：农民工工资拖欠，黑煤窑奴役"劳工"，"血汗工厂"屡禁不绝，用人单位拖欠社会保险费，劳动争议案件连年递增等，劳动关系领域的不和谐、不稳定现象，既损及劳动者权益，给我国经济发展带来障碍，也带来严重的政治问题，劳动风险有可能演化为社会风险，甚而政治风险，会引发社会动荡。

（4）经济全球化的迅猛发展趋势。在国际贸易竞争十分激烈的今天，不少发达国家出于对本国市场、就业的保护，利用"反倾销""劳工标准"知识产权保护等各种形式的贸易壁垒，限制我国产品的输出，使依靠低廉的劳动力成本进行国际竞争越来越困难。

三、《劳动合同法》立法历程

劳动部于1950年制定的《失业技术登记介绍办法》，1951年制定的《关于各地招聘职工的暂行办法》，1954年《关于建筑工程单位往外地招用建筑工人订立劳动合同的办法》等，都要求用劳动合同确立劳动关系。但是，随着固定工制度的普遍实行，劳动合同仅在临时工与用人单位之间签订。直到20世纪80年代初劳动合同立法才有了突破性的进展，其间颁布了大量的劳动合同方面的规定，如1980年国务院发布的《中外合资经营企业劳动管理规定》，1986年国务院发布的《国营企业实行劳动合同制暂行规定》，1993年《关于股份制试点企业劳动工资管理暂行办法》等法规，都要求把劳动合同作为缔结劳动关系的法律形式。

1995年1月1日，开始实施《中华人民共和国劳动法》。

2005年12月24日，《劳动合同法（草案）》提交第十届全国人民代表大会常务委员会第十九次会议审议。

2006年3月20日，《劳动合同法（草案）》公开征求意见。

2006年12月24日，《劳动合同法（草案）》提交全国人大常委会第二十五次会议进行二审。按照立法进程，草案进入三审。

2007年6月29日，十届全国人大常委会第二十八次会议通过《劳动合同法》，并将于2008年1月1日起施行。

《全国人民代表大会常务委员会关于修改〈中华人民共和国劳动合同法〉的决定》已由中华人民共和国第十一届全国人民代表大会常务委员会第三十次会议于2012年12月28日通过，自2013年7月1日起施行。

四、2013年版《劳动合同法》修订内容

第十一届全国人民代表大会常务委员会第三十次会议决定对《中华人民共和国劳动合同法》作如下修改：

第一，将第五十七条修改为："经营劳务派遣业务应当具备下列条件：（1）注册资本不得少于人民币二百万元；（2）有与开展业务相适应的固定的经营场所和设施；（3）有符合法律、行政法规规定的劳务派遣管理制度；（4）法律、行政法规规定的其他条件。经营劳务派遣业务，应当向劳动行政部门依法申请行政许可；经许可的，依法办理相应的公司登记。未经许可，任何单位和个人不得经营劳务派遣业务。"

第二，将第六十三条修改为："被派遣劳动者享有与用工单位的劳动者同工同酬的权利。用工单位应当按照同工同酬原则，对被派遣劳动者与本单位同类岗位的劳动者实行相同的劳动报酬分配办法。用工单位无同类岗位劳动者的，参照用工单位所在地相同或者相近岗位劳动者的劳动报酬确定。劳务派遣单位与被派遣劳动者订立的劳动合同和与用工单位订立的劳务派遣协议，载明或者约定的向被派遣劳动者支付的劳动报酬应当符合前款规定。"

第三，将第六十六条修改为："劳动合同用工是我国的企业基本用工形式。劳务派遣用工是补充形式，只能在临时性、辅助性或者替代性的工作岗位上实施。前款规定的临时性工作岗位是指存续时间不超过六个月的岗位；辅助性工作岗位是指为主营业务岗位提供服务的非主营业务岗位；替代性工作岗位是指用工单位的劳动者因脱产学习、休假等原因无法工作的一定期间内，可以由其他劳动者替代工作的岗位。用工单位应当严格控制劳务派遣用工数量，不得超过其用工总量的一定比例，具体比例由国务院劳动行政部门规定。"

第四，将第九十二条修改为："违反本法规定，未经许可，擅自经营劳务派遣业务的，由劳动行政部门责令停止违法行为，没收违法所得，并处违法所得一倍以上五倍以下的罚款；没有违法所得的，可以处五万元以下的罚款。劳务派遣单位、用工单

位违反本法有关劳务派遣规定的,由劳动行政部门责令限期改正;逾期不改正的,以每人五千元以上一万元以下的标准处以罚款,对劳务派遣单位,吊销其劳务派遣业务经营许可证。用工单位给被派遣劳动者造成损害的,劳务派遣单位与用工单位承担连带赔偿责任。"

本决定自 2013 年 7 月 1 日起施行。

本决定公布前已依法订立的劳动合同和劳务派遣协议继续履行至期限届满,但是劳动合同和劳务派遣协议的内容不符合本决定关于按照同工同酬原则实行相同的劳动报酬分配办法的规定的,应当依照本决定进行调整;本决定施行前经营劳务派遣业务的单位,应当在本决定施行之日起一年内依法取得行政许可并办理公司变更登记,方可经营新的劳务派遣业务。具体办法由国务院劳动行政部门会同国务院有关部门规定。

《中华人民共和国劳动合同法》根据本决定作相应修改,重新公布。[①]

五、2013 年版《劳动合同法》简介

《中华人民共和国劳动合同法》是为了完善劳动合同制度,明确劳动合同双方当事人的权利和义务,保护劳动者的合法权益,构建和发展和谐稳定的劳动关系,制定本法。自 2013 年 7 月 1 日起施行,共八章、九十八条。

第一章为总则,包括第一条到第六条,阐述了本法的立法宗旨、本法的适用范围、订立的基本原则、相关的规章制度、协调劳动关系的三方机制以及集体协商机制。

第二章为劳动合同的订立,包括第七条到第二十八条,阐述劳动关系的建立,用人单位的告知义务和劳动者的说明义务,用人单位不得扣押劳动者证件和要求提供担保,订立书面劳动合同的要求,未订立书面劳动合同时劳动报酬不明确的解决。劳动合同的种类,固定期限劳动合同,无固定期限劳动合同,以完成一定工作任务为期限的劳动合同的含义。劳动合同的生效,劳动合同的内容,劳动合同对劳动报酬和劳动条件约定不明确的解决,试用期的时间,试用期期间劳动者的工资,试用期内解除劳动合同方法,涉及服务期、保密义务和竞业限制的有关规定,竞业限制的范围和期限,违约金,劳动合同的无效或者部分无效,劳动合同无效后劳动报酬的支付。

第三章为劳动合同的履行和变更,包括第二十九条到第三十五条,包括劳动合同的履行,劳动报酬,加班,劳动者不被视为违反劳动合同的行为,用人单位名称、法定代表人等的变更或用人单位合并或者分立、劳动合同的变更等情形对劳动合同的影响。

第四章为劳动合同的解除和终止,包括第三十六条到第五十条,包括协商解除劳动合同、劳动者提前通知解除劳动合同、劳动者单方解除劳动合同的情形、用人单位单方解除劳动合同(过失性辞退)的情形、无过失性辞退的情形、经济性裁员的情形、用人单位不得解除劳动合同的情形、工会在劳动合同解除中的监督作用、劳动合

---

① 中国政府网,http://www.gov.cn/flfg/2012-12/28/content_2305571.htm。

同终止的情形、劳动合同的逾期终止、经济补偿的情形、经济补偿的计算、违法解除或者终止劳动合同的法律后果、社会保险关系跨地区转移接续、劳动合同解除或者终止后双方的义务。

第五章为特别规定,包括第五十一条到第七十二条,包括集体合同的订立和内容、专项集体合同、行业性集体合同、区域性集体合同、集体合同的报送和生效、集体合同中劳动报酬、劳动条件等标准、集体合同纠纷和法律救济、劳务派遣单位的设立、劳务派遣单位、用工单位及劳动者的权利义务、劳务派遣协议、劳务派遣单位的告知义务,跨地区派遣劳动者的劳动报酬、劳动条件,用工单位的义务、被派遣劳动者同工同酬、被派遣劳动者参加或者组织工会、劳务派遣中解除劳动合同、劳务派遣的适用岗位、用人单位不得自设劳务派遣单位、非全日制用工的概念、非全日制用工的劳动合同、非全日制用工不得约定试用期、非全日制用工的终止用工、非全日制用工的劳动报酬。

第六章为监督检查,包括第七十三条到第七十九条,包括劳动合同制度的监督管理体制,劳动行政部门监督检查事项,监督检查措施和依法行政、文明执法,其他有关主管部门的监督管理,工会监督检查的权利,劳动者权利救济途径,对违法行为的举报。

第七章为法律责任,包括第八十条到第九十五条,包括规章制度违法的法律责任,缺乏必备条款、不提供劳动合同文本的法律责任,不订立书面劳动合同的法律责任,违法约定试用期的法律责任,扣押劳动者身份证等证件的法律责任,未依法支付劳动报酬、经济补偿等的法律责任,订立无效劳动合同的法律责任,违反解除或者终止劳动合同的法律责任,侵害劳动者人身权益的法律责任,不出具解除、终止书面证明的法律责任,劳动者的赔偿责任,用人单位的连带赔偿责任,劳务派遣单位的法律责任,无营业执照经营单位的法律责任,个人承包经营者的连带赔偿责任,不履行法定职责,违法行使职权的法律责任。

第八章包括第九十六条到第九十八条,为附则部分,包括事业单位聘用制劳动合同的法律适用,过渡性条款和施行时间。①

第二节 社会保险法

一、基本概念及特征

社会保险是指国家通过立法强制建立社会保险基金,对参加劳动关系的劳动者在丧失劳动能力或失业时给予必要的物质帮助的制度。社会保险不以营利为目的,包含了生育保险、基本医疗保险、失业保险、工伤保险、基础养老保险五个险种,其中基础养老保险、基本医疗保险、失业险这三种保险由企业和个人共同承担,工伤险和生

---

① 中华人民共和国劳动合同法 2013 年,北京化工大学工会,https://gh.buct.edu.cn/2014/1014/c1326a20221/page.htm。

育险则由企业单独承担缴费。

社会保险对劳动者提供的是基本生活保障,只要劳动者符合享受社会保险的条件,或者与用人单位建立了劳动关系,或者已按规定缴纳各项社会保险费,即可享受社会保险待遇。社会保险是社会保障制度中的核心内容。

社会保险具有五个基本特征:其一,社会保险的客观基础,是劳动领域中存在的风险,保险的标的是劳动者的人身;其二,社会保险的主体是特定的,包括劳动者(含其亲属)与用人单位;其三,社会保险属于强制性保险;其四,社会保险的目的是维持劳动力的再生产;其五,保险基金来源于用人单位和劳动者的缴费及财政的支持。保险对象范围限于职工,不包括其他社会成员。保险内容范围限于劳动风险中的各种风险,不包括此外的财产、经济等风险。

二、中国城镇社会保险制度的沿革

1951年2月,政务院公布了《劳动保护条例》,标志着新中国的社会保险体系的建立,其保障对象是企业职工,保险项目包括疾病、负伤、生育、医疗、退休、死亡和待业等。国家机关工作人员的退休办法遵循的是1952年12月公布的《国家机关工作人员退休处理暂行办法》。从20世纪50年代初到1966年,社会保障制度有基金、有管理、有监督,基金的收集、管理和监督是分立的,这一制度运行良好。1966年后,社会保险制度转变成企业保险制度。

1984年中国开始对原有的退休金制度进行改革的探索,1997年构建了社会统筹与个人账户相结合的基本养老保险制度(以下简称统账养老保险制度)框架。国务院于1998年12月下发了《国务院关于建立城镇职工基本医疗保险制度的决定》。1988年12月26日,国务院第11次常务会议通过《失业保险条例》,1999年1月22日发布并实施。2010年10月28日第十一届全国人民代表大会常务委员会第十七次会议通过我国第一部《中华人民共和国社会保险法》(简称《社会保险法》),根据2018年12月29日第十三届全国人民代表大会常务委员会第七次会议《关于修改〈中华人民共和国社会保险法〉的决定》对《社会保险法》修正。目前,中国建立起了以城镇职工为保障对象的社会保险制度体系,主要项目有社会统筹与个人账户制度相结合的养老社会保险(以下简称统账制度)、社会统筹与个人账户制度相结合的医疗社会保险、失业保险、工伤保险、生育保险。

2020年1月1日起,在内地(大陆)就业、居住和就读的港澳台居民将拥有社保卡,与内地(大陆)居民一样,依法参加社会保险和享受社会保险待遇的合法权益。国家医保局最新公布了《香港澳门台湾居民在内地(大陆)参加社会保险暂行办法》。

三、《社会保险法》的意义

2010年10月28日第十一届全国人民代表大会常务委员会第十七次会议通过《中华人民共和国社会保险法》(以下简称《社会保险法》),该法是中国特色社会主义法律体系中起支架作用的重要法律,是一部着力保障和改善民生的法律。它的颁布实施,是中国人力资源社会保障法治建设中的又一个里程碑,对于建立覆盖城乡居民的社会保障体系,更好地维护公民参加社会保险和享受社会保险待遇的合法权益,使公民共享发展成果,促进社会主义和谐社会建设,具有十分重要的意义。

这是深入贯彻落实科学发展观、构建社会主义和谐社会的重大举措。《社会保险法》将党中央建立健全社会保障体系的重大决策和战略部署转化为根本性、稳定性的国家法律制度,必将对构建社会主义和谐社会和国家的长治久安发挥重要的保障和推动作用。

使我国社会保险制度发展全面进入法治化轨道。《社会保险法》规范了社会保险关系,强化了政府责任,确定了社会保险相关各方的法律责任等,使社会保险制度运行更加稳定、规范。特别是贯彻执行《社会保险法》要配套制定一系列法规和规章等,带动社会保险法治化建设进入全面发展的新阶段。

为推动整个人力资源社会保障事业科学发展提供了进一步的法治保障,《社会保险法》确立了广覆盖、保基本、多层次、可持续的社会保险制度,从法律上破除了阻碍各类人才自由流动、劳动者在地区之间和城乡之间流动就业的制度性障碍,有利于形成和发展统一规范的人力资源市场;《社会保险法》进一步规范和明确了劳动者和用人单位的社会保险权利义务关系,有利于促进劳动关系的稳定与和谐。《社会保险法》的出台,与以前颁布实施的《劳动法》《公务员法》《劳动合同法》《就业促进法》《劳动争议调解仲裁法》一起,构成了我国人力资源社会保障法律体系完整的顶层架构,对推进人力资源社会保障事业在法治轨道上实现科学发展具有重要意义。

四、关于修改《社会保险法》的决定

第十三届全国人民代表大会常务委员会第七次会议决定对《中华人民共和国社会保险法》作如下修改:

将第五十七条中的"工商行政管理部门"修改为"市场监督管理部门"。

将第六十四条第一款中的"各项社会保险基金按照社会保险险种分别建账,分账核算,执行国家统一的会计制度"修改为"除基本医疗保险基金与生育保险基金合并建账及核算外,其他各项社会保险基金按照社会保险险种分别建账,分账核算。社会保险基金执行国家统一的会计制度"。

将第六十六条中的"社会保险基金预算按照社会保险项目分别编制"修改为"除基本医疗保险基金与生育保险基金预算合并编制外,其他社会保险基金预算按照社会保险项目分别编制"。[1]

五、2018年版《社会保险法》简介

为了规范社会保险关系,维护公民参加社会保险和享受社会保险待遇的合法权

---

[1] 全国人民代表大会常务委员会关于修改《中华人民共和国社会保险法》的决定,中国政府网转新华社,http://www.gov.cn/xinwen/2018-12/30/content_5353504.htm。

益，使公民共享发展成果，促进社会和谐稳定，根据制定本法，共十二章、九十八条。

第一章为总则，包括第一条到第九条，包括立法宗旨、保险类型、社会保险制度特点、社会保险的缴纳、对社会保险事业的支持、对社会保险基金实行严格监管、社会保险工作的部门划分、社会保险经办机构的职责、工会的权利。

第二章为养老保险，包括第十条到第二十二条，包括缴纳基本养老保险的主体、实行办法与组成，基本养老保险的缴纳，政府承担与政府补贴部分，个人账务余额的支取与继承，基本养老金的组成与影响因素。基本养老金的领取，补助金和抚恤金以及病残津贴的领取，基本养老金正常调整机制，个人跨统筹地区就业的基本养老保险关系转移，建立和完善新型农村社会养老保险制度，新型农村社会养老保险待遇与领取方式，建立和完善城镇居民社会养老保险制度。

第三章为基本医疗保险，包括第二十三条到第三十二条，包含基本医疗保险的参加，建立和完善新型农村合作医疗制度，建立和完善城镇居民基本医疗保险制度，不同类型的基本医疗保险的待遇标准，职工基本医疗保险缴纳年限，基本医疗保险基金的使用，参保人员医疗费用中应当由基本医疗保险基金支付部分的结算方式，不纳入基本医疗保险基金支付范围的情形，社会保险经办机构的参与，个人跨统筹地区就业其基本医疗保险关系的转移。

第四章为工伤保险，包括第三十三条到第四十三条，包括工伤保险缴纳方，费率档次的确定，用人单位对工伤保险缴纳费率，享受工伤保险待遇的情形，本人在工作中伤亡的但不被认定为工伤的情形，可按照国家规定从工伤保险基金中支付工伤产生费用的情形，按照国家规定由用人单位支付工伤产生费用的情形，用人单位偿还情形，由于第三人的原因造成工伤的情形，工伤职工停止享受工伤保险待遇的情形。

第五章为失业保险，包括第四十四条到第五十二条，包括缴纳失业保险方、失业人员从失业保险基金中领取失业保险金的情形，失业保险金的领取，失业保险金的标准确定，失业人员在领取失业保险金期间其他相关保险享受情况，失业人员在领取失业保险金期间死亡的处理办法，终止或者解除劳动关系的证明的出具，失业保险金的领取办法，失业人员在领取失业保险金期间停止领取失业保险金，并同时停止享受其他失业保险待遇的情形、职工跨统筹地区就业其失业保险关系随本人转移。

第六章为生育保险，包括第五十三条到第五十六条，包括保险缴纳方、生育保险待遇的享受、生育医疗费用包括的具体内容、职工可以按照国家规定享受生育津贴的情形。

第七章为社会保险费征缴，包括第五十七条到第六十三条，包括社会保险登记的申请办理流程，未办理社会保险登记的处理办法，县级以上人民政府加强社会保险费的征收工作，用人单位自行申报、按时足额缴纳社会保险费，灵活就业人员的社会保险费缴纳，社会保险费征收机构的工作，用人单位未按规定申报应当缴纳的社会保险费数额的处理办法，用人单位未按时足额缴纳社会保险费的处理办法。

第八章为社会保险基金，包括第六十四条到第七十一条，包括社会保险基金的组成，实现收支平衡办法，设立预算办法，依照法律和国务院规定执行预算，决算草案的编制、审核和批准，社会保险基金具体管理办法，按照国务院规定投资运营实现保值增值，定期向社会公布相关信息，全国社会保障基金的设立。

第九章为社会保险经办，包括第七十二条到第七十五条，包括社会保险经办机构的设立、社会保险经办机构的职责、全国社会保险信息系统的建设。

第十章为社会保险监督，包括第七十六条到第八十三条，包括各级人民代表大会常务委员会依法行使监督职权，县级以上人民政府社会保险行政部门的职责，财政部门、审计机关的监督，社会保险行政部门对社会保险基金实施监督检查以及可采取的措施，社会保险监督委员会的组成与职权，用人单位和个人的信息保密。负责人的处理，任何组织或者个人有权对违反社会保险法律、法规的行为进行举报、投诉，可以依法申请行政复议或者提起行政诉讼的情形。

第十一章为法律责任，包括第八十四条到第九十四条，包括用人单位不办理社会保险登记的处罚办法，用人单位拒不出具终止或者解除劳动关系证明的处罚办法，用人单位未按时足额缴纳社会保险费的处罚办法，涉嫌骗取社会保险金的处罚办法，以欺诈、伪造证明材料或者其他手段骗取社会保险待遇的处罚办法，社会保险经办机构及其工作人员由社会保险行政部门责令改正的情形，擅自更改社会保险费缴费基数、费率的处罚办法，隐匿、转移、侵占、挪用社会保险基金或者违规投资运营的处罚办法，涉嫌个人信息泄露的处罚办法，国家工作人员失职行为的处罚办法，违反本法规定、构成犯罪的处罚办法。

第十二章为附则，包括第九十五条到第九十八条，包括进城务工的农村居民参加社会保险办法，征收农村集体所有的土地的社会保险费，外国人在中国境内就业的参加社会保险办法，本法的施行时间。①

第三节　安全生产法

一、基本概念

所谓"安全生产"，是指在生产经营活动中，为了避免造成人员伤害和财产损失的事故而采取相应的事故预防和控制措施，使生产过程在符合规定的条件下进行，以保证从业人员的人身安全与健康，确保设备和设施免受损坏、环境免遭破坏，保证生产经营活动得以顺利进行的相关活动。

安全生产的本质在于以下几个方面。

第一，保护劳动者的生命安全和职业健康是安全生产最根本、最深刻的内涵，是安全生产本质的核心。它充分揭示了安全生产以人为本的导向性和目的性，它是我们党和政府以人为本的执政本质、以人为本的科学发展观的本质、以人为本构建和谐社会的本质在安全生产领域的鲜明体现。

第二，突出强调了最大限度的保护。所谓最大限度的保护，是指在现实经济社会

---

① 中华人民共和国社会保险法，中国人大网，http：//www.npc.gov.cn/npc/c30834/201901/4a6c13e9f73541ffb2c1b5ee615174f5.shtml。

所能提供的客观条件的基础上，尽最大的努力，采取加强安全生产的一切措施，保护劳动者的生命安全和职业健康。

第三，突出了在生产过程中的保护。生产过程是劳动者进行劳动生产的主要时空，因而也是保护其生命安全和职业健康的主要时空，安全生产的以人为本，具体体现在生产过程中的以人为本。同时，它还从深层次揭示了安全与生产的关系。

第四，突出了一定历史条件下的保护。这个一定的历史条件，主要是指特定历史时期的社会生产力发展水平和社会文明程度。

二、《安全生产法》制定背景及意义

改革开放以来，在党中央、国务院和各级地方党委和人民政府的领导下，我国的安全生产状况逐步好转。但近年来，安全生产状况很不稳定，重大、特大事故连续发生。为了加强安全生产监督管理，遏制事故，减少人民生命安全和财产损失，保证社会主义现代化建设的顺利进行，党中央、国务院坚持安全第一的方针，先后采取了安全生产专项整治特别是加强法制等一系列重大举措，为实现安全生产的稳定好转奠定了外部条件。在党中央提出依法治国，建设社会主义法治国家的基本方略以后，安全生产法治建设被提到前所未有的重要位置上，安全生产法治建设的进程不断加快。《中华人民共和国安全生产法》（以下简称《安全生产法》）正是在这种背景下制定的。

制定《安全生产法》的意义是：（1）依法加强监督管理、安全监察和依法行政的需要；（2）防止和减少生产安全事故，保护人民群众生命和财产安全的需要；（3）依法制裁安全生产违法犯罪的需要；（4）建立和完善我国安全生产法律体系的需要。

三、《安全生产法》修订历程

2002年6月29日，第九届全国人民代表大会常务委员会第二十八次会议通过《中华人民共和国安全生产法》，2002年11月1日实施。

2009年8月27日，第十一届全国人民代表大会常务委员会第十次会议关于《关于修改部分法律的决定》第一次修正。

2014年8月31日，第十二届全国人民代表大会常务委员会第十次会议《关于修改〈中华人民共和国安全生产法〉的决定》第二次修正。

2020年11月25日，国务院总理李克强主持召开国务院常务会议，确定完善失信约束制度、健全社会信用体系的措施，为发展社会主义市场经济提供支撑，通过《中华人民共和国安全生产法（修正草案）》。

2021年6月10日，中华人民共和国第十三届全国人民代表大会常务委员会第二十九次会议通过《全国人民代表大会常务委员会关于修改〈中华人民共和国安全生产法〉的决定》，自2021年9月1日起施行。

四、2021年版《安全生产法》修订必要性

安全生产是关系人民群众生命财产安全的大事，是经济社会高质量发展的重要标志，是党和政府对人民利益高度负责的重要体现。党中央、国务院高度重视安全生产工作。习近平总书记多次作出重要指示，强调各级党委政府务必把安全生产摆到重要位置，统筹发展和安全，坚持人民至上、生命至上，树牢安全发展理念，严格落实安全生产责任制，强化风险防控，从根本上消除事故隐患，切实把确保人民生命安全放在第一位落到实处。李克强总理多次作出重要批示，要求压实各层级各环节责任，严格安全监管执法，强化安全风险防控和隐患排查治理，加强安全基础能力建设，坚决防范遏制重特大安全事故，保障人民群众生命财产安全。

《中华人民共和国安全生产法》于2002年公布施行，2009年和2014年进行了两次修正，对预防和减少生产安全事故，保障人民群众生命财产安全发挥了重要作用，但新发展阶段、新发展理念、新发展格局对安全生产提出了更高的要求，需要对《安全生产法》进行修改完善。一是习近平总书记对加强安全生产工作作出一系列重要指示批示，2016年12月，中共中央、国务院印发《关于推进安全生产领域改革发展的意见》，对安全生产工作的指导思想、基本原则、制度措施等作出新的重大部署，需要通过修法进一步贯彻落实。二是我国安全生产仍处于爬坡过坎期，过去长期积累的隐患集中暴露，新的风险不断涌现，需要通过修法进一步压实各方安全生产责任，有效防范化解重大安全风险。三是根据2018年深化党和国家机构改革方案，原国家安监总局的职责划入应急部，其他有关部门和职责也作了调整，需要通过修法对原来的法定职责进行修改。

2019年1月，应急管理部向国务院报送了《〈中华人民共和国安全生产法〉修正案（草案送审稿）》。2019年1月和2020年2月司法部先后两次征求有关部门、省级政府和部分研究机构、行业协会、企业的意见，并会同应急管理部进一步开展了实地调研、专家座谈、沟通协调，反复修改完善，形成了《中华人民共和国安全生产法（修正草案）》，于2020年11月25日国务院第115次常务会议讨论通过。

五、修订的主要内容

（1）进一步完善安全生产工作的原则要求。为加强党对安全生产工作的领导，贯彻党的十九届五中全会精神，落实习近平总书记提出的"三个必须"原则，对有关内容作了修改完善，规定安全生产工作应当坚持中国共产党的领导，以人为本，坚持人民至上、生命至上，把保护人民生命安全摆在首位，树牢安全发展理念，坚持安全第一、预防为主、综合治理的方针，从源头上防范化解重大安全风险，实行管行业必须管安全、管业务必须管安全、管生产经营必须管安全（第一条）。

（2）进一步强化和落实生产经营单位的主体责任。一是确保生产经营单位的安全生产责任制落实到位，规定生产经营单位应当建立健全全员安全生产责任制和安全生产规章制度，加大投入保障力度，改善安全生产条件，加强标准化建设，构建安全

风险分级管控和隐患排查治理双重预防体系，健全风险防范化解机制（第二条）。明确生产经营单位的主要负责人是本单位安全生产第一责任人，其他负责人对职责范围内的安全生产工作负责（第三条）。二是强化预防措施，规定生产经营单位应当建立安全风险分级管控制度，按安全风险分级采取相应管控措施；重大事故隐患排查治理情况应当及时向有关部门报告（第十一条）。三是加大对从业人员心理疏导、精神慰藉等人文关怀和保护力度，防范行为异常导致事故发生（第十二条）。四是发挥市场机制的推动作用，要求属于国家规定的高危行业、领域的生产经营单位应当投保安全生产责任保险（第十三条）。

（3）进一步明确地方政府和有关部门的安全生产监督管理职责。一是强化领导责任，规定各级人民政府应当加强安全生产基础设施和能力建设，所需经费列入本级预算；乡、镇人民政府和街道办事处，以及开发区、港区、风景区等应当明确负责安全监管的机构及其职责，加强监管力量建设，建立完善安全风险评估与论证机制，实施重大安全风险联防联控（第四条）。二是厘清有关部门在安全生产强制性国家标准方面的职责，规定国务院有关部门分工负责安全生产强制性国家标准的有关工作，依据法定职责对强制性国家标准的实施进行监督检查（第五条）。三是提升安全生产监管的信息化、智能化水平，监管部门之间应当对重大危险源及有关安全和应急措施备案信息实现信息共享（第十条）。有关部门应当将重大事故隐患纳入相关信息系统，建立健全治理督办制度，督促消除重大事故隐患（第十一条）。国务院应急管理部门牵头建立全国统一的生产安全事故应急救援信息系统，有关部门和县级以上地方人民政府建立健全相关行业、领域、地区的事故应急救援信息系统，实现互联互通、信息共享，提升监管的精准化、智能化水平（第十九条）。

（4）进一步加大对生产经营单位及其负责人安全生产违法行为的处罚力度。一是在现行《安全生产法》规定的基础上，普遍提高了对违法行为的罚款数额（第二十二条至第二十九条、第三十四条）。二是增加生产经营单位被责令改正且受到罚款处罚，拒不改正的，监管部门可以按日连续处罚（第三十二条）。三是针对安全生产领域"屡禁不止、屡罚不改"等问题，加大对违法行为恶劣的生产经营单位关闭力度，依法吊销有关证照，对主要负责人实施职业禁入（第三十三条）。四是加大对违法失信行为的联合惩戒和公开力度，规定监管部门发现生产经营单位未按规定履行公示义务的，予以联合惩戒；有关部门和机构对存在失信行为的单位及人员采取联合惩戒措施，并向社会公示（第十八条）。[①]

六、2021年版《安全生产法》简介

为了加强安全生产工作，防止和减少生产安全事故，保障人民群众生命和财产安全，促进经济社会持续健康发展，制定本法。本法自2021年9月1日起施行。共七章、一百一十九条。第一章为总则，包括第一条到第十九条；第二章为生产经营单位的安全生产保障，包括第二十条到第五十一条；第三章为从业人员的安全生产权利义

---

① 中国人大网，http://www.npc.gov.cn/npc/c30834/202106/2787a90fc3be48de828ce185abd98a68.shtml。

务,包括第五十二条到第六十一条;第四章为安全生产的监督管理,包括第六十二条到第七十八条;第五章为生产安全事故的应急救援与调查处理,包括第七十九条到第八十九条;第六章为法律责任,包括第九十条到第一百一十六条;第七章为附则,包括第一百一十七条到第一百一十九条。

第四节 产品质量法

一、基本概念

产品质量是指产品满足规定需要和潜在需要的特征和特性的总和。任何产品都是为满足用户的使用需要而制造的。对于产品质量来说,不论是简单产品还是复杂产品,都应当用产品质量特性或特征去描述。产品质量特性依产品的特点而异,表现的参数和指标也多种多样,反映用户使用需要的质量特性归纳起来一般有六个方面,即性能、寿命(即耐用性)、可靠性与维修性、安全性、适应性、经济性。

产品质量除了含有实物产品之外,还含有无形产品质量,即服务产品质量。服务质量也是有标准的。

二、产品质量的重要意义

提高产品质量包括如下四方面意义。

(1) 质量是企业的生命。随着科学技术的进步,市场经济的发展,人们逐渐告别短缺经济。在买方市场条件下,企业间的竞争异常激烈,而竞争的实质是质量竞争,其结果是质量好的企业必将淘汰质量低劣的企业。

(2) 质量是企业树立品牌的前提。良好的品牌依赖产品的高质量,没有优质的产品难以树立好的品牌形象。

(3) 质量是企业效益的源泉。一方面,高质量产品与低质量产品相比,生产成本相差无几,但市场上的身价相差可能数倍;另一方面,高质量的生产制造过程降低了废品率和各种消耗,这种生产过程直接给企业带来经济效益。

(4) 质量是市场营销的后盾。高质量的产品给企业的市场营销以十足的信心,是市场营销成功的保证。如果质量上不去,再有成效的市场营销也只能是前面开拓市场,后面丢失阵地,前面扩大销售,后面增加投诉。

三、《产品质量法》立法背景

20世纪90年代,产品质量低、经济效益差、物质消耗高,仍然是我国经济发展中的突出问题。假冒伪劣产品屡禁不止,极大地损害了国家和消费者的利益。为加强对产品质量的监督管理,提高产品质量水平,明确产品质量责任,保护消费者的合法权益，维护社会经济秩序，1993年9月1日起《中华人民共和国产品质量法》（以下简称《产品质量法》）正式施行，打击假冒伪劣产品开始有法可依。

四、《产品质量法》立法历程

1993年2月22日第七届全国人民代表大会常务委员会第三十次会议通过《中华人民共和国产品质量法》。

2000年7月8日，第九届全国人民代表大会常务委员会第十六次会议《关于修改〈中华人民共和国产品质量法〉的决定》第一次修正。

2009年8月27日，第十一届全国人民代表大会常务委员会第十次会议《关于修改部分法律的决定》第二次修正。

2018年12月29日，第十三届全国人民代表大会常务委员会第七次会议《关于修改〈中华人民共和国产品质量法〉等五部法律的决定》第三次修正。

2019年4月24日，《产品质量法》修订工作全面启动。

五、2018年版《产品质量法》修订背景及修订内容

为了深入贯彻党的十九届三中全会重要精神，全面落实党的十九届三中全会审议通过的《中共中央关于深化党和国家机构改革的决定》《深化党和国家机构改革方案》以及十三届全国人大一次会议批准的《国务院机构改革方案》，确保行政机关依法履行职责；进一步推进简政放权、放管结合、优化服务改革，更大程度上激发市场、社会的创新创造活力；落实党的十八届五中全会提出的"建立更加公平更可持续的社会保障制度"要求，将社会保险制度改革试点经验在全国推开，司法部会同国务院有关部门，经商中央编办、全国人大有关专门委员会、全国人大常委会法工委，起草了《〈中华人民共和国产品质量法〉等17部法律的修正案（草案）》。

在2018年12月29日，全国人民代表大会常务委员会第七次会议集中发布了一批修订法律的决定，其中涉及了《中华人民共和国产品质量法》。

对《中华人民共和国产品质量法》作出修改：（1）将第八条、第十条、第十四条、第十五条、第十七条、第十八条、第十九条、第二十四条、第二十五条、第六十六条、第六十七条中的"产品质量监督部门"修改为"市场监督管理部门"；（2）删去第十八条第二款；（3）将第二十二条中的"产品质量监督部门、工商行政管理部门"修改为"市场监督管理部门"；（4）将第四十条第三款、第六十三条、第六十五条、第六十八条、第六十九条中的"产品质量监督部门或者工商行政管理部门"修改为"市场监督管理部门"；（5）删去第七十条中的"本法规定的吊销营业执照的行政处罚由工商行政管理部门决定"，将"由产品质量监督部门或者工商行政管理部门按照国务院规定的职权范围决定"修改为"由市场监督管理部门决定"。[①]

---

① 中国人大网，http://www.npc.gov.cn/npc/c12488/201812/5977580fad7a4ccdacfc8e258f3bc568.shtml。

六、2018 年版《产品质量法》简介

《产品质量法》是为了加强对产品质量的监督管理，提高产品质量水平，明确产品质量责任，保护消费者的合法权益，维护社会经济秩序而制定的。1993 年 2 月 22 日第七届全国人民代表大会常务委员会第三十次会议通过，根据 2000 年 7 月 8 日第九届全国人民代表大会常务委员会第十六次会议《关于修改〈中华人民共和国产品质量法〉的决定》第一次修正，根据 2009 年 8 月 27 日第十一届全国人民代表大会常务委员会第十次会议《关于修改部分法律的决定》第二次修正，根据 2018 年 12 月 29 日第十三届全国人民代表大会常务委员会第七次会议《关于修改〈中华人民共和国产品质量法〉等五部法律的决定》第三次修正，共六章、七十四条。

第一章为总则，包括第一条到第十一条，规定了立法目的，适用范围，产品质量约束机制，明确产品质量责任主体，禁止产品质量欺诈行为，国家对产品质量采取有关鼓励政策，各级人民政府提高产品质量的职责，产品质量监督管理体制，政府工作人员的禁止性行为，对违法行为的检举和禁止地区封锁。

第二章为产品质量的监督，包括第十二条到第二十五条，规定了产品质量检验要求，工业产品必须符合的要求，企业质量体系认证制度和产品质量认证制度，国家对产品质量实行监督检查制度，监督检验不合格的处理方式，产品质量不合格的处理措施，对涉嫌违法的生产、销售活动的行政强制措施，产品质量检验机构条件、资格及其管理，产品质量检验、认证的社会中介机构的独立性，产品质量检验机构、认证机构的职业准则和义务，消费者在产品质量监督方面的权利，保护消费者权益的社会组织在产品质量社会监督方面的权利，市场监督管理部门应定期发布检查产品的质量状况公告、国家机关的禁止性行为。

第三章为生产者、销售者的产品质量责任和义务，包括第二十六条到第三十九条，规定了产品内在质量要求及其判定依据，产品标识要求，特殊产品包装要求，生产者禁止性行为。销售者应建立并执行进货检查验收制度、销售者应保持销售产品的质量、销售者禁止性行为、销售者销售的产品的标识要求。

第四章为损害赔偿，包括第四十条到第四十八条，规定了销售者承担产品合同责任（瑕疵担保责任）、生产者承担产品侵权损害赔偿责任和免责条件、销售者承担产品侵权损害赔偿责任、受害人的产品侵权损害赔偿权和先行赔偿人的追偿权、产品侵权损害赔偿范围、产品侵权损害赔偿的诉讼时效期间和请求权期间、产品缺陷定义、产品质量民事纠纷处理、检验产品质量的机构要求。

第五章为罚则，包括第四十九条到第七十二条，规定了生产、销售不合格产品的法律责任，在产品中掺杂掺假等行为的法律责任，生产、销售国家明令淘汰产品的法律责任，销售失效、变质产品的法律责任，伪造或者冒用产地、厂名、厂址及质量标志的法律责任，产品标识不符合要求的相关责任，对销售者从轻或减轻处罚的情形，拒绝接受产品质量监督检查的法律责任，产品质量检验机构、认证机构违法的法律责任，社会团体、社会中介机构的连带责任，在广告中对产品质量作虚假宣传、欺骗和误导消费者的法律责任，生产者专门用于生产本法禁止生产的产品的原辅材料、包装

物、生产工具的处理，为禁止生产、销售的产品提供便利条件的法律责任，服务业的经营者销售禁销产品的法律责任，非法处理行政管理部门封存、扣押物品的法律责任，民事赔偿责任优先原则，国家机关工作人员违法行为及法律责任，产品质量监督部门违法行为及法律责任，阻碍市场监督管理部门的工作人员依法执行职务的法律责任，行使行政处罚权的机关，没收产品的处理和货值金额的计算方法。

第六章为附则，包括第七十三条到第七十四条，规定了军工产品质量监督管理办法另行定制和该法生效日期。①

七、《产品质量法》修订工作全面启动

2019年4月24日，《产品质量法》修订工作领导小组暨专家咨询委员会、评估起草组第一次联席会议在北京召开。会议指出，《产品质量法》修订是落实党中央、国务院决策部署的需要，是落实全国人大常委会执法检查结果要求的需要，是将政府机构改革成果纳入法治化管理的需要，是促进质量治理体系和治理能力现代化建设的需要。《产品质量法》修订工作要以习近平新时代中国特色社会主义思想为指导，坚持创新、协调、绿色、开放、共享新发展理念，贯彻中国特色社会主义法治理论，着眼建设质量强国、推动高质量发展；以满足人民群众对美好生活的向往、对高质量产品的需求为出发点，以筑牢产品安全底线、促进产品质量提升为目标，以使市场在资源配置中起决定性作用、更好地发挥政府作用为方向，以落实企业质量安全主体责任为根本，以创新监管机制、优化市场环境、完善责任体系为重点，使《产品质量法》成为维护质量安全的重要保障、推动质量提升的有力支撑、创新质量管理的有效规制，推动实现我国质量治理体系和治理能力的现代化。②

第五节 价 格 法

一、相关概念

价格是商品的交换价值在流通过程中所取得的转化形式，是一项以货币为表现形式，为商品、服务及资产所订立的价值数字。

价格的作用是商品交换规律作用的表现，是价格实现自身功能时对市场经济运行所产生的效果，是价格的基本职能的外化。在市场经济中，价格的作用主要有：（1）价格是商品供求关系变化的指示器；（2）价格水平与市场需求量的变化密切相关；（3）价格是实现国家宏观调控的一个重要手段。

---

① 中华人民共和国产品质量法，中国人大网，http：//www.npc.gov.cn/npc/c30834/201901/7f507d5963074e9ebc73c986e155b931.shtml。
② 陈海波，《产品质量法》修订工作全面启动，光明日报客户端，http：//legal.gmw.cn/2019-04/25/content_32780155.htm。

二、制定《价格法》的必要性和指导思想

国务院于 1987 年 9 月发布的《中华人民共和国价格管理条例》,对于加强价格管理、推动价格改革、促进商品经济发展,起了积极作用。但是,随着改革深化,条例的许多内容已不能完全适应改革和发展的需要。根据社会主义市场经济的要求制定一部价格法,对价格活动作出系统的、全面的规范,是必要的。

第一,制定价格法是创造价格合理形成的公平竞争环境、优化市场资源配置的需要。市场配置资源的作用,主要是通过反映市场供求状况和资源稀缺程度的价格信号引导实现的。形成合理价格的基本条件是公平竞争的市场环境,而公平竞争的市场环境又必须通过法律进行规范。

第二,制定价格法是规范市场秩序,保护经营者和消费者的正当权益,推动企业转换经营机制、增强活力的需要。一方面,绝大多数商品和服务实行市场调节价,由经营者制定价格并通过法律保障经营者的定价自主权;另一方面,目前市场价格行为还很不规范,乱涨价、价格欺诈、价格误导等不正当价格行为比较普遍,需要通过法律加以约束。

第三,制定价格法是增强政府调控价格能力、加强和改善宏观调控的需要。为了克服和弥补市场机制的缺陷与不足,政府有必要依法对市场价格进行有效的宏观调控和必要的适度干预。同时,也需要通过制定价格法律,规范政府本身的价格行为。

价格法的指导思想是:适应社会主义市场经济体制要求,建立和完善宏观经济调控下主要由市场形成价格的机制;力求把近 18 年来价格改革的成功经验和做法,用法律形式确定下来,巩固价格改革成果,促进价格改革深化;规范价格行为,发挥价格合理配置资源的作用,稳定市场价格总水平,保障社会主义市场经济健康发展。[①]

三、《价格法》的起草过程

《价格法》的起草工作分为两个阶段,第一阶段从 1989 年 4 月到 1991 年 12 月;第二阶段从 1992 年党的十四大至今。在第一阶段,原国家物价局在总结价格管理条例实施经验和存在问题的基础上,曾提出过价格法草案。在第二阶段,国家计委根据党的十四大提出的建立社会主义市场经济体制的要求和全国人大常委会的立法规划,认真总结我国近 18 年来价格改革实践,借鉴国外立法经验,进一步明确了立法指导思想,在原有工作的基础上,通过大量调查研究、广泛听取意见,并邀请在北京的经济学界、法学界和有关部门的专家学者研究论证,形成了价格法送审稿。送审稿上报国务院后,国务院法制局又进一步听取有关部门意见并会同国家计委反复研究、修改,形成了《中华人民共和国价格法(草案)》,已在 1997 年 5 月 7 日国务院第 56

---

① 关于《中华人民共和国价格法(草案)》的说明,中国人大网,http://www.npc.gov.cn/wxzl/gongbao/1997-08/25/content_1480198.htm。

次常务会议讨论通过。①

四、《价格法》简介

《价格法》是为了规范价格行为,发挥价格合理配置资源的作用,稳定市场价格总水平,保护消费者和经营者的合法权益,促进社会主义市场经济健康发展而制定的。1997年12月29日第八届全国人民代表大会常务委员会第二十九次会议通过,共七章、四十八条。

第一章为总则,包括第一条到第五条,规定了立法目的、适用范围、价格制度和定价形式、价格工作的基本原则和价格工作机构。

第二章为经营者的价格行为,包括第六条到第十七条,规定了经营者自主定价的范围、经营者定价必须遵守的基本行为准则、经营者制定价格的基本依据、经营者获得利润的合法途径、经营者健全内部价格管理的义务、经营者进行价格活动中享有的基本权利、经营者在价格活动中应履行的基本义务、经营者的明码标价义务、经营者价格行为的禁止性规范、中介机构价格行为、从事进出口业务的经营者的价格行为和行业组织有关价格行为的规定。

第三章为政府的定价行为,包括第十八条到第二十五条,规定了政府指导价或政府定价适用范围,定价目录的制定、修订、批准和公布的权限、程序,实行政府指导价及政府定价的商品和服务的定价权限,政府指导价和政府定价的定价依据,制定政府指导价、政府定价的要求,听证会制度,政府指导价、政府定价的公布及调整,消费者、经营者的调价建议权。

第四章为价格总水平调控,包括第二十六条到第三十二条,规定了市场价格总水平调控目标、价格调控的手段、价格监测制度、收购保护价制度、价格干预措施、价格调控的紧急措施、解除价格干预措施和紧急措施。

第五章为价格监督检查,包括第三十三条到第三十八条,规定了价格监督检查和行政处罚主体、价格主管部门的价格监督检查职权、经营者在接受价格监督检查中的义务、价格监督检察人员的义务、价格社会监督和价格举报制度。

第六章为法律责任,包括第三十九条到第四十六条,规定了经营者违法行为的行政责任、经营者不正当价格行为的行政责任、经营者的民事责任、经营者不明码标价的行政责任、经营者连续实施违法行为的行政责任、拒绝配合监督检查的行政责任、政府部门及工作人员违法行为的行政责任和价格工作人员违法行为的法律责任。

第七章为附则,包括第四十七条到第四十八条,规定了国家行政机关的收费和利率、汇率、保险费率、证券及期货价格等问题以及生效日期。②

---

① 关于《中华人民共和国价格法(草案)》的说明,中国人大网,http://www.npc.gov.cn/wxzl/gongbao/1997-08/25/content_1480198.htm。
② 中华人民共和国价格法,中国政府网,http://www.gov.cn/banshi/2005-09/12/content_69757.htm。

五、《价格法》修订最新进展

随着《价格法》的颁布实施，价格主管部门不断深化价格改革，修订中央定价目录和地方定价目录，相继放开一大批已经形成竞争或者放开后能够形成竞争的商品和服务价格，下放了一些确需政府管理但地域性较强的商品和服务价格。中央定价的商品和服务项目由 1992 年的 141 种减少为目前的 7 种（类）20 项，地方定价的范围也大幅度减少。目前，我国商品和服务领域的市场调节价比重已从 1978 年的 3% 上升到 97% 以上，市场化程度已经很高。价格法律体系的核心框架也逐步完善。我国已经构建了以《价格法》为核心的价格法律体系，效力层级涵盖法律、法规、规章，内容涵盖经营者价格行为、政府定价行为、市场价格总水平调控和价格监督检查等方面的价格法律制度体系。

近 10 余年来，每年都有一些人大代表和政协委员提出修改《价格法》的议案或提案、建议。有关部门也先后两次启动了《价格法》修改工作。2015 年国家发改委价格司会同原价监局拿出了一个《价格法》修订稿，这份修订送审稿最终没有上报，主要原因是社会各界对《价格法》的认识不太统一。

在《价格法》还没有修改之前，为积极主动适应新情况，解决改革过程中遇到的新问题，主要通过修订部门规章的方式，将实践中一些好的做法通过部门规章的方式先予以巩固。例如，2017 年修订了《政府制定价格行为规则》和《政府制定价格成本监审办法》两部规章；2018 年，价格主管部门正在研究修订《政府制定价格听证办法》。

《价格法》颁布实施已经 20 年，特别是党的十八大以来，我国经济社会发生了历史性变革，社会主义市场经济体制日趋成熟和完善，只有不断适应新形势，吸纳新经验，确认新成果，作出新规范，才具有持久生命力。因此，根据新时代新形势新实践，有必要对《价格法》作适当修改列上议事日程。《价格法》的修改，首先要适应新形势，其次要吸纳新经验，再次要确认新成果。最后，要作出新规范。①

第六节 广 告 法

一、基本概念

广告，顾名思义，就是广而告之，向社会广大公众告知某件事物。

非经济广告是指不以营利为目的的广告，如政府公告，政党、宗教、教育、文化、市政、社会团体等方面的启事、声明等。

经济广告是指以营利为目的的广告，通常是商业广告，它是为推销商品或提供服

---

① 林火灿，专家呼吁：颁布 20 年的《价格法》该改改了，经济日报，2018 - 09 - 18。

务，以付费方式通过广告媒体向消费者或用户传播商品或服务信息的手段。商品广告就是这样的经济广告。

广告不同于一般大众传播和宣传活动，主要表现在如下五方面。

（1）广告是一种传播工具，是将某一项商品的信息，由这项商品的生产或经营机构（广告主）传送给一群用户和消费者；（2）做广告需要付费；（3）广告进行的传播活动是带有说服性的；（4）广告是有目的、有计划，是连续的；（5）广告不仅对广告主有利，而且对目标对象也有好处，它可使用户和消费者得到有用的信息。

以广告活动的参与者为出发点，广告构成要素有：广告主、广告公司、广告媒体、广告信息、广告思想和技巧、广告受众、广告费用及广告效果。

以大众传播理论为出发点，广告信息传播过程中的广告构成要素主要包括：广告信源、广告信息、广告媒介、广告信宿等要素。

广告法是调整广告活动中广告主、广告经营者、广告发布者三者之间关系的法律规范的总称。

二、《广告法》的立法目的

《中华人民共和国广告法》（以下简称《广告法》）使我国广告业的发展真正达到了有法可依、有法可循的状态。《广告法》与以往国家行政部门颁布的有关法规构成完整的广告法管理体系。广告法的立法目的概括来讲有以下三个方面。

第一，促进广告业的健康发展。广告业属于知识密集、技术密集、智力密集、人才密集产业。

第二，保护消费者合法权益。在我国，消费者的合法权益受到法律的保护。按照《消费者权益保护法》的规定，消费者享有知情权。

第三，维护社会主义市场经济秩序，发挥广告积极作用。

我国广告法立法目的就是依法保护正当广告活动，防止和打击虚假广告现象，充分发挥广告的积极作用，充分保护消费者的合法权益，促进我国广告业的健康发展。

三、《广告法》立法历程

1982 年国务院发布了《广告管理暂行条例》，对刚刚起步的广告业进行法治化管理，促进了广告业的健康发展。

1987 年国务院发布了《广告管理条例》。

根据《广告管理条例》，1988 年 1 月 9 日国家工商行政管理局发布了《广告管理条例施行细则》。

自 1995 年 2 月 1 日《广告法》正式施行，《广告法》共六章、四十九条，对该法的适用范围、广告准则、广告活动、广告的审查、违反本法的法律责任等问题作了规定。

2015 年 4 月 24 日下午，十二届全国人大常委会表决通过新修订的广告法。新法明确，广告不得含有虚假或者引人误解的内容，不得欺骗、误导消费者。禁止在大众传播媒介或公共场所等发布烟草广告;禁止利用其他商品或服务的广告、公益广告,宣传烟草制品名称、商标等内容。

根据 2018 年 10 月 26 日第十三届全国人民代表大会常务委员会第六次会议《关于修改〈中华人民共和国野生动物保护法〉等十五部法律的决定》第一次修正。

根据 2021 年 4 月 29 日《全国人民代表大会常务委员会关于修改〈中华人民共和国道路交通安全法〉等八部法律的决定》第二次修正。

四、《广告法》修订背景

《广告法》自 1995 年 2 月 1 日实施以来,在规范广告活动、促进广告业健康发展和保护消费者权益方面,发挥了重要作用。随着我国社会经济的不断发展,出现许多新情况、新事物,广告业的经营环境发生了很多变化,老的广告法已无法规范一些新的广告乱象,比如:通过名人代言夸大产品功能;互联网广告乱象;儿童代言以及学校随意开展广告活动,不利于未成年人身心健康。

针对这些新情况,2009 年国家工商总局报送修订送审稿,2014 年人大常委会审议修订草案,2015 年 9 月 1 日起新的《广告法》正式实施,由原来的 49 个条文扩充到 75 个条文。

根据 2018 年 10 月 26 日第十三届全国人民代表大会常务委员会第六次会议《关于修改〈中华人民共和国野生动物保护法〉等十五部法律的决定》修正。

根据 2021 年 4 月 29 日《全国人民代表大会常务委员会关于修改〈中华人民共和国道路交通安全法〉等八部法律的决定》第二次修正。

五、2021 年版《广告法》简介

2021 年版《广告法》共六章、七十四条。第一章包括第一条到第七条,主要内容是总则;第二章包括第八条到二十八条,主要内容是广告内容准则;第三章包括二十九条到四十五条,主要内容是广告行为规范;第四章包括第四十六条到五十四条,主要内容是监督管理;第五章包括第五十五条到七十二条,主要内容是法律责任;第六章包括第七十三条到七十四条,主要内容是附则。

第七节 票 据 法

一、票据定义、法律属性及功能

票据是指出票人依法签发的由自己或指示他人无条件支付一定金额给收款人或持票人的有价证券,即某些可以代替现金流通的有价证券。广义的票据泛指各种有价证券和凭证,如债券、股票、提单、国库券、发票等。狭义的票据仅指以支付金钱为目

的的有价证券，即出票人根据票据法签发的，由自己无条件支付确定金额或委托他人无条件支付确定金额给收款人或持票人的有价证券。

票据具有其独特的法律属性：（1）票据是设权证券，证券权利因作成证券而创设；（2）票据是债权证券，票据权利人对票据义务人可行使付款请求权和追索权；（3）票据是金钱证券，票据以一定的金钱为交付标的；（4）票据是流通证券，票据通过背书或交付而转让，在市场上自由流通；（5）票据是无因证券，票据权利的成立，不必以债权人与债务人的原因关系的成立为前提；（6）票据是文义证券，票据上所创设的权利和义务，均依票据上记载的文字内容来确定；（7）票据是要式证券，票据必须依法定形式制作才能具有法律效力；（8）票据是占有证券，任何人欲主张票据权利，就必须实际占有票据；（9）票据是提示证券，票据权利人请求付款或行使追索权时，必须向义务人提示票据；（10）票据是返还证券，票据权利人在实现票据权利后，必须将票据返还给义务人。

票据具有以下功能：（1）支付功能；（2）汇兑功能，指一国货币所具有的购买外国货币的能力；（3）信用功能，即票据当事人可以凭借自己的信誉，将未来才能获得的金钱作为现在的金钱来使用；（4）结算功能，即债务抵消功能；（5）融资功能，即融通资金或调度资金，票据的融资功能是通过票据的贴现，转贴现和再贴现实现的；（6）流通作用，指票据的转让无须通知其债务人，只要票据要式具备就可交付或背书转让票据权利。

二、票据法相关概念

票据法是调整票据关系的法律规范的总称。广义的票据法是指涉及票据关系调整的各种法律规范，既包括专门的票据法律、法规，也包括其他法律、法规中有关票据的规范。一般意义上所说的票据法是指狭义的票据法，即专门的票据法规范，它是规定票据的种类、形式和内容，明确票据当事人之间的权利义务，调整因票据而发生的各种社会关系的法律规范。

票据关系是因为票据的签发、转让、承兑、保证等形成的以金钱利益为内容的财产关系。具有司法上财产关系的基本特点，理应受私法调整。然而，票据关系又具备私法商物权关系、一般债权关系所不能有的特点，难以用物权法、债权法加以规范。为有效保障票据的使用和流通，保护票据关系当事人合法利益，促进经济发展，国家制定票据法专门调整票据关系。

三、制定票据法的必要性

制定票据法是发展我国社会主义市场经济的需要。票据是商品经济发展到一定阶段的产物。商品经济越发展，越需要用法律来调整和规范票据活动。我国改革开放以来，运用票据进行支付和资金清算日益增多，同时由于国际贸易往来扩大，支付活动的数量日趋上升。为了使各种票据活动有法可依，适应社会主义市场经济的发展，需要制定票据法。

制定票据法是保障票据正常使用和流通的需要。票据必须严格按照票据的法律规范使用和流通，票据当事人的合法权益才能得到保障。但是，由于我国没有票据法，出票、背书、承兑、保证、付款等票据行为不够规范，有的票据权利人不正确地行使票据权利，有的票据债务人不履行票据义务，随意宣布票据无效，拒付票款，形成许多票据纠纷，有的甚至利用票据进行违法犯罪活动。这些情况损害了票据当事人的合法权益，影响了票据信誉，扰乱了金融秩序，阻碍了票据的推广使用和流通。因此，制定票据法，使票据活动严格依法进行，是迫切需要的。

制定票据法是健全我国民商事法律的需要。票据有其自身的特征和运行规律，需要专门的法律制度来调整和规范。许多国家都把票据法作为调整商品经济关系的一部重要法律。我国由于缺乏票据法律制度，只能依据民法等其他法律的一般原则从事票据活动和处理票据争议，这样难以正确地调整票据关系。因此，制定票据法，对健全我国的民商事法律，具有重要意义。

四、制定票据法的指导思想

第一，遵循票据当事人平等的原则，着重调整票据当事人之间的权利义务关系。

票据关系是一种平等民事主体之间的债权债务关系。票据法应以保护票据当事人的合法权益、促进票据的正常使用和流通为宗旨，对票据当事人的票据行为以及权利、义务和责任加以明确规定，赋予债权人付款请求权和追索权双重票据权利，强调保护善意持票人的票据权利，规定债务人无条件支付票款的义务，限制债务人的抗辩权等。

第二，借鉴国外票据立法经验，采用国际通行规则。

票据制度是对市场经济一般规律的反映。国际上的票据制度经过一百多年的历史发展，已经形成了一些通行规则。在我国社会主义市场经济条件下，制定票据法，需要参考、借鉴国外票据立法的经验，在票据种类、票据行为、票据权利和票据义务等方面尽可能地采用国际通行规则，与国际惯例接轨，以适应我国改革开放的需要。

第三，立足我国基本国情，适应实际需要。

我国银行结算制度经过多年的实践，已经形成了一些习惯做法和成功经验，对我国社会经济的发展起了重要作用。因此，制定票据法，在参考、借鉴国外经验的同时，必须立足我国基本国情，肯定我国行之有效的做法和经验，如汇票有银行汇票和商业汇票、支票有现金支票和转账支票等。对国外一些票据制度，如参加承兑和参加付款等，在我国并无实际需要，因此不宜规定在票据法中。①

五、2004年版《票据法》简介

《票据法》是为了规范票据行为，保障票据活动中当事人的合法权益，维护社会经济秩序，促进社会主义市场经济的发展而制定的。1995年5月10日第八届全国人

---

① 关于《中华人民共和国票据法（草案）》的说明，中国人大网，http://www.npc.gov.cn/wxzl/gongbao/1995-02/21/content_1479950.htm。

民代表大会常务委员会第十三次会议通过，根据 2004 年 8 月 28 日第十届全国人民代表大会常务委员会第十一次会议《关于修改〈中华人民共和国票据法〉的决定》修正。共七章，一百一十条。

第一章为总则，包括第一条到第十八条，规定了立法目的，适用范围，票据活动基本原则，票据行为、票据权利与票据责任，票据抵赖，非完全行为能力人盖章的效力，票据签章，票据金额的记载，票据的记载事项及其更改，票据与其基础关系，恶意或重大过失取得票据的效力，票据抗辩，票据的伪造和变造，票据丧失及其救济，票据权利的行使与保全，票据时效和票据的利益返还请求权。

第二章为汇票，包括第十九条到第七十二条，规定了汇票的定义和种类，出票，出票行为的有效条件，汇票的绝对应记载事项及其效力，汇票的相对应记载事项及其效力，汇票必须记载的事项及其效力，汇票出票的效力，汇票权利转让，粘单、背书的有关事项，附条件背书、部分背书、分别背书的效力，原背书人的禁止背书及其效力，委托收款背书和质押背书及其效力，不得背书转让的情形，背书人义务，承兑的定义，提示承兑及定时付款、出票后定期付款的汇票的提示承兑期间，见票后定期付款汇票的提示承兑期间及在提示承兑期间未提示承兑的效力，付款人的承兑期间，承兑的记载，附条件承兑的效力，承兑的效力，汇票保证及保证人的资格，汇票保证的记载事项和方法，未载事项的退订，票据保证的限制，票据保证人的票据责任，保证人和被保证人的连带责任，共同保证人的连带责任，保证人的追索权，提示付款，付款人即时足额付款的义务，持票人的签收，受托收款银行和受托付款银行的责任，付款人的审查义务及其过错责任，期前付款，付款的币种，付款的效力，追索权的发生，追索权的行使，拒绝证明的代替—其他有关证明，拒绝证明的代替—法院司法文书、行政处罚决定，追索权的丧失，拒绝事由的通知，拒绝事由通知的记载，追索权的效力，追索权的限制，追索金额，再追索及再追索金额，有关追索人清偿债务的效力。

第三章为本票，包括第七十三条到第八十条，规定了本票及其范围、出票人资格、本票的绝对应记载事项、本票的相应记载事项、见票的效力、付款期限、逾期提示见票的法律后果和汇票有关规定对本票的准用。

第四章为支票，包括第八十一条到第九十三条，规定了支票的概念、支票存款账户的开立、现金支票与转账支票、支票的绝对应记载事项、支票金额的授权补记、收款人名称的授权补记与支票的相对应记载事项、支票资金关系与空头支票的禁止、支票的签章、支票出票的效力、支票的付款日期、提示付款期限、支票付款的效力、汇票的有关规定对支票的准用。

第五章为涉外票据的法律适用，包括第九十四条到第一百零一条，规定了涉外票据及其法律适用、国际条约和国际惯例的适用、票据行为能力的准据法、票据形式的准据法、票据行为的准据法、票据追索行使期限的准据法、票据权利保全的准据法和票据权利保护的准据法。

第六章为法律责任，包括第一百零二条到第一百零六条，规定了票据欺诈行为的刑事责任、票据欺诈行为的行政责任、票据业务中玩忽职守的法律责任、付款人故意压票的法律责任和民事责任。

第七章为附则，包括第一百零七条到第一百一十条，规定了期限的计算、票据及其格式与印制、实施办法的制定和生效日期。①

六、2004年版《票据法》存在问题及修订意义

我国《票据法》自1996年开始实施，至今已有20多年，仅在2004年进行过简单的修改，而我国的经济金融环境以及票据市场已发生了重大改变。总体看，票据的实际功能不断丰富和延伸，电子化程度不断提高，尤其是票交所成立后，全面实现了票据交易的电子化、集中化。现行《票据法》明显滞后于票据市场的发展，某些条款已经不能适应当前票据业务及经济生活的需要，暴露出一些问题，亟待解决。

一是滞后于票据市场的重大变革。由于《票据法》制定时间较早，部分规定已经不能很好地适应当前票据市场的发展，给市场监管、市场主体交易带来了一定不便。

二是无法达到防范和化解风险的目的。由于现行《票据法》的滞后性，导致票据市场"钻空子""打擦边球"等违规行为时有发生。

三是难以充分发挥票据市场的作用。流通功能和融资功能是现代票据的重要属性，但是现行《票据法》在这两个方面均存在严重缺陷。

上述问题表明，为了适应票据业务发展新形势，防控票据改革中的新风险，发挥票据市场的新功能，修订《票据法》具有较大现实意义，对我国金融市场的稳定规范发展具有重要意义。②

第八节　直销管理条例

一、基本概念

直销也可以称为厂家直接销售，指直销企业招募直销员，由直销员在固定营业场所之外直接向最终消费者（以下简称消费者）推销产品的经销方式。

直销有三方面的要素：一是公众消费意识；二是一对一关系的建立与形成；三是现场展示与焦点促销。

直销可以分为狭义直销（direct selling）和多层次直销（direct marketing）两类。

所谓狭义直销就是产品生产商、制造商、进口商通过直销商（兼消费者）以面对面的方式将产品销售给消费者，含单层直销和多层直销。

多层次直销也叫复式直销，产品生产商、制造商、进口商通过媒体（邮寄DM、电视购物频道、互联网）将产品或者资讯传递给消费者。多层次直销中的"直"，是

---

① 中国政法大学，http://cwc.cupl.edu.cn/info/1073/1396.htm。
② 全国人大代表朱苏荣：建议加紧启动修订《票据法》完善票据市场法律体系[N]. 经济日报, 2019 – 03 – 10。

指不通过分销商直接销售给消费者,"复"字是指企业与顾客之间的交互,顾客对企业营销努力有一个明确的回复(买与不买),企业对可统计到的明确的回复数据,由此对以往的营销效果作出评价。

二、《直销管理条例》背景及意义

直销在中国从 20 世纪 90 年代到 2005 年,经历了无序发展、全面禁止及转型发展不同的发展阶段。2005 年为履行我国加入世界贸易组织的承诺,取消对无固定地点的批发或零售服务在设立商业存在方面的限制,国务院颁布了《直销管理条例》,开放和规范了直销。同时还颁布了《禁止传销条例》,继续严厉打击传销。

《直销管理条例》的颁布具有重要意义,使直销在中国走上了依法规范的发展轨道。

(1)《直销管理条例》的颁布,为我们判断直销模式的本质提供了法律的依据,同时也为直销模式的潜在参与者提供了认识直销、辨别传销提供了基础。使人们长期以来对直销模式的误解得以澄清,片面的看法得到回归:直销就是直销,传销就是传销,直销不同于传销;二者不仅在法律上有明确的界定,更有着理论与机会意义上的不同。

(2)《直销管理条例》的颁布,为我国市场行为的主要管理部门之一的工商行政管理机构提供了规范、监督、管理直销企业的法律依据,使工商行政管理部门把直销业管理推向深入的基石。

(3)《直销管理条例》的颁布,为我国直销业的发展提供了必要的制度环境,使直销模式步入了规范的行业环境。

三、《直销管理条例》制定过程

1994 年 8 月 11 日,国家行政工商管理总局发出《关于制止多层次传销活动违法行为的通告》。同年 9 月 2 日再次发出《关于查处多层次传销活动中违法行为的通知》。

1995 年 3 月 28 日,国家国内贸易部发文,宣布正式成立"多层次传销管理条例"立法工作机构,着手起草多层次传销管理办法。

1995 年 9 月 22 日,国务院办公厅发出《关于停止发展多层次传销企业的通知》;随后不久,国家工商行政管理局制定了《关于审查清理多层次传销企业的实施办法》。

1996 年 4 月 28 日,国家工商行政管理局向 41 家多层次传销企业颁布了《准许多层次传销经营意见书》。

1997 年 1 月 10 日,国家工商行政管理局颁布了《传销管理办法》。

1998 年 4 月 21 日,国务院颁布了《关于禁止传销活动的通知》。

1998 年 6 月 18 日,国家三部委(对外贸易经济合作部、国家工商行政管理局、国家国内贸易部)印发《关于外商投资传销企业转变销售方式有关问题的通知》。

2005年9月1日,涉及直销企业的两部核心条例《直销管理条例》和《禁止传销条例》正式出台。

2006年7月24日,雅芳有限公司正式获得国家商务部和国家工商总局批准,从而成为国内首家被允许进行直销试点的企业。

2017年3月1日,根据国务院令第676号《国务院关于修改和废止部分行政法规的决定》进行第一次修改。

四、2017年版《直销管理条例》简介

为了规范直销行为,加强对直销活动的监管,防止欺诈,保护消费者的合法权益和社会公共利益而制定的。2005年8月23日中华人民共和国国务院令第443号发布《直销管理条例》,根据2017年3月1日《国务院关于修改和废止部分行政法规的决定》修订,共八章、五十五条。

第一章为总则,包括第一条到第六条,规定了立法目的、适用范围、直销和直销员的定义、直销企业及其基本权利,从事直销活动的基本原则和监督管理体制。

第二章为直销企业及其分支机构的设立和变更,包括第七条到第十二条,规定了直销企业的设立条件,申请成为直销企业应提交的文件和资料,申请程序,分支机构,直销企业发生重大变更的批准,国务院商务主管部门的管理职责。

第三章为直销员的招募和培训,包括第十三条到第二十一条,规定了直销员的招募,直销企业招募直销员的禁止性行为,直销员的限制条件,推销合同,推销合同的解除,直销员的业务培训和考试,业务培训人员的条件,直销员和直销培训员证件要求,直销企业的职责。

第四章为直销活动,包括第二十二条到第二十八条,规定了直销员推销产品应遵守的规定,直销产品的价格,直销员报酬,换货和退货制度,举证责任的承担对象,直销企业的连带责任,直销企业的信息披露义务。

第五章为保证金,包括第二十九条到第三十四条,规定了保证金及其数额,可以使用保证金的情形,保证金的补足,保证金禁止使用的情形,保证金的取回和监管。

第六章为监督管理,包括第三十五条到第三十七条,规定了工商行政管理部门的监督管理措施,企业违规行为的处理,举报和投诉制度。

第七章为法律责任,包括第三十八条到第五十二条,规定了监督管理部门及其工作人员违反本条例的法律责任,未经批准从事直销活动的法律责任,申请人非法获得许可的法律责任,直销企业的重大事项变更违反规定的法律责任,直销企业超出直销产品范围的法律责任,直销企业和直销员非法宣传和推销的法律责任,直销企业违反规定招募直销员的法律责任,未取得直销员证从事直销活动的法律责任等。

第八章为附则,包括第五十三条到第五十五条,规定了直销企业协会的设立程序,港澳台投资者在境内设立直销企业的适用规定和生效日期。[①]

---

① 直销管理条例(2017年修订版),岳阳县人民政府,http://www.yyx.gov.cn/37584/38154/38157/38160/38177/38185/39983/content_1258128.html。

五、《直销管理条例》修订最新进展

在当下直销市场中,企业从来不缺真正具有价值的产品,这些产品为消费者的健康带来了积极作用,其与靠"拉人头"的非法传销有本质区别。随着"区块链""物联网""大数据"等新技术的应用,"电子商务""社交电商""微商"等经营模式给商品流通市场带来了巨大冲击。而直销模式根据2005年出台的《直销管理条例》具体内容来看,早已无法适应市场发展需求。

要客观看待直销,直销作为一种销售模式,其本身没有问题,但是在运作出现问题时,应该归咎于企业的违法行为,而不应该质疑直销模式。随着互联网日新月异的迅速变化,直销模式将在未来为中国的经济、商品流通市场发挥无法比拟的重要影响。我们须早日将直销立法提上日程,加快直销立法步伐,解决消费者对于直销的误解,解决直销良性发展问题,整顿规范直销市场。针对现如今直销市场萎靡不振、发展受阻的情况下,相关部门应迅速开展工作,推动市场调研,加快直销立法步伐。2019年第十三届全国人民代表大会期间杨莉等30位人大代表共同联名提交"直销法"(草案),但议案的理论依据、市场调研数据等内容还有待完善。

第九节 商业特许经营管理条例

一、基本概念

商业特许经营,一般简称为特许经营,是一种营销方式。它是指拥有注册商标、企业标志、专利、专有技术等经营资源的企业(特许人),通过订立合同,将其拥有的这些经营资源许可其他经营者(被特许人)使用,被特许人按照合同约定在统一的经营模式下开展经营,并向特许人支付相应费用的经营活动。

从特许经营的概念可以看出,特许经营有四个基本要素。

一是特许人必须是拥有注册商标、企业标志、专利、专有技术等经营资源的企业。特许人如果不具备上述条件,特许经营也就无从谈起。

二是特许人和被特许人之间是一种合同关系。特许人被特许人是相互独立的市场主体,双方通过订立特许经营合同,确定各自的权利和义务。因此,特许经营本质上是一种民事行为。

三是被特许人应当在统一的经营模式下开展经营。特许经营是一种高度系统化、组织化的营销方式,统一的经营模式是其核心要求之一,也是保证服务的规范性、一致性以及维护品牌形象的需要。这种统一的经营模式体现在各个方面,大到管理、促销、质量控制等,小到店铺的装潢设计甚至标牌的设置等。

四是被特许人应当向特许人支付相应的费用。特许人拥有的经营资源一般都经过了较长时间的开发、积累,具有较高的商业价值。被特许人经许可使用这些经营资源

也是为了开展经营活动,因此需要支付相应的费用。支付费用的种类、数额以及支付方式,由双方当事人在合同中约定。

特许经营在国外有一百多年的历史,目前已发展为一种成熟的营销方式,其主要优势是操作简便,成本较低,可以快速扩大营销规模,满足消费者对便利化、规范化服务的需要。因此,特许经营这种营销方式在许多国家特别是发达国家被广泛采用。①

二、《商业特许经营管理条例》出台背景

特许经营在我国出现的时间并不长,但发展速度很快。特别是2000年以来,特许经营在我国进入高速增长期。如肯德基、麦当劳、全聚德、华联超市、马兰拉面、吴裕泰茶叶、福奈特洗衣、东易日盛装饰等,涉及餐饮、零售、洗衣、室内装饰、休闲健身等60多个行业、业态,特许加盟店几十万家。特许经营的发展,在调整和改善流通结构,促进中小企业发展,扩大就业等方面发挥了积极的作用。

与此同时,由于特许经营的核心是无形资产的输出,一个特许人往往有许多的被特许人,特许人和被特许人之间信息不对称,潜藏着较大的风险,容易成为进行欺诈等违法犯罪活动的手段,加上我国市场发育尚不成熟,社会公众对特许经营的了解不够充分,特许经营在快速发展中也存在一些突出问题。比如,一些从事特许经营活动的特许人不具备相应的条件;特许经营活动不规范,市场秩序较为混乱;特许经营活动当事人特别是被特许人的合法权益得不到有效保障;以特许经营名义进行欺诈等违法犯罪活动也时有发生。这些问题的存在,不仅阻碍特许经营的健康发展,扰乱市场秩序,而且由于特许经营活动中被特许人的数量往往比较多,有可能发展成为影响社会稳定的因素。从国外情况看,许多国家都非常重视对特许经营活动的规范和管理。有的国家制定了专门规范特许经营活动的法律,有的国家在民法、商法或者竞争法等法律中对特许经营活动作了明确规定,还有的国家虽然在法律上没有对特许经营作出规定,但有约束力较强的行业自律规范。针对特许经营在我国发展的实际情况和存在的主要问题,制定规范和管理特许经营活动的专门行政法规,是迫切需要的。②

三、《商业特许经营管理条例》内容

本条例共包括五章、三十四条。

第一章为总则,包括第一条到第六条,涉及本条例的制定目的,本条例的使用范围,商业特许经营的含义,从事特许经营活动应当遵循的原则,各级人民政府商务主管部门的职责,任何单位或者个人对违反本条例规定的行为的举报权利以及相关部门的依法及时处理。

第二章为特许经营活动,包括第七条到第十九条,涉及特许人从事特许经营活动的要求,关于备案的要求以及备案应当提交的文件和材料,商务主管部门的职责,备

---

①② 国务院法制办、商务部负责人就《商业特许经营管理条例》有关问题答中国政府网问,中华人民共和国商务部,http://www.mofcom.gov.cn/article/zhengcejd/bp/200705/20070504648478.shtml。

案的特许人名单的公布，特许经营合同的订立以及包含的具体内容，单方解除合同的情形，特许经营的期限等。

第三章为信息披露，包括第二十条到第二十三条，涉及信息披露制度的建立，特许人提供相关信息的要求以及具体内容，信息发生重大变更的处理办法，特许人隐瞒有关信息或者提供虚假信息的处理办法。

第四章为法律责任，包括第二十四条到第三十条，涉及违反本条例的相关规定从事特许经营活动的处罚办法，以特许经营名义骗取他人财物的处罚办法，以特许经营名义从事传销行为的处罚办法，商务主管部门的工作人员滥用职权、玩忽职守、徇私舞弊的处罚办法。

第五章为附则，包括第三十一条到第三十四条，涉及特许经营活动中涉及商标许可、专利许可的处理办法，有关协会组织制定特许经营活动规范的办法，本条例施行前已经从事特许经营活动的特许人的处理办法，本条例的施行时间。[①]

第十节　现金管理暂行条例

一、基本概念

"现金"一词，依国际惯例解释，是指随时可作为流通与支付手段的票证，不论是否为法定货币或信用票据，只要具有购买或支付能力，均可视为现金。所以，现金从理论上讲有狭义与广义之分。狭义现金是指企业所拥有的硬币、纸币，即由企业出纳员保管作为零星业务开支之用的库存现款。广义现金则应包括库存现款和视同现金的各种银行存款、流通证券等。中国所采用的是狭义的现金概念。

狭义的现金管理就是管理企业的现金（库存现金、银行存款、银行汇票存款、银行本票存款、信用证存款、在途货币资金等），主要内容包括：（1）编制现金计划，以便合理地估计未来的现金需求；（2）对日常的现金收支进行控制，力求加速收款，延缓付款；（3）用特定的方法确定理想的现金余额，当企业实际的现金余额与理想的现金余额不一致时，采用短期融资策略或采用归还借款和投资于有价证券等策略来达到理想状况。

二、企业现金管理目的及原则

企业现金管理的最主要目标是持有足够的现金以支付各种业务往来需要，同时将闲置资金减少到最低程度。现金管理的对象是现金的循环和周转的过程。其管理的目标在保证流动性的基础上，追求效益的最大化。一方面企业要加强财务控制，挤压资金成本；另一方面市场竞争压力大，要求企业有效管理现金，以避免现金失控而危及

---

① 商业特许经营管理条例，中国政府网，http://www.gov.cn/ziliao/flfg/2007－02/14/content_527299.htm。

企业生存。

依据《现金管理暂行条例》，现金管理的基本原则是：第一，开户单位库存现金一律实行限额管理；第二，不准擅自坐支现金。坐支现金容易打乱现金收支渠道，不利于开户银行对企业的现金进行有效的监督和管理；第三，企业收入的现金不准作为储蓄存款存储；第四，收入现金应及时送存银行，企业的现金收入应于当天送存开户银行，确有困难的，应由开户银行确定送存时间；第五，严格按照国家规定的开支范围使用现金，结算金额超过起点的，不得使用现金；第六，不准编造用途套取现金，企业在国家规定的现金使用范围和限额内需要现金，应从开户银行提取，提取时应写明用途，不得编造用途套取现金；第七，企业之间不得相互借用现金。

三、《现金管理暂行条例》

《现金管理暂行条例》是国务院发布的条例，已经1988年8月16日国务院第十八次常务会议通过并发布，自1988年10月1日起施行。该条例已于2011年1月8日被中华人民共和国国务院令第588号发布的《国务院关于废止和修改部分行政法规的决定》所修订，共四章、二十五条。

第一章为总则，包括第一条到第四条。涉及本条例的制定目的，必须依照本条例的规定收支和使用现金，接受开户银行的监督、国家鼓励采取转账结算，开户单位之间的经济往来方式的规定，各级人民银行和开户银行的职责。

第二章为现金管理和监督，包括第五条到第十九条。涉及开户单位使用现金的范围、开户单位支付给个人的款项，超过使用现金限额的部分的处理办法，转账结算凭证的地位，开户单位在销售活动中不得出现的行为，对机关、团体、部队、全民所有制和集体所有制企业事业单位购置国家规定的专项控制商品的结算方式的规定，库存现金限额的规定，需要增加或者减少库存现金限额的处理办法，开户单位现金收支应当依照的规定，现金账目的相关要求，对个体工商户、农村承包经营户发放的贷款的支付方式的规定，在开户银行开户的个体工商户、农村承包经营户异地采购所需货款的支付方式，在开户银行开户的个体工商户、农村承包经营户异地采购所需货款的支付方式，银行开展代发工资，转存储蓄业务的要求，为保证开户单位的现金收入及时送存银行，开户银行的职责，开户银行报告现金管理情况的职责，一个单位在几家银行开户的处理办法，各金融机构的现金管理分工的确定，开户银行应当建立健全现金管理制度。

第三章为法律责任，包括第二十条至第二十三条，涉及银行工作人员违反本条例规定，徇私舞弊、贪污受贿、玩忽职守纵容违法行为的处理办法。

第四章为附则，包括第二十四条到第二十五条，涉及本条例的解释方以及制定方、本条例的施行时间以及同时废止的决定。①

---

① 现金管理暂行条例（2011年修正本），中国法律服务网，http://search.chinalaw.gov.cn/。

第十一节 劳务派遣暂行规定

一、基本概念

劳务派遣,又称人力派遣、人才租赁、劳动派遣、劳动力租赁、雇员租赁,是指由劳务派遣机构与派遣劳工订立劳动合同,把劳动者派向其他用工单位,再由其用工单位向派遣机构支付一笔服务费用的一种用工形式。

劳务派遣的特征:(1) 实际用人单位只负责对派遣员工的使用和使用中的岗位管理,原则上不负责任何人事管理;(2) 实际用人单位和派遣单位双方签定派遣协议约定各自的权利和义务,同时也约定被派遣员工的权益和保障等。

二、《劳务派遣暂行规定》出台背景及意义

长期以来,我国劳务派遣市场不够规范,乱象丛生。由于门槛太低,一些原本不具有资质的企业进入劳务派遣市场,扰乱劳务派遣的正常市场秩序;在部分行业和地区,本该是补充用工形式的劳务派遣却成为主要的用工形式,打压用工成本、规避法律责任的问题颇为突出。目前劳务派遣存在的问题主要包括:部分用工单位超范围使用临时工、部分劳务派遣单位不与临时工签订劳动合同、不依法缴纳社会保险费、临时工与正式工同工不同酬等。而按照以前的法律规定,用工单位在打"擦边球",劳动监察部门很难处理。

2013 年 7 月 1 日起正式施行的新劳动合同法明确要求严格控制劳务派遣用工比例,具体比例由国务院劳动行政部门规定。同时明确规定了被派遣劳动者,也就是通常所说的临时工,享有与用工单位正式工同工同酬的权利,并赋予人社部门依法开展经营劳务派遣业务行政许可的权利。就是在这样背景下出台了《劳务派遣暂行规定》。它的颁布实施,对于进一步规范劳务派遣用工行为,明确劳务派遣单位、用工单位和被派遣劳动者三方的权利义务,维护被派遣劳动者的合法权益,促进企业健康发展,构建和发展和谐稳定的劳动关系具有重要意义。

三、《劳务派遣暂行规定》介绍

本规定共七章、二十九条。

第一章为总则,包括第一条到第二条,涉及制定本规定的目的、本规定的适用对象。

第二章为用工范围和用工比例,包括第三条到第四条,涉及用工单位在临时性、辅助性或者替代性的工作岗位上使用被派遣劳动者的情形及要求,临时工作岗位和替代性工作岗位的定义,劳务派遣用工数量的规定,用工总量的定义,劳务派遣用工比

例的计算。

第三章为劳动合同、劳务派遣协议的订立和履行，包括第五条到第十三条，涉及劳动合同的订立，关于试用期的规定，劳务派遣协议应当载明的内容，劳务派遣单位应当对被派遣劳动者履行的义务，用工单位向被派遣劳动者提供福利的规定，被派遣劳动者在用工单位因工作遭受事故伤害的处理办法，被派遣劳动者在申请进行职业病诊断，鉴定时用工单位和劳务派遣单位的职责，劳务派遣单位行政许可有效期未延续或者《劳务派遣经营许可证》被撤销，吊销的处理办法，用工单位可以将被派遣劳动者退回劳务派遣单位的情形及退回后报酬支付标准，将被派遣劳动者退回劳务派遣单位的情形。

第四章为劳动合同的解除和终止，包括第十四条到第十七条。涉及可以解除劳动合同的情形，被派遣劳动者因本规定第十二条规定被用工单位退回，劳务派遣单位重新派遣时、降低、维持或者提高劳动合同约定条件，被派遣劳动者不同意的处理办法，劳务派遣单位被依法宣告破产、吊销营业执照、责令关闭、撤销、决定提前解散或者经营期限届满不再继续经营的处理办法。

第五章为跨地区劳务派遣的社会保险，包括第十八条到第十九条，涉及劳务派遣单位跨地区派遣劳动者的社会保险缴纳规定，劳务派遣单位未在用工单位所在地设立分支机构的社会保险缴纳办法。

第六章为法律责任，包括第二十条到第二十四条，涉及劳务派遣单位，用工单位违反劳动合同法和劳动合同法实施条例有关劳务派遣规定的处理办法，劳务派遣单位违反本规定解除或者终止被派遣劳动者劳动合同的处理办法等。

第七章为附则，包括第二十五条到二十九条。涉及外国企业常驻代表机构和外国金融机构驻华代表机构等使用被派遣劳动者的，以及船员用人单位以劳务派遣形式使用国际远洋海员的规定，不属于本规定所称劳务派遣的情形，用人单位以承揽、外包等名义，按劳务派遣用工形式使用劳动者的处理办法，用工单位在本规定施行前使用被派遣劳动者数量超过其用工总量10%的处理办法，本规定的开始施行时间。[①]

第十二节　商品现货市场交易特别规定

一、基本定义

现货也称实物，指可供出货、储存和制造业使用的实物商品。可供交割的现货可在近期或远期基础上换成现金，或先付货，买方在极短的期限内付款的商品的总称。现货是期货的对称。

现货交易中通行的是一手交钱一手交货的交易方式，或者采取以货易货的交易方式。

---

① 劳务派遣暂行规定，中国教育工会安徽大学委员会，http://gh.ahu.edu.cn/ce/aa/c10635a183978/page.htm。

现货交易一般适用于农副产品买卖、小额批发和零售交易。在中国，零售企业现货交易，一般采取一手交货一手收钱、银货两讫的方式；批发企业现货交易，除采取一手交货一手收钱的方式外，还采取通过银行托收承付的方式在限期内结算。现货交易与其他交易方式的不同点：在交易的目的上，是为了获得商品的所有权；在交易方式上，一般通过一对一的双方谈判进行，不必集中在特定的时间和地点。

现货交易是指买卖双方根据商定的支付方式与交货方式采取即时或在较短时间内进行实物商品交收的一种交易方式。

现货电子交易（也称为大宗商品电子交易，或现货仓单交易）是以现货仓单为交易的标的物，采用计算机网络进行的集中竞价买卖，统一撮合成交，统一结算付款，价格行情实时显示的交易方式。其本质就是现货商品的电子商务。

现货交易与现货电子交易区别如下。

（1）交收时间不同：现货交易一般是即时或在很短时间内完成，而现货电子交易的交收日期是事先约定好的。

（2）交易对象不同：现货交易的对象主要是实物商品，而现货电子交易的对象是标准化合约（合同）。

（3）交易目的不同：现货交易的目的是让渡商品所有权；而现货电子交易的对象目的是获取差价或者是规避风险。

（4）交易场所不同：现货交易不受交易时间、地点、对象的限制，随机性强，而现货电子交易的这些条件都是固定的。

（5）结算方式不同：现货交易的结算方式有一次性结清、货到付款或分期付款，而现货电子交易市场实行每日结算制度。

二、《商品现货市场交易特别规定（试行）》

本规定共六章、二十六条。

第一章为总则，包括第一条到第六条。涉及本规定制定的目的，本规定的适用情形，商品现货市场与商品现货市场经营者的定义，从事商品现货市场交易活动应遵循的原则，商务部和人民银行的职责，商品现货市场行业协会的职责。

第二章为交易对象和交易方式，包括第七条到第十条。涉及商品现货市场交易对象的具体内容，对商品现货市场交易的实物商品的要求，商品现货市场交易可以采用的方式，协议交易和单向竞价交易的具体内涵，市场经营者不得出现的行为。

第三章为商品现货市场经营规范，包括第十一条到第十九条。涉及市场经营者应当履行的职责，业务规则和规章制度的公开与公示，商品现货市场应急预案的制定，市场经营者应采取的措施，交易者的资金不可挪用，商品现货市场流通方式的创新，现代信息化技术的采用，建立完善商品信息发布制度，采用现代信息化技术开展交易活动对市场经营者的要求，市场经营者不得擅自篡改、销毁相关信息和资料。

第四章为监督管理，包括第二十条到第二十二条。涉及县级以上人民政府商务主管部门、中国人民银行分支机构、国务院期货监督管理机构派出机构的职责，有关经营信息与资料的报送，县级以上人民政府商务主管部门建立完善各项工作制度的要求。

第五章为法律责任,包括第二十三条到第二十五条。涉及市场经营者规范本规定相关条例的处罚办法,有关行政管理部门工作人员在市场监督管理工作中违规的处罚办法。

第六章为附则部分。包括第二十六条。涉及本规定开始施行的时间。①

三、《商品现货市场交易特别规定(试行)》解读

商品现货市场是指依法设立的,由买卖双方进行公开的、经常性的或定期性的商品现货交易活动,具有信息、物流等配套服务功能的场所或互联网交易平台。商品现货市场交易对象包括实物商品,以实物商品为标的的仓单、可转让提单等提货凭证以及省级人民政府依法规定的其他交易对象。

商品现货市场交易可以采用协议交易、单向竞价交易以及省级人民政府依法规定的其他交易方式。协议交易是指买卖双方以实物商品交收为目的,采用协商等方式达成一致,约定立即交收或者在一定期限内交收的交易方式。单向竞价交易是指一个买方(卖方)向市场提出申请,市场预先公告交易对象,多个卖方(买方)按照规定加价或者减价,在约定交易时间内达成一致并成交的交易方式。

商品现货市场经营者采用现代信息化技术开展交易活动的,应当实时记录商品仓储、交易、交收、结算、支付等相关信息,采取措施保证相关信息的完整和安全,并保存五年以上。市场经营者不得开展法律法规以及《国务院关于清理整顿各类交易场所切实防范金融风险的决定》禁止的交易活动,不得以集中交易方式进行标准化合约交易。②

第十三节　标准化票据管理办法

一、起草背景

票据是中小企业重要的融资渠道之一,也是金融机构资金交易和资产负债管理的工具。受多种因素影响,中小企业票据融资的可得性和效率还有待提升。从金融机构资产交易的角度来看,票据个性化特征比较明显,价格形成机制较为复杂,标准化程度不够高。为拓宽中小企业票据融资渠道,更好契合金融机构资金交易特点和支持中小金融机构流动性管理,中国人民银行引导市场机构积极探索,于2019年8月创新开展标准化票据融资机制试点,受到市场广泛关注和认可。市场机构呼吁尽快出台标准化票据的规范性制度。

---

① 商务部、中国人民银行、证券监督管理委员会令2013第3号《商品现货市场交易特别规定(试行)》,中华人民共和国商务部,http://www.mofcom.gov.cn/article/b/c/201311/20131100400391.shtml.

② 三部门发布《商品现货市场交易特别规定(试行)》,中国政府网,http://www.gov.cn/jrzg/2013-11/22/content_2532903.htm.

在总结试点工作的基础上，人民银行组织试点参与机构起草了《标准化票据管理办法（征求意见稿）》，明确标准化票据的定义、参与机构、基础资产、创设、信息披露、投资者保护、监督管理等，规范标准化票据业务发展。标准化票据以票据作为基础资产，联通票据市场和债券市场，有利于发挥债券市场的专业投资和定价能力，增强票据融资功能和交易规范性。

二、《标准化票据管理办法》主要内容

为规范标准化票据融资机制，更好服务中小企业融资和供应链金融发展，中国人民银行制定了《标准化票据管理办法》，2020年7月28日实施。本办法共八章、三十一条。

第一章为总则，包括第一条到第四条，涉及本办法的制定目的，标准化票据的含义，标准化票据的创设和交易应遵循的原则，对标准化票据的监督与管理。

第二章为主要参与机构，包括第五条到第八条。涉及存托机构的含义，职责及应符合的条件、原始持票人、票据经纪机构的含义、票据经纪机构的内涵。

第三章为基础资产，包括第九条到第十三条，涉及基础资产应符合的条件，标准化票据的基础资产的独立性，存托协议的作用及要求，存托协议当事人的认定，存托机构的权利，存托机构和票据经纪机构的职责，公开归集基础资产的处理办法，存托机构应委托票据市场基础设施的事宜，有关基础资产的规定，存托机构可直接或委托金融机构作为资金保管机构对基础资产产生的现金流进行保管和合格投资，合格投资品的要求，资金保管机构应具备的资格。

第四章为标准化票据创设。包括第十四条到第十八条，涉及存托机构披露基础资产清单的相关要求以及公开归集基础资产的要求，标准化票据认购结束次日前应完成的事宜，标准化票据由金融机构承销的适用规定，标准化票据的登记托管、清算结算的适用规定，标准化票据的交易流通适用的规定、标准化票据适用的交易品种。

第五章为信息披露，包括第十九条到第二十二条，涉及存托机构披露对标准化票据投资价值判断有实质性影响的信息的要求，存托机构披露存托协议，基础资产清单，信用主体的信用评级，认购公告等的时间要求，存托机构应向投资人充分提示标准化票据可能涉及的各类风险以及风险的具体类型，存托机构应及时披露基础资产兑付信息，信用主体涉及的重大经营问题或诉讼事项等内容的要求以及需向中国人民银行报告的情形。

第六章为投资者保护，包括第二十三条到第二十四条，涉及标准化票据的持有人依照相关法律法规和合同文件约定，享有的具体权利，标准化票据存续期间，发生存托机构变更或解任、存托协议变更，基础资产逾期追索，法院诉讼等事件以及存托协议中约定的应由持有人大会作出决议的其他情形时的处理办法，持有人可按照存托协议的约定自行召集的情形。

第七章为监督管理，包括第二十五条到第二十九条，涉及标准化票据的利率、价格的确定，对标准化票据存托、经纪、承销、信用评级等专业机构及人员的要求，专业机构及人员出具的文件含有虚假记载、误导性陈述和重大遗漏的处理办法，票据市

场基础设施制定相关规则和制度等的要求，向中国人民银行报告创设情况的时间要求，中国人民银行的权利。

第八章为附则，包括第三十条到第三十一条，涉及本办法的负责解释方和开始施行时间。①

第十四节　其他法律法规

一、其他法律

（一）《劳动法》

《劳动法》是为了保护劳动者的合法权益，调整劳动关系，建立和维护适应社会主义市场经济的劳动制度，促进经济发展和社会进步，根据《宪法》制定的法律。1994 年 7 月 5 日第八届全国人民代表大会常务委员会第八次会议通过，现行版本是根据 2018 年 12 月 29 日第十三届全国人民代表大会常务委员会第七次会议《关于修改〈中华人民共和国劳动法〉等七部法律的决定》第二次修正的版本，共十三章、一百零七条。第一章为总则，第二章为促进就业，第三章为劳动合同和集体合同，第四章为工作时间和休息休假，第五章为工资，第六章为劳动安全卫生，第七章为女职工和未成年工特殊保护，第八章为职业培训，第九章为社会保险和福利，第十章为劳动争议，第十一章为监督检查，第十二章为法律责任，第十三章为附则。

（二）《劳动争议调解仲裁法》

《劳动争议调解仲裁法》是为了公正及时解决劳动争议，保护当事人合法权益，促进劳动关系和谐稳定而制定。于 2007 年 12 月 29 日第十届全国人民代表大会常务委员会第三十一次会议通过，共四章、五十四条。第一章为总则，第二章为调解，第三章为仲裁，第四章为附则。

（三）《保险法》

《保险法》是为了规范保险活动，保护保险活动当事人的合法权益，加强对保险业的监督，维护社会经济秩序和社会公共利益，促进保险事业的健康发展而制定。1995 年 6 月 30 日第八届全国人民代表大会常务委员会第十四次会议通过，现行版本是 2015 年 4 月 24 日第十二届全国人民代表大会常务委员会第十四次会议全国人民代表大会常务委员会《关于修改〈中华人民共和国计量法〉等五部法律的决定》修正的版本，共八章、一百八十五条。第一章为总则，第二章为保险合同，第三章为保险公司，第四章为保险经营规则，第五章为保险代理人和保险经纪人，第六章为保险业

---

① 中国人民银行关于《标准化票据管理办法（征求意见稿）》公开征求意见的通知，中国政府网转人民银行网站，http://www.gov.cn/hudong/2020-02/14/content_5478991.htm。

监督管理，第七章为法律责任，第八章为附则。

（四）《职业病防治法》

《职业病防治法》是为了预防、控制和消除职业病危害，防治职业病，保护劳动者健康及其相关权益，促进经济社会发展，根据《宪法》制定。2001 年 10 月 27 日第九届全国人民代表大会常务委员会第二十四次会议通过，现行版本是根据 2017 年 11 月 4 日第十二届全国人民代表大会常务委员会第三十次会议《关于修改〈中华人民共和国会计法〉等十一部法律的决定》第三次修正的版本，共七章、八十八条。第一章为总则，第二章为前期预防，第三章为劳动过程中的防护与管理，第四章为职业病诊断与职业病病人保障，第五章为监督检查，第六章为法律责任，第七章为附则。

（五）《计量法》

《计量法》是为了加强计量监督管理，保障国家计量单位制的统一和量值的准确可靠，有利于生产、贸易和科学技术的发展，适应社会主义现代化建设的需要，维护国家、人民的利益而制定的法律。1985 年 9 月 6 日第六届全国人民代表大会常务委员会第十二次会议通过，现行版本是根据 2018 年 10 月 26 日第十三届全国人民代表大会常务委员会第六次会议《关于修改〈中华人民共和国野生动物保护法〉等十五部法律的决定》第五次修正的版本，共六章、三十四条。第一章为总则，第二章为计量基准器具、计量标准器具和计量检定，第三章为计量器具管理，第四章为计量监督，第五章为法律责任，第六章为附则。

（六）《工会法》

《工会法》是为保障工会在国家政治、经济和社会生活中的地位，确定工会的权利与义务，发挥工会在社会主义现代化建设事业中的作用，根据宪法制定的法律。1992 年 4 月 3 日，第七届全国人民代表大会第五次会议通过，现行版本是根据 2009 年 8 月 27 日第十一届全国人民代表大会常务委员会第十次会议《关于修改部分法律的决定》第二次修正的版本，共七章、五十七条。第一章为总则，第二章为工会组织，第三章为工会的权利和义务，第四章为基层工会组织，第五章为工会的经费和财产，第六章为法律责任，第七章为附则。

（七）《标准化法》

《标准化法》是为了发展社会主义商品经济，促进技术进步，改进产品质量，提高社会经济效益，维护国家和人民的利益，使标准化工作适应社会主义现代化建设和发展对外经济关系的需要制定。由 1988 年 12 月 29 日第七届全国人民代表大会常务委员会第五次会议通过，现行版本是 2017 年 11 月 4 日第十二届全国人民代表大会常务委员会第三十次会议修订后的版本，共五章、四十五条。第一章为总则，第二章为标准的制定，第三章为标准的实施，第四章为法律责任，第五章为附则。

（八）《拍卖法》

《拍卖法》是为了规范拍卖行为，维护拍卖秩序，保护拍卖活动各方当事人的合法权益制定。1996年7月5日第八届全国人民代表大会常务委员会第二十次会议通过，现行版本是根据2015年4月24日第十二届全国人民代表大会常务委员会第十四次会议《关于修改〈中华人民共和国电力法〉等六部法律的决定》第二次修正的版本，共六章、六十八条。第一章为总则，第二章为拍卖标的，第三章为拍卖当事人，第四章为拍卖程序，第五章为法律责任，第六章为附则。

二、其他法规、部门规章

（一）《企业信息公示暂行条例》

《企业信息公示暂行条例》是为保障公平竞争，促进企业诚信自律，规范企业信息公示，强化企业信用约束，维护交易安全，提高政府监管效能，扩大社会监督制定。由中华人民共和国国务院于2014年8月7日发布，自2014年10月1日起施行。该条例共二十二条。

（二）《劳动合同法实施条例》

《劳动合同法实施条例》是为了贯彻实施《中华人民共和国劳动合同法》制定。经2008年9月3日中华人民共和国国务院第25次常委会议通过，由国务院于2008年9月18日发布并实施，共六章、三十八条。第一章为总则，第二章为劳动合同的订立，第三章为劳动合同的解除和终止，第四章为劳务派遣特别规定，第五章为法律责任，第六章为附则。

（三）《女职工劳动保护特别规定》

《女职工劳动保护特别规定》是为减少和解决女职工在劳动中因生理特点造成的特殊困难，保护女职工健康制定。由中华人民共和国国务院于2012年4月28日发布，2012年4月28日起施行。

（四）《劳动保障监察条例》

《劳动保障监察条例》是为了贯彻实施劳动和社会保障法律、法规和规章，规范劳动保障监察工作，维护劳动者的合法权益，根据劳动法和有关法律制定。经2004年10月26日国务院第68次常务会议通过，自2004年12月1日起施行，共五章、三十六条。第一章为总则，第二章为劳动保障监察职责，第三章为劳动保障监察的实施，第四章为法律责任，第五章为附则。

（五）《禁止使用童工规定》

《禁止使用童工规定》是为了保护未成年人的身心健康，促进义务教育制度的实施，维护未成年人的合法权益，根据宪法和劳动法、未成年人保护法制定。经2002年9月18日国务院第63次常务会议通过，自2002年12月1日起施行，共十四条。

(六)《职工年带薪休假条例》

《职工年带薪休假条例》是为了维护职工休息休假权利,调动职工工作积极性,根据劳动法和公务员法制定。经 2007 年 12 月 7 日国务院第 198 次常务会议通过,自 2008 年 1 月 1 日起施行,共十条。

(七)《工伤保险条例》

《工伤保险条例》是为了保障因工作遭受事故伤害或者患职业病的职工获得医疗救治和经济补偿,促进工伤预防和职业康复,分散用人单位的工伤风险制定。由国务院于 2003 年 4 月 27 日发布,自 2004 年 1 月 1 日起施行,共八章、六十七条。第一章为总则,第二章为工伤保险基金,第三章为工伤认定,第四章为劳动能力鉴定,第五章为工伤保险待遇,第六章为监督管理,第七章为法律责任,第八章为附则。

(八)《安全生产许可证条例》

《安全生产许可证条例》是为了严格规范安全生产条件,进一步加强安全生产监督管理,防止和减少生产安全事故,根据《中华人民共和国安全生产法》的有关规定制定的条例。由中华人民共和国国务院于 2004 年 1 月 7 日首次发布,自 2004 年 1 月 13 日起正式施行。根据 2014 年 7 月 29 日《国务院关于修改部分行政法规的决定》进行修订,共二十四条。

(九)《工业产品生产许可证管理条例》

《工业产品生产许可证管理条例》是为了保证直接关系公共安全、人体健康、生命财产安全的重要工业产品的质量安全,贯彻国家产业政策,促进社会主义市场经济健康、协调发展制定。经 2005 年 6 月 29 日国务院第 97 次常务会议通过,自 2005 年 9 月 1 日起施行,共二十七条。

(十)《价格违法行为行政处罚规定》

《价格违法行为行政处罚规定》是为依法惩处价格违法行为,维护正常的价格秩序,保护消费者和经营者的合法权益,根据《中华人民共和国价格法》的有关规定制定。由国家发展计划委员会于 1999 年 8 月 1 日发布并实施,现行版本是根据 2010 年 12 月 4 日《国务院关于修改〈价格违法行为行政处罚规定〉的决定》第三次修订的版本,共二十五条。

(十一)《直销管理条例》

《直销管理条例》是为了加强对直销活动的监管,防止欺诈,保护消费者的合法权益和社会公共利益而制定的。2005 年 8 月 23 日中华人民共和国国务院令第 443 号公布,根据 2017 年 3 月 1 日《国务院关于修改和废止部分行政法规的决定》修订,共八章、五十五条。第一章为总则,第二章为直销企业及其分支机构的设立和变更,第三章为直销员的招募和培训,第四章为直销活动,第五章为保证金,第六章为监督管理，第七章为法律责任，第八章为附则。

（十二）《禁止传销条例》

《禁止传销条例》是为了防止欺诈，保护公民、法人和其他组织的合法权益，维护社会主义市场经济秩序，保持社会稳定制定。2005年8月10日经国务院第101次常务会议通过，自2005年11月1日起施行，共五章、三十条。

（十三）《财政票据管理办法》

《财政票据管理办法》为了规范财政票据行为，加强政府非税收入征收管理和单位财务监督，维护国家财经秩序，保护公民、法人和其他组织的合法权益，根据国家有关规定制定。2012年10月22日，经中华人民共和国财政部令第70号公布《财政票据管理办法》，共七章、四十五条。第一章为总则，第二章为财政票据的种类、适用范围和内容，第三章为财政票据的印制，第四章为财政票据的领购与发放，第五章为财政票据的使用与保管，第六章为监督检查及罚则，第七章为附则。

（十四）《网络发票管理办法》

《网络发票管理办法》是为了加强普通发票管理，保障国家税收收入，规范网络发票的开具和使用，根据《发票管理办法》规定制定。

（十五）《劳务派遣行政许可实施办法》

《劳务派遣行政许可实施办法》是为了规范劳务派遣，根据《劳动合同法》《行政许可法》等法律制定。经人力资源社会保障部第10次部务会审议通过，自2013年7月1日起施行，共五章、三十五条。第一章为总则，第二章为劳务派遣行政许可，第三章为监督检查，第四章为法律责任，第五章为附则。

（十六）《集体合同规定》

《集体合同规定》是为规范集体协商和签订集体合同行为，依法维护劳动者和用人单位的合法权益，根据《劳动法》和《工会法》制定。2004年1月20日劳动和社会保障部令第22号公布，自2004年5月1日起施行，共八章、五十七条。第一章为总则，第二章为集体协商内容，第三章为集体协商代表，第四章为集体协商程序，第五章为集体合同的订立、变更、解除和终止，第六章为集体合同审查，第七章为集体协商争议的协调处理，第八章为附则。

（十七）《企业劳动争议协商调解规定》

《企业劳动争议协商调解规定》是为规范企业劳动争议协商、调解行为，促进劳动关系和谐稳定，根据《劳动争议调解仲裁法》制定。经中华人民共和国人力资源和社会保障部第76次部务会审议通过，自2012年1月1日起施行，共四章、三十七条。第一章为总则，第二章为协商，第三章为调解，第四章为附则。

（十八）《劳动人事争议仲裁办案规则》

《劳动人事争议仲裁办案规则》是为公正及时处理劳动人事争议，规范仲裁办案程序，根据《劳动争议调解仲裁法》以及《公务员法》《事业单位人事管理条例》《中国人民解放军文职人员条例》和有关法律、法规、国务院有关规定制定。经2017年4月24日人力资源社会保障部第123次部务会审议通过，自2017年7月1日起施行，共五章、八十一条。第一章为总则，第二章为一般规定，第三章为仲裁程序，第四章为调解程序，第五章为附则。

（十九）《未成年工特殊保护规定》

《未成年工特殊保护规定》是为维护未成年工的合法权益，保护其在生产劳动中的健康，根据《劳动法》的有关规定制定。由劳动部于1994年12月9日发布，自1995年1月1日起施行，共十三条。

（二十）《工资支付暂行规定》

《工资支付暂行规定》是为维护劳动者通过劳动获得劳动报酬的权利，规范用人单位的工资支付行为，根据《劳动法》有关规定制定。由劳动部于1994年12月6日发布，自1995年1月1日起执行，共二十条。

（二十一）《职业健康检查管理办法》

《职业健康检查管理办法》是为加强职业健康检查工作，规范职业健康检查机构管理，保护劳动者健康权益，根据《职业病防治法》制定。由国家卫生计生委于2015年3月26日发布，自2015年5月1日起施行，根据2019年2月28日国家卫生健康委员会令2号《国家卫生健康委关于修改〈职业健康检查管理办法〉等4件部门规章的决定》第一次修正，共六章、二十九条。第一章为总则，第二章为职业健康检查机构，第三章为职业健康检查规范，第四章为监督管理，第五章为法律责任，第六章为附则。

（二十二）《社会保险费申报缴纳管理规定》

《社会保险费申报缴纳管理规定》是为了规范社会保险费的申报和缴纳管理工作，根据《社会保险法》《社会保险费征缴暂行条例》制定。经人力资源社会保障部第一百一十四次部务会审议通过，自2013年11月1日起施行，共六章、三十四条。第一章为总则，第二章为社会保险费申报，第三章为社会保险费缴纳，第四章为未按时足额缴纳社会保险费的处理，第五章为法律责任，第六章为附则。

（二十三）《企业民主管理规定》

《企业民主管理规定》是为了完善以职工代表大会为基本形式的企业民主管理制度，推进厂务公开，支持职工参与企业管理，维护职工合法权益，构建和谐劳动关系，促进企业持续健康发展，加强基层民主建设，依据《宪法》和相关法律制定。

于 2012 年 2 月 13 日由中共中央纪委、中共中央组织部、国务院国有资产监督管理委员会、监察部、中华全国总工会、中华全国工商业联合会印发并施行，共五章、五十条。第一章为总则，第二章为职工代表大会制度，第三章为厂务公开制度，第四章为职工董事和职工监事制度，第五章为附则。

（二十四）《关于商品和服务实行明码标价的规定》

《关于商品和服务实行明码标价的规定》是为了规范价格行为，维护正常的市场价格秩序，促进公平、公开、合法的市场竞争，保护消费者和经营者的合法权益，根据《中华人民共和国价格法》制定。2000 年 10 月 31 日，国家发展计划委员会以主任令发布，共二十五条。国家计划委员会 1994 年 2 月 28 日发布的《关于商品和服务实行明码标价的规定》和 1994 年 3 月 3 日发布的《关于商品和服务实行明码标价的规定实施细则》同时废止。

（二十五）《禁止价格欺诈行为的规定》

《禁止价格欺诈行为的规定》是为了维护市场秩序，禁止价格欺诈行为，促进公平竞争，保护消费者和经营者的合法权益，根据《价格法》制定。2001 年 11 月 7 日，经国家发展计划委员会办公会议讨论通过并发布，自 2002 年 1 月 1 日起施行，共十三条。

（二十六）《流动资金贷款管理暂行办法》

《流动资金贷款管理暂行办法》是为了规范银行业金融机构流动资金贷款业务经营行为，加强流动资金贷款审慎经营管理，促进流动资金贷款业务健康发展，依据《银行业监督管理法》《商业银行法》等有关法律法规制定。2010 年 2 月 12 日，经中国银行业监督管理委员会第 72 次主席会议通过并发布，自发布之日起施行，共八章、四十二条。第一章为总则，第二章为受理与调查，第三章为风险评价与审批，第四章为合同签订，第五章为发放和支付，第六章为贷后管理，第七章为法律责任，第八章为附则。

（二十七）《无店铺零售业经营管理办法（试行）》

《无店铺零售业经营管理办法（试行）》是为了规范无店铺零售业经营行为，维护流通秩序和营商环境，保护消费者和从业者的合法权益，促进无店铺零售业健康有序发展，依据国家有关法律、法规制定。由商务部于 2015 年 5 月 5 日发布并实施，共六章、三十五条。第一章为总则，第二章为经营者与相关服务者规范，第三章为经营行为规范，第四章为监督管理，第五章为法律责任，第六章为附则。

（二十八）《商业特许经营备案管理办法》

《商业特许经营备案管理办法》为加强对商业特许经营活动的管理，规范特许经营市场秩序，根据《商业特许经营管理条例》的有关规定制定。经 2011 年 11 月 7 日商务部第五十六次部务会议审议通过，自 2012 年 2 月 1 日起施行，共二十一条。

2007 年 5 月 1 日施行的《商业特许经营备案管理办法》同时废止。

(二十九)《对外贸易经营者备案登记办法》

《对外贸易经营者备案登记办法》是为了促进对外贸易发展，根据《对外贸易法》第九条的有关规定制定。于 2004 年 6 月 25 日商务部令第 14 号发布并施行，共十六条。

(三十)《驰名商标认定和保护规定》

《驰名商标认定和保护规定》是为了规范驰名商标认定工作，保护驰名商标持有人的合法权益，根据《商标法》《商标法实施条例》制定。2003 年 4 月 17 日，由国家工商行政管理总局令第 5 号发布，根据 2014 年 7 月 3 日国家工商行政管理总局令第 66 号修订，共二十一条。

思考题

1. 请结合实际谈谈如何运用本章的法律法规来指导企业运行与管理。
2. 谈谈本章所列举的各种法律法规中还存在哪些没有覆盖的企业管理行为，并举例说明。

第七章 税收相关的法律法规

学习目的

通过企业所得税法、土地增值税法（征求意见稿）、契税法、印花税法（征求意见稿）、消费税暂行条例、增值税法（征求意见稿）、进出口关税条例、税务登记管理办法、关于跨境电子商务若干税收政策的通知等法律法规的学习，为有效地进行税收管理提供指导。

第一节 企业所得税法

一、基本概念

企业所得税是指对中华人民共和国境内的企业（居民企业及非居民企业）和其他取得收入的组织以其生产经营所得为课税对象所征收的一种所得税。企业所得税的征税对象是纳税人取得的所得，包括销售货物所得、提供劳务所得、转让财产所得、股息红利所得、利息所得、租金所得、特许权使用费所得、接受捐赠所得和其他所得。

企业所得税纳税人即所有实行独立经济核算的中华人民共和国境内的内资企业或其他组织，包括以下6类：（1）国有企业；（2）集体企业；（3）私营企业；（4）联营企业；（5）股份制企业；（6）有生产经营所得和其他所得的其他组织。

企业所得税减免是指国家运用税收经济杠杆，为鼓励和扶持企业或某些特殊行业的发展而采取的一项灵活调节措施。企业所得税条例原则规定了两项减免税优惠，一是民族区域自治地方的企业需要照顾和鼓励的，经省级人民政府批准，可以实行定期减税或免税；二是法律、行政法规和国务院有关规定给予减税免税的企业，依照规定执行。

税法规定的税收优惠方式包括免税、减税、加计扣除、加速折旧、减计收入、税额抵免等。

二、企业所得税法的立法背景

市场经济条件下各类企业需要一个公平竞争的环境。改革开放以来，为吸引外资，加快发展，我国在企业所得税上实行的是"双轨制"，外资企业适用的是1991

年七届全国人大四次会议审议通过的《中华人民共和国外商投资企业和外国企业所得税法》（简称《外资税法》），税收上享受超国民待遇；而内资企业适用的是1993年国务院颁布的《中华人民共和国企业所得税暂行条例》（简称《内资税法》）。在当时的历史条件下，对内资、外资企业分别立法，实行不同的税收政策，在促进经济发展方面起到了很大作用。但是，随着社会主义市场经济体制的逐步建立，特别是加入世贸组织后，内资企业逐渐融入世界经济体系中，面临越来越大的竞争压力，如果继续采取内资、外资企业不同的税收政策，将使内资企业处于不平等竞争地位，不但与世界贸易组织有关国民待遇原则的要求相悖，而且也会影响统一、规范、公平竞争的市场环境的建立。

现行企业所得税制度迫切需要改革。现行内资、外资企业所得税制度在执行中暴露出一些问题，已经不适应新形势要求。比如，现行税法在税收优惠、税前扣除等政策上，存在对外资企业偏松、内资企业偏紧的问题，造成企业之间税负不平、苦乐不均。内资企业高出外资企业近10个百分点，企业要求统一税收待遇、公平竞争的呼声较高。再比如，现行企业所得税优惠政策存在较大漏洞，存在以企业身份论优惠的现象，同样的项目，外资有优惠，而内资没有优惠，一些内资企业为享受外资企业所得税优惠，将资金转到境外再投资境内，搞"返程投资"，即"假外资"，这样不仅扭曲了企业的经营行为，也造成国家税款的流失。我国经济社会情况发生了很大变化，需要针对新情况及时完善和修订。此外，国家财税部门发布的许多重要税收政策，也需要及时补充到法律中去。

目前，我国经济正处于高速增长时期，国家财政和企业的承受能力都比较强，是进行企业所得税改革的有利时机。

在这种背景下，为尽快统一内资、外资企业所得税，财政部、税务总局和国务院法制办根据党的十六届三中全会关于"统一各类企业税收制度"的精神，共同起草了《中华人民共和国企业所得税法（征求意见稿）》，国务院于2006年9月28日提请全国人大常委会审议。2007年3月16日十届全国人大五次会议表决通过了这部法律。国务院正在根据这部法律制定实施条例，对有关规定进行细化，这个实施条例将与新税法同时实施。①

三、2018年版《企业所得税法》修改说明

第十三届全国人民代表大会常务委员会第七次会议决定对《中华人民共和国企业所得税法》作出修改。

将第五十一条第一款中的"非居民企业在中国境内设立两个或者两个以上机构、场所的，经税务机关审核批准"修改为"非居民企业在中国境内设立两个或者两个以上机构、场所，符合国务院税务主管部门规定条件的"。

本决定自公布之日起施行。

---

① 对《中华人民共和国企业所得税法》的解读，赣州市人民政府，http://www.ganzhou.gov.cn/c100080/201610/9bb5ea403e374e4fbfd9762726dc6792.shtml。

四、2018 年版《企业所得税法》简介

2007 年 3 月 16 日，第十届全国人民代表大会第五次会议通过《中华人民共和国企业所得税法》（以下简称《企业所得税法》）。2017 年 2 月 24 日，第十二届全国人民代表大会常务委员会第二十六次会议《关于修改〈中华人民共和国企业所得税法〉的决定》第一次修正。2018 年 12 月 29 日，第十三届全国人民代表大会常务委员会第七次会议《关于修改〈中华人民共和国电力法〉等四部法律的决定》第二次修正。

第一章为总则，包括第一条到第四条，规定了适用范围，企业的分类和定义，居民企业与非居民企业的应纳税所得的范围和企业所得税税率。

第二章为应纳税所得额，包括第五条到第二十一条，规定了应纳税所得额，收入总额的组成，不征收收入，可扣除金额，公益性捐赠支出，不得扣除支出，固定资产折旧的扣除，无形资产摊销费用的扣除，长期待摊费用的扣除，投资资产的成本不得扣除，存货成本的扣除，转让资产净值的扣除，境外营业机构和境内营业机构的盈亏不得相抵，亏损的结转，应纳税所得额的计算，对收入、扣除的具体范围、标准和资产的税务处理的具体办法和税法优先原则。

第三章为应纳税额，包括第二十二条到第二十四条，规定了应纳税所得额的计算，国际税收抵免和特殊情形下居民企业的税额抵免。

第四章为税收优惠，包括第二十五条到第三十六条，规定了企业所得税税收优惠总体原则，免税收入，免征、减征企业所得税的情形，享受企业所得税优惠税率的范围，民族自治地方企业减免税优惠，企业所得税加计扣除优惠，创业投资企业税收优惠，企业所得税加速折旧优惠，企业所得税减计收入优惠，企业所得税税额抵免优惠，企业所得税税收优惠具体办法和授权国务院制定企业所得税专项优惠政策。

第五章为源泉扣缴，包括第三十七条到第四十条，规定了非居民企业预提所得税，在中国境内取得工程作业和劳务所得的源泉扣缴义务人，未依法扣缴的或者无法履行扣缴义务的处理，代扣税款的上缴。

第六章为特别纳税调整，包括第四十一条到第四十八条，规定了应纳税所得额的调整和分摊，预约定价安排，企业报送年度企业所得税纳税申报表和接受税务机关调查的义务，企业不履行提供资料义务的法律后果，设立在避税港的受控外国公司的税收处理，防范"资本弱化"，避税行为发生时税务机关的调整，纳税调整和补征税款。

第七章为征收管理，包括第四十九条到第五十六条，规定了企业所得税征收管理的法律适用，居民企业纳税地点和汇总纳税，非居民企业纳税地点，禁止合并缴纳企业所得税，企业所得税纳税年度，企业所得税纳税方式，终止经营活动的企业办理汇算清缴和清算所得纳税，纳税币种。

第八章为附则，包括第五十七条到第六十条，规定了新法实施后过渡措施，税收协定优先权，授权国务院制定实施条例和生效日期。①

---

① 中华人民共和国企业所得税法，国家税务总局，http://www.chinatax.gov.cn/chinatax/n810341/n810825/c101434/c28479830/content.html。

第二节 土地增值税法（征求意见稿）

一、基本概念

土地增值税是指转让国有土地使用权、地上的建筑物及其附着物并取得收入的单位和个人，以转让所取得的收入包括货币收入、实物收入和其他收入减去法定扣除项目金额后的增值额为计税依据向国家缴纳的一种税赋，不包括以继承、赠予方式无偿转让房地产的行为。

纳税人为转让国有土地使用权及地上建筑物和其他附着物产权，并取得收入的单位和个人。征税对象是指有偿转让国有土地使用权及地上建筑物和其他附着物产权所取得的增值额。土地价格增值额是指转让房地产取得的收入减除规定的房地产开发成本、费用等支出后的余额。土地增值税实行四级超率累进税率。土地增值税实际上就是反房地产暴利税，是指房地产经营企业等单位和个人，有偿转让国有土地使用权以及在房屋销售过程中获得的收入，扣除开发成本等支出后的增值部分，要按一定比例向国家缴纳的一种税费。

二、土地增值税特点

土地增值税具有以下四个特点。

（1）以转让房地产的增值额为计税依据。土地增值税的增值额是以征税对象的全部销售收入额扣除与其相关的成本、费用、税金及其他项目金额后的余额，与增值税的增值额有所不同。

（2）征税面比较广。凡在我国境内转让房地产并取得收入的单位和个人，除税法规定免税的外，均应依照土地增值税条例规定缴纳土地增值税。换言之，凡发生应税行为的单位和个人，不论其经济性质，也不分内、外资企业或中、外籍人员，无论专营或兼营房地产业务，均有缴纳增值税的义务。

（3）实行超率累进税率。土地增值税的税率是以转让房地产增值率的高低为依据来确认，按照累进原则设计，实行分级计税，增值率高的，税率高，多纳税；增值率低的，税率低，少纳税。

（4）实行按次征收。土地增值税在房地产发生转让的环节，实行按次征收，每发生一次转让行为，就应根据每次取得的增值额征一次税。

三、《土地增值税暂行条例》意义

根据该条例的立法精神和有关规定，在我国开征土地增值税的目的和意义主要有三点。（1）规范土地和房地产市场交易秩序。（2）抑制房地产投机和炒卖活动，合理调节土地增值收益，防止国有土地收益流失。由于土地增值税以转让房地产收入的增值额为计税依据，并实行超率累进税率，对增值多的多征，对增值少的少征，这就在一定程度上抑制了房地产的炒卖投机行为。（3）增加国家财政收入。第三产业是我国今后需要重点发展的产业，在第三产业中，房地产业是高附加值产业，这无疑成为开发新税源的重点。因此，开征土地增值税对于增加财政收入具有重要意义。

四、现行《土地增值税暂行条例》

1993年12月13日中华人民共和国国务院令第138号发布《中华人民共和国土地增值税暂行条例》，2011年1月8日《国务院关于废止和修改部分行政法规的决定》修订，共十五条。涉及本条例的制定目的，依照本条例缴纳土地增值税的情形，土地增值税的征收标准，增值额的计算，纳税人转让房地产所取得的收入的具体类型，计算增值额的扣除项目，四级超率累进税率，免征土地增值税的情形，按照房地产评估价格计算征收的情形，纳税申报的办理和土地增值税的缴纳，土地增值税的征收部门，土地管理部门、房产管理部门的职责，纳税人未按照本条例缴纳土地增值税的处理办法，土地增值税的征收管理的依据标准，本条例负责解释方和实施细则制定方，本条例开始施行时间以及同时停止执行的办法。[①]

五、《土地增值税法（征求意见稿）》必要性和可行性

1993年12月13日，国务院发布了《土地增值税暂行条例》（以下简称《暂行条例》），自1994年1月1日起对转让国有土地使用权、地上建筑物及附着物的单位和个人征收土地增值税。根据《暂行条例》授权，财政部于1995年1月印发了《中华人民共和国土地增值税暂行条例细则》。《暂行条例》施行20多年以来，税制比较健全，运行平稳，上升为法律的条件和时机已经成熟。

土地增值税立法是贯彻落实税收法定原则的重要步骤，也是健全地方税体系改革的重要内容，有利于完善土地增值税制度，增强权威性和执法刚性，发挥土地增值税筹集财政收入、调节土地增值收益分配、促进房地产市场健康稳定发展的作用，有利于健全我国的房地产税收体系、推进国家治理体系和治理能力现代化。[②]

六、《土地增值税法（征求意见稿）》主要内容

从实际执行情况来看，现行土地增值税税制要素基本合理，征管制度比较健全，宜保持现行税制框架和税负水平总体不变，将《暂行条例》上升为法律。同时，对不适应经济社会发展和改革要求的个别内容，进行适当调整。

[①] 中华人民共和国土地增值税暂行条例，盈江县自然资源局，http：//www.dhyj.gov.cn/gtj/Web/_F0_0_28D02IRFAF3D34KO715V7CHC0N.htm。

[②] 《中华人民共和国土地增值税法（征求意见稿）》公开征求意见，国家税务总局，http：//www.chinatax.gov.cn/chinatax/n810356/n810961/c5136578/content.html。

(一) 关于征税范围

《暂行条例》规定，转让国有土地及地上建筑物、构筑物并取得收入的单位和个人应缴纳土地增值税。在此基础上，《中华人民共和国土地增值税法（征求意见稿）》（以下简称《土地增值税法（征求意见稿）》）将出让、转让集体土地使用权、地上的建筑物及其附着物（以下简称"集体房地产"）纳入征税范围。同时，拟将目前对集体房地产征收的土地增值收益调节金取消。

调整征税范围的主要考虑是为了与土地制度改革相衔接。为贯彻落实十八届三中全会决定要求，2014年，中共中央办公厅、国务院办公厅明确要求建立集体经营性建设用地（以下简称"集建地"）入市制度，并要求建立兼顾国家、集体、个人的土地增值收益分配机制，合理提高个人收益。自2015年以来，全国33个试点地区开展了农村土地征收、集建地入市、宅基地制度改革三项改革试点，允许集建地入市和转让，实行与国有建设用地同等入市、同权同价。目前，试点地区通过征收土地增值收益调节金的过渡办法，对土地增值收益进行调节。《土地管理法修正案（草案）》已提请全国人大常委会初次审议，删去了从事非农业建设必须使用国有土地或者征为国有的原集体土地的规定。为了建立土地增值收益分配机制，使税制与建立城乡统一建设用地市场的土地制度改革相衔接，《土地增值税法（征求意见稿）》将集体房地产纳入了征税范围，同时，拟取消土地增值收益调节金，使立法前后集体房地产负担总体稳定。

(二) 关于税率和计税依据

《土地增值税法（征求意见稿）》延续了《暂行条例》的规定，明确土地增值税仍实行四级超率累进税率，并以转移房地产所取得的增值额为计税依据。

(三) 关于扣除项目

《土地增值税法（征求意见稿）》将《暂行条例》第六条第五款授权财政部规定的其他扣除项目调整为国务院规定的其他扣除项目，主要考虑：集体、国有房地产的成本构成差异较大，且不同地区集建地入市方式、途径、形态、用途等差异也很大，成本构成和级差收益千差万别，再者集体房地产入市目前仍处于试点阶段，相关管理制度还在探索和逐步健全过程中，相关扣除项目难以做出统一规定。

(四) 关于税收优惠

《土地增值税法（征求意见稿）》在延续《暂行条例》优惠规定的基础上，对个别政策做了适当调整。一是吸收了现行税收优惠政策中关于建造增值率低于20%的保障性住房免税的规定。二是增加授权国务院可规定减征或免征土地增值税的其他情形。主要考虑是国务院需要根据经济社会发展形势，相机决定一些阶段性、过渡性优惠政策，如企业改制重组土地增值税政策、房地产市场调控相关的土地增值税政策等。三是将建造增值率低于20%的普通住宅免税的规定，调整为授权省级政府结合本地实际决定减征或是免征，以体现因地制宜、因城施策的房地产市场调控政策导向，落实地方政府主体责任。四是增加授权省级人民政府对房地产市场较不发达、地价水平较低地区集体房地产减征或免征土地增值税的规定。主要原因是出让集建地级差收益的地区差异巨大，为了建立兼顾国家、集体、个人土地收益分配机制，适当下放税政管理权限，有必要授权省级政府因地制宜制定集体房地产相关税收优惠政策。

（五）关于纳税义务发生时间和申报纳税期限

《土地增值税法（征求意见稿）》增加了关于纳税义务发生时间的规定，明确为房地产转移合同签订的当日。同时，为简化缴税程序、方便纳税人，《土地增值税法（征求意见稿）》调整了申报缴税期限。一是将《暂行条例》中分开设置的纳税申报和缴纳税款两个时间期限合并为申报缴纳期限。二是将申报缴税期限由《暂行条例》规定的房地产转移合同签订之日后7日内申报并在税务机关核定期限内缴税，调整为区分不同类型纳税人，规定不同的期限。对于从事房地产开发的纳税人，自纳税义务发生月份终了之日起15日内，申报预缴土地增值税；达到清算条件后90日内，申报清算土地增值税。对于其他纳税人，自纳税义务发生之日起30日内申报缴税。

（六）关于征收管理模式

按照党中央、国务院关于深化"放管服"改革的有关要求，《土地增值税法（征求意见稿）》规定了房地产开发项目实行先预缴后清算的制度，并将现行税务机关根据纳税人提供的资料进行清算审核的做法，调整为从事房地产开发的纳税人应自行完成清算，结清应缴税款或向税务机关申请退税。①

第三节 契 税 法

一、基本概念

契税是指不动产（土地、房屋）产权发生转移变动时，就当事人所订契约按产价的一定比例向新业主（产权承受人）征收的一次性税收。

契税除与其他税收有相同的性质和作用外，还具有其自身的特征：（1）征收契税的宗旨是为了保障不动产所有人的合法权益。通过征税，契税征收机关便以政府名义发给契证，作为合法的产权凭证，政府即承担保证产权的责任。因此，契税又带有规费性质，这是契税不同于其他税收的主要特点。（2）纳税人是产权承受人。当发生房屋买卖、典当、赠与或交换行为时，按转移变动的价值，对产权承受人课征一次性契税。契税属于财产转移税，由财产承受人缴纳。（3）契税采用比例税率，即在房屋产权发生转移变动行为时，对纳税人依一定比例的税率课征。

---

① 中华人民共和国契税暂行条例，国家税务总局，http://www.gov.cn/xinwen/2019-07/16/content_5410346.htm。

二、契税征收的意义

首先,契税征收的意义在于保障不动产所有人的权益,征收契税,说明这种交易行为获得第三方的公证,财产所属权有了保障。其次,契税是一种重要的地方税种,在土地、房屋交易的发生地,不管何人,只要所有权属转移,都要依法纳税。目前,契税已成为地方财政收入的固定来源,在全国,地方契税收入呈迅速上升态势。各类土地、房屋权属转移,方式各不相同,契税定价方法也各有差异。

三、《契税法》历程

《中华人民共和国契税暂行条例》(简称《契税暂行条例》)是我国征收契税的基本法规,1950年3月31日由政务院第二十六次政务会议通过,1950年4月3日政务院发布;1954年6月11日财政部奉政务院(54)政财习字第48号批示的(54)财农范字第58号通知修改;1997年国务院发布的契税征收办法,取代了1950年的老征收办法。以国务院令的形式发布,于1997年10月1日起施行。

1997年7月,国务院发布《契税暂行条例》,规定在中华人民共和国境内转移土地、房屋权属,承受的单位和个人应当缴纳契税。《契税暂行条例》施行以来,契税运行平稳。1997年至2018年,全国累计征收契税42162.18亿元,其中2018年征收5729.68亿元,为地方经济社会发展提供了重要的财力保障。[1]

为贯彻落实党中央、国务院决策部署,推动完善税收法律制度,按照全国人大常委会和国务院立法工作计划,财政部、税务总局、司法部在《契税暂行条例》的基础上,经征求有关部门和单位,各省、自治区、直辖市人民政府意见,起草形成了《中华人民共和国契税法》(简称《契税法》)。《中华人民共和国契税法》在2020年8月11日第十三届全国人民代表大会常务委员会第二十一次会议通过,自2021年9月1日实施。1997年7月7日国务院发布的《中华人民共和国契税暂行条例》同时废止。

四、从"条例"到"法律"主要变化[2]

(一)法律效力地位提升

由原来的条例上升为法律,法律地位效力提升。为了适应民法典物权编的变化,第二条的部分表述进行了修改,将"国有土地使用权出让"修改为"土地使用权出让","交换"修改为"互换","农村集体土地承包经营权"修改为"土地承包经营权和土地经营权"。

---

[1] 中国人大网,http://www.npc.gov.cn/npc/c30834/202008/8b6736277e12430088e3dfee05e89a6a.shtml。

[2] http://js.ccgc.cn/news/ztzl/%E6%B3%95%E5%88%B6%E4%B9%8B%E7%AA%97/2021-08-11/3039.html。通过以上修订,最终形成16条,具体见 http://www.npc.gov.cn/npc/c30834/202008/bd0401b6f5a84ac5a7dc83f9f9d96bd9.shtml。

(二) 税率不变，赋予地方具体税率管理权

《契税法》规定的契税税率仍为3%－5%。契税的具体适用税率，由省、自治区、直辖市人民政府在前款规定的税率幅度内提出，报同级人民代表大会常务委员会决定，并报全国人民代表大会常务委员会和国务院备案。

省、自治区、直辖市可以依照前款规定的程序对不同主体、不同地区、不同类型的住房的权属转移确定差别税率。

(三) 新增几种法定免税重点情形

（1）非营利性的学校、医疗机构、社会福利机构承受土地、房屋权属用于办公、教学、医疗、科研、养老、救助；

（2）承受荒山、荒地、荒滩土地使用权用于农、林、牧、渔业生产；

（3）婚姻关系存续期间夫妻之间变更土地、房屋权属；

（4）法定继承人通过继承承受土地、房屋权属（注意遗嘱继承的除外）。

(四) 新增土地、房屋因征收的契税减免

第七条可授权减免增加了"因土地、房屋被县级以上人民政府征收、征用，重新承受土地、房屋权属"的情形。减免征具体办法，修改为"由省、自治区、直辖市人民政府提出，报同级人民代表大会常务委员会决定，并报全国人民代表大会常务委员会和国务院备案。"

(五) 纳税申报的流程简化

申报缴税期限由"自纳税义务发生后10日内申报并在税务机关核定期限内缴税"修改为"办理土地、房屋权属登记手续前申报缴税"。将契税申报和缴纳时间合二为一，减轻纳税人负担，促进纳税遵从，提高征管效率。

(六) 适用民法典的变化

随着民法典的实施，相关的与民法典表述不一致的地方作出了相应的修改。《中华人民共和国契税法》表述上将"土地管理部门、房产管理部门"统一为"不动产登记机构"，协作部门由"土地管理部门、房产管理部门"扩充到"自然资源、住房城乡建设、民政、公安等相关部门"。

第四节　印花税法（征求意见稿）

一、基本概念

印花税是对经济活动和经济交往中订立、领受具有法律效力的凭证的行为所征收

的一种税。因采用在应税凭证上粘贴印花税票作为完税的标志而得名。印花税的纳税人包括在中国境内设立、领受规定的经济凭证的企业、行政单位、事业单位、军事单位、社会团体、其他单位、个体工商户和其他个人。

在中华人民共和国境内书立、领受《中华人民共和国印花税暂行条例》所列举凭证的单位和个人,都是印花税的纳税义务人,应当按照规定缴纳印花税。具体有:(1) 立合同人,(2) 立据人,(3) 立账簿人,(4) 领受人,(5) 使用人。

现行印花税只对印花税条例列举的凭证征税,具体有五类:(1) 购销、加工承揽、建设工程勘察设计、建设工程承包、财产租赁、货物运输、仓储保管、借款、财产保险、技术合同或者具有合同性质的凭证;(2) 产权转移书据;(3) 营业账簿;(4) 房屋产权证、工商营业执照、商标注册证、专利证、土地使用证、许可证照;(5) 经财政部确定征税的其他凭证。

二、我国印花税历程

中央政府于 1950 年 1 月 30 日公布了《全国税政实施要则》,同年年底,印花税暂行条例公布;1951 年 1 月,再次发布《印花税暂行条例施行细则》,印花税法由此统一。此后,至新中国成立后,印花税一直都未退出历史舞台,直到 1958 年,随着全国税改的施行,印花税被并入工商统一税,才正式被取消。

1988 年 8 月 6 日,国务院发布《中华人民共和国印花税暂行条例》(以下简称《印花税暂行条例》),对购销合同、承揽合同、建筑安装工程承包合同、财产租赁合同、货物运输合同、仓储保管合同、营业账簿、许可证照等 13 种凭证在全国统一开征印花税,并于同年 10 月 1 日实行。虽然经过 2011 年的修订,但我国至今印花税所依据的法律仍是沿用 1988 年颁布的《中华人民共和国印花税暂行条例》,2018 年 11 月 30 日国家税务总局与财政部联合起草了《中华人民共和国印花税法(征求意见稿)》(以下简称《印花税法(征求意见稿)》),首次将其上升至法律。

三、制定印花税法的必要性

《印花税暂行条例》规定,自 1988 年 10 月 1 日起,对书立、领受合同、产权转移书据等应税凭证的单位和个人征收印花税。根据应税凭证的性质,印花税分别按比例税率或者按件定额计征。1992 年,国家统一规定对沪深两市证券交易征收印花税,经过多次政策调整,目前证券交易印花税按 1‰ 的税率对出让方征收。1988 ~ 2017 年,全国累计征收印花税 21450 亿元,年均增长 19.1%,其中 2017 年征收印花税 2206 亿元。

《中共中央关于全面深化改革若干重大问题的决定》提出"落实税收法定原则",制定印花税法是重要任务之一,已列入全国人大常委会和国务院立法工作计划。制定印花税法,有利于完善印花税法律制度,增强其科学性、稳定性和权威性,有利于构建适应社会主义市场经济需要的现代财税制度,有利于深化改革开放和推进国家治理体系和治理能力现代化。

从实际情况看,印花税税制要素基本合理,运行比较平稳,可基本保持现行税制框架和税负水平总体不变,将《印花税暂行条例》上升为法律。同时,根据情况发展变化和税收征管实际,对部分税目、税率和纳税方式等作相应调整。

四、《印花税法(征求意见稿)》的主要内容

(一)关于纳税人

与《印花税暂行条例》及相关规定保持一致,《印花税法(征求意见稿)》规定,订立、领受在中华人民共和国境内具有法律效力的应税凭证,或者在中华人民共和国境内进行证券交易的单位和个人,为印花税的纳税人(第一条)。

(二)关于征税对象

与《印花税暂行条例》及相关规定保持一致,《印花税法(征求意见稿)》规定,印花税的征税对象为书面形式的合同、产权转移书据、营业账簿和权利、许可证照,以及上市交易或者挂牌转让的公司股票和以股票为基础发行的存托凭证(第二条、第三条),具体税目、税率依照本法所附《印花税税目税率表》执行(第四条)。

《印花税法(征求意见稿)》将以股票为基础发行的存托凭证纳入证券交易印花税的征收范围。主要考虑:国务院已明确开展创新企业境内发行存托凭证试点,存托凭证以境外股票为基础在中国境内发行,并在境内证券交易所上市交易,将其纳入印花税征收范围,适用与股票相同的政策,有利于保持税制统一和税负公平。

(三)关于税率

《印花税法(征求意见稿)》除对少部分税目的税率适当调整外,基本维持了现行税率水平。根据应税凭证的性质,分别实行比例税率或者定额税率。其中:应税合同按不同类型,税率分别为合同列明价款或者报酬的3‰、0.5‰和1‰;应税产权转移书据税率为支付价款的5‰;应税权利、许可证照税率为每件5元;应税营业账簿税率为实收资本(股本)、资本公积合计金额的2.5‰;证券交易税率为成交金额的1‰。

与《暂行条例》相比,《印花税法(征求意见稿)》作出调整的税率包括:一是为简并税率、公平税负,减少因合同类型界定不清在适用税率上引发的争议,将《暂行条例》中原加工承揽合同、建设工程勘察设计合同、货物运输合同的适用税率由5‰降为3‰。二是考虑到国务院已决定自2018年5月起对资金账簿和其他账簿分别减征和免征印花税,为了与现行政策保持一致,将营业账簿适用税率由实收资本(股本)、资本公积合计金额的5‰降为2.5‰。

(四)关于计税依据

《印花税法(征求意见稿)》分别规定了应税合同、产权转移书据、营业账簿和权利、许可证照以及证券交易计税依据的确定方法(第五条),并针对应税合同、产权转移书据中未列明价款或者报酬以及转让证券无转让价格等特殊情形,规定了其计税依据的确定方法(第六条、第七条)。

(五) 关于税收减免

《印花税法(征求意见稿)》规定了六种免税情形：一是为避免重复征税，对应税凭证的副本或者抄本免税；二是为支持农业发展，对农民、农民专业合作社、农村集体经济组织、村民委员会购买农业生产资料或者销售自产农产品订立的买卖合同和农业保险合同免税；三是为支持特定主体融资，对无息或者贴息借款合同、国际金融组织向我国提供优惠贷款订立的借款合同、金融机构与小型微型企业订立的借款合同免税；四是为支持公共事业发展，对财产所有权人将财产赠与政府、学校、社会福利机构订立的产权转移书据免税；五是为支持国防建设，对军队、武警部队订立、领受的应税凭证免税；六是为减轻个人住房负担，对转让、租赁住房订立的应税凭证，免征个人应当缴纳的印花税。为更好适应实际需要、便于相机调控，同时体现税收法定原则的要求，《印花税法(征求意见稿)》规定，国务院可以规定其他免征或者减征印花税的情形，但应当报全国人大常委会备案(第十一条)。

(六) 关于纳税方式

《印花税暂行条例》规定，印花税实行纳税人购买并在应税凭证上粘贴印花税票的缴纳办法，应纳税额较大或者贴花次数频繁的，纳税人可以采取按期申报纳税方式。在实际执行中，由于印花税票保管成本高，贴花纳税不方便，纳税人大多选择汇总申报纳税，较少采用贴花纳税。同时，随着现代信息技术发展，出现了大量电子凭证，难以再采用贴花的纳税方式。为降低征管成本、提升纳税便利度，并适应电子凭证发展需要，《印花税法(征求意见稿)》规定，印花税统一实行申报纳税方式，不再采用贴花的纳税方式(第十五条、第十六条)。证券交易印花税仍按现行规定，采取由证券登记结算机构代扣代缴方式(第十三条、第十五条)。

(七) 关于证券交易印花税政策调整问题

为灵活主动、便于相机调控，更好适应实际需要，《印花税法(征求意见稿)》规定，证券交易印花税的纳税人和税率调整由国务院决定，并报全国人大常委会备案(第十八条)。

此外，《印花税法(征求意见稿)》还对印花税应纳税额的计算方法，纳税义务发生时间、纳税期限和申报纳税地点，以及税款补缴和退还等事项作了规定。①

第五节 消费税暂行条例

一、基本概念

消费税(特种货物及劳务税)是以消费品的流转额作为征税对象的各种税收的

---

① 《中华人民共和国印花税法(征求意见稿)》公开征求意见，国家税务总局，http://www.chinatax.gov.cn/chinatax/n810356/n810961/c3851221/content.html。

统称，是政府向消费品征收的税项，可从批发商或零售商征收。消费税是典型的间接税。消费税是1994年税制改革在流转税中新设置的一个税种。消费税实行价内税，只在应税消费品的生产、委托加工和进口环节缴纳，在以后的批发、零售等环节，因为价款中已包含消费税，因此不用再缴纳消费税，税款最终由消费者承担。消费税的纳税人是我国境内生产、委托加工、零售和进口《中华人民共和国消费税暂行条例》（以下简称《消费税暂行条例》）规定的应税消费品的单位和个人。

消费税具有以下特点：（1）消费税征税项目具有选择性，消费税以税法规定的特定产品为征税对象。即国家可以根据宏观产业政策和消费政策的要求，有目的、有重点地选择一些消费品征收消费税，以适当地限制某些特殊消费品的消费需求，故可称为消费税税收调节具有特殊性；（2）按不同的产品设计不同的税率，同一产品同等纳税；（3）消费税是价内税，是价格的组成部分；（4）消费税实行从价定率和从量定额以及从价从量复合计征三种方法征税；（5）消费税征收环节具有单一性；（6）消费税税收负担转嫁性最终都转嫁到消费者身上。

消费税是在对货物普遍征收增值税的基础上，选择少数消费品再征收的一个税种，主要是为了调节产品结构，引导消费方向，保证国家财政收入。现行消费税的征收范围主要包括：烟、酒、鞭炮、焰火、化妆品、成品油、贵重首饰及珠宝玉石、高尔夫球及球具、高档手表、游艇、木制一次性筷子、实木地板、摩托车、小汽车、电池、涂料等税目，有的税目还进一步划分若干子目。

二、消费税的开征意义

（1）开征消费税有利于体现国家的产业政策，促进产业结构的合理化。奢侈消费将受遏制，更多体现社会公平。

（2）消费税的意义在于"向富人征税"，开征消费税可以达到调节收入，缓解社会分配不公的状况。通过征收消费税，特别是对烟、酒等嗜好性消费品及贵重首饰、化妆品等奢侈品和非生活必需品采用较高的税率，不仅可以限制不良消费、改变社会消费结构，而且能够避免超前消费和过度消费，从而有利于平衡市场供求关系，稳定市场物价，甚至可以促进增加投资和储蓄，对调整积累与消费的比例关系，保证国民经济健康、协调地发展具有积极意义。

（3）在正常生活中提倡环保、节约，靠税收引导消费，如将木制一次性筷子和实木地板征收消费税。谁耗能多，谁就付出更大代价。如对航空煤油、石油等征收消费税。

三、现行《消费税暂行条例》简介

《消费税暂行条例》是1993年12月13日中华人民共和国国务院令第135号发布实施。2008年11月5日国务院第34次常务会议修订通过，自2009年1月1日起施行，共十七条。涉及本条例的适用范围，消费税的税目、税率以及调整的执行标准，纳税人兼营不同税率的处理办法，纳税人生产的应税消费品、纳税人自产自用的应税消费品、用于连续生产应税消费品的或用于其他方面的、委托加工的应税消费品、委托加工的应税消费品的纳税规定，委托方用于连续生产应税消费品、进口的应税消费品等的纳税时间，消费税的应纳税额计算，销售额的定义，纳税人自产自用的应税消费品纳税额的计算方式，委托加工的应税消费品以及进口的应税消费品的纳税额计算方式，纳税人应税消费品的计税价格明显偏低并无正当理由的处理办法，纳税人出口应税消费品的免税办法，消费税的代征机关，个人携带或者邮寄进境的应税消费品的消费税与关税的计征。纳税人销售的应税消费品、自产自用的应税消费品、委托加工的应税消费品、进口的应税消费品纳税申报规定，消费税的纳税期限，纳税人进口应税消费品的税款缴纳时间，消费税的征收管理办法，本条例的开始施行时间。①

第六节　增值税法（征求意见稿）

一、基本概念

增值税是以商品（含应税劳务）在流转过程中产生的增值额作为计税依据而征收的一种流转税。从计税原理上说，增值税是对商品生产、流通、劳务服务中多个环节的新增价值或商品的附加值征收的一种流转税。实行价外税，也就是由消费者负担，有增值才征税没增值不征税。

增值税是对销售货物或者提供加工、修理修配劳务以及进口货物的单位和个人就其实现的增值额征收的一个税种。增值税已经成为中国最主要的税种之一，增值税的收入占中国全部税收的 60% 以上，是最大的税种。增值税由国家税务局负责征收，税收收入中 50% 为中央财政收入，50% 为地方收入。进口环节的增值税由海关负责征收，税收收入全部为中央财政收入。

根据对外购固定资产所含税金扣除方式的不同，增值税可以分为三类。

（1）生产型增值税：指在征收增值税时，只能扣除属于非固定资产项目的那部分生产资料的税款，不允许扣除固定资产价值中所含有的税款。该类型增值税的征税对象大体上相当于国内生产总值，因此称为生产型增值税。

（2）收入型增值税：指在征收增值税时，只允许扣除固定资产折旧部分所含的税款，未提折旧部分不得计入扣除项目金额。该类型增值税的征税对象大体上相当于国民收入，因此称为收入型增值税。

（3）消费型增值税：指在征收增值税时，允许将固定资产价值中所含的税款全部一次性扣除。这样，就整个社会而言，生产资料都排除在征税范围之外。该类型增值税的征税对象仅相当于社会消费资料的价值，因此称为消费型增值税。中国从 2009 年 1 月 1 日起，在全国所有地区实施消费型增值税。

自 2017 年 7 月 1 日起，简并增值税税率结构，取消 13% 的增值税税率。当前，

---

① 中华人民共和国消费税暂行条例，国家税务总局转中华人民共和国国务院，http://www.china-tax.gov.cn/n810341/n810765/n812171/n812680/c1190924/content.html。

一般纳税人适用的税率有：17%、9%、6%、0等。

二、《增值税暂行条例》发展历程

我国于1979年开始选择了部分城市对农业机具、机械等行业进行增值税的试点；到1983年，在全国的国营和集体工业企业中试行。1984年改革税制，把增值税从原来的工商税分离出来，独立设置税种，并逐步扩大征收范围，增值税在我国正式建立增值税制度，经过近10年的完善，1993年12月13日国务院颁布《增值税暂行条例》构建起生产型增值税体系。2008年11月5日国务院第34次常务会议修订通过。根据2016年2月6日《国务院关于修改部分行政法规的决定》第一次修订。根据2017年11月19日《国务院关于废止〈中华人民共和国营业税暂行条例〉和修改〈中华人民共和国增值税暂行条例〉的决定》第二次修订。

三、2017年版《增值税暂行条例》内容

本条例共包括二十八条，涉及本条例的适用情形，增值税税率，纳税人兼营不同税率的项目的销售额计算，应纳税额的计算，销售税额的计算，销售额的定义，纳税人发生应税销售行为的价格明显偏低并无正当理由的处理办法，进项税的定义，进项税额准予从销项税额中抵扣的情形，进项税额的计算方式，进项税额不得从销项税额中抵扣的情形，小规模纳税人发生应税销售行为的应纳税额计算，小规模纳税人增值税征收率，小规模纳税人以外的纳税人的登记办理方法，纳税人进口货物的计税价格和应纳税额计算，免征增值税的情形，纳税人兼营免税、减税项目的处理办法，纳税人销售额未达到或达到国务院财政、税务主管部门规定的增值税起征点的增值税征收办法，中华人民共和国境外的单位或者个人在境内销售劳务，在境内未设有经营机构的扣缴义务人，增值税纳税义务发生时间，增值税专用发票的开具，不得开具增值税专用发票的情形，增值税纳税地点，增值税纳税期限的相关规定，纳税人进口货物的缴纳税款要求，纳税人出口货物适用退（免）税规定的退税或免税办理，境内单位和个人跨境销售服务和无形资产适用退（免）税规定的退税与免税办理，出口货物办理退税后发生退货或者退关的处理办法，增值税的征收管理的依据，纳税人缴纳增值税的有关事项相关部门另有规定的处理办法，本条例的开始施行时间。①

四、关于2019年《增值税法（征求意见稿）》的说明

根据党的十九大"深化税收制度改革"和十九届四中全会"推进国家治理体系和治理能力现代化"精神，按照十三届全国人大常委会立法规划和《深化财税体制改革总体方案》"推进依法治税"有关要求，为完善税收法律制度，建立现代增值税

---

① 国务院关于废止《中华人民共和国营业税暂行条例》和修改《中华人民共和国增值税暂行条例》的决定，中国政府网，http://www.gov.cn/gongbao/content/2017/content_5248215.htm。

制度体系，财政部、税务总局联合起草了《中华人民共和国增值税法（征求意见稿）》（以下简称《征求意见稿》）。现将有关情况说明如下：

（一）制定本法的必要性和可行性

1993年12月13日，国务院发布了《中华人民共和国增值税暂行条例》（以下简称《条例》），自1994年1月1日起对在我国境内销售货物、加工修理修配劳务以及进口货物的单位和个人征收增值税。根据《条例》授权，1993年12月25日，财政部印发了《中华人民共和国增值税暂行条例实施细则》。2016年3月23日，经国务院批准，财政部、税务总局联合印发了《关于全面推开营业税改征增值税试点的通知》（财税〔2016〕36号，以下称36号文），全面推开营业税改征增值税（以下称营改增）试点，将建筑业、房地产业、金融业、生活服务业等全部原营业税纳税人，纳入增值税征税范围。为了巩固营改增试点成果，2017年10月30日，国务院常务会议通过了《国务院关于废止〈中华人民共和国营业税暂行条例〉和修改〈中华人民共和国增值税暂行条例〉的决定（草案）》，全面取消营业税，调整完善《条例》相关规定。

经过八年十大步的改革，我国已经基本建立了现代增值税制度，为增值税立法夯实了制度基础。目前增值税相关改革措施已全部推出，立法条件成熟。为以法律形式巩固改革成果，按照保持现行税制框架总体不变以及保持现行税收负担水平总体不变的原则，我们整合了《条例》和36号文等，并适当调整完善相关内容，形成了《征求意见稿》。

（二）制定本法的总体考虑

第一，坚持以习近平新时代中国特色社会主义思想为指导，构建适应我国国情的现代增值税制度。按照深化税收制度改革、构建科学财税体制的要求，以法律的形式巩固营改增及增值税改革成果，同时为促进经济发展及培育新业态新模式预留制度空间。

第二，贯彻增值税税收中性和效率原则，进一步发挥增值税筹集财政收入的作用。通过立法巩固营改增成果，实现增值税对货物和服务的全覆盖，建立消费型增值税制度框架，促进产业转型升级，实现新旧动能接续转换，推动经济高质量发展。

第三，按照推进国家治理体系和治理能力现代化的要求，构建与新税制模式相适应的税收征管制度。提出增值税纳税申报、发票管理等要求，提高征管效率，防止税收漏洞。

（三）《征求意见稿》的主要内容

《征求意见稿》共九章四十七条。主要内容如下：

（1）关于征税范围。《征求意见稿》基本延续了《条例》的规定，为巩固营改增成果，将"加工、修理修配劳务"并入"服务"，将"销售金融商品"从"服务"中单列，即增值税的征税范围为，在境内销售货物、服务、无形资产、不动产和金融商品，以及进口货物。

(2) 关于纳税人和扣缴义务人。借鉴国际经验，《征求意见稿》规定，在境内发生应税交易且销售额达到增值税起征点的单位和个人，以及进口货物的收货人，为增值税的纳税人。销售额未达到增值税起征点的单位和个人，不是增值税纳税人，但可以自愿选择登记为增值税纳税人缴纳增值税。境外单位和个人在境内发生应税交易的，以购买方为扣缴义务人。

(3) 关于税率和征收率。为巩固营改增及深化增值税改革成果，《征求意见稿》对《条例》中规定的税率进行了相应的调整，将销售货物、加工修理修配服务、有形动产租赁服务，以及进口货物等适用税率调整为13%；将销售交通运输、邮政、基础电信、建筑、不动产租赁服务、不动产，转让土地使用权，销售或者进口农产品等货物的适用税率调整为9%；销售服务、无形资产、金融商品的适用税率为6%，保持不变。同时，明确增值税征收率为3%。

(4) 关于销售额。《征求意见稿》基本延续了《条例》的现行规定，明确销售额是纳税人发生应税交易取得的与之相关的对价，包括全部货币或者非货币形式的经济利益。

(5) 关于期末留抵退税制度。为巩固深化增值税改革成果，按照增值税原理，《征求意见稿》借鉴国际经验，建立期末留抵退税制度，并授权国务院财政、税务主管部门制定具体办法。

(6) 关于混合销售、兼营的规定。为巩固营改增成果，解决纳税人特殊情形的征税问题，《征求意见稿》延续"混合销售"从主、"兼营"分别核算纳税的理念，明确混合销售应从主适用税率或者征收率；兼营应当分别核算适用不同税率或者征收率的销售额，未分别核算的，从高适用税率。

(7) 关于税收减免。《征求意见稿》沿用了《条例》和原营业税暂行条例中的法定免税项目；同时明确除法定免税以外，根据国民经济和社会发展的需要，或者由于突发事件等原因对纳税人经营活动产生重大影响的，国务院可以制定增值税专项优惠政策，报全国人民代表大会常务委员会备案。

(8) 关于计税期间。为落实深化"放管服"改革精神，进一步减少纳税人办税频次，减轻纳税人申报负担，《征求意见稿》取消"1日、3日和5日"等三个计税期间，新增"半年"的计税期间。

(9) 关于税收征管。结合征管实践，《征求意见稿》明确增值税由税务机关征收，进口货物的增值税由税务机关委托海关代征。明确了纳税人、扣缴义务人的如实申报义务、发票管理及法律责任的原则性规定。

(10) 关于过渡期安排。为平稳过渡，本法公布前出台的税收政策，确需延续的，按照国务院规定最长可以延至本法施行后的五年止。待过渡期结束，按照《征求意见稿》第三十条，根据国民经济和社会发展的需要，国务院可以制定专项优惠政策，报全国人民代表大会常务委员会备案后继续执行。[①]

---

① 中国政府网，http://www.gov.cn/xinwen/2019-11/28/content_5456569.htm。

第七节 进出口关税条例

一、基本概念

进口关税是一个国家的海关对进口货物和物品征收的关税,各国已不使用过境关税,出口税也很少使用,通常所称的关税主要指进口关税。

征收进口关税会增加进口货物的成本,提高进口货物的市场价格,影响外国货物进口数量。因此,各国都以征收进口关税作为限制外国货物进口的一种手段,适当地使用进口关税可以保护本国工农业生产,也可以作为一种经济杠杆调节本国的生产和经济的发展;而出口国海关根据关税税则征收出口税的目的主要是:(1)增加财政收入;(2)限制重要的原材料大量输出,保证国内供应;(3)提高以使用该国原材料为主的国外加工产品的生产成本,削弱其竞争能力;(4)反对跨国公司在发展中国家低价收购初级产品。

二、《进出口关税条例》历史沿革

2003年11月23日,由国务院令第392号发布《中华人民共和国进出口关税条例》(以下简称《进出口关税条例》),自2004年1月1日起施行。

2010年12月29日,经国务院第138次常务会议通过。2011年1月8日,国务院令第588号《国务院关于废止和修改部分行政法规的决定》第一次修订并公布,自公布之日起施行。

2013年12月4日,经国务院第32次常务会议通过。2013年12月7日,国务院第645号令《国务院关于修改部分行政法规的决定》第二次修订并公布,自公布之日起实施。

2016年1月13日,经国务院第119次常务会议通过。2016年2月6日,国务院第666号令《国务院关于修改部分行政法规的决定》第三次修订并公布,自公布之日起实施。

2017年3月1日《国务院关于修改和废止部分行政法规的决定》第四次修订,共六章、六十七条。

三、进出口关税调整历程

自2015年6月1日起,经国务院关税税则委员会研究提出并报国务院批准,中国将降低部分服装、鞋靴、护肤品、纸尿裤等日用消费品的进口关税税率,平均降幅超过50%。

2017年11月24日,经国务院关税税则委员会审议通过,并报国务院批准,我国将对部分消费品进口关税进行调整，自2017年12月1日开始实施。本次进一步降低消费品进口关税，范围涵盖食品、保健品、药品、日化用品、衣着鞋帽、家用设备、文化娱乐、日杂百货等各类消费品，共涉及187个8位税号，平均税率由17.3%降至7.7%。

2018年5月22日，国务院关税税则委员会发布公告，自2018年7月1日起，降低汽车整车及零部件进口关税。5月30日，国务院常务会议决定，从2018年7月1日起，较大范围下调日用消费品进口关税，更好满足国内居民多样化消费需求。

2018年9月30日，国务院关税税则委员会发布公告，自2018年11月1日起，降低1585个税目的进口关税。至此，我国关税总水平将由上年的9.8%降至7.5%。

2019年1月1日起，对化肥、磷灰石、铁矿砂、矿渣、煤焦油、木浆等94项商品不再征收出口关税。2019年我国对原产于23个国家或地区的部分商品实施协定税率，其中进一步降税的有中国与新西兰、秘鲁、哥斯达黎加、瑞士、冰岛、澳大利亚、韩国、格鲁吉亚自贸协定以及亚太贸易协定。根据内地与香港、澳门签署的货物贸易协议，对原产于香港、澳门的进口货物将全面实施零关税。随着最惠国税率的降低，相应调整亚太贸易协定项下的孟加拉国和老挝两国特惠税率。

2019年7月1日起，我国还将对298项信息技术产品的最惠国税率实施第四步降税，同时对部分信息技术产品的暂定税率作相应调整。

四、2017年版《进出口关税条例》简介

《进出口关税条例》是为了贯彻对外开放政策，促进对外经济贸易和国民经济的发展，根据《中华人民共和国海关法》的有关规定而制定的。2003年11月23日中华人民共和国国务院令第392号公布，2011年1月8日《国务院关于废止和修改部分行政法规的决定》第一次修订，2013年12月7日《国务院关于修改部分行政法规的决定》第二次修订，2016年2月6日《国务院关于修改部分行政法规的决定》第三次修订，2017年3月1日《国务院关于修改和废止部分行政法规的决定》第四次修订，共六章、六十七条。

第一章为总则，包括第一条到第八条，规定了立法目的，进出口关税的征收，本条例的组成部分，关税税则委员会及其职责，纳税义务人范围，海关及其工作人员职责，保密义务和检举。

第二章为进出口货物关税税率的设置和适用，包括第九条到第十七条，规定了税率设置，最惠国税率的适用，暂定税率的适用，关税配额税率的适用，采用反倾销、反补贴和保障措施货物的适用税率，报复性关税，实施税率的确定，补征和退还进出口货物关税。

第三章为进出口货物完税价格的确定，包括第十八条到第二十八条，规定了进口货物完税价格，应计入进口货物完税价格的费用，不计入进口货物完税价格的费用，进口货物完税价格的估定，进口货物完税价格的应扣除项目，租赁进口货物复进境的完税价格，境外加工货物复进境的完税价格，境外修理的货物复进境的完税价格，出口货物完税价格的估定和依据。

第四章为进出口货物关税的征收，包括第二十九条到第五十五条，规定了进口货物的申报、申报内容和补充申报，商品归类，海关为审查申报价格的真实性和准确性可以行使的职权，海关怀疑申报价格的处理，进出口货物关税计征公式，税款缴纳期限、币种，税收保全措施和强制措施，加工贸易进口料件的关税征收，暂时进出境特定货物的关税征收，原状复运进出境货物的关税征收，补偿或更换相同货物的关税征收，免征关税的情形，减免税的执行依据，减免税的程序，减免税进口货物补征关税，申请退还关税的情形，少征或漏征税款的处理，多征税款的处理，退还税款、利息的执行依据，报关企业的连带责任和报关海关监管货物人员的纳税责任，纳税义务人有合并、分立、解散等情形的处理。

第五章为进境物品进口税的征收，包括第五十六条到第六十三条，规定了进口税定义，个人自用进境物品免征进口税，进境物品的纳税义务人，办理纳税手续的选择，进口税计征公式，进境物品的归类、确定完税价格和适用税率的依据，进境物品的税率和完税价格的确定，进口税的减征、免征、补征等。

第六章为附则，包括第六十四条到第六十七条，规定了复议和诉讼，进口环节海关代征税的征收管理，违反本条例的处罚和生效日期。[①]

第八节 税务登记管理办法

一、基本概念

税务登记是税务机关对纳税人的生产、经营活动进行登记管理的一项法定制度，也是纳税人依法履行纳税义务的法定手续。税务登记是整个税收征收管理的起点。税务登记种类包括开业登记、变更登记、停业、复业登记、注销登记、外出经营报验登记、纳税人税种登记、扣缴税款登记等。

它有利于税务机关了解纳税人的基本情况，掌握税源，加强征收与管理，防止漏管漏征，建立税务机关与纳税人之间正常的工作联系，强化税收政策和法规的宣传，增强纳税意识等。

除按照规定不需要发给税务登记证件之外，纳税人办理下列事项时，必须持税务登记证件：（1）开立银行基本账户；（2）申请减税、免税、退税；（3）申请办理延期申报、延期缴纳税款；（4）领购发票；（5）申请开具外出经营活动税收管理证明；（6）办理停业、歇业；（7）其他有关税务事项。

二、《税务登记管理办法》立法历程

2003年12月17日，国家税务总局令第7号公布《税务登记管理办法》。

---

① 中华人民共和国进出口关税条例，中国政府网，http://www.gov.cn/gongbao/content/2017/content_5219152.htm。

根据 2014 年 12 月 27 日国家税务总局令第 36 号《国家税务总局关于修改〈税务登记管理办法〉的决定》修正。

根据 2018 年 6 月 5 日国家税务总局令第 44 号《国家税务总局关于修改部分税务部门规章的决定》修正。

根据 2019 年 7 月 24 日国家税务总局令第 48 号《国家税务总局关于公布取消一批税务证明事项以及废止和修改部分规章规范性文件的决定》修正。

三、2019 年版《税务登记管理办法》修正背景

为深入贯彻落实党中央、国务院关于持续开展"减证便民"的要求，进一步优化税务执法方式、改善税收营商环境，根据李克强总理在全国深化"放管服"改革优化营商环境电视电话会议上的重要讲话精神和《国务院办公厅关于做好证明事项清理工作的通知》要求，税务总局结合正在开展的"不忘初心、牢记使命"主题教育，着眼于"为民服务解难题"，继此前两批取消 35 项税务证明事项后，再公布取消一批税务证明事项，同时对《国家税务总局关于取消一批税务证明事项的决定》（以下简称《决定》）和本批取消的证明事项所涉及的规章、规范性文件一并清理。

修改《税务登记管理办法》，涉及《决定》取消的纳税人在市场监管部门办理变更登记后，到税务部门办理变更税务登记需提供的"营业执照"。

四、2019 年版《税务登记管理办法》简介

2019 年 7 月 24 日，《国家税务总局关于公布取消一批税务证明事项以及废止和修改部分规章规范性文件的决定》修正，共十章、四十七条。

第一章为总则，包括第一条到第七条，规定了立法目的，适用范围，税务机关职责，税务登记证件和扣缴税款登记证件，属地管理原则，纳税人识别号，须提供税务登记证件的情形。

第二章为设立登记，包括第八条到第十五条，规定了税务登记的办理，税务登记地点发生争议的处理，申报办理税务登记应提供的资料，税务登记表，税务登记证件的发放，税务登记证件的主要内容和扣缴税款登记。

第三章为变更登记，包括第十六条到第二十条，规定了变更税务登记，变更税务登记的程序，税务机关办理变更税务登记的规则。

第四章为停业、复业登记，包括第二十一条到第二十五条，规定了停业登记及期限，停业登记程序，停业期间的税款缴纳，复业登记和延长停业登记。

第五章为注销登记，包括第二十六条到第二十九条，规定了依法终止纳税义务的程序，税务登记机关的改变，境外企业注销税务登记和注销税务登记程序。

第六章为外出经营报验登记，包括第三十条到第三十四条，规定了《外出经营活动税收管理证明》（以下简称《外管证》）的开具，《外管证》的有效期限，外出经营报验登记，外出经营活动的结束后的相关行为规定，《外管证》缴销手续。

第七章为证照管理，包括第三十五条到第三十七条，规定了税务机关加强税务登

记证件的管理，税务登记证式样的改变，税务登记证件遗失的处理。

第八章为非正常户处理，包括第三十八条到第三十九条，规定了未按期申报纳税的处理，非正常户税务登记证件失效。

第九章为法律责任，包括第四十条到第四十四条，规定了不办理税务登记的法律责任，骗取税务登记证的法律责任，未依法办理扣缴税款登记的法律责任，纳税人、扣缴义务人违反规定并拒不接受处理的法律责任，税务人员违反规定的行政责任。

第十章为附则，包括第四十五条到第四十七条，规定了本办法涉及的标识、戳记和文书式样，授权国家税务总局进行解释和各省市税务局制定具体实施办法，生效日期。①

第九节　关于跨境电子商务若干税收政策的通知

一、基本概念

跨境电子商务是指分属不同关境的交易主体，通过电子商务平台达成交易、进行电子支付结算，并通过跨境电商物流及异地仓储送达商品，从而完成交易的一种国际商业活动。

跨境电子商务是基于网络发展起来的，网络空间相对于物理空间来说是一个新空间，是一个由网址和密码组成的虚拟但客观存在的世界。网络空间独特的价值标准和行为模式深刻地影响着跨境电子商务，使其不同于传统的交易方式而呈现出自己的特点。跨国电子商务具有如下特征（基于网络空间的分析）：全球性、无形性、匿名性、即时性、无纸化、快速演进。跨境电商分为出口跨境电子商务和进口跨境电子商务。跨境电子商务具有以下特点：（1）涉及报关活动；（2）涉及国际贸易合同特征。

跨境电子商务作为推动经济一体化、贸易全球化的技术基础，具有非常重要的战略意义。跨境电子商务不仅冲破了国家间的障碍，使国际贸易走向无国界贸易，同时它也正在引起世界经济贸易的巨大变革。对企业来说，跨境电子商务构建的开放、多维、立体的多边经贸合作模式，极大地拓宽了进入国际市场的路径，大大促进了多边资源的优化配置与企业间的互利共赢；对于消费者来说，跨境电子商务使他们非常容易地获取其他国家的信息并买到物美价廉的商品。

二、《关于跨境电子商务零售进口税收政策的通知》

为营造公平竞争的市场环境，促进跨境电子商务零售进口健康发展，经国务院批准，现将跨境电子商务零售（企业对消费者，即 B2C）进口税收政策有关事项通知如下：

---

① 国家税务总局关于公布取消一批税务证明事项以及废止和修改部分规章规范性文件的决定，国家税务总局，http://www.chinatax.gov.cn/n810341/n810755/c4559725/content.html。

一、跨境电子商务零售进口商品按照货物征收关税和进口环节增值税、消费税，购买跨境电子商务零售进口商品的个人作为纳税义务人，实际交易价格（包括货物零售价格、运费和保险费）作为完税价格，电子商务企业、电子商务交易平台企业或物流企业可作为代收代缴义务人。

二、跨境电子商务零售进口税收政策适用于从其他国家或地区进口的、《跨境电子商务零售进口商品清单》范围内的以下商品：（1）所有通过与海关联网的电子商务交易平台交易，能够实现交易、支付、物流电子信息"三单"比对的跨境电子商务零售进口商品；（2）未通过与海关联网的电子商务交易平台交易，但快递、邮政企业能够统一提供交易、支付、物流等电子信息，并承诺承担相应法律责任进境的跨境电子商务零售进口商品。

不属于跨境电子商务零售进口的个人物品以及无法提供交易、支付、物流等电子信息的跨境电子商务零售进口商品，按现行规定执行。

三、跨境电子商务零售进口商品的单次交易限值为人民币2000元，个人年度交易限值为人民币20000元。在限值以内进口的跨境电子商务零售进口商品，关税税率暂设为0%；进口环节增值税、消费税取消免征税额，暂按法定应纳税额的70%征收。超过单次限值、累加后超过个人年度限值的单次交易，以及完税价格超过2000元限值的单个不可分割商品，均按照一般贸易方式全额征税。

四、跨境电子商务零售进口商品自海关放行之日起30日内退货的，可申请退税，并相应调整个人年度交易总额。

五、跨境电子商务零售进口商品购买人（订购人）的身份信息应进行认证；未进行认证的，购买人（订购人）身份信息应与付款人一致。

六、《跨境电子商务零售进口商品清单》将由财政部商有关部门另行公布。

七、本通知自2016年4月8日起执行。①

三、《关于跨境电商综合试验区零售出口货物税收政策的通知》

为进一步促进跨境电子商务健康快速发展，培育贸易新业态新模式，现将跨境电子商务综合试验区（以下简称综试区）内的跨境电子商务零售出口（以下简称电子商务出口）货物有关税收政策通知如下：

一、对综试区电子商务出口企业出口未取得有效进货凭证的货物，同时符合下列条件的，试行增值税、消费税免税政策：（一）电子商务出口企业在综试区注册，并在注册地跨境电子商务线上综合服务平台登记出口日期、货物名称、计量单位、数量、单价、金额。（二）出口货物通过综试区所在地海关办理电子商务出口申报手续。（三）出口货物不属于财政部和税务总局根据国务院决定明确取消出口退（免）税的货物。

二、各综试区建设领导小组办公室和商务主管部门应统筹推进部门之间的沟通协作和相关政策落实，加快建立电子商务出口统计监测体系，促进跨境电子商务健康快

---

① 财政部 海关总署 国家税务总局关于跨境电子商务零售进口税收政策的通知，国家税务总局，http：//www.chinatax.gov.cn/n810341/n810755/c2044092/content.html。

速发展。

三、海关总署定期将电子商务出口商品申报清单电子信息传输给税务总局。各综试区税务机关根据税务总局清分的出口商品申报清单电子信息加强出口货物免税管理。具体免税管理办法由省级税务部门商财政、商务部门制定。

四、本通知所称综试区，是指经国务院批准的跨境电子商务综合试验区；本通知所称电子商务出口企业，是指自建跨境电子商务销售平台或利用第三方跨境电子商务平台开展电子商务出口的单位和个体工商户。

五、本通知自2018年10月1日起执行，具体日期以出口商品申报清单注明的出口日期为准。[①]

四、《关于完善跨境电子商务零售进口税收政策的通知》

为促进跨境电子商务零售进口行业的健康发展，营造公平竞争的市场环境，现将完善跨境电子商务零售进口税收政策有关事项通知如下：

一、将跨境电子商务零售进口商品的单次交易限值由人民币2000元提高至5000元，年度交易限值由人民币20000元提高至26000元。

二、完税价格超过5000元单次交易限值但低于26000元年度交易限值，且订单下仅一件商品时，可以自跨境电商零售渠道进口，按照货物税率全额征收关税和进口环节增值税、消费税，交易额计入年度交易总额，但年度交易总额超过年度交易限值的，应按一般贸易管理。

三、已经购买的电商进口商品属于消费者个人使用的最终商品，不得进入国内市场再次销售；原则上不允许网购保税进口商品在海关特殊监管区域外开展"网购保税+线下自提"模式。

四、其他事项请继续按照《财政部海关总署税务总局关于跨境电子商务零售进口税收政策的通知》（财关税〔2016〕18号）有关规定执行。

五、为适应跨境电商发展，财政部会同有关部门对《跨境电子商务零售进口商品清单》进行了调整，将另行公布。

本通知自2019年1月1日起执行。[②]

五、《关于跨境电子商务综合试验区零售出口企业所得税核定征收有关问题的公告》

为支持跨境电子商务健康发展，推动外贸模式创新，有效配合《财政部税务总局商务部海关总署关于跨境电子商务综合试验区零售出口货物税收政策的通知》（财税〔2018〕103号）落实工作，现就跨境电子商务综合试验区（以下简称"综试

---

① 财政部　税务总局　商务部　海关总署关于跨境电子商务综合试验区零售出口货物税收政策的通知，国家税务总局，http：//www.chinatax.gov.cn/n810341/n810755/c3766983/content.html。

② 财政部　海关总署　税务总局关于完善跨境电子商务零售进口税收政策的通知，国家税务总局，http：//www.chinatax.gov.cn/n810341/n810755/c3929562/content.html。

区")内的跨境电子商务零售出口企业(以下简称"跨境电商企业")核定征收企业所得税有关问题公告如下:

一、综试区内的跨境电商企业,同时符合下列条件的,试行核定征收企业所得税办法:(一)在综试区注册,并在注册地跨境电子商务线上综合服务平台登记出口货物日期、名称、计量单位、数量、单价、金额的;(二)出口货物通过综试区所在地海关办理电子商务出口申报手续的;(三)出口货物未取得有效进货凭证,其增值税、消费税享受免税政策的。

二、综试区内核定征收的跨境电商企业应准确核算收入总额,并采用应税所得率方式核定征收企业所得税。应税所得率统一按照4%确定。

三、税务机关应按照有关规定,及时完成综试区跨境电商企业核定征收企业所得税的鉴定工作。

四、综试区内实行核定征收的跨境电商企业符合小型微利企业优惠政策条件的,可享受小型微利企业所得税优惠政策;其取得的收入属于《中华人民共和国企业所得税法》第二十六条规定的免税收入的,可享受免税收入优惠政策。

五、本公告所称综试区,是指经国务院批准的跨境电子商务综合试验区;本公告所称跨境电商企业,是指自建跨境电子商务销售平台或利用第三方跨境电子商务平台开展电子商务出口的企业。

六、本公告自2020年1月1日起施行。①

第十节 其他法律法规

一、其他法律

《个人所得税法》于1980年9月10日第五届全国人民代表大会第三次会议通过,现行版本是根据2018年8月31日第十三届全国人民代表大会常务委员会第五次会议《关于修改〈中华人民共和国个人所得税法〉的决定》第七次修正的版本,共二十二条。

二、其他法规、部门规章

(一)《企业所得税法实施条例》

《企业所得税法实施条例》是根据《中华人民共和国企业所得税法》的规定制定,于2007年11月28日经国务院第197次常务会议通过;2019年4月23日,中华人民共和国国务院令第714号公布,对《中华人民共和国企业所得税法实施条例》

---

① 国家税务总局关于跨境电子商务综合试验区零售出口企业所得税核定征收有关问题的公告,国家税务总局,http://www.chinatax.gov.cn/chinatax/n810341/n810755/c5139578/content.html。

部分条款予以修改，共八章、一百三十二条。第一章为总则，第二章为应纳税所得额，第三章为应纳税额，第四章为税收优惠，第五章为源泉扣缴，第六章为特别纳税调整，第七章为征收管理，第八章为附则。

(二)《税务登记管理办法》(2019年修正)

《税务登记管理办法》是为了规范税务登记管理，加强税源监控，根据《中华人民共和国税收征收管理法》以及《中华人民共和国税收征收管理法实施细则》的规定制定。于2003年12月17日以国家税务总局令第7号公布，现行版本是2019年7月24日国家税务总局令第48号《国家税务总局关于公布取消一批税务证明事项以及废止和修改部分规章规范性文件的决定》修正的版本，共十章、四十七条。第一章为总则，第二章为设立登记，第三章为变更登记，第四章为停业、复业登记，第五章为注销登记，第六章为外出经营报验登记，第七章为证照管理，第八章为非正常户处理，第九章为法律责任，第十章为附则。

(三)《财政部、国家税务总局关于调整消费税政策的通知》

2014年11月25日由财政部和国家税务总局发布，自2014年12月1日起执行，共五条。

(四)《财政部、国家税务总局关于简并增值税征收率政策的通知》

2014年6月18日，财政部、国家税务总局发布《关于简并增值税征收率政策的通知》指出，为进一步规范税制、公平税负，经国务院批准，决定简并和统一增值税征收率，将6%和4%的增值税征收率统一调整为3%。这一政策自2014年7月1日起执行。

思考题

1. 谈谈你对本章所列举的各种税收法律法规的认识。
2. 除了已经列举的税收法律法规外，还有哪些重要的税收法律法规，请给予举例说明。

第八章 二次创业相关的法律法规

学习目的

通过证券法、首次公开发行股票并上市管理若干办法、上市公司证券发行管理办法、全国中小企业股份转让系统分层管理办法、非上市公众公司收购管理办法、非上市公众公司重大资产重组管理办法、公司债券发行与交易管理办法、公司债权转股权登记管理办法、优先股试点管理办法、科创板上市公司证券发行注册管理办法、私募投资基金管理暂行条例、区域股权管理法规等法律法规的学习，为有效开展二次创业提供指导。

第一节 证 券 法

一、基本概念

证券是多种经济权益凭证的统称，也指专门的种类产品，是用来证明券票持有人享有的某种特定权益的法律凭证。主要包括资本证券、货币证券和商品证券等。狭义上的证券主要指的是证券市场中的证券产品，其中包括产权市场产品如股票，债权市场产品如债券，衍生市场产品如股票期货、期权、利率期货等。

证券实质上是具有财产属性的民事权利，证券的特点在于把民事权利表现在证券上，使权利与证券相结合，权利体现为证券，即权利的证券化。它是权利人行使权利的方式和过程用证券形式表现出来的一种法律现象，是投资者投资财产符号化的一种社会现象，是社会信用发达的一种标志和结果。

证券作为表彰一定民事权利的书面凭证，它具有以下几个基本特征。

（1）证券是财产性权利凭证。持有证券，意味着持有人对该证券所代表的财产拥有控制权，但该控制权不是直接控制权，而是间接控制权。

（2）证券是流通性权利凭证。证券可多次转让构成了流通，通过变现为货币还可实现其规避风险的功能。证券的流通性是证券制度顺利发展的基础。

（3）证券是收益性权利凭证。证券持有人的最终目的是获得收益，这是证券持有人投资证券的直接动因。

（4）证券是风险性权利凭证。在实际的市场中，任何证券投资活动都存在着风险，完全回避风险的投资是不存在的。证券的风险性，表现为由于证券市场的变化或发行人的原因，使投资者不能获得预期收入，甚至有发生损失的可能性。

证券法制定的意义包括，规范证券发行和交易行为；保护投资者的合法权益；维护社会经济秩序和社会公共利益；促进社会主义市场经济的发展。

二、《证券法》立法历程

《中华人民共和国证券法》（以下简称新《证券法》）是中国第一部由全国人大组织专家起草，然后提交全国人大常委会审议通过的法律。《证券法》起草小组于1992年夏季成立。七届人大会议提出，要参照国外立法的经验，根据中国证券市场发展的实际情况，制定较为完善的《证券法》，以规范证券市场的操作和发展。

1992年8月，以厉以宁为组长的《证券法》起草小组正式成立。

1993年8月，《证券法》草案完成，由时任全国人大财经委员会主任委员柳随年在八届全国人大常委会第三次会议上作报告，提请常委审议。

1993年12月，八届全国人大常委会第五次会议对草案进行第二次审议，由法律委员会作了关于证券法草案的意见的汇报。

1994年6月，八届全国人大常委会进行了第三次审议，由法律委员会提交了证券法草案修改稿，并作了修改情况的说明。

1998年10月，九届全国人大常委会第五次会议再次对评判法草案修改稿进行审议。

1998年12月29日第九届全国人民代表大会常务委员会第六次会议通过。

根据2004年8月28日第十届全国人民代表大会常务委员会第十一次会议《关于修改〈中华人民共和国证券法〉的决定》第一次修正。

2005年10月27日第十届全国人民代表大会常务委员会第十八次会议第一次修订。

根据2013年6月29日第十二届全国人民代表大会常务委员会第三次会议《关于修改〈中华人民共和国文物保护法〉等十二部法律的决定》第二次修正。

根据2014年8月31日第十二届全国人民代表大会常务委员会第十次会议《关于修改〈中华人民共和国保险法〉等五部法律的决定》第三次修正。

2019年12月28日，第十三届全国人民代表大会常务委员会第十五次会议第二次修订。

三、2019年版《证券法》修订过程及意义

2019年12月28日，第十三届全国人大常委会第十五次会议审议通过了修订后的《中华人民共和国证券法》，将于2020年3月1日起施行。《证券法》于1998年12月29日由第九届全国人大常委会通过，自1999年7月1日起施行，迄今已经20年，其间历经了2004年、2013年、2014年3次修正（只修改了少量条款和文字）和2005年第1次修订（大幅度修改）。此次修订是第2次修订，起步于2013年，2015年4月第一次提交全国人大常委会审议，此后四年三稿，终于2019年岁末审议通过。

新《证券法》条文226条，比2005年版《证券法》的240条少14条，增加了"信息披露"和"投资者保护"两章，修改变动的条文在100条以上。本次《证券法》修订，按照顶层制度设计要求，进一步完善了证券市场基础制度，体现了市场

化、法治化、国际化方向，为证券市场全面深化改革落实落地，有效防控市场风险，提高上市公司质量，切实维护投资者合法权益，促进证券市场服务实体经济功能发挥，打造一个规范、透明、开放、有活力、有韧性的资本市场提供了坚强的法治保障，对深化金融供给侧结构性改革，健全具有高度适应性、竞争力、普惠性的现代金融体系，维护国家经济金融安全具有重要意义。

新《证券法》具有十大亮点：（1）全面推行证券发行注册制度；（2）显著提高证券违法违规成本；（3）完善投资者保护制度；（4）强化信息披露要求；（5）完善证券交易制度；（6）落实"放管服"要求取消相关行政许可；（7）压实中介机构市场"看门人"的法律职责；（8）建立健全的多层次资本市场体系；（9）强化监管执法和风险防控；（10）扩大证券法的适用范围。

四、2019 年版《证券法》简介

2019 年 12 月 28 日第十三届全国人民代表大会常务委员会第十五次会议第二次修订，共十四章、二百二十六条。

第一章为总则，包括第一条到第八条，规定了立法目的，适用范围，证券发行、交易活动的基本原则，证券发行、交易活动当事人的法律地位及其从事证券发行、交易活动应当遵守的基本原则，证券发行、交易活动准则，分业经营、分业管理的特别规定，我国证券市场监督管理体制，审计监督制度。

第二章为证券发行，包括第九条到第三十四条，规定了公开发行和非公开发行，保荐人制度，公开发行股票的报送文件要求，公开发行新股的条件，公开发行新股应报送的文件，募集资金用途，公开发行公司债券的条件，申请公开发行公司债券应报送的文件，不得再次公开发行证券的情形，申请文件的格式和报送方式，证券发行申请文件的披露，预先披露制度，国务院证券监督管理机构及其授权部门的职责，证券发行申请的核准期限，公开发行募集文件的公告要求，证券发行决定不符合法定条件和程序的处理和虚假发行的处理，发行人和投资者风险自担原则，证券承销、证券代销和证券包销，承销证券公司的选择，代销协议和包销协议，证券公司的职责，禁止行为和违法行为的法律责任，承销团承销，代销、包销期限，溢价发行价格，发行失败的情形及处理，股票发行情况的备案。

第三章为证券交易，包括第三十五条到第六十一条，规定了证券的合法性，证券发行和转让的限制，证券交易的场所，交易方式，证券形式，禁止参与股票交易的人员，证券交易场所、证券公司、证券登记结算机构、证券服务机构及其工作人员的保密义务，禁止短线交易，证券交易的收费，短线交易的内容，程序化交易，证券上市交易的申请，申请证券上市交易的条件，终止股票上市交易，复核申请，证券交易内幕信息的知情人和非法获取内幕信息的人的限制，知情人范围，内幕信息定义，内幕信息的知情人的禁止性行为，禁止操纵证券市场的相关行为，禁止传播虚假信息和误导信息，禁止损害客户利益的行为，禁止出借或借用证券账户，资金入市渠道的有关规定，国有独资企业、国有独资公司、国有资本控股公司买卖上市交易的股票的规定，禁止交易行为的报告。

第四章为上市公司的收购，包括第六十二条到第七十七条，规定了收购方式，控制上市公司一定比例的股份的信息披露义务，公告内容，收购要约的发出，收购报告书，收购要约的收购期限，收购要约的撤销和变更，收购条件的适用范围，要约收购的限制，协议收购，收购行为的完成，收购完成的公告，收购的具体办法。

第五章为信息披露，包括第七十八条到八十七条，规定了信息披露义务人，定期报告原则，发行人的主要责任人对证券发行文件和定期报告内容负责，信息披露要求，未按照规定披露信息的法律责任，披露信息的发布，信息披露行为的监督管理。

第六章为投资者保护，包括第八十八条到第九十五条，规定了证券公司与投资者，普通投资者与专业投资者，征集人，现金股利，公开发行公司债券的程序，发行人重大违法行为的法律责任，投资者与发行人、证券公司权利的保护，有相同诉讼请求的其他众多投资者的诉讼。

第七章为证券交易场所，包括第九十六条到第一百一十七条，规定了全国性证券交易场所，全国性证券交易场所的市场层次，区域性股权市场的具体管理办法，证券交易所的自律管理职能和章程，证券交易所的名称限制，证券交易所费用收入的支配和财产积累，实行会员制的证券交易所设理事会、监事会，不得担任证券交易所负责人的情形，证券交易所的从业人员的限制，实行会员制的证券交易所交易人员的限制，证券交易的委托，投资者账户的要求，清算交收，证券交易所的职责和权益，股票的停牌或复牌，突发性事件的处理，实时监控和报告，风险监测，风险基金，证券交易所业务规则的制定，回避原则，交易结果的改变。

第八章为证券公司，包括第一百一十八条到第一百四十四条，规定了设立证券公司的条件，申请设立证券公司的程序，证券公司业务范围，证券公司的注册资本最低限额，证券公司重大调整的核准，风险控制指标的规定和融资、担保限制，证券公司主要责任人的条件和不得担任主要责任人的情形，证券公司从业人员的条件，证券投资者保护基金，交易风险准备金，证券公司内部控制制度，证券公司经营自营业务的要求，证券公司的义务和权利，交易结算资金的管理，委托记录，证券买卖规则，经纪业务要求，禁止证券公司承诺证券交易后果，从业人员违反交易规则的责任和禁止证券公司在依法设立的营业场所之外接受委托，信息的查询和保存，证券公司报送和提供有关信息和资料义务，对证券公司的审计或评估，国务院证券监督管理机构对不符合规定的证券公司的处理和有关措施，证券公司股东违规行为的处理，证券公司的主要责任人违规行为的处理，证券公司违法经营的处理，可对证券公司直接责任人员采取的措施。

第九章为证券登记结算机构，包括第一百四十五条到第一百五十九条，规定了证券登记结算机构的定义，设立证券登记结算机构的条件，证券登记结算机构的职能，证券登记结算机构的运营方式，证券登记结算机构的章程和业务规则，证券登记结算机构的存管义务，证券登记结算机构的职责，证券登记结算机构为保证业务正常进行的措施，证券登记结算机构的保存义务，证券结算风险基金，证券结算风险基金的管理、赔偿和追偿，证券登记结算机构的解散，证券账户的开立，证券的结算，清算交收。

第十章为证券服务机构，包括第一百六十条到第一百六十三条，规定了从事证券服务业务的申请，证券服务业从业人员的限制，证券服务机构的保存义务，证券服务机构的职责。

第十一章为证券业协会，包括第一百六十四条到第一百六十七条，规定了证券业协会的定义，证券业协会章程的制定，证券业协会职责和理事会。

第十二章为证券监督管理机构，包括第一百六十八条到第一百七十九条，规定了国务院证券监督管理机构的法定职责，国务院证券监督管理机构可采取的措施，国务院证券监督管理机构的监督检查和调查，被检查和被调查的单位和个人的义务，行政公开，监督管理信息共享机制，举报，跨境监督管理，证券违法行为的移送，国务院证券监督管理机构工作人员的义务和任职限制。

第十三章为法律责任，包括第一百八十条到第二百二十三条，规定了擅自公开或变相公开发行证券的法律责任，发行人在其证券发行文件中隐瞒重要事实或者编造重大虚假内容的法律责任，保荐人不履行其他法定职责的法律责任，证券公司承销或者销售擅自公开发行或者变相公开发行的证券的法律责任，证券公司未对公开发行募集文件进行核查的法律责任，发行人擅自改变公开发行证券所募集资金的用途的法律责任，违法违规转让股票的法律责任，禁止参与股票交易的人员持有、买卖股票的法律责任，证券服务机构及其从业人员违法买卖证券的法律责任，短线交易的法律责任，采取程序化交易影响证券交易所系统安全或者正常交易秩序的法律责任，从事内幕交易的法律责任，操纵证券市场的法律责任，编造、传播虚假信息或者误导性信息的法律责任，证券公司及其从业人员损害客户利益的法律责任，出借自己的证券账户或者借用他人的证券账户从事证券交易的法律责任，收购人未履行上市公司收购的公告、发出收购要约义务的法律责任，信息披露义务人未报送有关报告或者履行信息披露义务的法律责任，证券公司未依法履行投资者适当性管理义务的法律责任，违规征集股东权利的法律责任，非法开设证券交易场所的法律责任，证券公司未对投资者的身份信息进行核对和将投资者账户提供给他人使用的法律责任，擅自设立证券公司、非法经营证券业务或者未经批准以证券公司名义开展证券业务活动、违规提供融资融券业务的法律责任，骗取证券公司设立许可、业务许可或者重大事项变更核准的法律责任，证券公司未经核准进行重大调整的法律责任，证券公司违法提供融资或担保的法律责任，未采取有效隔离措施防范利益冲突的法律责任，违规从事证券自营业务的法律责任，非法占用或挪用客户的资金和证券的法律责任，等等。

第十四章为附则，包括第二百二十四条到第二百二十六条，规定了境内企业到境外发行上市证券的适用规定、境内公司股票以外币认购和交易的另行处理和生效日期。[①]

第二节　首次公开发行股票并上市管理若干办法

一、相关概念

首次公开募股是指某公司（股份有限公司或有限责任公司）首次向社会公众公

---

① 中华人民共和国证券法（2019 修订），中国证券监督管理委员会，http://www.csrc.gov.cn/pub/jilin/xxfw/gfxwj/202006/P020200612550457788609.pdf。

开招股的发行方式。

一般来说，公开发行的股票不一定要求上市，但是上市必须要求公开发行股票，也就是说，首次公开募股就发生在一家公司首次公开上市的那一天。因此，首次公开发行股票就代表公司上市，公司的股票可以在上海、深圳等交易所进行公开买卖。这有利于公司募集资金和吸引投资者，同时也能提高公司的知名度和员工认同感，也有利于完善公司的制度和管理等。

依公司股票是否上市为标准，可将股份有限公司分为上市公司与非上市公司。上市公司是指所发行的股票经国务院证券监督管理机构或其授权部门核准在证券交易所上市的股份有限公司。非上市公司是指其股票未获准在证券交易所上市交易的公司，有时泛指上市公司以外的所有公司。

上市公司因其股票可在证券交易所上市交易而使其股票的流通性及变现能力极强，这不仅能使投资者通过买卖股票的行为进入或退出资本市场以达到获取资本利得或及时转移投资风险的目的，也可在一定程度上促使公司改善经营管理、接受公众及政府的监督。

非上市公司因其股票不得在证券交易所挂牌交易，缺少稳定、畅通的流通渠道而使其股票的流通性及其变现能力受到影响。故上市公司往往比非上市公司更受投资者的青睐。

二、主板市场、创业板和科创板

主板市场也称为一板市场，指传统意义上的证券市场（通常指股票市场），是一个国家或地区证券发行、上市及交易的主要场所。主板市场对发行人的营业期限、股本大小、盈利水平、最低市值等方面的要求标准较高，上市企业多为大型成熟企业，具有较大的资本规模以及稳定的盈利能力。中国大陆主板市场的公司在上交所和深交所两个市场上市。主板市场是资本市场中最重要的组成部分，很大程度上能够反映经济发展状况，有"国民经济晴雨表"之称。

创业板又称二板市场即第二股票交易市场，是与主板市场不同的一类证券市场，专为暂时无法在主板上市的创业型企业、中小企业和高科技产业企业等需要进行融资和发展的企业提供融资途径和成长空间。创业板是对主板市场的重要补充，在资本市场占有重要的位置。中国创业板上市公司股票代码以"300"开头。创业板与主板市场相比，上市要求往往更加宽松，主要体现在成立时间，资本规模，中长期业绩等的要求上。创业板市场最大的特点就是低门槛进入，严要求运作，有助于有潜力的中小企业获得融资机会。在创业板市场上市的公司大多从事高科技业务，具有较高的成长性，但往往成立时间较短规模较小，业绩也不突出，但有很大的成长空间。可以说，创业板是一个门槛低、风险大、监管严格的股票市场，也是一个孵化科技型、成长型企业的摇篮。

科创板是由中国国家主席习近平于2018年11月5日在首届中国国际进口博览会开幕式上宣布设立，是独立于现有主板市场的新设板块，并在该板块内进行注册制试点。设立科创板并试点注册制是提升服务科技创新企业能力、增强市场包容性、强化市场功能的一项资本市场重大改革举措。通过发行、交易、退市、投资者适当性、证券公司资本约束等新制度以及引入中长期资金等配套措施，增量试点、循序渐进，新增资金与试点进展同步匹配，力争在科创板实现投融资平衡、一二级市场平衡、公司的新老股东利益平衡，并促进现有市场形成良好预期。

三、《首次公开发行股票并上市管理办法》简介

2006年5月17日，中国证券监督管理委员会第180次主席办公会议审议通过《首次公开发行股票并上市管理办法》，根据2015年12月30日中国证券监督管理委员会《关于修改〈首次公开发行股票并上市管理办法〉的决定》修正，根据2018年6月6日中国证券监督管理委员会《关于修改〈首次公开发行股票并上市管理办法〉的决定》修正。

第一章为总则，包括第一条到第七条，规定了立法目的，适用范围，首次公开发行股票并上市应遵循的规定，保荐人及其保荐代表人的职责和原则，证券服务机构和人员的职责和投资者风险自担原则。

第二章为发行条件，包括第八条到第三十条，规定了发行人主体资格，包括其持续经营时间、资本要求、生产经营要求、高管人员要求、股权要求，发行人的独立性要求，发行人规范运行的相关要求，发行人财务与会计方面的要求，包括其资产要求、内部控制的有效性、会计工作要求、财务报表要求、披露关联交易的义务、纳税要求，发行人募集资金运用的相关要求。

第三章为发行程序，包括第三十一条到第三十九条，规定了发行程序，发行人股东大会应包括的事项等。

第四章为信息披露，包括第四十条到第五十一条，规定了招股说明书、信息披露的要求，发行人及其主要责任人对招股说明书应负的法律责任和保荐人及其保荐代表人应负的法律责任，招股说明书中引用的财务报表要求，招股说明书的有效期限，招股说明书的预先披露，招股说明书保证真实、准确、完整，预先披露的招股说明书应符合的要求，保荐人出具的发行保荐书、证券服务机构出具的有关文件的披露，招股说明书摘要、全文和有关备查文件的披露。

第五章为监管和处罚，包括第五十二条到第五十七条，规定了发行人违法行为的法律责任，保荐人违法行为的法律责任，证券服务机构违法行为的法律责任，发行人公开发行证券上市当年即亏损的处理，发行人披露盈利预测但未达到要求的处罚。

第六章为附则，包括第五十八条到第五十九条，规定了首次公开发行股票且不上市的管理办法另行规定，生效日期和相关条例的废止。①

四、《首次公开发行股票并在创业板上市管理办法》简介

2014年2月11日中国证券监督管理委员会第26次主席办公会议审议通过，根据

---

① 《关于修改〈首次公开发行股票并上市管理办法〉的决定》，中国证券监督管理委员会，http://www.csrc.gov.cn/pub/zjhpublic/zjh/201806/t20180607_339320.htm。

2015 年 12 月 30 日中国证券监督管理委员会《关于修改〈首次公开发行股票并在创业板上市管理办法〉的决定》修正，根据 2018 年 6 月 6 日中国证券监督管理委员会《关于修改〈首次公开发行股票并在创业板上市管理办法〉的决定》修正。

第一章为总则，包括第一条到第十条，规定了立法目的，适用范围，发行人申请首次公开发行股票并在创业板上市应遵循的规定，发行人信息披露的原则，发行人责任主体的义务和原则，保荐人及其保荐代表人的法定职责，证券服务机构和人员的法定职责，中国证监会的法定职责，投资者风险自担原则，投资者准入制度。

第二章为发行条件，包括第十一条到第二十条，规定了发行人申请首次公开发行股票应符合的条件，发行人的资本要求，发行人的经营活动要求，发行人的股权要求，发行人的管理结构要求，发行人的会计工作要求，发行人内部控制制度要求，发行人的主要责任人要求，发行人及其股东、实际控制人要求。

第三章为发行程序，包括第二十一条到第二十九条，规定了提请股东大会批准内容，股东大会决议，发行申请和申报，证监会受理，证监会初审、审核和检查，证监会核准，发行申请核准后至股票发行结束前的事项，发行申请未获核准的再申请。

第四章为信息披露，包括第三十条到第四十六条，规定了招股说明书，信息披露的要求，招股说明书的提示，相关风险的披露，已达到发行监管对公司独立性基本要求的披露，承诺事项的披露，发行人及其主要责任人对招股说明书应负的法律责任和保荐人及其保荐代表人的应负法律责任，招股说明书中的财务报表要求，招股说明书的有效期限，招股说明书的预先披露，招股说明书的责任人，招股说明书真实、准确、完整、及时，招股说明书的刊登和披露，保荐人出具的发行保荐书、证券服务机构出具的有关文件的披露，招股说明书及其备查文件的置备，宣传公开发行股票的禁止性行为。

第五章为监督管理和法律责任，包括第四十七条到第五十六条，规定了证券交易所的职责，发行申请文件违法违规的法律责任，发行人违法行为的法律责任，保荐人违法行为的法律责任，证券服务机构违法行为的法律责任，发行人公开发行证券上市当年即亏损的处理，发行人披露盈利预测但未达到要求的处罚。

第六章为附则，包括第五十七条，规定了生效日期和相关条例的废止。[①]

五、《科创板首次公开发行股票注册管理办法（试行）》简介

《科创板首次公开发行股票注册管理办法（试行）》是为了规范在上海证券交易所科创板试点注册制首次公开发行股票相关活动，保护投资者合法权益和社会公共利益，根据《中华人民共和国证券法》《中华人民共和国公司法》《全国人民代表大会常务委员会关于授权国务院在实施股票发行注册制改革中调整适用〈中华人民共和国证券法〉有关规定的决定》《全国人民代表大会常务委员会关于延长授权国务院在实施股票发行注册制改革中调整适用〈中华人民共和国证券法〉有关规定期限的决定》《关于在上海证券交易所设立科创板并试点注册制的实施意见》及相关法律法规

---

① 《关于修改〈首次公开发行股票并在创业板上市管理办法〉的决定》，中国证券监督管理委员会，http://www.csrc.gov.cn/pub/zjhpublic/zjh/201806/t20180607_339321.htm。

而制定的。证监会 2019 年 3 月 1 日发布《科创板首次公开发行股票注册管理办法（试行）》，自公布之日起实施，共八章、八十一条。

第一章为总则，包括第一条到第九条，规定了立法目的，适用范围，对发行人的要求，首次公开发行股票并在科创板上市的程序和要求，发行人的信息披露义务和相关责任人义务，保荐人的职责和义务，证券服务机构及其相关人员的职责和义务，投资者风险自担原则。

第二章为发行条件，包括第十条到第十三条，规定了发行人的基本要求和有限责任公司的变更，发行人的会计工作要求和内部控制制度要求，发行人的业务要求，发行人生产经营要求和主要责任人要求。

第三章为注册程序，包括第十四条到第三十三条，规定了提请股东大会批准的程序，股东大会的决议事项，申请上市程序，法律责任的承担，注册申请文件的改动和更新，交易所审核程序，交易所的审核意见，交易所的审核期限，交易所信息公开，证监会的处理期限，注册决定有效期，同意注册后发行人、保荐人及证券服务机构的义务和职责以及重大事项的报告，暂缓、暂停发行上市和撤销注册，注册申请未获核准的再申请，证监会监管信息的公布，终止发行上市审核程序或发行注册程序的情形，中止发行上市审核程序或发行注册程序的情形，现场检查制度，电子化审核注册系统。

第四章为信息披露，包括第三十四条到四十八条，规定了信息披露规则，证监会和交易所的职责范围，发行人及其主要责任人对招股说明书应负的法律责任，保荐人及其保荐代表人对招股说明书应负的法律责任，其他有关人员对招股说明书应负的法律责任，发行人应披露的信息、风险和尚未盈利的成因，募集资金使用管理制度的披露，特别表决权股份的境内科技创新企业申请首次公开发行股票并上市的程序，锁定期安排的披露，招股说明书的有效期和延长，招股说明书应声明内容和不得包含的内容，招股说明书及其附件的公开，招股说明书的刊登，招股说明书及其附件的披露。

第五章为发行与承销的特别规定，包括第四十九条到第五十五条，规定了发行与承销行为的适用法规，股票发行价格的确定和网下投资者的条件，价格申报和新股申购，承销业务规则，保荐人相关公司参与发行人股票配售的规则，发行工作的启动，交易所对承销过程的监管。

第六章为发行上市保荐的特别规定，包括第五十六条到第五十九条，规定了首次公开发行股票并在科创板上市保荐业务的适用法规，保荐人职责，保荐人工作范围，持续督导期间及其他规定。

第七章为监督管理和法律责任，包括第六十条到第七十九条，规定了证监会的职责，证监会对交易所的监管，年度例行检查和抽查，监督制约机制，防火墙制度，定期报告制度，交易所的上市审核工作违反规定的处理，发行人骗取发行注册的法律责任，重大事项未报告、未披露或者发行人及其主要责任人签字、盖章违规的法律责任，发行人及其实际控制人违反规定的法律责任，保荐人、保荐代表人和证券服务机构未勤勉尽责的法律责任，暂停和撤销保荐人业务资格的情形，发行人公开发行证券上市当年即亏损的处理，保荐人、证券服务机构违规行为的情形和处理，发行人披露盈利预测但未达到要求的处罚，发行人及其控股股东和主要责任人违规行为的法律责任和刑事责任，自律监管规则，监管信息共享和失信联合惩戒机制。

第八章为附则，包括第八十条到第八十一条，规定了红筹企业在科创板上市的适用法规和本法生效日期。①

第三节 上市公司证券发行管理办法

一、上市公司相关概念

上市公司是指所公开发行的股票经过国务院或者国务院授权的证券管理部门批准在证券交易所上市交易的股份有限公司。所谓非上市公司是指其股票没有上市和没有在证券交易所交易的股份有限公司。

公司上市程序：第一，向证券监督管理机构提出股票上市申请；第二，接受证券监督管理部门的核准；第三，向证券交易所上市委员会提出上市申请；第四，证券交易所统一股票上市交易后的上市公告。

上市对于公司而言有优势也有劣势。优点包括：获得资金；公司所有者降低风险把公司的一部分卖给大众，相当于找大众来和自己一起承担风险；增加股东的资产流动性；摆脱银行的控制；提高公司透明度，增加大众对公司的信心；提高公司知名度；如果把一定股份转给管理人员，可以缓解管理人员与公司持有者的矛盾。缺点包括：上市需要支付费用；提高透明度的同时也暴露了许多机密；上市以后每一段时间都要把公司的资料通知股份持有者；有可能被恶意控股；在上市的时候，如果股份的价格定得过低，对公司就是一种损失。

上市公司与普通公司的区别主要有以下几点。（1）上市公司相对于非上市股份公司对财务批露要求更为严格。（2）上市公司的股份可以在证券交易所中挂牌自由交易流通（全流通或部分流通，每个国家制度不同），非上市公司股份不可以在证交所交易流动。（3）上市公司和非上市公司之间它们的问责制度不一样。（4）上市公司上市具备的条件是股本部总额达3000万元以上。（5）上市公司能取得整合社会资源的权利（如公开发行增发股票），非上市公司则没有这个权利。

上市公司如果连续2年亏损、亏损1年且净资产跌破面值、公司经营过程中出现重大违法行为等情况之一，交易所对公司股票进行特别处理，即ST制度，被标注的股票，称为"ST股票"。对ST公司，如果再出现问题，比如下年继续亏损从而达到《公司法》中关于连续3年亏损限制的，则进行PT处理。PT制度是证券交易所对于暂停上市的公司股票流通所采取的特别安排，目的是增强市场流动性，切实维护广大中小投资者的利益。

---

① 《科创板首次公开发行股票注册管理办法（试行）》，中国证券监督管理委员会，http://www.csrc.gov.cn/pub/zjhpublic/zjh/201903/t20190301_351633.htm。

二、证券发行基本概念

证券发行是指证券发行人以筹集资金为目的,在证券发行市场依法向投资者以同一条件出售证券的行为。证券发行分为公开发行和非公开发行。

公开发行证券,必须符合法律、行政法规规定的条件,并依法报经国务院证券监督管理机构或者国务院授权的部门核准;未经依法核准,任何单位和个人不得公开发行证券。

证券发行是伴随生产社会化和企业股份化而产生的,同时也是信用制度高度发展的结果。信用制度的建立和发展才使得证券发行行为的产生成为可能。

证券发行特点包括:(1)证券发行以筹集资金为目的;(2)证券发行必须符合法律所设定的条件和程序;(3)证券发行在实质上表现为一种证券的销售行为;(4)证券发行既是向社会投资者筹集资金的形式,更是实现社会资本优化配置的方式;(5)证券发行实质上是投资者出让资金使用权而获取以收益权为核心的相关权利过程。

证券发行目的包括:(1)筹集资金;(2)完善公司治理结构,转换企业经营机制;(3)改善资本结构;(4)提升企业价值,增强企业发展后劲;(5)实现资本资源的优化配置。

证券发行基本原则包括:(1)公开原则,也称信息公开制度;(2)公平原则;(3)公正原则。这三条原则不仅指导证券发行,而且贯穿于整个证券市场的始终,三者密切联系,相互配合,构成不可分割的有机整体。公开原则是公平公正原则的前提和基础,只有信息公开,才能保证参与者的公平地参与竞争,实现公正的结果。

证券发行大体可分为两种基本的发行管理制度,即证券发行登记制和证券发行核准制:(1)证券发行登记制,又称注册制、注册登记制;(2)证券发行核准制。登记制是依靠健全的法律法规对发行人的发行行为进行约束。核准制下由于政府主管机关在"实质条件"的审查过程中有权否决不符合规定条件的证券发行申请,从而可以在信息公开的条件下,把一些不符合要求的低质量发行人拒之于证券市场之外,以保护投资者利益。从核准制向登记制过渡,是证券市场发展日益成熟的标志。中国基本上采用的是核准制,依次经过了试点阶段、额度制、通道制度和保荐人制度并存、保荐制度等不同阶段。

三、2006 年版《上市公司证券发行管理办法》特点

2006 年版《上市公司证券发行管理办法》(以下简称《管理办法》)具有三大特点。一是强化发行环节的市场约束机制。顺应股权分置改革后市场运行机制的根本性变化,《管理办法》相应做出制度安排,强化市场约束机制。其中包括:实施预先披露制度,加强社会监督;取消了筹资额不得超过净资产两倍的数量限制,进一步体现发行人和投资者的自主决定;取消了辅导期一年的规定,同时对保荐人的审慎核查工作提出严格的监管要求;取消首发前 12 个月内不得增资扩股的规定,同时提高禁售

期要求；取消了关联交易比例不得超过 30% 的规定，同时对关联交易提出了更加严格的披露要求。

二是加大中介机构责任。《管理办法》根据《证券法》的立法精神，细化和加强中介机构的审慎核查责任，要求中介机构对出具文件的真实性、准确性、完整性负责；将中介机构出具的文件确定为招股说明书的备查文件，要求在指定网站上披露；对中介机构的违法违规行为根据不同情节和后果设定相应的监管措施。

三是推动优质企业发行上市。《管理办法》对首次公开发行股票并上市的公司从公司治理和财务指标两个方面提出了较为严格的条件，对《证券法》规定的发行条件进行了细化。新办法仍然立足于核准制，把公司质量作为监管的重要内容，优先选择优质公司利用资本市场做大做强；同时，利用股权分置改革后市场基础条件的变化，更加注重和引导发挥市场机制的作用。[①]

四、关于修改《上市公司证券发行管理办法》的决定

第一，第六条修改为："上市公司的组织机构健全、运行良好，符合下列规定："（一）公司章程合法有效，股东大会、董事会、监事会和独立董事制度健全，能够依法有效履行职责；（二）公司内部控制制度健全，能够有效保证公司运行的效率、合法合规性和财务报告的可靠性；内部控制制度的完整性、合理性、有效性不存在重大缺陷；（三）现任董事、监事和高级管理人员具备任职资格，能够忠实和勤勉地履行职务，不存在违反公司法第一百四十七条、第一百四十八条规定的行为，且最近三十六个月内未受到过中国证监会的行政处罚、最近十二个月内未受到过证券交易所的公开谴责；（四）上市公司与控股股东或实际控制人的人员、资产、财务分开，机构、业务独立，能够自主经营管理；（五）最近十二个月内不存在违规对外提供担保的行为。"

第二，第三十七条修改为："非公开发行股票的特定对象应当符合下列规定：（一）特定对象符合股东大会决议规定的条件；（二）发行对象不超过三十五名。发行对象为境外战略投资者的，应当遵守国家的相关规定。"

第三，第三十八条修改为："上市公司非公开发行股票，应当符合下列规定：（一）发行价格不低于定价基准日前二十个交易日公司股票均价的百分之八十；（二）本次发行的股份自发行结束之日起，六个月内不得转让；控股股东、实际控制人及其控制的企业认购的股份，十八个月内不得转让；（三）募集资金使用符合本办法第十条的规定；（四）本次发行将导致上市公司控制权发生变化的，还应当符合中国证监会的其他规定。"

第四，第四十七条修改为："自中国证监会核准发行之日起，上市公司应在十二个月内发行证券；超过十二个月未发行的，核准文件失效，须重新经中国证监会核准后方可发行。"

第五，增加一条，作为第七十五条："依据本办法通过非公开发行股票取得的上市公司股份，其减持不适用《上市公司股东、董监高减持股份的若干规定》的有关

[①] 《上市公司证券发行管理办法》具有三大突出特点，中华全国工商业联合会，http://www.acfic.org.cn/zzjg_327/nsjg/flb/flbfgfw/200607/t20060728_4936.html。

规定。"本决定自 2020 年 2 月 14 日起施行。《上市公司证券发行管理办法》根据本决定作相应修改，重新公布。①

五、2020 年版《上市公司证券发行管理办法》简介

《上市公司证券发行管理办法》是为了规范上市公司证券发行行为，保护投资者的合法权益和社会公共利益，根据《证券法》《公司法》而制定的。2006 年 4 月 26 日中国证券监督管理委员会第 178 次主席办公会审议通过，根据 2008 年 10 月 9 日中国证券监督管理委员会《关于修改上市公司现金分红若干规定的决定》修正，根据 2020 年 2 月 14 日中国证券监督管理委员会《关于修改〈上市公司证券发行管理办法〉的决定》修正，共七章、七十六条。

第一章为总则，包括第一条到第五条，规定了立法目的，适用范围，发行对象，信息披露要求和投资者风险自担原则。

第二章为公开发行证券的条件，包括第六条到第三十五条，规定了上市公司的组织机构要求，上市公司的盈利能力要求，上市公司的财务状况要求，上市公司会计工作要求，上市公司募集资金的数额和使用要求，禁止发行证券的情形，向原股东配股的规定，增发的规定，公开发行可转换公司债券的规定，可转换公司债券的期限，可转换公司债券的面值和利率，信用评级和跟踪评级，偿还债券余额本息的期限，债券持有人会议召开的情形，公开发行可转换公司债券的条件，转股选择权和期限，转股价格，赎回条款，回售条款，转股价格调整的原则及方式，转股价格向下修正条款的约定，发行分离交易的可转换公司债券的规定，分离交易的可转换公司债券的交易，分离交易的可转换公司债券的期限以及面值、利率、信用评级等，分离交易的可转换公司债券的发行人的担保，认股权证上市交易的约定要素，认股权证的行权价格，认股权证的存续期间，认股权证的行权，分离交易的可转换公司债券的回售权利。

第三章为非公开发行股票的条件，包括第三十六条到第三十九条，规定了非公开发行股票的定义，非公开发行股票的特定对象，非公开发行股票的规定，禁止非公开发行股票的情形。

第四章为发行程序，包括第四十条到第五十条，规定了上市公司申请发行证券应做出的决议，并提请股东大会批准，股东大会就发行可转换公司债券须作出的决定事项，股东大会就发行分离交易的可转换公司债券须作出的决定事项，股东大会的决议有效的条件，上市公司申请公开发行证券或者非公开发行新股的申请程序、审核程序、发行期限，重大事项的处理，销售方式，发行申请未获核准的再申请。

第五章为信息披露，包括第五十一条到第六十三条，规定了信息披露义务，信息披露要求，股东大会召开公告和信息披露，股东大会决议的公布，证监会决定和撤回申请的公告，上市公司主要责任人对公开募集证券说明书的签字和声明，保荐机构和保荐代表人对公开募集证券说明书的签字及声明，其他相关机构出具文件和声明，审计报告、盈利预测报告、资产评估报告、资信评级报告和法律意见书的出具，公开募

---

① 《关于修改〈上市公司证券发行管理办法〉的决定》，中国证券监督管理委员会，http://www.csrc.gov.cn/pub/zjhpublic/zjh/202002/t20200214_370779.htm。

集证券说明书的有效期，募集说明书及其摘要或募集意向书摘要的刊登，发行情况报告书的刊登。

第六章为监管和处罚，包括第六十四条到第七十三条，规定了上市公司及其主要负责人违规行为的法律责任，上市公司及其主要负责人违法违规行为的行政责任和刑事责任，申请文件违规的处罚，发行人披露盈利预测但未达到要求的处罚，证券服务机构和人员违法行为的处罚，承销机构的违规行为的处罚，上市公司销售方式不合法的处罚，擅自转让限售期限未满股票的处罚，上市公司和有关机构向参与认购的投资者进行财务资助或补偿的处罚。

第七章为附则，包括第七十四条到第七十六条，规定了由证监会另行规定的情形，通过非公开发行股票取得上市公司股份的减持的不适用规定，其减持生效日期。[①]

第四节　全国中小企业股份转让系统分层管理办法

一、基本概念

全国中小企业股份转让系统（以下简称"全国股转系统"，俗称"新三板"）是经国务院批准，依据证券法设立的继上交所、深交所之后第三家全国性证券交易场所，也是我国第一家公司制运营的证券交易场所。全国中小企业股份转让系统有限责任公司（以下简称"全国股转公司"）为其运营机构，于2012年9月20日在国家工商总局注册，2013年1月16日正式揭牌运营，注册资本30亿元。

坚持公开、公平、公正的原则，完善市场功能，加强市场服务，维护市场秩序，推动市场创新，保护投资者及其他市场参与主体的合法权益，推动场外交易市场健康发展，促进民间投资和中小企业发展，有效服务实体经济。

组织安排非上市股份公司股份的公开转让；为非上市股份公司融资、并购等相关业务提供服务；为市场参与人提供信息、技术和培训服务。

设立全国中小企业股份转让系统是加快我国多层次资本市场建设发展的重要举措。公司将在中国证监会的领导下，不断改善中小企业金融环境，大力推动创新、创业，积极推动我国场外市场健康、稳定、持续发展。

二、分层管理的背景及目的

挂牌公司分层是新三板市场发展的内在需求和必然结果，分层的主要目的是更好满足中小微企业差异化需求，合理分配监管资源，同时有效降低投资者的信息收集成本。

---

① 《关于修改〈上市公司证券发行管理办法〉的决定》，中国证券监督管理委员会，http://www.csrc.gov.cn/pub/zjhpublic/zjh/202002/t20200214_370779.htm。

自全国股转系统扩大试点至全国以来，新三板挂牌公司数量快速上升，海量市场规模已经形成。截至 2016 年 5 月 27 日，全国股转系统挂牌公司数量已达 7394 家，且仍保持高速增长态势。随着挂牌公司数量的增加，挂牌公司在发展阶段、经营水平、股本规模、股东结构、融资需求等方面差异较大，在交易频率、价格连续性、市值等方面差异也越来越明显。面对海量挂牌公司，投资人在信息收集、标的遴选、研究决策等方面的难度也日益加大。通过分层管理，一方面以差异化的制度安排，对挂牌公司实现分类服务、分层监管，满足中小微企业不同发展阶段差异化需求，合理分配监管资源；另一方面则从盈利能力、成长性和市场认可三个维度划设创新层，对进入创新层的企业提出更高的信息披露及规范性要求，对挂牌公司形成引导效应，为投资人遴选标的及投研决策提供更充分的信息和更大便利。

此外，全国股转公司高度重视市场流动性问题，目前正根据市场的发展情况，研究解决流动性的措施。挂牌公司分层与解决市场流动性没有必然联系。①

三、分层管理的遵循的理念和原则

挂牌公司分层的总体思路为"多层次，分步走"，需求引导、渐进分层。起步阶段将挂牌公司划分为创新层和基础层，随着市场的发展，进行优化和调整。主要遵循以下原则。一是市场化的原则。紧紧围绕服务"创新型、创业型、成长型"中小微企业的要求，根据市场发展的现状和需求，基于中小微企业商业模式新颖、创新性强、高速成长的特点，设置三套并行的创新层标准，以适应不同类型、不同发展阶段公司的分层需求。二是坚持客观、公正的原则。为维护市场三公原则，保护挂牌公司和市场参与主体的合法权益，挂牌公司的分层标准、维持标准以及层级调整坚持客观、公开、公正的原则，确保分层标准依据公开披露或者客观可量化的信息，做到公开、透明，避免人为因素。②

四、分层管理的制度安排

挂牌公司分层的本质是风险的分层管理，其实现方式是制度的差异化安排。挂牌公司分层不是将挂牌公司简单地分为"好与坏""优与次"，而是为处于不同发展阶段和具有不同市场需求的挂牌公司提供相适应的资本市场平台，从而更有针对性地提出监管要求和提供差异化服务，合理分配监管资源，提高监管的有效性。基础层挂牌公司同样是新三板的挂牌企业，同样能获得与其发展阶段、发展需求相适应的资本市场服务，同样能赢得成长空间。

全国股转公司将针对创新层和基础层挂牌公司采取差异化的制度安排：一方面推动创新层挂牌公司进一步规范公司治理，切实加强信息披露、发行融资和并购重组的监管，提升创新层挂牌公司整体规范化水平，在此基础上为市场的后续制度创新和服务创新打开空间。另一方面对基础层挂牌公司加强服务和引导，针对基础层挂牌公司

---

①② 全国股转公司有关负责人就挂牌公司分层答记者问，全国中小企业股份转让系统，http://www.neeq.com.cn/important_news/2977.html。

大部分处于初创期、股权集中、融资交易不活跃的特点，引导基础层挂牌公司主动规范公司治理，优化基础层挂牌公司信息披露制度，加强基础层挂牌公司资本市场监管规则的培训，提供针对性培育孵化和融资对接、并购服务。

需要指出的是，挂牌公司差异化制度的构建是一个持续的过程，需要在分层实践基础上不断推进。目前，全国股转公司正在根据分层条件下市场监管的需要，对挂牌公司信息披露业务规则、股票发行业务细则、股票转让细则、主办券商管理细则以及挂牌公司董秘管理办法、挂牌公司治理准则等进行修订，以贯彻落实提供差异化监管和服务的理念，为创新层挂牌公司和基础层挂牌公司创造适宜其发展的资本市场环境。[1]

五、2019 年版《全国中小企业股份转让系统分层管理办法》简介

《全国中小企业股份转让系统分层管理办法》是为了进一步完善全国中小企业股份转让系统（以下简称"全国股转系统"）市场功能，实施差异化制度安排，根据《国务院关于全国中小企业股份转让系统有关问题的决定》《非上市公众公司监督管理办法》等法律法规、部门规章和其他规范性文件而制定的，于 2016 年 5 月 27 日发布施行。2017 年 12 月 22 日全国中小企业股份转让系统有限责任公司发布实施《全国中小企业股份转让系统挂牌公司分层管理办法》，2019 年 12 月 27 日全国中小企业股份转让系统有限责任公司对《全国中小企业股份转让系统挂牌公司分层管理办法》进行了修订，并更名为《全国中小企业股份转让系统分层管理办法》，共五章、三十五条。

第一章为总则，包括第一条到第九条，规定了立法目的，适用范围，管理原则，市场层级分类，市场层级调整机制，调整市场层级的审议和复核，全国股转公司的职责和精选层挂牌公司的上市交易。

第二章为各市场层级的进入条件，包括第十条到第十七条，规定了基础层的进入，创新层的进入条件，挂牌公司不得进入创新层的情形，创新层进入精选层的条件和挂牌公司不得进入精选层的情形。

第三章为各市场层级的退出情形，包括第十八条到第二十二条，规定了定期调出创新层的情形，即时调出创新层的情形，定期调出精选层的情形，即时调出精选层的情形，终止股票挂牌。

第四章为挂牌公司市场层级调整程序，包括第二十三条到第三十条，规定了精选层的进入条件，创新层和精选层的层级调整期限，调出创新层和精选层后的处理，市场层级定期调整工作，风险警示，市场层级调整原则，市场层级定期调整的公示，股票强制终止挂牌。

第五章为附则，包括第三十一条到第三十五条，规定了净利润、营业收入等数值的确定，净利润、净资产等的定义，"不少于""不低于""以上"的含义，负责解释

---

[1] 全国股转公司有关负责人就挂牌公司分层答记者问，全国中小企业股份转让系统，http://www.neeq.com.cn/important_news/2977.html。

的主管部门和生效日期。①

第五节　非上市公众公司收购管理办法

一、基本概念

收购是指一个公司通过产权交易取得其他公司一定程度的控制权，以实现一定经济目标的经济行为。收购是企业资本经营的一种形式，既有经济意义，又有法律意义。

收购的经济意义是指一家企业的经营控制权易手，原来的投资者丧失了对该企业的经营控制权，实质是取得控制权。

从法律意义上讲，收购是指持有一家上市公司发行在外的股份的30%时发出要约收购该公司股票的行为，其实质是购买被收购企业的股权。

收购业务流程：收购对象与时机的选择，收购风险分析与定价，制订融资方案，选择收购方式，谈判签约，信息披露，登记过户。

二、收购类型

按照不同的划分方式，收购可以划分不同类型。

第一，按照关联性，可以分为三类收购类型。（1）横向收购。横向收购是指同属于一个产业或行业，生产或销售同类产品的企业之间发生的收购行为。实质上，横向收购是两个或两个以上生产或销售相同、相似产品的公司间的收购，其目的在于消除竞争，扩大市场份额，增加收购公司的垄断实力或形成规模效应。（2）纵向收购。纵向收购是指生产过程或经营环节紧密相关的公司之间的收购行为。实质上，纵向收购是处于生产同一产品、不同生产阶段的公司间的收购，收购双方往往是原材料供应者或产成品购买者，所以，对彼此的生产状况比较熟悉，有利于收购后的相互融合。（3）混合收购。混合收购又称复合收购，是指生产和经营彼此没有关联的产品或服务的公司之间的收购行为。

第二，按照是否抵制，可以分为两类收购类型。（1）善意收购。善意收购，又称友好收购，是收购者事先与目标公司经营者商议，征得同意后，目标公司主动向收购者提供必要的资料等，并且目标公司经营者还劝其股东接受公开收购要约，出售股票，从而完成收购行动的公开收购。（2）敌意收购。敌意收购，又称恶意收购，是指收购者在收购目标公司股时，虽然该收购行动遭到目标公司的反对，而收购者仍要强行收购，或者购者事先未与目标公司协商，而突然提出收购要约。

第三，按照支付方式，可以划分为五种收购类型。（1）用现金购买资产。用

---

① 关于发布《全国中小企业股份转让系统分层管理办法》的公告，全国中小企业股份转让系统，http://www.neeq.com.cn/important_news/200007003.html。

现金购买资产是指收购公司使用现款购买目标公司资产，以实现对目标公司的控制。（2）用现金购买股票。用现金购买股票是指收购公司以现金购买目标公司股票，以实现对目标公司的控制。（3）用股票购买资产。用股票购买资产是指收购公司向目标公司发行收购公司自己的股票，以交换目标公司的资产。通常来说，收购公司同意承担目标公司的债务责任，但在某些情况下，收购公司只在有选择的基础上承担目标公司的一部分债务责任。（4）用股票交换股票。这种收购方式又叫"换股"。一般是收购公司可直接向目标公司的股东发行股票，以交换目标公司的股票。通常来说，至少要到收购公司能控制目标公司所需的足够多的股票。（5）用资产收购股份或资产。用资产收购股份或资产是指收购公司使用资产购买目标公司的资产或股票，以实现对目标公司的控制。

第四，按照收购方式，划分可以分为两种收购类型。（1）要约收购。要约收购是指收购人为了取得上市公司的控股权，向所有股票持有人发出购买该上市公司股份的收购要约，收购该上市公司的股。收购要约要写明收购价格、数量及要约期间等收购条件。（2）协议收购。协议收购是指由收购人与上市公司特定的股票持有人就收购该公司股票的条件、价格、期限等有关事项达成协议，由公司股票的持有者向收购者转让股票，收购人支付资金，达到收购的目的。

三、非上市公众公司与上市公司的并购重组区别与联系

公众公司的并购重组要求普遍适用于所有公开发行证券的公司，包括非上市公众公司和上市公司。因此，非上市公众公司并购重组的监管原则和目标方面与上市公司是一致的，都是为了规范公司并购重组行为，保护投资者利益，并且支持公司通过并购重组实现产业结构调整和升级，促进实体经济发展。

但从当前的监管实际和非上市公众公司自身特点出发，我们不宜将非上市公众公司与上市公司的并购重组统一规范。目前，上市公司监管制度已经运行多年，并在实践中取得了良好的效果。而非上市公众公司在自身规模、投资者结构、交易机制等方面有别于上市公司，其信息披露、法人治理、资产质量要求、涉众性均低于上市公司，因此非上市公众公司并购重组制度标准应低于上市公司。如果非上市公众公司并购重组监管制度直接与上市公司并购制度衔接，将阻碍非上市公众公司有效进行并购重组。更重要的是对于非上市公众公司监管尚处于起步阶段，在监管制度设计上做些有益尝试，有利于提高市场的效率，也为中国证券监督管理委员会监管转型积累经验。[①]

四、《非上市公众公司收购管理办法》出台背景

在全国中小企业股份转让系统开展并购重组将更加便于中小微企业集合优势资源、促进产业升级，利于产业资本的进入和退出，弥补交易所市场在服务中小微企业

---

① 中国证监会新闻发言人就非上市公众公司并购重组办法答记者问，中国证监会，http://www.csrc.gov.cn/pub/newsite/zjhxwfb/xwdd/201405/t20140509_248733.html。

方面的空白,有力推动我国中小微企业利用资本市场做大做强。挂牌公司以中小微企业为主,企业的创新性、科技性、成长性较强,但企业规模较小、效益不稳定。此类企业对于兼并和产业升级具有较强动机。截至 2014 年 4 月末,挂牌公司数量已迅速增加至 716 家。随着中小微企业在全国中小企业股份转让系统日益成长壮大,并购重组将成为中小微企业实现跨越式发展的重要手段,未来全国中小企业股份转让系统也将成为中小微企业并购重组的重要场所。因此,挂牌公司希望通过并购重组促进公司发展、提高公司竞争力、实现产业转型升级的需求越来越强烈。

2014 年 3 月国务院发布《关于进一步优化企业兼并重组市场环境的意见》明确提出,"非上市公众公司兼并重组,不实施全面要约收购制度。改革上市公司兼并重组的股份定价机制,增加定价弹性。非上市公众公司兼并重组,允许实行股份协商定价"。同时该意见要求进一步优化企业兼并重组的市场环境。上述规定也为中国证券监督管理委员会制定非上市公众公司并购重组监管制度、规范并购重组的市场主体行为、依法对非上市公众公司实行监管提供有力的法律依据。

《上市公司重大资产重组管理办法》《上市公司收购管理办法》的发布,有利于督促非上市公众公司履行相应的决策程序和信息披露义务,保护非上市公众公司和投资者的合法权益,促进产业结构升级和实现资源优化配置。[①]

五、《非上市公众公司收购管理办法》的目的与总体原则

为了规范公众公司的收购及相关股份权益变动活动,保护公众公司和投资者的合法权益,维护证券市场秩序和社会公共利益,促进证券市场资源的优化配置,依照《公司法》《证券法》《国务院关于全国中小企业股份转让系统有关问题的决定》《国务院关于进一步促进企业兼并重组若干政策措施的意见》及其他相关法律法规的规定,制定了《非上市公众公司收购管理办法》(以下简称《收购办法》)。

非上市公众公司收购的交易对象形式上是公司股份,而实质上是公司控制权。与公司董事会、监事会、股东大会各司其职、相互制衡的内部治理结构相比,非上市公众公司收购能对公司管理者形成外部约束,是公司外部治理的重要方式。非上市公众公司收购监管制度的建立,一方面是为了规范引导收购活动,提高收购质量,发挥收购优化市场资源配置功能,有效推动产业结构调整和产业升级,促进实体经济发展;另一方面是为了保护投资者合法权益,避免不诚信的收购行为,防范和减少内幕交易的发生。这与上市公司收购的监管原理是一致的。并且,境外成熟资本市场的收购监管基本不对公众公司和上市公司进行严格区分。因此,非上市公众公司收购监管制度仍需坚持和沿用上市公司监管制度中已经被实践证明的、成熟且行之有效的做法和基本制度。

非上市公众公司具有自身的特点,与上市公司相比,非上市公众公司多以中小微企业为主,收购机会可能更多,所涉及的资产金额可能更小,收购监管制度安排应简便、灵活、高效,体现鼓励公众公司收购的精神。非上市公众公司具有数量多、情况

---

① 中国证监会新闻发言人就非上市公众公司并购重组办法答记者问,中国证监会,http://www.csrc.gov.cn/pub/newsite/zjhxwfb/xwdd/201405/t20140509_248733.html。

差异大、监管难度较高等特点，收购监管要求不宜过多、过高或者整齐划一，应具有适应性、适当性和有效性。此外，全国中小企业股份转让系统（以下简称"全国股份转让系统"）的制度安排和投资者结构也与交易所市场有所不同。因此，非上市公众公司收购监管应坚持"鼓励收购、降低成本、强化信披、提高效率"的原则，建立适度的制度安排。

中国证监会深入研究了非上市公众公司与上市公司、交易所市场与全国股份转让系统的差异及其对收购活动可能产生的影响，在此基础上形成了非上市公众公司收购监管制度。

六、《非上市公众公司收购管理办法》简介

《非上市公众公司收购管理办法》是为了规范非上市公众公司（以下简称"公众公司"）的收购及相关股份权益变动活动，保护公众公司和投资者的合法权益，维护证券市场秩序和社会公共利益，促进证券市场资源的优化配置，根据《证券法》《公司法》《国务院关于全国中小企业股份转让系统有关问题的决定》《国务院关于进一步优化企业兼并重组市场环境的意见》及其他相关法律、行政法规而制定的。2014年5月5日中国证券监督管理委员会第41次主席办公会议审议通过，自2014年7月23日起施行，共六章，四十七条。

第一章为总则，包括第一条到第十一条，规定了立法目的，适用范围，公众公司收购活动的原则，涉及特殊事项的批准，收购方式，收购人要求和禁止情形，被收购公司主要责任人的禁止行为，被收购公司主要责任人的义务，财务顾问，信息披露义务，监督管理。

第二章为权益披露，包括第十二条到第十五条，规定了投资者的权益，权益变动报告书，权益变动的披露，增加股本、减少股本导致股份变动的披露。

第三章为控制权变动披露，包括第十六条到第二十条，规定了控制权变动的披露，过渡期，控制人的转让限制，公开承诺事项，公司利益的维护。

第四章为要约收购，包括第二十一条到第三十三条，规定了要约方式收购的分类，要约方式收购的最低要求，要约收购的约定，要约方式收购的公平性，要约收购的程序，收购价款的支付，被收购公司董事会的职责和义务，收购期限，要约收购的限制，收购要约的变更，收购期间被收购公司董事的限制，预受股东的限制和要约收购结果的披露，收购数量。

第五章为监管措施与法律责任，包括第三十四条到第四十二条，规定了公众公司董事未履行重视勤勉义务的法律责任，未能按约定收购的法律责任，公众公司主要责任人损害公司利益的处理，信息披露义务人未履行其义务的法律责任，投资者及其一致行动人违法收购的法律责任，证券服务机构、证券公司及其专业人员未履责的法律责任，知情人泄露信息的法律责任，操纵证券市场或进行欺诈活动的法律责任，记入诚信档案的情形。

第六章为附则，包括第四十三条到第四十七条，规定了一致行动人、公众公司控制权及持股比例的计算，财务顾问的责任和义务，做市商持有公众公司股份相关权益

变动信息披露的另行规定，股票不在全国股份转让系统公开转让的公众公司收购及相关股份权益变动的信息披露原则，生效日期。①

第六节 非上市公众公司重大资产重组管理办法

一、基本概念

资产重组是指企业资产的拥有者、控制者与企业外部的经济主体进行的，对企业资产的分布状态进行重新组合、调整、配置的过程，或对设在企业资产上的权利进行重新配置的过程。

二、出台意义

重大资产重组行为作为公司经营中的一项重大事项，会对公司的营业范围、资产结构、收入构成、经营业绩产生重大影响，不仅会影响股东的权益，还有可能直接反映在公司的股票交易价格上，从而影响投资者的投资决策。因此，为了规范非上市公众公司（以下简称公众公司）重大资产重组行为，督促公众公司履行相应的决策程序和信息披露义务，保护公众公司和投资者的合法权益，促进产业结构整合和实现资源优化配置，依照《公司法》《证券法》《国务院关于全国中小企业股份转让系统有关问题的决定》《国务院关于进一步促进企业兼并重组若干政策措施的意见》及其他相关法律法规的规定，中国证监会制定了《非上市公众公司重大资产重组管理办法》（以下简称《重组办法》）及配套的信息披露内容与格式指引。

三、起草原则

公众公司和上市公司都因为涉及公众利益，需要监管部门对其行为进行适度的监管，以达到保护投资者的最终目的。主管部门在制定《重组办法》的时候，兼顾公众公司特点，确定了以下原则。

第一，放松管制，减少事前的行政许可，加强自律管理，强化事中、事后监管。《国务院关于进一步优化企业兼并重组市场环境的意见》要求"加强非上市公众公司信息披露，强化事中、事后监管"。对于公众公司的重大资产重组行为，证监会不设事前的行政许可，以信息披露为抓手。但是公众公司重大资产重组涉及发行股份的，应当按照定向发行股票的要求实施核准管理。对不涉及发行股份或者公众公司发行股份购买资产后股东累计不超过200人的重大资产重组由全国股转系统实施自律管理。全国股转系统对公众公司涉及重大资产重组的股票暂停与恢复转让、防范内幕交

---

① 《非上市公众公司收购管理办法》，中国证券监督管理委员会，http://www.csrc.gov.cn/pub/zjhpublic/G00306201/201406/t20140627_256784.htm。

易等作出制度安排，做好股票转让的实时监管和市场核查工作；并对公众公司重大资产重组披露文件和独立财务顾问的执业情况进行自律监管。针对违法违规行为，证监会将比照上市公司，可以采取监管谈话、出具警示函、责令改正等监管措施，并将当事人的违法行为和整改情况记入诚信档案；情节严重的，参照《证券法》的规定进行行政处罚，并采取市场禁入的措施。

第二，突出公司自治原则，减少硬性规定。

对于公众公司监管，证监会一直强调要通过要求公司健全治理机制，实现自治。因此，证监会在起草《重组办法》时，注重规范公司决策程序，而对于一些涉及重组的具体事项，取消了很多强制性的规定，给予公司一定的自主权和选择空间。比如不限制支付手段定价、不强制要求对重组资产进行评估、不强制要求对重组做出盈利预测、不强制要求公司对重组拟购买资产的业绩进行承诺，但如果做出承诺的，应当披露相关承诺及未能履行承诺时的约束措施等。

第三，简化要求，降低公司重组成本。

公众公司多属初创型、成长型中小企业，具有较高的成本敏感性。为此，在保证公司具有一定透明度、规范性的同时，尽可能地降低公司的成本，比如：简化公众公司重大资产重组程序，不设重组委；实现独立财务顾问与主办券商结合，降低公司重组中聘请中介的支出；精炼信息披露内容，减少公司披露主观描述性的信息等。

第四，强化中介机构的作用，督促其"归位尽责"。

中介机构在公众公司重大资产重组中发挥着不可替代的作用，因此，公众公司重大资产重组原则上应聘请为其提供持续督导服务的主办券商作为独立财务顾问。这样的安排将独立财务顾问的职责与主办券商的义务相统一，不仅能够实现信息披露的事前审核与事后督导的连续性和一致性，避免不同中介机构的多重要求或发生要求冲突的情况，更重要的是将主办券商与公司利益相绑定，使得主办券商为了做好督导业务，有责任和动力替公众公司把好重组关。同时，为了突出独立财务顾问督导的侧重点，证监会明确了作为独立财务顾问所需要履行的督导的事项。并且为了督促中介机构"归位尽责"，证监会在相关条款中加大了对其违规的责任追究和处罚力度。

第五，完善制度供给，加强投资者保护。

公众公司重大资产重组制度制定过程中着重体现了对中小投资者的权益保护提供救济渠道：一是明确投资者参与公众公司并购重组的决策权，规定了公众公司启动并购重组的程序，需要董事会、股东大会决策；二是保障投资者知情权，对信息披露义务人及时披露并购重组相关信息提出具体要求；三是实施中小投资者单独计票，充分体现中小投资者的意愿。①

四、《非上市公众公司重大资产重组管理办法》简介

《非上市公众公司重大资产重组管理办法》是为了规范非上市公众公司（以下简称"公众公司"）重大资产重组行为，保护公众公司和投资者的合法权益，促进公众公

---

① 《非上市公众公司重大资产重组管理办法》中国证券监督管理委员会令，中国政府网转引证监会网站，http://www.gov.cn/zhuanti/2015-12/14/content_5023848.htm。

司质量不断提高，维护证券市场秩序和社会公共利益，根据《公司法》《证券法》《国务院关于全国中小企业股份转让系统有关问题的决定》《国务院关于进一步优化企业兼并重组市场环境的意见》及其他相关法律、行政法规而制定的。2014年5月5日中国证券监督管理委员会第41次主席办公会议审议通过，2014年6月23日中国证券监督管理委员会令第103号公布，自2014年7月23日起施行，共五章、四十一条。

第一章为总则，包括第一条到第七条，规定了立法目的，适用范围，实施重大资产重组的要求，信息披露义务，公众公司主要责任人的义务，证券服务机构的意见和保密义务。

第二章为重大资产重组的信息管理，包括第八条到第十二条，规定了保密措施，公众公司及其责任主体研究、筹划、决策重大资产重组事项时的保密措施，公众公司筹划重大资产重组事项的规定，申请暂停股票转让的情形，信息披露的原则。

第三章为重大资产重组的程序，包括第十三条到第二十六条，规定了重大资产重组的审议，董事会决议及其他相关文件的披露，股东大会决议的通过，网络投票方式的使用情形，重大资产重组的支付手段，信息披露文件的报送和审查，特殊情形的重大资产重组的审核，原重组方案的重大调整，重大资产重组申请的审核，公开承诺事项，重组方案的实施和披露，持续督导期限，督导意见的出具和披露事项，重大资产重组涉及发行股份的禁止事项。

第四章为监督管理与法律责任，包括第二十七条到第三十四条，规定了全国股份转让系统对公众公司重大资产重组实施自律管理，中国证监会对公众公司重大资产重组实施监督管理，实现利润未达预期的处理，证监会信息披露义务人违法行为的法律责任，公众公司主要责任人违法行为的法律责任，证券服务机构及其从业人员违法违规行为的法律责任，证券违法行为的适用法律，记入诚信档案的情形。

第五章为附则，包括第三十五条到第四十一条，规定了重大资产重组相关比例的计算要求，特殊情形的适用，重大资产重组涉及发行可转换债券、优先股等其他支付手段的规定，独立财务顾问业务许可、业务规则及法律责任，股票不在全国股份转让系统公开转让的公众公司重大资产重组履行的决策程序和信息披露内容，生效日期。[1]

第七节　公司债券发行与交易管理办法

一、基本概念

公司债券是指股份公司在一定时期内（如10年或20年）为追加资本而发行的借款凭证。对于持有人来说，它只是向公司提供贷款的证书，所反映的只是一种普通的债权债务关系。持有人虽无权参与股份公司的管理活动，但每年可根据票面的规定向

---

[1] 《非上市公众公司重大资产重组管理办法》，中国证券监督管理委员会，http://www.csrc.gov.cn/pub/zjhpublic/G00306201/201406/t20140627_256797.htm。

公司收取固定的利息，且收息顺序要先于股东分红，股份公司破产清理时亦可优先收回本金。公司债券期限较长，一般在 10 年以上，债券一旦到期，股份公司必须偿还本金，赎回债券。

公司债券不管对发行公司债券的公司而言，还是对政府监管部门而言，都是一件重大的事件。对于发行人而言，发行公司债券属于向社会投资者出售信用、增加负债的重大社会融资行为，几乎所有国家的公司法都规定，发行公司债券需要公司决策机构，如董事会、股东大会等批准，公司经营管理层不得擅自决定发行公司债券，募集的资金不可以用于偿还银行贷款。对于政府监管机构而言，由于发行公司债券涉及社会重大信用，对稳定社会经济秩序、维护投资者权益都有重大影响，因此几乎所有国家的公司法都规定，发行公司债券必须报经政府有关监管机构批准或核准，或者到政府监管机构登记、注册；否则，就属于违法行为。因此，"依照法定程序"主要包含两层含义：（1）需经公司决策层，如董事会、股东大会等批准；（2）需经政府监管部门同意，政府监管部门在同意发行公司债券的审查过程中，还通过有关法律法规在信用评级、财务审计、法律认证、信息披露等方面进行严格要求。

公司债券主要特点：风险性较大，债券的还款来源是公司的经营利润，但是任何一家公司的未来经营都存在很大的不确定性，因此公司债券持有人承担着损失利息甚至本金的风险；收益率较高，与风险成正比的原则，要求较高风险的公司债券需提供给债券持有人较高的投资收益；选择权，发行者与持有者之间可以相互给予一定的选择权；经营权，反映的是债权关系，不拥有对公司的经营管理权，但是可以于股东优先享有索取利息和优先要求补偿和分配剩余资产的权利。

公司债券的发行方式有三种，即面值发行，溢价发行，折价发行。假设其他条件不变，债券的票面利率高于同期银行存款利率时，可按超过债券票面价值的价格发行，称为溢价发行。溢价是企业以后各期多付利息而事先得到补偿；如果债券的票面利率低于同期银行存款利率，可按低于债券面值的价格发行，称为折价发行。折价是企业以后各期少付利息而预先给投资者补偿。如果债券的票面利率与同期银行存款利率相同，可按票面价格发行，称为面值发行。溢价或折价是发行债券企业在债券存续期内对利息费用的一种调整。

二、修订背景

修订后的《中华人民共和国证券法》（以下简称《证券法》）已于 2020 年 3 月 1 日起施行。同时，国务院办公厅印发《关于贯彻实施修订后的证券法有关工作的通知》（以下简称《通知》），明确公开发行公司债券实施注册制，并要求中国证券监督管理委员会制定发布证券公开发行注册的具体管理办法。为贯彻落实《证券法》《通知》，结合债券市场监管实践，2021 年 2 月 23 日中国证券监督管理委员会 2021 年第 2 次委务会议审议通过《公司债券发行与交易管理办法》（以下简称《管理办法》）。

三、《管理办法》修订的主要思路

一是落实公开发行公司债券注册制改革。贯彻落实《证券法》《通知》，明确公开发行公司债券的注册条件、注册程序及相关监管要求。加强对证券交易场所公司债券发行审核及其他公司债券业务监管工作的监督检查。

二是结合《证券法》修订内容进行适应性修订。《证券法》将证券服务机构从事证券服务业务由行政许可调整为备案管理,并规定了聘请受托管理人、区域性股权市场管理、公开发行公司债券募集资金用途的变更程序等事项。因此,《管理办法》进行相应修订,做好与《证券法》修订内容的衔接。

三是加强事中事后监管,压实发行人和中介机构责任。强化发行人及其控股股东、实际控制人相关义务,压实主承销商和证券服务机构的责任,严禁逃废债,限制公司债券发行人自融,并增加了有关条款和罚则。

四是结合债券市场监管实践调整相关条款。根据债券市场发展需要,持续优化监管工作安排,修订了规章的部分内容,包括调整公司债券交易场所、取消在12个月内完成首期发行的强制性规定、取消公开发行公司债券强制评级的规定,以及强调发行公司债券应当符合地方政府性债务管理的相关规定等。

四、《管理办法》修订的具体内容

修订后的《管理办法》共九章、八十条,较原办法新增十九条,修订四十三条,删除(含合并)十二条。具体修订内容如下。

(一)落实公开发行公司债券注册制

一是明确公开发行公司债券的发行条件。根据《证券法》《通知》的规定,《管理办法》明确了公开发行公司债券的三项积极条件,即发行人应当具备健全且运行良好的组织机构,最近三年平均可分配利润足以支付公司债券一年的利息,并且应当具有合理的资产负债结构和正常的现金流量。同时,《管理办法》还规定了公开发行公司债券的两项负面条件,即发行人不得存在处于继续状态的债务违约情形,也不得擅自改变募集资金用途。

二是明确公开发行公司债券的注册程序。《管理办法》参照科创板、创业板注册制的规定,设专节明确了注册程序,公开发行公司债券由证券交易所受理、审核,并报证监会注册,同时,对注册程序、注册期限、期后事项、信息公开、中止审查和终止审查等相关内容作出具体规定。此外,《管理办法》按照"申报即纳入监管"的原则,规定了相关机构和人员责任;证券交易所报送审核意见后,对于需要进一步说明或者落实的项目,证监会可以问询或者要求证券交易所进一步问询,对于证券交易所审核意见依据不充分的项目,证监会可以退回证券交易所补充审核。

三是明确对证券交易场所审核工作的监督机制。根据《证券法》《通知》规定,《管理办法》建立了证监会对证券交易场所公司债券业务情况的监督检查工作机制,规定了证券交易场所的定期报告义务。证券交易场所违反《管理办法》相关规定的,由证监会责令其整改;情节严重的,追究直接责任人员相关责任。

(二)涉及《证券法》的适应性修订

一是关于证券服务机构的备案要求。《证券法》取消了证券服务机构从事证券服务业务的行政许可，调整为备案管理，因此，《管理办法》取消了相关证券服务机构应当具有从事证券服务业务资格的要求，明确债券募集说明书及其他信息披露文件所引用的审计报告、法律意见书、评级报告及资产评估报告等，应当由符合《证券法》规定的证券服务机构出具。

二是完善了受托管理人的相关规定。《证券法》规定公开发行公司债券的，发行人应当为债券持有人聘请债券受托管理人。因此，《管理办法》要求公开发行公司债券的发行人应当为债券持有人聘请受托管理人，同时，对非公开发行公司债券的，要求发行人通过在募集说明书中约定的方式明确聘请受托管理人事项。

三是关于区域性股权市场。《证券法》第九十八条规定"按照国务院规定设立的区域性股权市场为非公开发行证券的发行、转让提供场所和设施，具体管理办法由国务院规定"。因此，《管理办法》删除了"在区域性股权交易市场非公开发行与转让公司债券的管理办法，由中国证监会另行规定"的条款。

四是关于公司债券募集资金用途。《证券法》规定公开发行公司债券募集资金改变资金用途的，必须经债券持有人会议作出决议，因此，《管理办法》进行了相应修订。同时，《管理办法》还规定了非公开发行公司债券募集资金改变用途的，应当履行募集说明书约定的程序。

五是其他事项。根据《证券法》的规定，《管理办法》还在取消承销团强制承销、界定重大事件、公开承诺的披露义务、信息披露渠道、区分专业投资者和普通投资者等方面进行了相应修订。

（三）加强事中事后监管，压实发行人和中介机构责任

一是强化发行人及其控股股东、实际控制人义务。除了明确发行人信息披露义务以外，《管理办法》规定发行人及其控股股东、实际控制人及发行人的董事、监事、高级管理人员不得怠于履行偿债义务或者通过财产转移、关联交易等方式逃废债务，蓄意损害债券持有人权益；同时，强调发行人及其控股股东、实际控制人应当配合中介机构工作。

二是加强对承销机构和证券服务机构执业的监管。根据《证券法》《通知》《全国法院审理债券纠纷案件座谈会纪要》确定的相关原则，总结监管实践经验，《管理办法》明确了主承销商对公司债券发行文件真实性、准确性和完整性的审慎核查责任；主承销商对公司债券发行文件中证券服务机构出具专业意见的重要内容存在合理怀疑时的审慎核查和复核责任；同时，《管理办法》规定了证券服务机构对公司债券发行文件中与其专业职责有关内容及其出具文件的真实性、准确性、完整性负责。证券服务机构还应当配合主承销商的复核工作；此外，《管理办法》还明确了承销机构应当建立内部问责、防范过度激励和低价竞争的相关机制安排。

三是根据监管实践增加限制结构化发债的条款。在发行人和承销机构不得操纵发行定价、向投资者提供财务资助等现行规定的基础上，《管理办法》还规定发行人不得在发行环节直接或间接认购其发行的公司债券，以及应当披露关联方认购、交易或转让其发行的公司债券情况，防范结构化融资形成市场风险。

(四）结合债券市场监管实践做出其他相关修订

一是调整了公司债券交易场所。根据《证券法》《通知》《国务院办公厅关于规范发展区域性股权市场的通知》等规定，《管理办法》规定的公司债券交易场所不再包括中证机构间报价系统。

二是取消公开发行公司债券信用评级的强制性规定。为减少监管层面的外部信用评级依赖，《管理办法》取消了公开发行公司债券评级的强制性规定，发行公司债券是否评级由发行人自主决定。同时，调整了普通投资者可参与认购交易的公募债券相关要求，删除了债项评级必须为AAA的规定，并引入了净资产和发债规模方面的条件。

三是进一步明确非公开发行公司债券的监管机制。非公开发行公司债券并在证券交易场所转让的，应当遵守证券交易场所制定的业务规则，并经证券交易场所同意；非公开发行公司债券并在证券公司柜台转让的，相关规则由证监会另行规定。同时，《管理办法》规定了非公开发行公司债券的发行人，除了应当按照募集说明书的约定履行信息披露义务以外，还应当按照证券交易场所的规定履行信息披露义务。

四是明确中国证券登记结算有限责任公司为证券自律组织，并对公司债券登记结算业务实施自律管理。

五是强调发行公司债券，应当符合地方政府性债务管理的相关规定，不得新增政府债务。

第八节　公司债权转股权登记管理办法

一、基本概念

债权转股权，是指债权人以其依法享有的对在中国境内设立的有限责任公司或者股份有限公司的债权，转为公司股权，增加公司注册资本的行为，也是债务重组的一种方式。

债权转股权在实践中有两种方法：一是债务人增资扩股；二是股权转让，债务人转让在其他公司的股权，债权人全部豁免或者部分豁免的债务。

在股权转让实际操作时需要注意两个问题：第一，债权投资的账务处理方法。（1）债务人将债务转为资本的，债务人应当将债权人放弃的债权而享有的股份的面值总额确认为股本（或实收资本），股份的公允价值总额与股本（或实收资本）之间的差额确认为资本公积。重组的债务账面价值与股份公允价值的差额，计入当期损益；（2）债权人将债务转为资本的，债权人应当将享有的股份的公允价值确认为对债务人的投资，重组债务的账面价值与股份的公允价值之间的差额，计入当期损益；债权人已对债权计提减值准备金的，应当先将差额冲减减值准备金，减值准备金不足以冲减的，计入当期损益。

在实行债权转股权的政策上应注意：（1）必须明确债权转股权是对由于体制原

因形成的不良债务的特定政策,是"一次性"的,不具有延续性,以防企业形成"赖账机制"。(2)合理折股,主要是按原值折股还是按现值折股的问题,其原则应是让企业控股,有利于企业搞活。

第二,在以债务转换为资本方式进行的债务重组中,债务人(企业)应当将重组债务的账面价值与债权人因放弃债权而享有的股权的公允价值的差额,确认为债务重组所得,计入当期应纳税所得;债权人(企业)应当将享有的股权的公允价值确认为该项投资的计税成本。债务重组业务中债权人对债务人的让步,包括以低于债务计税成本的现金、非现金资产偿还债务等,债务人应当将重组债务的计税成本与支付的现金金额或者非现金资产的公允价值(包括与转让非现金资产相关的税费)的差额,确认为债务重组所得,计入企业当期的应纳税所得额中;债权人应当将重组债权的计税成本与收到的现金或者非现金资产的公允价值之间的差额,确认为当期的债务重组损失,冲减应纳税所得。

二、《公司债权转股权登记管理办法》出台背景及意义

受国际金融危机影响,部分国内企业特别是中小企业出现资金困难。近一时期,关于债权出资的社会呼声较高,不少企业提出债权出资的迫切需求。同时,中央也提出了加快转变经济发展方式、促进产业结构优化升级的政策要求,各行业、各领域的企业兼并重组步伐正在不断加快,为解决兼并重组的资金需求也需要引入债权出资。为此,工商总局在对债权出资登记问题进行深入研究和各地企业登记管理实践的基础上,根据公司法等法律法规的规定,制定了《公司债权转股权登记管理办法》。目的就是为了推动企业减轻债务负担、化解经营资金困难,帮扶破产企业实现重整计划、摆脱困境,促进相关企业优化资产结构、提升融资能力。

办法的出台对于企业应对国际金融危机影响、拓宽融资渠道、优化行业布局和资产结构等将发挥积极作用。一是有利于鼓励扩大投资,促进更多的财产性权利转化为资本,为转变经济发展方式、提高经济发展质量和效益服务;二是有利于构建健康的发展环境,既能增加债权人实现债权权益的渠道,又能扩大被投资公司的资产规模并提高对其他债权人的偿付能力,从而起到保障交易安全的作用;三是有利于改善公司资本结构,促进企业优化行业布局和资源配置,盘活债权人的存量资产,提升被投资公司资产质量;四是有利于稳定经济环境,扶持破产企业走出困境、重获新生,促进破产企业重整或和解计划的制定和执行,对进入破产程序的企业减轻债务负担、改善资产结构、缓解现金流动困难等具有重要的现实意义。[①]

三、《公司债权转股权登记管理办法》制定原则

与其他非货币出资方式相比,由于债权的实现具有不确定性、形式非法定性、内容非公开性等特点,债权出资存在一定的风险。例如,债权到期后无法实现、债权价

---

① 周伯华就《公司债权转股权登记管理办法》答问,中国政府网转引新华社,http://www.gov.cn/jrzg/2011-11/23/content_2001492.htm。

值不合理估算,以及当事人虚构债权等,都可能导致公司虚增注册资本,影响其他利害关系人权益实现等社会危害。

鉴于以上考虑,在制定办法时,确定了"鼓励投资、防范风险、有限放开、依法监管"的基本原则。所谓"鼓励投资",就是充分发挥公司债权转股权对企业扩大规模和健康发展的积极作用,支持企业资产整合和破产重整,鼓励社会投资。所谓"有限放开",就是在公司债权转股权的范围方面实行有限度的放开,仅适用于债权人对公司的直接债权转为公司股权等,排除了以第三人债权出资等情形。所谓"防范风险、依法监管",就是为有效防范债权转股权的风险,加大了对公司债权转股权违法行为的监管力度。

四、《公司债权转股权登记管理办法》简介

2011年11月23日国家工商行政管理总局令第57号公布。本办法共包括十九条,涉及本办法的制定目的,债权转股权的具体含义,债权转股权的登记管理中适用本办法的情形,债权转股权的登记管理的处理办法,法律、行政法规或者国务院决定规定债权转股权须经批准的处理办法,债权转股权作价出资金额与其他非货币财产作价出资金额之和的要求,债权转为股权的要求以及需出具的验资证明的具体内容,债权转为股权的申请变更登记方法以及申请变更登记需提交的材料,出资方式的改变,公司登记机关及其工作人员办理债权转股权登记违反法律法规规定的处理办法,债权人、公司以及承担评估、验资的机构违反《公司法》《公司登记管理条例》以及本办法规定的处理办法,债权转股权的公司登记信息的公开,公司登记机关应当向社会公开的违法行为的行政处罚结果,对涉及债权转股权违法行为的债权人、公司以及承担验资、评估的机构等的处理办法,等等。[①]

第九节 优先股试点管理办法

一、基本概念

优先股是享有优先权的股票。

优先股试点是指现在中国还没有上市发行的优先股,所以现在先拿一部分上市公司进行试行上市,这部分上市公司即为试点。

优先股是相对于普通股而言的,主要指在利润分红及剩余财产分配的权利方面,优先于普通股。优先股股东没有选举及被选举权,一般来说对公司的经营没有参与权,优先股股东不能退股,只能通过优先股的赎回条款被公司赎回,但是能稳定分红的股份。

---

① 公司债权转股权登记管理办法,国家市场监督管理总局,http://www.samr.gov.cn/djzcj/zcfg/gz/201111/t20111123_281801.htm。

优先股包括以下几方面优势。(1) 财务上灵活机动。由于优先股没有规定最终到期日，它实质上是一种永续性借款。优先股的收回由企业决定，企业可在有利条件下收回优先股，具有较大的灵活性。(2) 不减少普通股收益和控制权。与普通股相比，优先股每股收益是固定的，只要企业净资产收益率高于优先股成本率，普通股每股收益就会上升；另外，优先股无表决权，因此，不影响普通股股东对企业的控制权。(3) 财务负担轻。由于优先股股利不是发行公司必须偿付的一项法定债务，如果公司财务状况恶化时，这种股利可以不付，从而减轻了企业的财务负担。(4) 财务风险小。由于从债权人的角度看，优先股属于公司股本，从而巩固了公司的财务状况，提高了公司的举债能力，因此，财务风险小。

二、《优先股试点管理办法》起草原则

《优先股试点管理办法》起草过程中坚持了三项原则：一是保护投资者合法权益，充分考虑普通股和优先股两类股东权益的平衡；二是坚持市场化原则，在制度设计上预留空间以满足不同发行人和投资者的需求；三是坚持平稳起步原则，从信息披露较充分、公司治理较完善的上市公司和非上市公众公司开始试点。

三、对《优先股试点管理办法（征求意见稿）》修订说明

征求意见稿自2013年12月13日向社会公开征求意见以来，市场各方给予了高度关注，积极反馈意见和建议。截至2013年底，共收到来自市场各方的意见和建议459份，其中个人投资者意见434份，中介机构意见19份，发行人意见5份，其他部委1份。总体来看，市场各方认同优先股试点的制度框架，认为《优先股试点管理办法》（以下简称《办法》）出台对于深化市场改革具有重大积极意义。

相比征求意见稿，《办法》主要在以下几个方面进行了修改。

一是严格限制可转换优先股。公开征求意见过程中，共有429份意见是针对征求意见稿第三十三条关于优先股转换为普通股的规定，其中，个人投资者427份。意见认为可转换优先股可能会成为新的"大小非"，摊薄普通股权益，导致普通股二级市场价格下跌。部分个人投资者建议禁止优先股转换为普通股，或延长禁止转换的期限。

为进一步保护个人投资者权益，保证试点平稳实施，《办法》采纳了投资者的意见，删除了关于可转换优先股的有关条款，并新增规定"上市公司不得发行可转换为普通股的优先股"。同时，考虑到商业银行资本监管的特殊要求，《办法》规定，商业银行可根据商业银行资本监管规定，非公开发行触发事件发生时强制转换为普通股的优先股。下一步将对优先股强制转换为普通股涉及的有关事项，提出具体的监管要求。

二是关于优先股发行条件。有意见提出，征求意见稿原第十九条规定，上市公司发行优先股应当满足"最近三个会计年度应当连续盈利"的一般条件，该项规定使受到行业周期性影响的公司难以利用优先股进行融资，限制了优先股的运用范围，建议适当调整优先股非公开发行条件的限制。

根据境外优先股发展的历程，优先股的一项重要运用是为经营暂时困难，但总体资产状况良好的公司提供融资工具。因此，《办法》第十九条修改为"最近三个会计年度实现的年均可分配利润应当不少于优先股一年的股息"的一般性要求，从而使非公开发行优先股的条件更为合理；同时仍要求公开发行优先股的上市公司，满足最近三个会计年度连续盈利的条件。

三是关于非公开发行票面股息率的限制。征求意见稿规定，"非公开发行优先股的票面股息率不得高于最近两个会计年度的加权平均净资产收益率，以扣除非经常性损益前后的净利润孰低者为计算依据。"部分意见提出，由于优先股风险溢价较高，其票面股息率较高，如限制过严，部分发行人约定的票面股息难以满足市场需求，从而可能导致发行失败，建议适当调整票面股息率的限制。

该条款主要是为平衡两类股东利益，防止上市公司非公开发行优先股票面股息率过高，出现利益输送的问题，保护中小普通股股东利益。考虑到非经常性损益可以作为利润分配的来源，可用于保障优先股股息支付，《办法》删除了"以扣除非经常性损益前后的净利润孰低者为计算依据"的表述，使票面股息率的规定更为合理。

四是关于非公开发行优先股采用储架发行。部分意见提出，优先股属于固定收益类证券，发行程序可参考公司债券，建议允许非公开发行优先股采用储架发行，简化审批流程。

目前公司债券可以储架发行，非上市公众公司也可以储架发行，为回应市场需求，《办法》允许上市公司非公开发行优先股采取储架发行。同时，《办法》要求"相同条款优先股的发行对象累计不得超过二百人""非公开发行的相同条款优先股经交易或转让后，投资者不得超过二百人"，以防止发行人通过多次非公开发行或非公开发行后的转让实现实质上的公开发行，规避监管要求。此外，为避免出现一次核准，分次发行的优先股彼此之间主要条款差异过大的情况，《办法》要求采用储架发行时，不同次发行的优先股之间，除票面股息率外，其他条款应当相同。

五是关于合格投资者人数计算的规定。为明确非公开发行优先股的合格投资者人数计算方式，参考《上市公司非公开发行股票实施细则》关于发行对象人数认定的规定，《办法》规定，计算合格投资者人数时，同一资产管理机构以其管理的两只以上产品认购或受让优先股的，视为一人。

六是关于优先股票面金额的规定。为统一优先股票面金额，便于投资者理解和交易，同时满足公司的融资需求，《办法》新增规定"优先股每股票面金额为一百元。"

此外，还有一些意见和建议没有得到采纳，主要有以下几方面。

一是关于个人合格投资者的规定。部分个人投资者认为，征求意见稿规定的个人合格投资者资产总额不低于人民币五百万元的标准较高，不便于中小投资者投资优先股。

事实上，对于公开发行的优先股，目前A股市场的任何投资者都可以进行投资，在证券交易所市场直接买卖，不存在任何限制。对于非公开发行的优先股，由于其条款设计较公开发行的优先股更加灵活，也更为复杂，市场风险相对更大，《办法》规定了合格投资者范围，允许具有一定风险识别能力和承受能力的投资者认购非公开发行的优先股，并要求优先股交易或转让环节的投资者适当性标准应当与发行环节保持一致。这既是对中小投资者的保护，也有利于保障优先股试点平稳实施。对于不属于合格投资者范围的中小投资者,虽然无法通过直接投资非公开发行的优先股,但可以通过投资基金产品、信托产品、银行理财产品等方式间接投资优先股。因此,维持个人合格投资者门槛不变。

二是关于公开发行优先股试点范围。部分意见提出,建议适当扩大公开发行优先股试点范围,扩大至属于上证 180 或沪深 300 指数成分股的上市公司。

经研究认为,优先股试点期间应该坚持稳妥起步的原则,特别是公开发行的试点范围,应选择市值较大、盈利能力较强、抗风险能力较好的公司作为试点。因此,维持上证 50 指数成分股上市公司作为公开发行优先股的试点范围。

三是关于非上市公众公司。有意见提出,一是建议取消非上市公众公司普通股股东人数少于二百人时,关联股东无须回避的规定;二是增加非上市公众公司发行优先股募集资金用途的规定。

经研究认为,非上市公众公司与上市公司存在诸多差异,当非上市公众公司普通股股东人数较少时,如强制要求关联股东回避表决,可能出现股东大会人数过少,难以形成有效决议的情况。同时,按照非上市公众公司监管的相关办法和原则,在募集资金使用规范上应更多依靠公司治理和信息披露,不宜设置过多的行政限制。

四是关于注册在境内的境外上市公司在境内发行优先股的交易场所。部分意见提出,由于注册在境内的境外上市公司可能发行的规模较大,需要更为广泛的合格投资者群体,建议允许其在境内发行的优先股选择在证券交易所的非公众平台转让。

鉴于境外上市公司发行优先股执行非上市公众公司的有关规定,相对上市公司较为宽松。从审慎试点考虑,并且规模较大的注册在境内的境外上市公司,可以先实现普通股的境内公开发行并上市,再发行优先股,矛盾并不突出,拟暂不允许其选择交易所转让。

五是其他意见。部分意见涉及优先股试点具体操作层面的问题,例如,有意见建议将上市公司本次优先股发行对公司各类股东权益的影响作为表决事项,要求由董事会审议并提交股东大会审议。对于这类意见,将在证监会相关准则或交易所规则层面予以明确。此外,部分意见与《国务院关于开展优先股试点的指导意见》有所矛盾,未予采纳。例如,有意见建议在公开发行的优先股必备条款方面,比照商业银行给予保险、证券等金融机构相应豁免。①

四、《优先股试点管理办法》简介

《优先股试点管理办法》是为了为规范优先股发行和交易行为,保护投资者合法权益,根据《公司法》《证券法》《国务院关于开展优先股试点的指导意见》及相关法律法规而制定的。2013 年 12 月 9 日中国证券监督管理委员会第 16 次主席办公会会议审议通过,2014 年 3 月 21 日中国证券监督管理委员会令第 97 号公布,共九章、七十条。

第一章为总则,包括第一条到第七条,规定了立法目的,优先股定义,优先股的

---

① 中国证监会发布《优先股试点管理办法》,http://www.csrc.gov.cn/pub/newsite/zjhxwfb/xwdd/201403/t20140321_245901.html。

发行方式，优先股试点规范，证券公司及其他证券服务机构参与优先股试点的情况，不同优先顺序的优先股，相同条款优先股的同等权利。

第二章为优先股股东权利的行使，包括第八条到第十六条，规定了优先股股东有关权利和义务，优先股股东参与剩余利润分配事项，优先股股东的表决权，优先股表决权的恢复，优先股股东的权利，优先股回购，优先股的转让，股东人数和持股比例的计算和股息率。

第三章为上市公司发行优先股，包括第十七条到第四十条，规定了上市公司的独立性原则，内部控制制度要求，年均可分配利润的要求，现金分红，会计工作要求，优先股募集资金的用途，优先股总数的限制，发行优先股的条款条件，不得公开发行优先股的情形，公开发行优先股的条件，盈利要求，优先配售，公司及其控股股东或实际控制人要求，优先股的票面金额、发行价格和票面股息率，可转换为普通股的优先股，投资者适当性标准，优先股发行预案，独立董事的专项意见及其披露，股东大会的表决事项，股东大会表决方式，优先股发行程序，优先股的分次发行。

第四章为非上市公众公司非公开发行优先股，包括第四十一条到第四十六条，规定了非上市公众公司非公开发行优先股的条件，非上市公众公司非公开发行优先股应遵循的规定，董事会决议，股东大会的审议，非上市公众公司发行优先股的申请、审核（豁免）、发行等相关程序。

第五章为交易转让及登记结算，包括第四十七条到第四十九条，规定了优先股的申请上市交易和转让，投资者适当性标准，中国证券登记结算公司的职责。

第六章为信息披露，包括第五十条到第五十三条，规定了发行公司的信息披露义务，定期报告的披露内容，临时报告、公告等信息的披露，非上市公众公司信息披露的规定。

第七章为回购与并购重组，包括第五十四条到第五十九条，规定了使用优先股回购普通股的原则，回购普通股公开发行优先股应符合的规定，收购要约的适用范围，发行优先股购买资产的规定，配套资金的募集，涉及重大资产重组的规定。

第八章为监管措施和法律责任，包括第六十条到第六十四条，规定了优先股试点的市场参与者违法行为的法律责任，上市公司、非上市公众公司违法损坏股东权益的法律责任，上市公司非法使用募集资金的法律责任，上市公司、非上市公众公司违反投资者适当性标准的法律责任，承销机构违反投资者适当性标准的法律责任。

第九章为附则，包括第六十五条到第七十条，规定了合格投资者范围，非上市公众公司首次公开发行普通股并同时非公开发行优先股的适用规定，注册在境内的境外上市公司发行优先股的适用规定，特定用语的含义，合格投资者人数的计算和生效日期。[1]

---

[1] 《优先股试点管理办法》，中国证券监督管理委员会，http://www.csrc.gov.cn/pub/zjhpublic/G00306201/201403/t20140321_245908.htm? keywords。

第十节　科创板上市公司证券发行注册管理办法

一、基本概念

证券发行注册制又叫"申报制"或"形式审查制",是指政府对发行人发行证券,事先不作实质性审查,仅对申请文件进行形式审查,发行者在申报申请文件以后的一定时期以内,若没有被政府否定,即可以发行证券。

在证券发行注册制下,证券机关对证券发行不作实质条件的限制。凡是拟发行证券的发行人,必须将依法应当公开的、与所发行证券有关一切信息和资料,合理制成法律文件并公之于众,其应对公布资料的真实性、全面性、准确性负责,公布的内容不得含有虚假陈述、重大遗漏或信息误导。证券主管机关不对证券发行行为及证券本身作出价值判断,其对公开资料的审查只涉及形式,不涉及任何发行实质条件。发行人只要依规定将有关资料完全公开,主管机关就不得以发行人的财务状况未达到一定标准而拒绝其发行。在一段时间内,在未对申报书提出任何异议的情况下,注册生效等待期满后,证券发行注册生效,发行人即可发行证券。

注册制的主要内容包括如下三点。(1) 就证券发行注册的主体而言,证券法未规定证券发行者的财务与素质,能够发行证券的公司既可以是业绩优良的公司,也可以是业绩较差的公司。申请发行者必须提供与发行者及发行相关的一切信息。并对该信息的真实性、准确性、及时性承担法律责任。(2) 证券监管机构有权审查证券发行申请人对信息披露义务的履行情况,以保证信息公开制度贯彻始终。管理者无权对证券发行行为及证券本身作出价值判断,也无权决定所发行证券的品质条件。(3) 对于证券投资者而言,只要发行公开要素具备投资者即可依据公开信息作出投资决断。投资者能否得到投资回报,完全取决于所投资公司的实际营业状况,投资者的投资风险由其自负。

二、《科创板上市公司证券发行注册管理办法(试行)》(征求意见稿)遵循的基本理念及原则

建立科创板再融资制度,是落实党中央、国务院关于设立科创板并试点注册制重大决策部署的重要环节,承载着全面深化资本市场改革的初心,也是形成更加开放包容的资本市场基础制度的客观要求。

坚持市场化、法制化的改革方向,贯彻落实"四个敬畏、一个合力"的监管理念,制定科创板再融资制度,支持有发展潜力、市场认可度高的优质科创板上市公司便捷融资,进一步畅通科技、资本和实体经济的循环机制,加速科技成果向现实生产力转化,引领经济发展向创新驱动转型,切实提升资本市场对提高我国关键核心技术创新能力的服务水平,形成可复制可推广的制度创新,努力打造规范透明开放有活力

有韧性的资本市场。

科创板再融资制度主要遵循四项原则。

一是大力推动上市公司提高质量。设定上市公司再融资基本发行条件，坚守科创板定位，规范上市公司再融资行为，支持优质科创板上市公司便捷融资，促进上市公司真实透明合规，切实提升上市公司整体质量，夯实资本市场可持续发展的基石。

二是严格落实以信息披露为核心的证券发行注册制。建立更加严格、全面、深入、精准的信息披露要求，督促上市公司以投资者投资决策需求为导向，真实准确完整地披露信息；审核标准、程序、内容、过程公开透明，增强市场可预期性。

三是努力提高上市公司融资效率。优化注册程序，最大限度压缩审核注册期限，调整再融资市场化发行定价机制，充分发挥市场对资源配置的决定性作用，提高融资便捷性。

四是显著提升违法违规成本。压严压实发行人及中介机构等市场主体的责任，强化事前事中事后全链条监管，加大处罚力度，增强监管震慑力，有效促进市场主体归位尽责，努力培育资本市场良好生态。

三、《科创板上市公司证券发行注册管理办法（试行）》（征求意见稿）主要内容

《科创板上市公司证券发行注册管理办法（试行）》（征求意见稿）（以下简称《再融资注册办法》）共七章、八十七条，包括总则、发行证券的条件、注册程序、信息披露、发行承销与保荐的特别规定、监督管理和法律责任、附则等，主要内容如下：

第一，总则提出科创板再融资的主要内容为：一是明确适用《再融资注册办法》再融资的品种主要为股票，并为以后证券新品种预留空间；二是明确上市公司和保荐人、证券服务机构等各市场参与主体的责任和义务；三是明确对于中国证监会依法同意注册并发行的证券，不表明中国证监会和交易所对投资价值判断和保证，也不表明对申请文件真实性、准确性、完整性作出保证。

第二，发行条件规定科创板上市公司公开发行和非公开发行需要满足的条件。公开发行要求为：一是组织机构健全，具备独立性，会计基础规范、内控健全、最近3年财务会计报告被出具标准无保留意见审计报告等条件；二是为有效提升上市公司规范性，保护上市公司利益、投资者合法权益和社会公共利益，督促相关主体诚实守信，设置现任董监高具备任职资格并守法，上市公司及其控股股东、实际控制人最近3年不得存在职务和经济犯罪行为以及严重损害上述3项利益的重大违法行为，最近1年应履行曾经作出的公开承诺等基本条件。

鉴于非公开发行对象主要针对具有较高风险识别和承受能力的合格投资者，非公开发行从保护上市公司利益、投资者合法权益和社会公共利益角度，设置相对公开发行较低的负面清单形式的基本发行条件，主要包括以下几项限制性规定。

一是最近1年财务会计报告不得被出具否定意见或者无法表示意见的审计报告，最近1年财务会计报告不得被出具保留意见的审计报告，但保留意见所涉及事项对上市公司重大不利影响已经消除或本次发行涉及重大资产重组的除外；二是控股股东、

实际控制人最近 3 年不得存在严重损害上市公司利益或投资者合法权益的重大违法行为;三是上市公司及其现任董监高守法;四是上市公司最近 3 年不得存在严重损害投资者合法权益和社会公众利益的重大违法行为。

为督促科创板上市公司坚守科创板定位,公开发行和非公开发行均要求募集资金应投资于科技创新领域的主营业务,募集资金使用应符合国家产业政策及土地环保法规要求,募投项目实施后,不影响公司的独立性。

第三,发行程序主要包括以下三方面内容:一是规定上市公司发行证券董事会、股东大会的决议事项。二是最大限度压缩监管部门的审核和注册期限。交易所审核时间为 2 个月,中国证监会注册期限为 15 个工作日。三是授权交易所可以根据市场发展需要,制定上市公司最近 12 个月内申请融资额不超过人民币 3 亿元且不超过最近 1 年末净资产 20% 的非公开发行股票的业务规则,并报中国证监会批准。

第四,信息披露主要包括以下四方面内容。一是建立更加严格、全面、深入、精准的信息披露要求,督促上市公司以投资者投资决策需求为导向,真实准确完整地披露信息。二是针对科创板特点设置差异化的信息披露要求,重点突出科技创新领域的披露要求。三是严格落实上市公司及其董监高、控股股东、实际控制人,以及保荐人、证券服务机构及相关人员在信息披露方面的责任,为加大信息披露违规处罚力度夯实基础。四是针对发行主体为上市公司并持续履行信息披露义务,规定符合上市公司特点的与发行有关重大事项的公告要求。

第五,发行承销与保荐的特别规定主要包括以下五方面内容。一是规定配股中拟配售数量由不超过本次配售前股本总额的 50%。二是规定公开增发定价应当不低于公告招股意向书前 20 个交易日或前 1 个交易日公司股票均价的 95%。三是对非公开发行证券的下列事项作出了规定:明确应当向合格投资者发行且每次发行对象不超过 35 人;支持董事会引入战略投资者,明确发行对象全部由董事会决议确定且为战略投资者等的,定价基准日可以选择本次非公开发行股票董事会决议公告日、股东大会决议公告日或发行期首日,锁定期 18 个月,除此之外的定价基准日为发行期首日,锁定期 6 个月;本次发行的发行底价为定价基准日前 20 个交易日公司股票交易均价的 80%。四是规定除另有规定外,上市公司再融资发行与承销原则适用《证券发行与承销管理办法》。五是规定上市公司发行证券,由证券公司承销,同时规定上市公司可自行销售的情形。

第六,监督管理和法律责任主要包括以下三方面内容。一是规定中国证监会建立对交易所发行上市审核工作和发行承销过程监管的监督机制,定期检查和抽查。二是加大违法违规行为追责力度,对负有责任的上市公司及其控股股东、实际控制人、保荐人、证券服务机构以及相关责任人员,采取较长时间不予受理证券发行相关文件、限制相关从业资格、认定为不适当人员、市场禁入等严厉措施。三是突出投资者保护,明确发行人通过欺诈发行上市的,中国证监会可以责令上市公司及其控股股东、实际控制人按规定购回本次公开发行的股票。

第七,附则主要明确以下四方面内容,一是明确合格投资者的范围和资质条件,合格投资者为具备相应的风险识别和承担能力,知悉并自行承担证券的投资风险的机构投资者、其他法人和自然人。二是红筹企业首次公开发行的股票或存托凭证在科创板上市后发行股票、存托凭证的适用《再融资注册办法》和其他有关规定。三是规定科创板上市公司发行可转换公司债券和发行优先股的办法、上市公司向员工发行证券用于激励的办法由中国证监会另行规定。四是科创板非公开发行股票不适用《上市公司股东、董监高减持股份的若干规定》及相关配套细则,锁定期满后即可上市交易。[①]

第十一节 私募投资基金管理暂行条例

一、基本定义

私募投资基金,即私募,是指以非公开发行方式向合格投资者募集的,投资于股票、股权、债券、期货、期权、基金份额及投资合同约定的其他投资标的(如艺术品、红酒等)的投资基金,简称私募基金。

私募基金是相对公募基金来说的,通常私募基金具有下列特点:在发行手续上不必向证券主管机关办理发行注册,可以节省时间和费用,节约发行费用,减少中介环节;有特定的投资人,一般不必担心筹资失败;发行价格上比公募基金更有利于投资者,发行人需要提供较优厚的条件,以弥补私募证券流动性差的风险;私募发行的证券的转让买卖受到限制。

二、中国私募投资基金监管历史

2012年《证券投资基金法》修订,将"非公开募集资金设立证券投资基金"纳入监管范畴,但并不涉及私募股权投资基金监管。在2013年6月前,私募基金归国家发展改革委管理。彼时,以《创业投资企业管理暂行办法》为代表的监管规范只允许私募基金投资于未上市企业股权,当时的私募基金只能从事股权投资业务。2013年6月27日中央编办发布《中央编办关于私募股权投资基金管理职责分工的通知》,明确由证监会负责私募股权投资基金和创业投资基金的监管。2014年6月30日证监会公布实施《私募投资基金监督管理暂行办法》(以下简称《暂行办法》),《暂行办法》确立了私募基金的组织形式为"公司或者合伙企业",并在第二条第二款规定了私募投资标的范围即"包括买卖股票、股权、债券、期货、期权、基金份额及投资合同约定的其他投资标的"。该条款规定了私募基金财产的投资标的,但并未明确划分私募机构的类型。按此规定,私募基金除投资证券、股权外,还可以投资于基金合同约定的其他投资标的(如红酒、艺术品等商品类基金及其他非标资产为投资方向的私募基金)。2016年9月6日基金业协会开始试行"资产管理业务综合管理平台",该平台于2017年4月5日起正式成为私募基金管理人登记、产品备案的唯一平台并运行至今。"私募证券投资基金""私募股权、创业投资基金""其他私募投资基金"

[①] 关于《科创板上市公司证券发行注册管理办法(试行)》(征求意见稿)的起草说明,中华人民共和国司法部中国政府法制信息网,http://www.moj.gov.cn/news/content/2019-11/08/zlk_3235420.html。

作为三种不同的基金类型出现在系统中。"资产管理业务综合管理平台"在"机构类型"上沿袭了《暂行办法》所确立的三分法,在"业务类型"方面则在三分法的基础上,另外设定投资于基金、信托计划、券商资管、基金专户等资产管理计划的FOF私募基金,并将"其他私募投资基金"定义为"投资除证券及其衍生品和股权以外的其他领域的基金"。2017年3月20日由证监会起草的《私募投资基金管理暂行条例》首次出现在国务院2017年立法工作计划中,被列为全面深化改革急需的项目之一。

三、《私募投资基金管理暂行条例》(征求意见稿)出台背景

《私募投资基金管理暂行条例》(征求意见稿)出台之前,私募基金行业监管以《暂行办法》及基金业协会出台的规范性文件为主,其中最高层级的为部门规章。这直接导致在行为评价上,违反《暂行办法》仅能作为"违规行为"而不一定为"违法行为",导致监管套利的出现,司法实践中也容易引发法律适用上的混乱。例如,实践大量的通过抽屉协议、回购协议、承诺函等形式约定"保本保收益"行为,私募基金管理人在登记成功后仍可绕过证监会及基金业协会监管层执行,因违反部门规章的协议并非《合同法》规定的无效协议,其法律效力状态仍存在争议,客观上为"保本保收益"行为的出现提供了可能性。

根据《行政法规制定程序条例》第四条,行政法规的名称一般称"条例",也可以称"规定""办法"等。国务院根据全国人民代表大会及其常务委员会的授权决定制定的行政法规,称"暂行条例"或者"暂行规定"。国务院各部门和地方人民政府制定的规章不得称"条例"。本次国务院法制办公布的《私募暂行条例》,在征求意见阶段结束后形成草案,经由国务院常务会议审议或者由国务院审批通过并由总理签署国务院令公布,将会以行政法规施行。如此一来,未来的行政法规《私募暂行条例》将取代证监会于2014年出台的105号令《私募投资基金监督管理暂行办法》成为仅次于《证券投资基金法》的私募监管领域的"高层级法律规范",而国务院法制办制定《私募暂行条例》这一专门的行政法规,目的是为私募基金监管提供更高效力层级的法律根据,监管层对私募基金行业发展态势的关注程度可见一斑。

《私募暂行条例》出台前,《暂行办法》即在第五条和第六条确立了由证监会进行行政监督,基金业协会进行行业自律监管的双层监管体系。《暂行办法》设置的法律责任仅第三十八、三十九两条,设置的责任承担方式仅有"责令改正""警告""三万元以下罚款""采取市场禁入措施"四种,而《私募暂行条例》则设置了多达十二条的更严厉的处罚措施。

同时,《暂行办法》确立了"设立私募基金管理机构和发行私募基金不设行政审批""建立健全私募基金发行监管制度,切实强化事中事后监管"的适度监管的原则和保护投资者及相关当事人的合法权益的原则,并提出"建立促进经营机构规范开展私募基金业务的风险控制和自律管理制度,以及各类私募基金的统一监测系统",对私募基金进行分类监管,统一监测。

四、《私募投资基金管理暂行条例（草案）》简介

《私募投资基金管理暂行条例（草案）》是为了规范私募投资基金活动，保护投资者及相关当事人的合法权益，促进私募投资基金行业健康规范发展而制定的，共十一章、五十八条。

第一章为总则，包括第一条到第五条，规定了立法目的，适用范围，从事私募基金业务的基本原则及私募基金管理人和私募基金托管人的义务，监督管理体制和基金行业协会的自律管理。

第二章为私募基金管理人，包括第六条到第十三条，规定了私募基金管理人标准，不得担任私募基金管理人、私募基金管理人的主要股东或者合伙人的情形，不得担任私募基金管理人的主要责任人的情形，私募基金管理人的职责，私募基金管理人的禁止性行为，私募基金管理人应提交的材料，名称限制，应注销基金管理人登记的情形。

第三章为私募基金托管人，包括第十四条到第十六条，规定了私募基金财产的托管，私募基金托管人的职责和隔离机制。

第四章为资金募集，包括第十七条到第二十二条，规定了私募基金管理人资金的募集，非公开募集基金的要求，投资者适当性管理义务，私募基金管理人、私募基金销售机构的禁止性行为，资金的合法性，私募基金备案。

第五章为投资运作，包括第二十三条到第二十七条，规定了专业化管理原则，私募基金管理人、私募基金托管人的管理制度，投资咨询服务，从事私募基金业务的禁止性行为，私募基金管理人、私募基金托管人的保存义务。

第六章为信息提供，包括第二十八条到第三十一条，规定了信息披露的内容，私募基金管理人、私募基金销售机构的义务和禁止性行为，保存义务。

第七章为行业自律，包括第三十二条到第三十五条，规定了基金行业协会的自律管理，信息报送，投诉处理机制，基金行业协会的职责。

第八章为监督管理，包括第三十六条到第三十九条，规定了监督管理机制，私募基金管理人、私募基金托管人、私募基金服务机构及其从业人员违反法律法规的处理措施，资本市场诚信数据库，私募基金风险信息共享机制。

第九章为关于创业投资基金的特别规定，包括第四十条到第四十三条，创业投资基金定义，创业投资基金的投资限制和退出，创业投资基金的政策支持，创业投资基金的监督机制。

第十章为法律责任，包括第四十四条到第五十六条，规定了私募基金管理人未履行职责的法律责任，未经登记使用"基金""基金管理"等字样或者近似名称进行投资活动的法律责任，向特定的合格投资者之外的单位或者个人募集资金或者转让基金份额的法律责任，私募基金管理人、私募基金销售机构未履行投资者适当性管理义务的法律责任，擅自公开或者变相公开募集基金等行为的法律责任，未对募集完毕的私募基金办理备案的法律责任，私募基金管理人、私募基金托管人不符合业务运营要求的法律责任，私募基金管理人、私募基金托管人未对从业人员投资进行申报的法律责

任，委托不符合规定条件的机构提供投资咨询服务的法律责任，私募基金管理人、私募基金托管人、私募基金服务机构及其从业人员违法违规行为的法律责任。

第十一章为附则，包括第五十七条到第五十八条，规定了外商投资私募基金的管理办法和生效日期。①

五、《私募投资基金管理暂行条例》的完善

2018年8月31日，证监会在官网连发37份对十三届全国人大一次会议、政协十三届全国委员会第一次会议代表、委员建议和提案的答复函。证监会强调，将继续研究私募基金差异化监管体制，推动出台《私募投资基金管理暂行条例》；同时，也将继续推动私募基金行业有序开放。

2019年9月6日，第二届中小投资者服务论坛（以下简称投服论坛）司法部副部长刘炤表示为了规范私募投资基金活动，保护投资者及相关当事人的合法权益，促进私募投资基金行业健康规范发展，根据国务院2019年立法工作计划安排，司法部会同证监会抓紧研究、修改《私募投资基金管理暂行条例（草案）》。

第十二节　区域股权管理法规

一、区域股权概念及概况

区域性股权交易市场（以下简称"区域股权市场"）是为特定区域内的企业提供股权、债券的转让和融资服务的私募市场，是我国多层次资本市场的重要组成部分，也是中国多层次资本市场建设中必不可少的部分。

我国资本市场分为：交易所市场（主板、中小板、创业板）和全国中小企业股份系统（新三板、区域股权市场〈俗称四板市场〉），截至2018年6月底，全国共设立37家区域性股权市场，共有挂牌企业21730家（其中股份公司7389家），展示企业90829家，累计为企业实现各类融资8201亿元，其中股权融资557亿元，债券融资1951亿元，股权质押融资2743亿元。②

区域性股权市场是多层次资本市场的"塔基"，具有准入门槛低、企业数量多、服务多元化的特点，在对接实体经济、服务小微企业、实施普惠金融、推进区域资产证券化中具有不可或缺的优势。经过过去10年的探索和实践，区域性股权市场在服务小微企业方面逐渐形成了清晰的板块层次，具有服务中小微企业投资融资、交易结算、登记托管、培育孵化、信息资源集聚、金融创新等功能。

---

① 私募投资基金管理暂行条例（征求意见稿），法律图书馆转国务院法制办网站，http://www.law-lib.com/fzdt/newshtml/20/20170830192309.htm.

② 金融时报—中国金融新闻网，https://www.financialnews.com.cn/zq/rz/201809/t20180901_145252.html.

二、《关于规范发展区域性股权市场的通知》

国务院办公厅2017年1月印发《关于规范发展区域性股权市场的通知》，规范发展区域性股权市场是完善多层次资本市场体系的重要举措，在推进供给侧结构性改革、促进大众创业万众创新、服务创新驱动发展战略、降低企业杠杆率等方面具有重要意义。为贯彻落实党中央、国务院决策部署，推动多层次资本市场长期稳定健康发展，防范和化解金融风险，支持实体经济特别是中小微企业发展，保护投资者合法权益，经国务院同意，现就规范发展区域性股权市场有关事项通知如下。

第一，区域性股权市场是主要服务于所在省级行政区域内中小微企业的私募股权市场，是多层次资本市场体系的重要组成部分，是地方人民政府扶持中小微企业政策措施的综合运用平台。要处理好监管与发展的关系，按照既有利于规范，又有利于发展的要求，积极稳妥推进区域性股权市场规范发展，防范和化解金融风险，有序扩大和更加便利中小微企业融资。

第二，区域性股权市场由所在地省级人民政府按规定实施监管，并承担相应风险处置责任。证监会要依法依规履职尽责，加强对省级人民政府开展区域性股权市场监管工作的指导、协调和监督。省级人民政府要根据相关金融政策法规，在职责范围内制定具体实施细则和操作办法，建立健全监管机制，指定具体部门承担日常监管职责，不断提升监管能力，依法查处违法违规行为。证监会负责制定统一的区域性股权市场业务及监管规则，对市场规范运作情况进行监督检查，对可能出现的金融风险进行预警提示和处置督导。证监会要对省级人民政府的监管能力和条件进行审慎评估，加强监管培训，采取有效措施，促使地方监管能力与市场发展状况相适应。证监会等国务院有关部门和省级人民政府要加强监管协同，防止监管空白和监管套利，严厉打击各类违法违规行为，维护市场秩序，切实保护投资者合法权益，防范和化解金融风险，促进区域性股权市场健康稳定发展。

第三，区域性股权市场运营机构（以下简称"运营机构"）负责组织区域性股权市场的活动，对市场参与者进行自律管理，保障市场规范稳定运行。运营机构名单由省级人民政府实施管理并予以公告，同时向证监会备案。本通知印发前，省、自治区、直辖市、计划单列市行政区域内已设立运营机构的，不再设立；尚未设立运营机构的，可设立一家；已设立两家及以上运营机构的，省级人民政府要积极稳妥推动整合为一家，证监会要予以指导督促。

第四，区域性股权市场的各项活动应遵守法律法规和证监会制定的业务及监管规则。在区域性股权市场发行或转让证券的，限于股票、可转换为股票的公司债券以及国务院有关部门按程序认可的其他证券，不得违规发行或转让私募债券；不得采用广告、公开劝诱等公开或变相公开方式发行证券，不得以任何形式非法集资；不得采取集中竞价、做市商等集中交易方式进行证券转让，投资者买入后卖出或卖出后买入同一证券的时间间隔不得少于五个交易日；除法律、行政法规另有规定外，单只证券持有人累计不得超过法律、行政法规规定的私募证券持有人数量上限；证券持有人名册和登记过户记录必须真实、准确、完整，不得隐匿、伪造、篡改或毁损。在区域性股权市场进行有限责任公司股权融资或转让的,不得违反本通知相关规定。

第五,区域性股权市场实行合格投资者制度。合格投资者应是依法设立且具备一定条件的法人机构、合伙企业,金融机构依法管理的投资性计划,以及具备较强风险承受能力且金融资产不低于五十万元人民币的自然人。不得通过拆分、代持等方式变相突破合格投资者标准或单只私募证券持有人数量上限。鼓励支持区域性股权市场采取措施,吸引所在省级行政区域内的合格投资者参与。

第六,区域性股权市场的信息系统应符合有关法律法规和证监会制定的信息技术管理规范。运营机构及开立投资者账户、办理登记结算业务的有关机构应按照规定向所在地省级人民政府和证监会报送信息,并将有关信息系统与证监会指定的监管信息系统进行对接。

第七,区域性股权市场不得为所在省级行政区域外的企业私募证券或股权的融资、转让提供服务。对不符合本条规定的区域性股权市场,省级人民政府要按规定限期清理,妥善解决跨区域经营问题。运营机构所在地和企业所在地省级人民政府要签订协议,明确清理过程中的监管责任,防范和化解可能产生的风险。

第八,国务院有关部门和地方人民政府要在职责范围内采取必要措施,为区域性股权市场规范健康发展创造良好环境,逐步建成融资功能完备、服务方式灵活、运行安全规范、投资者合法权益得到充分保护的区域性股权市场。国务院有关部门出台相关政策措施,可选择运行安全规范、具有较强风险管理能力的区域性股权市场先行先试。①

三、《区域性股权市场监督管理试行办法》

《区域性股权市场监督管理试行办法》是为了规范区域性股权市场的活动,保护投资者合法权益,防范区域性股权市场风险,促进区域性股权市场健康发展,根据《中华人民共和国证券法》《中华人民共和国公司法》《国务院办公厅关于规范发展区域性股权市场的通知》等规定而制定的。2017年4月27日中国证券监督管理委员会2017年第3次主席办公会议审议通过,自2017年7月1日起施行,共七章、五十三条。

第一章为总则,包括第一条到第九条,规定了立法目的,适用范围,区域性股权市场的定义,区域性股权市场的交易原则,区域性股权市场的监督管理体制,区域性股权市场运营机构的职责,区域性股权市场运营机构的条件,运营机构的监督管理体制。

第二章为证券发行与转让,包括第十条到第二十二条,企业在区域性股权市场发行股票的条件,企业在区域性股权市场发行可转债的条件,不得发行的证券,合格投资者标准,穿透核查制度,挂牌公司标准,转让证券的条件和禁止性行为,不受合格投资者条件限制的情形,运营机构的审查和备案,最新价格行情的发布,披露信息义务。

---

① 国务院办公厅印发《关于规范发展区域性股权市场的通知》,中国政府网转新华社,http://www.gov.cn/xinwen/2017-01/26/content_5163743.htm。

第三章为账户管理与登记结算，包括第二十三条到第二十六条，规定了证券账户的开立，投资者资金管理制度，对证券的登记、存管、结算的办理机构和相关制度。

第四章为中介服务，包括第二十七条到第三十三条，规定了中介机构及其业务人员的义务，运营机构的业务范围，运营机构的防范措施，区域性股权市场的职责，对中小微企业的服务，区域性股权市场不得跨区域经营，机构可以与证券交易所、全国中小企业股份转让系统等建立合作机制。

第五章为市场自律，包括第三十四条到第三十九条，规定了区域性股权市场的信息系统建设、信息报送的要求，运营机构制定的业务操作细则和自律管理规则应符合的规定及备案，运营机构的自律管理措施，运营机构防范化解市场风险的职责，中国证券业协会的自律管理和服务。

第六章为监督管理，包括第四十条到第五十一条，规定了现场检查的措施，检查和调查，对运营机构违法违规经营或者出现重大风险的处理，运营机构或者区域性股权市场参与者违反本办法规定的法律责任，严重扰乱市场秩序行为的处理，中国证监会派出机构指导、协调和监督，中国证监会派出机构的监测评估，交易场所的清理，区域性股权市场诚信档案。

第七章为附则，包括第五十二条到第五十三条，规定了区域性股权市场为其所在省级行政区域内的有限责任公司股权融资或者转让提供服务的适用办法和生效日期。[1]

第十三节　其他法律法规

一、其他法律

《证券投资基金法》是为了规范证券投资基金活动，保护投资人及相关当事人的合法权益，促进证券投资基金和资本市场的健康发展而制定的法律。于2003年10月28日十届全国人大常委会第5次会议通过，自2004年6月1日起施行。现行版本为2015年4月24日第十二届全国人民代表大会常务委员会第十四次会议修正，共十五章、一百三十五条。第一章为总则，第二章为基金管理人，第三章为基金托管人，第四章为基金的运作方式和组织，第五章为基金的公开募集，第六章为公开募集基金的基金份额的交易、申购与赎回，第七章为公开募集基金的投资与信息披露，第八章为公开募集基金的基金合同的变更、终止与基金财产清算，第九章为公开募集基金的基金份额持有人权利行使，第十章为非公开募集基金，第十一章为基金服务机构，第十二章为基金行业协会，第十三章为监督管理，第十四章为法律责任，第十五章为附则。

---

[1] 区域性股权市场监督管理试行办法（中国证券监督管理委员会令第132号），中国证券监督管理委员会，http：//www.csrc.gov.cn/pub/heilongjiang/xxfw/hljflfg/201805/t20180508_337831.htm。

二、其他法规、部门规章

（一）《上市公司收购管理办法》

《上市公司收购管理办法》是为了规范上市公司的收购及相关股份权益变动活动，保护上市公司和投资者的合法权益，维护证券市场秩序和社会公共利益，促进证券市场资源的优化配置，根据《证券法》《公司法》及其他相关法律、行政法规制定。2006年5月17日中国证券监督管理委员会第180次主席办公会议审议通过，现行版本是2014年10月23日，中国证券监督管理委员会令第108号中国证券监督管理委员会《关于修改〈上市公司收购管理办法〉的决定》修订版本，共十章、九十条。第一章为总则，第二章为权益披露，第三章为要约收购，第四章为协议收购，第五章为间接收购，第六章为豁免申请，第七章为财务顾问，第八章为持续监督，第九章为监管措施与法律责任，第十章为附则。

（二）《上海证券交易所科创板股票上市规则》（2019年修订）

《上海证券交易所科创板股票上市规则》是为了规范上海证券交易所科创板上市和持续监管事宜，支持引导科技创新企业发展，维护科创板市场秩序，保护投资者合法权益，根据《关于在上海证券交易所设立科创板并试点注册制的实施意见》《科创板上市公司持续监管办法（试行）》等相关法律、行政法规、部门规章、规范性文件制定。经中国证监会批准，2019年3月1日予以发布，并自发布之日起施行，共十六章。

（三）《非上市公众公司监督管理办法》

《非上市公众公司监督管理办法》是为了规范非上市公众公司股票转让和发行行为，保护投资者合法权益，维护社会公共利益，根据《证券法》《公司法》及相关法律法规的规定制定。2012年9月28日中国证券监督管理委员会第17次主席办公会议审议通过，现行版本是根据2019年12月20日中国证券监督管理委员会《关于修改〈非上市公众公司监督管理办法〉的决定》修正，共两章、七条。第一章为总则，第二章为公司治理。

（四）《非上市公众公司信息披露管理办法》

《非上市公众公司信息披露管理办法》是为了规范非上市公众公司有关信息披露行为，保护投资者合法权益，维护市场秩序和社会公众利益，根据《公司法》《证券法》《国务院关于全国中小企业股份转让系统有关问题的决定》《非上市公众公司监督管理办法》等有关法律法规的规定制定，共七章、六十八条。经2019年12月18日中国证券监督管理委员会2019年第5次委务会议审议通过，自公布之日起施行。第一章为总则，第二章为定期报告，第三章为临时报告，第四章为临时披露事务管理，第五章为监督管理，第六章为法律责任，第七章为附则。

（五）《证券公司开展场外股权质押式回购交易业务试点办法》

《证券公司开展场外股权质押式回购交易业务试点办法》是为了指导证券公司开展场外股权质押式回购交易业务，维护证券市场秩序，保护交易各方合法权益，根据《中华人民共和国公司法》《中华人民共和国证券法》《中华人民共和国物权法》《中华人民共和国担保法》等法律法规、中国证券监督管理委员会相关规定及中国证券业协会相关自律规则制定。由证券业协会第五届常务理事会第三十六次会议表决通过，2015年7月24日发布并施行，共六章、四十一条。第一章为总则，第二章为业务规范，第三章为质押登记，第四章为内部控制与违约处置，第五章为自律管理，第六章为附则。

（六）《私募股权众筹融资管理办法（试行）（征求意见稿）》

《私募股权众筹融资管理办法（试行）（征求意见稿）》是为了规范私募股权众筹融资业务，保护投资者合法权益，促进私募股权众筹行业健康发展，防范金融风险，根据《证券法》《公司法》《关于进一步促进资本市场健康发展的若干意见》等法律法规和部门规章制定，共七章、二十九条。第一章为总则，第二章为股权众筹平台，第三章为融资者与投资者，第四章为备案登记，第五章为信息报送，第六章为自律管理，第七章为附则。

（七）《科创板上市公司持续监管办法（试行）》

《科创板上市公司持续监管办法（试行）》是为了规范科创企业股票、存托凭证在上海证券交易所科创板上市后相关各方的行为，支持引导科技创新企业更好地发展，保护投资者合法权益，根据《中华人民共和国证券法》《中华人民共和国公司法》《国务院办公厅转发证监会关于开展创新企业境内发行股票或存托凭证试点若干意见的通知》《关于在上海证券交易所设立科创板并试点注册制的实施意见》以及相关法律法规。经2019年3月1日中国证券监督管理委员会2019年第1次主席办公会议审议通过，现予公布，自公布之日起施行，共九章、三十七条。第一章为总则，第二章为公司治理，第三章为信息披露，第四章为股份减持，第五章为重大资产重组，第六章为股权激励，第七章为终止上市，第八章为其他事项，第九章为附则。

思考题

1. 你是否了解到其他二次创业相关的法律法规吗？如果有，请举例说明。
2. 谈谈公募市场的注册制改革对我国经济发展会带来哪些影响。

参 考 文 献

[1] 包家兴,刘立新. 大学公共课系列教材:创业政策与法律 [M]. 北京:北京师范大学出版社,2013.

[2] 庞开山. 大学生就业与创业法律实务 [M]. 合肥:中国科学技术大学出版社,2011.

[3] 叶虹. 大学生创业法律实务 [M]. 北京:清华大学出版社,2009.

[4] 韩晓. 投资创业全程法律指南(律师答疑版)[M]. 北京:中国法制出版社,2015.

[5] 上海理彰律师事务所编著. 创业法律指南 [M]. 上海:上海交通大学出版社,2016.

[6] 孙祥和. 创业法律实务(第 2 版) [M]. 北京:中国人民大学出版社,2018.

"三加一"创业教育模式新文科教程与专著

作者	成果名称	出版社	出版时间
苏世彬	创业管理	高等教育出版社	2015.10
苏世彬	创业管理（第二版）	高等教育出版社	2019.1
苏世彬	我国企业科技创新资助政策体系	经济科学出版社	2019.9
校社党建联合打造提高低收入人群收入共同富裕乡村振兴课题组（执笔人：苏世彬）	党建绿色"创新创业"产业帮扶助力乡村振兴实践初探——以革命老区岩前村为例	厦门大学出版社	2022.1
苏世彬	创业法律法规通论	经济科学出版社	2022.3

乡村振兴"三加一"创新创业教育新文科
——暨中核集团福清核电有限公司助力乡村振兴实践系列丛书（央企社会责任工程）

作者	成果名称	出版社	出版时间
校社党建联合打造提高低收入人群收入共同富裕乡村振兴课题组（苏世彬）	党建绿色"创新创业"产业帮扶助力乡村振兴实践初探——以革命老区岩前村为例	厦门大学出版社	2022.1
央校地社党建打造竹岭村碳中和共同富裕乡村振兴课题组（苏世彬 何阳 苏国彬）	庆祝中国共产党建党100周年主题活动实践育人初探——基于安溪县岩前村、闽清县竹岭村、福安市岳秀村乡村振兴创新创业教育新文科探索	厦门大学出版社	2022.12（预计）
央校地社党建打造碳中和共同富裕乡村振兴课题组	深入贯彻落实党的十九届六中全会精神主题活动育人实践——基于安溪县岩前村、闽清县竹岭村、寿宁县下党乡、长乐区候屿乡、福安市岳秀村乡村振兴创新创业新文科教育探索	待定	2023.6（预计）
央校地社党建打造碳中和共同富裕乡村振兴课题组	深入贯彻落实党的十九届六中全会精神乡村振兴实践——以闽清县东桥镇竹岭村乡村振兴实践为例	待定	2023.6（预计）